HUGO

LES CHÂTIMENTS

TEXTE INTÉGRAL

Classiques Hachette

Texte conforme à l'édition originale de 1870.

Notes explicatives, questionnaires, bilans, documents et parcours thématique

établis par

Chantal de BIASI, Université Paris I.

Photographie de couverture : Philippe Sohiez.

Crédits photographiques :
p. 4 : photothèque Hachette, ph. Carjat ; p. 9 : photothèque Hachette ; p. 10 : photothèque Hachette ; p. 65 : photothèque Hachette ; p. 244 : photothèque Hachette ; p. 351 : photothèque Hachette.

43 quai de Grenelle, 75905 Paris Cedex 15.

I.S.B.N. : 2.01.167621.5

SOMMAIRE

LES CHÂTIMENTS (texte intégral)

HUGO ET SON TEMPS

À PROPOS DE L'ŒUVRE

PARCOURS THÉMATIQUE

ANNEXES

Portrait de Victor Hugo (1802-1885).

Écrivain unanimement reconnu, académicien, pair de France, tel est le profil de Victor Hugo lorsque éclate la révolution de 1848. Élu député conservateur en juin, il semble destiné à poursuivre dans cette voie. Pourtant, trois ans après, proscrit, exilé, honni par le pouvoir, il entame une carrière qui fera de lui le porte-parole de tous les opprimés et de tous les miséreux en même temps qu'une figure mythique de la littérature. Que s'est-il passé ? Hugo a traversé une crise qui s'est, entre autres, traduite par une prise graduelle de conscience politique ; en conséquence, lors du coup d'État du 2 décembre 1851, il fait partie de ces députés d'opposition que le nouveau gouvernement traque et contraint à l'exil. Parvenu clandestinement à Bruxelles, il saisit immédiatement sa plume pour écrire, entre le 14 décembre 1851 et le 5 mai 1852, Histoire d'un crime, *récit du coup d'État fondé sur des témoignages (publié seulement en 1877), puis, en trois semaines, le pamphlet* Napoléon-le-Petit *qui va connaître un grand succès. Le 5 août, il débarque à Jersey. Depuis treize ans, Hugo a cessé de publier de la poésie, mais tout à coup les projets se pressent. La prose ne suffit plus aux visées hugoliennes. Le 7 septembre, il annonce à Hetzel, son éditeur, un recueil poétique en deux volumes : « premier volume :* Autrefois, *poésie pure ; deuxième volume :* Aujourd'hui, *flagellation de tous les drôles et du drôle en chef. » Le projet se modifie dès novembre : la « poésie pure » (*Les Contemplations*) sera publiée plus tard. Dans l'immédiat, Hugo se propose de consacrer un volume entier à Louis Bonaparte, qui s'intitulera* Vengeresses. *Entre le 16 novembre et le 20 décembre, les pièces qui soutiennent l'architecture sont écrites (*Nox, L'expiation, Lux*). En janvier, le titre est définitivement choisi : ce sera* Châtiments *car « Ce titre est menaçant et simple, c'est-à-dire beau. [...]* Napoléon-le-Petit *étant en prose n'était que la moitié de la tâche. Le misérable n'était cuit que d'un côté, je le retourne sur le grill ». Le travail avance vite, porté par l'indignation, sous l'égide de Juvénal et, le 31 mai, Hugo écrit au bas du poème* Napoléon III *(VI, 1) cette note : « C'est aujourd'hui, trente et un mai 1853, que je finis ce livre ». En fait, il écrira encore quelques pièces pour* Châtiments. *L'ouvrage est publié les 23 et 24 novembre en deux éditions : l'une portant l'indication « Bruxelles, Henri Samuel », l'autre, intégrale, sans nom d'éditeur et avec la mention « Genève et New-York ». L'ouvrage se vendit peu, en revanche, l'édition qui accompagna le retour de Victor Hugo en France en 1870 fut un immense succès.*

LES CHÂTIMENTS DANS L'HISTOIRE DE LA POÉSIE SATIRIQUE	
SOURCES PERCEPTIBLES	THÈMES COMMUNS D'INSPIRATION
Poésie latine : Horace, Juvénal.	Moquerie, verve. Critique des mœurs de l'époque de Claude et Néron, indignation.
Dante.	Poésie vengeresse, dénonciation politique, transcendance.
Du Bellay, XVIe siècle.	Critique et caricature du comportement des courtisans et des puissants.
Ronsard, Agrippa d'Aubigné.	Évocation tragique et grinçante des massacres. Portraits sans complaisance. Responsabilité des gouvernants. Inspiration visionnaire, prophétie.
La satire ménippée, fin du XVIe siècle.	Verve caricaturale.
Les mazarinades, XVIIe siècle.	Poésie politique et satirique contre un pouvoir usurpé.
La Fontaine.	Caricature des puissants, fable, importance du bestiaire.
Voltaire : quelques poèmes satiriques au début, mais surtout le *Dictionnaire philosophique*, *Candide ou l'Optimisme*, *Zadig ou la Destinée*.	Anticléricalisme, hostilité aux jésuites et religieux dévoyés.
Chénier : *Iambes*, 1794.	Inspiration vengeresse.
Béranger, XIXe siècle.	Accord profond du poète satirique et du peuple.

*Parler de la modernité de Châtiments peut paraître paradoxal pour une œuvre dont l'origine est à ce point prise dans l'histoire de son temps. Pourtant cette œuvre nous touche, nous concerne à plus d'un égard. Elle parle d'un moment important de notre histoire, de l'histoire non officielle du Second Empire, et pose les fondements de ce qui sera la légitimité de la III*e *République. Au-delà de notre histoire nationale, elle dénonce le scandale de toute dictature. Moderne, elle l'est aussi au sens où elle témoigne de la conversion politique d'un grand écrivain, et peut donc apparaître comme un symbole puissant de la poésie engagée – tradition vivace qui nous conduit d'Agrippa d'Aubigné à Éluard ou Aragon, et qui s'accompagne d'un tel renouveau de l'écriture poétique que Rimbaud comme Mallarmé y voient l'acte de naissance de la poésie moderne. Nous pouvons aussi remarquer que cette œuvre prophétique contient les éléments d'une histoire de grande amplitude qui s'ouvre directement sur notre présent avec l'idée de l'abolition de la peine de mort et celle de la construction d'une Europe politique. Châtiments nous offrent en outre une vision du politique qui intègre une part de morale et une part de réflexion importante – ce qui, sous une forme un peu différente, constitue une des premières manifestations de ce que sera le rôle de l'intellectuel par rapport à son temps (par exemple, celui de Zola face à l'affaire Dreyfus). De plus, comme le souligne Gabrielle Chamarat (préface à l'édition Pocket, 1997), réduisant à néant la personne de Napoléon III, Hugo invente un procédé que Brecht et Chaplin appliqueront à Hitler respectivement dans Arturo Ui et dans Le Dictateur. Notons enfin que s'est construite là une légende de l'histoire qui a eu assez de densité pour s'imposer dans les mémoires, parfois même au-delà de son bien-fondé. Ainsi, toutes les tentatives actuelles de réhabilitation de l'empereur ou de la politique du Second Empire continuent-elles à se heurter avant tout au texte hugolien. Nous sommes donc toujours tributaires de la puissance de cette parole qui tue. « En ce sens, comme toujours encore, la poésie telle que la définit ce livre est pratique de résistance, de libération. Nous y sommes, nous y sommes toujours » (cf. Gleize et Rosa, Le Livre de Poche).*

Le texte présenté ici est celui de l'édition de 1870.

Les mots suivis d'une puce ronde (•) renvoient au lexique des noms propres, p. 372.

Les appels de notes signalés dans le texte par un chiffre gras entre parenthèses **(1)**, **(2)**, **(3)**, etc. renvoient aux notes de Hugo, p. 309.

CHÂTIMENTS,

PAR

VICTOR HUGO.

1853.

GENÈVE ET NEW-YORK.

COUVERTURE DE L'ÉDITION COMPLÈTE.

Frontispice de l'édition de 1853.

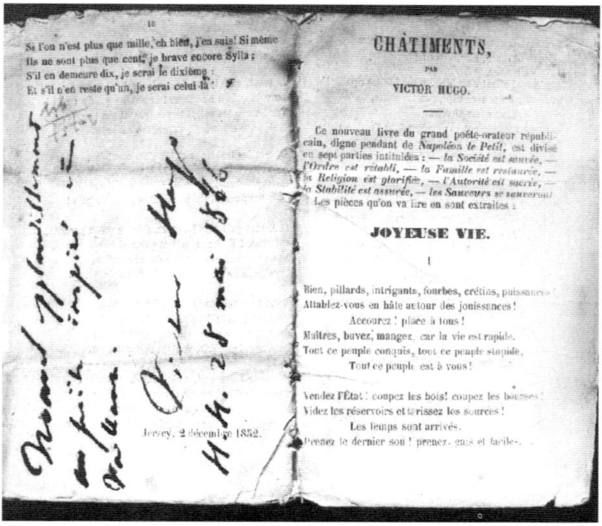

10

Si l'on n'est plus que mille, eh bien, j'en suis! Si même
Ils ne sont plus que cent, je brave encore Sylla ;
S'il en demeure dix, je serai le dixième ;
Et s'il n'en reste qu'un, je serai celui-là !

Jersey, 2 décembre 1852.

CHÂTIMENTS,

PAR

VICTOR HUGO.

Ce nouveau livre du grand poëte-orateur républicain, digne pendant de *Napoléon le Petit*, est divisé en sept parties intitulées : — *la Société est sauvée*, — *l'Ordre est rétabli*, — *la Famille est restaurée*, — *la Religion est glorifiée*, — *l'Autorité est sacrée*, — *la Stabilité est assurée*, — *les Sauveurs se sauveront*.
Les pièces qu'on va lire en sont extraites :

JOYEUSE VIE.

I

Bien, pillards, intrigants, fourbes, crétins, puissances !
Attablez-vous en hâte autour des jouissances !
Accourez ! place à tous !
Maîtres, buvez, mangez, car la vie est rapide.
Tout ce peuple conquis, tout ce peuple stupide,
Tout ce peuple est à vous !

Vendez l'État ! coupez les bois ! coupez les bourses !
Videz les réservoirs et tarissez les sources !
Les temps sont arrivés.
Prenez le dernier sou ! prenez, gais et faciles,

Édition clandestine de Châtiments.
Exemplaire adressé à Jules Jamin.

PRÉFACE DE VICTOR HUGO

À LA PREMIÈRE ÉDITION DE 1853

Il a été publié à Bruxelles une édition tronquée de ce livre, précédée des lignes que voici :

« Le faux serment est un crime.
« Le guet-apens est un crime.
« La séquestration arbitraire est un crime.
« La subornation[1] de fonctionnaires publics est un crime.
« La subornation de juges est un crime.
« Le vol est un crime.
« Le meurtre est un crime.

« Ce sera un des plus douloureux étonnements de l'avenir que, dans de nobles pays qui, au milieu de la prostration de l'Europe, avaient maintenu leur Constitution et semblaient être les derniers et sacrés asiles de la probité et de la liberté, ce sera, disons-nous, l'étonnement de l'avenir que dans ces pays-là il ait été fait des lois[2] pour protéger ce que toutes les lois humaines, d'accord avec toutes les lois divines, ont dans tous les temps appelé crime.

« L'honnêteté universelle proteste contre ces lois protectrices du mal.

« Pourtant, que les patriotes qui défendent la liberté, que les généreux peuples auxquels la force voudrait imposer l'immoralité, ne désespèrent pas ; que, d'un autre côté, les coupables, en apparence tout-puissants, ne se hâtent pas trop de triompher en voyant les pages tronquées de ce livre.

« Quoi que fassent ceux qui règnent chez eux par la violence et hors de chez eux par la menace, quoi que fassent ceux qui se croient les maîtres des peuples et qui ne sont que les tyrans des consciences, l'homme qui lutte pour la justice et la vérité trouvera toujours le moyen d'accomplir son devoir tout entier.

---

1. *subornation* : action qui consiste à corrompre un témoin, un magistrat.
2. *que dans ces pays-là il ait été fait des lois* : allusion à la loi Faider•.

« La toute-puissance du mal n'a jamais abouti qu'à des efforts inutiles. La pensée échappe toujours à qui tente de l'étouffer. Elle se fait insaisissable à la compression ; elle se réfugie d'une forme dans l'autre. Le flambeau rayonne ; si on l'éteint, si on l'engloutit dans les ténèbres, le flambeau devient une voix, et l'on ne fait pas la nuit sur la parole ; si l'on met un bâillon à la bouche qui parle, la parole se change en lumière, et l'on ne bâillonne pas la lumière.

« Rien ne dompte la conscience de l'homme, car la conscience de l'homme, c'est la pensée de Dieu.

« V. H. »

Les quelques lignes qu'on vient de lire, préface d'un livre mutilé, contenaient l'engagement de publier le livre complet. Cet engagement, nous le tenons aujourd'hui.

V. H.

Jersey.

AU MOMENT DE RENTRER EN FRANCE[1] (31 AOÛT 1870)

Qui peut, en cet instant où Dieu peut-être échoue,
Deviner
Si c'est du côté sombre ou joyeux que la roue
Va tourner ?

Qu'est-ce qui va sortir de ta main qui se voile,
Ô destin ?
Sera-ce l'ombre infâme et sinistre, ou l'étoile
Du matin[2] ?

Je vois en même temps le meilleur et le pire ;
Noir tableau !
Car la France mérite Austerlitz, et l'empire
Waterloo[3].

J'irai, je rentrerai dans ta muraille sainte,
Ô Paris !
Je te rapporterai l'âme jamais éteinte
Des proscrits.

Puisque c'est l'heure où tous doivent se mettre à l'œuvre,
Fiers, ardents,
Écraser au dehors le tigre, et la couleuvre[4]
Au dedans ;

Puisque l'idéal pur, n'ayant pu nous convaincre,
S'engloutit ;
Puisque nul n'est trop grand pour mourir, ni pour vaincre
Trop petit ;

---

1. Hugo écrit ce poème alors qu'il a déjà quitté Jersey et que la France a déjà connu ses premiers revers ; l'Empire n'est pas encore tombé mais le poète a gagné Bruxelles et se prépare à rentrer.
2. *l'étoile / Du matin* : il s'agit de *Stella* (VI, xv).
3. *Waterloo* : Hugo se trouve pris dans une contradiction. L'attachement à la patrie le pousse à souhaiter la victoire, en même temps que la chute de Napoléon III.
4. *le tigre, et la couleuvre* : il s'agit de l'Allemagne et de Napoléon III.

Puisqu'on voit dans les cieux poindre l'aurore noire
Du plus fort ;
Puisque tout devant nous maintenant est la gloire
Ou la mort ;

Puisqu'en ce jour le sang ruisselle, les toits brûlent,
Jour sacré !
Puisque c'est le moment où les lâches reculent,
J'accourrai.

Et mon ambition, quand vient sur la frontière
L'étranger,
La voici : part aucune au pouvoir, part entière
Au danger.

Puisque ces ennemis, hier encor nos hôtes,
Sont chez nous,
J'irai, je me mettrai, France, devant tes fautes,
À genoux !

J'insulterai leurs chants, leurs aigles noirs, leurs serres,
Leurs défis ;
Je te demanderai ma part de tes misères,
Moi ton fils.

Farouche, vénérant, sous leurs affronts infâmes,
Tes malheurs,
Je baiserai tes pieds, France, l'œil plein de flammes
Et de pleurs.

France, tu verras bien qu'humble tête éclipsée
J'avais foi,
Et que je n'eus jamais dans l'âme une pensée
Que pour toi.

Tu me permettras d'être en sortant des ténèbres
Ton enfant ;
Et tandis que rira ce tas d'hommes funèbres
Triomphant,

Tu ne trouveras pas mauvais que je t'adore,
En priant,
Ébloui par ton front invincible, que dore
L'Orient.

Naguère, aux jours d'orgie où l'homme joyeux brille,
Et croit peu,
Pareil aux durs sarments desséchés où pétille
Un grand feu,

Quand, ivre de splendeur, de triomphe et de songes,
Tu dansais
Et tu chantais, en proie aux éclatants mensonges
Du succès,

Alors qu'on entendait ta fanfare de fête
Retentir,
Ô Paris, je t'ai fui comme le noir prophète
Fuyait Tyr[1].

Quand l'empire en Gomorrhe avait changé Lutèce[2],
Morne, amer
Je me suis envolé dans la grande tristesse
De la mer.

Là, tragique, écoutant ta chanson, ton délire,
Bruits confus,
J'opposais à ton luxe, à ton rêve, à ton rire,
Un refus.

Mais aujourd'hui qu'arrive avec sa sombre foule
Attila,
Aujourd'hui que le monde autour de toi s'écroule,
Me voilà.

France, être sur ta claie à l'heure où l'on te traîne
Aux cheveux,
Ô ma mère, et porter mon anneau de ta chaîne,
Je le veux !

J'accours, puisque sur toi la bombe et la mitraille
Ont craché.
Tu me regarderas debout sur ta muraille,
Ou couché.

1. *Tyr* : ville phénicienne menacée de destruction dans la Bible.
2. *Lutèce* : nom de Paris à l'époque romaine. Assimilée à Gomorrhe, que Dieu détruisit pour sa perversité (dans la Bible).

Et peut-être, en ta terre où brille l'espérance,
Pur flambeau,
Pour prix de mon exil, tu m'accorderas, France,
Un tombeau [1].

Bruxelles, 31 août 1870.
[31/8/1870]

1. *Un tombeau* : ce sera le Panthéon.

NOX[1]

I

C'est la date[2] choisie au fond de ta pensée,
Prince ! il faut en finir, – cette nuit[3] est glacée,
Viens, lève-toi ! Flairant dans l'ombre les escrocs,
Le dogue Liberté gronde et montre ses crocs ;
Quoique mis par Carlier• à la chaîne, il aboie ;
N'attends pas plus longtemps ! c'est l'heure de la proie.
Vois, décembre épaissit son brouillard le plus noir.
Comme un baron voleur qui sort de son manoir,
Surprends, brusque assaillant, l'ennemi que tu cernes.
Debout ! les régiments sont là dans les casernes,
Sac au dos, abrutis de vin et de fureur,
N'attendant qu'un bandit pour faire un empereur.
Mets ta main sur ta lampe et viens d'un pas oblique ;
Prends ton couteau, l'instant est bon ; la République,
Confiante, et sans voir tes yeux sombres briller,
Dort, avec ton serment[4], prince, pour oreiller.

Cavaliers, fantassins, sortez ! dehors les hordes !
Sus aux représentants[5] ! soldats, liez de cordes
Vos généraux jetés dans la cave aux forçats !
Poussez, la crosse aux reins, l'Assemblée à Mazas• !
Chassez la haute cour à coups de plat de sabre[6] !
Changez-vous, preux de France, en brigands de Calabre !
Vous, bourgeois, regardez, vil troupeau, vil limon,
Comme un glaive rougi qu'agite un noir démon,
Le coup d'État qui sort flamboyant de la forge !

---

1. *NOX* : en latin, « la nuit ».
2. *la date* : le 2 décembre est le jour anniversaire du sacre de Napoléon Ier et de la victoire d'Austerlitz.
3. *Cette nuit* : il s'agit de la nuit du 2 décembre 1851 où eut lieu le coup d'État.
4. *ton serment* : après son élection, Louis Napoléon avait, en tant que prince-président, prêté serment de fidélité à la Constitution, devant l'Assemblée.
5. *représentants* : ce sont les députés.
6. La Constitution stipulait que le président de la République ne pouvait dissoudre l'Assemblée sans tomber sous l'accusation de haute trahison. Elle précisait en outre que les juges de la Haute Cour devaient, *« à peine de forfaiture »*, juger immédiatement le président et ses complices. La Haute Cour ne bougea pas.

Les tribuns[1] pour le droit luttent ; qu'on les égorge !
Routiers, condottieri[2], vendus, prostitués,
Frappez ! tuez Baudin• ! tuez Dussoubs• ! tuez !
Que fait hors des maisons ce peuple ? Qu'il s'en aille !
Soldats, mitraillez-moi toute cette canaille !
Feu ! feu ! Tu voteras ensuite, ô peuple-roi ![3]
Sabrez l'honneur, sabrez le droit, sabrez la loi !
Que sur les boulevards le sang coule en rivières !
Du vin plein les bidons ! des morts plein les civières ![4]
Qui veut de l'eau-de-vie ? En ce temps pluvieux
Il faut boire. Soldats, fusillez-moi ce vieux.
Tuez-moi cet enfant. Qu'est-ce que cette femme ?
C'est la mère ? tuez[5]. Que tout ce peuple infâme
Tremble, et que les pavés rougissent ses talons !
Ce Paris odieux bouge et résiste. Allons !
Qu'il sente le mépris, sombre et plein de vengeance,
Que nous, la force, avons pour lui, l'intelligence !
L'étranger respecta Paris ; soyons nouveaux !
Traînons-le dans la boue aux crins de nos chevaux !
Qu'il meure ! qu'on le broie et l'écrase et l'efface !
Noirs canons, crachez-lui vos boulets à la face !

II

C'est fini. Le silence est partout, et l'horreur.
Vive Poulmann• César et Soufflard• empereur ![6]
On fait des feux de joie avec les barricades ;
La Porte Saint-Denis sous ses hautes arcades
Voit les brasiers trembler au vent et rayonner.
C'est fait, reposez-vous ; et l'on entend sonner

1. *tribuns* : orateurs éloquents, défenseurs du peuple.
2. *condottieri* : nom donné entre le XIIIe et le XVIe siècle aux mercenaires qui se mettaient au service des princes italiens. En France, on les nommait « routiers ».
3. *Tu voteras ensuite, ô peuple-roi !* : sur les affiches placardées lors du coup d'État, on annonce au peuple qu'il sera bientôt appelé aux urnes.
4. *Du vin plein les bidons ! des morts plein les civières* : première apparition de l'association du vin et du sang, image récurrente dans l'œuvre.
5. *Tuez-moi cet enfant* [...]*C'est la mère ? tuez* : le vieux, l'enfant, la femme, ceux qui sont inoffensifs et sans défense. Hugo reprendra ce thème tout au long du recueil.
6. *Vive Poulmann César et Soufflard empereur !* : Hugo affuble Louis Napoléon de noms d'assassins célèbres. Soufflard apparaît dans *Les Mystères de Paris* d'Eugène Sue.

Dans les fourreaux le sabre et l'argent dans les poches.
De la banque aux bivouacs on vide les sacoches.
Ceux qui tuaient le mieux et qui n'ont pas bronché
Auront la croix d'honneur par-dessus le marché.
Les vainqueurs en hurlant dansent sur les décombres.
Des tas de corps saignants gisent dans les coins sombres.
Le soldat, gai, féroce, ivre[1], complice obscur,
Chancelle, et, de la main dont il s'appuie au mur,
Achève d'écraser quelque cervelle humaine.
On boit, on rit, on chante, on ripaille[2], on amène
Des vaincus qu'on fusille, hommes, femmes, enfants.
Les généraux dorés[3] galopent triomphants,
Regardés par les morts tombés à la renverse.
Bravo ! César a pris le chemin de traverse !
Courons féliciter l'Élysée à présent.
Du sang dans les maisons, dans les ruisseaux du sang,
Partout ! Pour enjamber ces effroyables mares,
Les juges lestement retroussent leurs simarres[4],
Et l'Église joyeuse en emporte un caillot
Tout fumant, pour servir d'écritoire à Veuillot•.
Oui, c'est bien vous qu'hier, riant de vos férules,
Un caporal chassa de vos chaises curules[5],
Magistrats ! Maintenant que, reprenant du cœur,
Vous êtes bien certains que Mandrin• est vainqueur,
Que vous ne serez pas obligés d'être intègres,
Que Mandrin[6] dotera vos dévouements allègres,
Que c'est lui qui paîra désormais, et très bien,
Qu'il a pris le budget, que vous ne risquez rien,
Qu'il a bien étranglé la loi, qu'elle est bien morte,
Et que vous trouverez ce cadavre à la porte,
Accourez, acclamez, et chantez Hosanna[7] !

---

1. *ivre* : Hugo donne des détails et des témoignages sur cette ivresse des soldats dans *Napoléon-le-Petit* (III, III).
2. *On boit, on rit, on chante, on ripaille* : le thème de « l'orgie » est présent dans tout le recueil, il apparaît en contrepoint des souffrances des opposants et des misères du peuple.
3. *Les généraux dorés* : ceux qui se sont ralliés au coup d'État.
4. *simarres* : robes de dessous des magistrats.
5. *chaises curules* : chaises d'ivoire réservées aux magistrats romains occupant les plus hautes charges.
6. *Mandrin* : surnom donné à l'empereur.
7. *hosanna* : chant de triomphe et de joie (chanté à l'origine par les Juifs à la fête des Tabernacles, puis chant chrétien du dimanche des Rameaux).

Oubliez le soufflet qu'hier il vous donna,
Et puisqu'il a tué vieillards, mères et filles,
Puisqu'il est dans le meurtre entré jusqu'aux chevilles,
Prosternez-vous devant l'assassin tout-puissant,
Et léchez-lui les pieds pour effacer le sang !

III

Donc cet homme[1] s'est dit : « Le maître des armées,
L'empereur surhumain
Devant qui, gorge au vent, pieds nus, les renommées
Volaient, clairons en main,[2]

« Napoléon, quinze ans régna, dans les tempêtes,
Du Sud à l'Aquilon.
Tous les rois l'adoraient, lui, marchant sur leurs têtes,
Eux, baisant son talon ;

« Il prit, embrassant tout dans sa vaste espérance,
Madrid, Berlin, Moscou ;
Je ferai mieux ; je vais enfoncer à la France
Mes ongles dans le cou !

« La France libre et fière et chantant la concorde
Marche a son but sacré :
Moi, je vais lui jeter par derrière une corde
Et je l'étranglerai.

« Nous nous partagerons, mon oncle et moi, l'histoire ;
Le plus intelligent,
C'est moi, certe[3] ! il aura la fanfare de gloire,
J'aurai le sac d'argent.

« Je me sers de son nom, splendide et vain tapage,
Tombé dans mon berceau.
Le nain grimpe au géant. Je lui laisse sa page,
Mais j'en prends le verso.

1. *cet homme* : Louis Napoléon.
2. *les renommées / Volaient, clairons en main* : allusion à la représentation de la Renommée par Cortot sur l'Arc de triomphe de l'Étoile, à Paris.
3. *certe* : la graphie « certe » (ou bien « certes ») est une licence poétique permettant l'élision du *e* muet devant la voyelle du mot suivant.

« Je me cramponne à lui. C'est moi qui suis son maître.
J'ai pour sort et pour loi
De surnager sur lui dans l'histoire, ou peut-être
De l'engloutir sous moi.

« Moi, chat-huant, je prends cet aigle[1] dans ma serre.
Moi si bas, lui si haut,
Je le tiens ! je choisis son grand anniversaire[2],
C'est le jour qu'il me faut.

« Ce jour-là, je serai comme un homme qui monte
Le manteau sur ses yeux ;[3]
Nul ne se doutera que j'apporte la honte
À ce jour glorieux ;

« J'irai plus aisément saisir mon ennemie
Dans mes poings meurtriers ;
La France ce jour-là sera mieux endormie
Sur son lit de lauriers. »

Alors il vint, cassé de débauches, l'œil terne,
Furtif, les traits pâlis,
Et ce voleur de nuit alluma sa lanterne
Au soleil d'Austerlitz !

IV

Victoire ! il était temps, prince, que tu parusses !
Les filles d'Opéra manquaient de princes russes[4] ;
Les révolutions apportent de l'ennui
Aux Jeannetons d'hier, Pamélas[5] d'aujourd'hui ;

1. *aigle* : symbole de Napoléon Ier. Par dérision, Napoléon III est nommé ici « *chat-huant* » et fait figure de rapace nocturne et sans envergure.
2. *anniversaire* : anniversaire du sacre de Napoléon Ier et de la victoire d'Austerlitz.
3. *comme un homme qui monte / Le manteau sur ses yeux* : semblable à un bandit qui se dissimule le visage pour commettre un forfait.
4. *princes russes* : ils avaient la réputation de dépenser sans compter pour leurs plaisirs.
5. *Jeannetons, Pamélas* : Jeanneton est un prénom évoquant les mœurs légères de l'Ancien Régime. Paméla est l'héroïne aux mœurs sévères du roman de Samuel Richardson *Paméla ou la Vertu récompensée*.

Dans don Juan qui s'effraie un Harpagon éclate,
Un maigre filet d'or sort de sa bourse plate ;
L'argent devenait rare aux tripots ; les journaux
Faisaient le vide autour des confessionnaux[1] ;
Le Sacré-Cœur, mourant de sa mort naturelle,
Maigrissait ; les protêts[2], tourbillonnant en grêle,
Drus et noirs, aveuglaient le portier de Magnan• ;
On riait aux sermons de l'abbé Ravignan•.
Plus de pur-sang piaffant aux portes des donzelles ;
L'hydre de l'anarchie apparaissait aux belles
Sous la forme effroyable et triste d'un cheval
De fiacre les traînant pour trente sous au bal.
La désolation était sur Babylone[3].
Mais tu surgis, bras fort ; tu te dresses, colonne ;
Tout renaît, tout revit, tout est sauvé. Pour lors
Les figurantes vont récolter des milords,
Tous sont contents, soudards, francs viveurs, gent dévote ;
Tous chantent, monseigneur l'archevêque, et Javotte.
Allons ! congratulons, triomphons, partageons !
Les vieux partis, coiffés en ailes de pigeons[4],
Vont s'inscrire, adorant Mandrin•, chez son concierge.
Falstaff allume un punch, Tartuffe brûle un cierge.
Vers l'Élysée en joie, où sonne le tambour,
Tous se hâtent, Parieu•, Montalembert•, Sibour•,
Rouher•, cette catin, Troplong•, cette servante ;
Grecs, juifs, quiconque a mis sa conscience en vente,
Quiconque vole et ment *cum privilegio* ;
L'homme du bénitier, l'homme de l'agio[5] ;
Quiconque est méprisable et désire être infâme ;
Quiconque, se jugeant dans le fond de son âme,
Se sent assez forçat pour être sénateur.

---

1. *confessionnaux* : diérèse (confessi-onnaux).
2. *protêts* : actes dressés par un huissier, constatant le refus de payer d'un débiteur. Ici, allusion à la situation financière de Magnan.
3. *Babylone* : dans les Écritures, cette ville est prise pour un lieu de désordres et de crimes. Le nom de Babylone est fréquemment employé au XIXe siècle pour désigner Paris (*cf.* Théophile Gautier ou Michelet).
4. *coiffés en ailes de pigeons* : coiffure masculine de l'Ancien Régime, déjà démodée lorsque le père Goriot la porte.
5. *l'homme de l'agio* : il s'agit de Fould•. L'agio est l'ensemble des taux de retenue (intérêt, commission, change) sur un escompte.

Myrmidon, de César admire la hauteur.
Lui, fait la roue[1] et trône au centre de la fête.
– Eh bien, messieurs, la chose est-elle un peu bien faite ?
Qu'en pense Papavoine• et qu'en dit Loyola• ?
Maintenant nous ferons voter ces drôles-là.
Partout en lettres d'or nous écrirons le chiffre. –
Gai ! tapez sur la caisse et soufflez dans le fifre ;
Braillez vos *salvum fac*[2], messeigneurs ; en avant
Des églises, abri profond du Dieu vivant,
On dressera des mâts avec des oriflammes.
Victoire ! venez voir les cadavres, mesdames.

V[3]

Où sont-ils ? Sur les quais, dans les cours, sous les ponts,
Dans l'égout, dont Maupas• fait lever les tampons[4],
Dans la fosse commune affreusement accrue,
Sur le trottoir, au coin des portes, dans la rue,
Pêle-mêle entassés, partout ; dans les fourgons
Que vers la nuit tombante escortent les dragons,
Convoi hideux qui vient du Champ-de-Mars[5], et passe,
Et dont Paris tremblant s'entretient à voix basse.
Ô vieux Mont des Martyrs[6], hélas ! garde ton nom !
Les morts, sabrés, hachés, broyés par le canon,
Dans ce champ[7] que la tombe emplit de son mystère,
Étaient ensevelis la tête hors de terre.

1. *Lui, fait la roue* : comme un paon qui veut se faire admirer.
2. *vos* salvum fac : « *Domine salvum fac Ludovicum Napoleonem* ».
3. Après la fusillade du 4 décembre, une partie des cadavres avait été sommairement enterrée au cimetière de Montmartre, la tête émergeant du sol. Hugo rapporte dans *Napoléon-le-Petit* (III, IX) le témoignage du sculpteur David d'Angers : « *J'ai vu au cimetière Montmartre une quarantaine de cadavres encore vêtus de leurs habits ; on les avait placés l'un à côté de l'autre ; quelques pelletées de terre les cachaient jusqu'à la tête, qu'on avait laissée découverte, afin que les parents les reconnussent.* »
4. *tampons* : fermetures de bouche d'égout.
5. *Champ-de-Mars* : il s'agit d'un des lieux d'exécutions.
6. *Mont des Martyrs* : Montmartre, *mons martyrum*, selon l'une des étymologies, c'est-à-dire « le mont des martyrs ». Saint Denis et ses compagnons y auraient été exécutés.
7. *ce champ* : le cimetière de Montmartre.

Cet homme[1] les avait lui-même ainsi placés,
Et n'avait pas eu peur de tous ces fronts glacés.
Ils étaient là, sanglants, froids, la bouche entr'ouverte,
La face vers le ciel, blêmes dans l'herbe verte,
Effroyables à voir dans leur tranquillité,
Éventrés, balafrés, le visage fouetté
Par la ronce qui tremble au vent du crépuscule ;
Tous[2], l'homme du faubourg[3] qui jamais ne recule,
Le riche à la main blanche et le pauvre au bras fort[4],
La mère qui semblait montrer son enfant mort,
Cheveux blancs, tête blonde, au milieu des squelettes,
La belle jeune fille aux lèvres violettes[5],
Côte à côte rangés dans l'ombre au pied des ifs,
Livides, stupéfaits, immobiles, pensifs,
Spectres du même crime et des mêmes désastres,
De leur œil fixe et vide ils regardaient les astres.
Dès l'aube, on s'en venait chercher dans ce gazon
L'absent qui n'était pas rentré dans la maison ;
Le peuple contemplait ces têtes effarées[6] ;
La nuit, qui de décembre abrège les soirées,
Pudique, les couvrait du moins de son linceul.
Le soir, le vieux gardien des tombes, resté seul,
Hâtait le pas parmi les pierres sépulcrales,
Frémissant d'entrevoir toutes ces faces pâles ;
Et tandis qu'on pleurait dans les maisons en deuil,
L'âpre bise soufflait sur ces fronts sans cercueil,
L'ombre froide emplissait l'enclos aux murs funèbres.
Ô morts, que disiez-vous à Dieu dans ces ténèbres ?

On eût dit, en voyant ces morts mystérieux

---

1. *Cet homme* : ordonnateur du coup d'État, Louis Napoléon est considéré par Hugo comme portant la responsabilité globale des horreurs commises.
2. *Tous* : Hugo note dans *Napoléon-le-Petit* (IV, I) que les victimes étaient issues de toutes les classes de la société sans distinction d'âge ou de sexe.
3. *l'homme du faubourg* : il s'agit des ouvriers du faubourg Saint-Antoine qui avaient été écrasés en juin 1848. Ils n'opposèrent en réalité qu'une faible résistance au coup d'État.
4. *le pauvre au bras fort* : le travailleur manuel, l'ouvrier.
5. *La belle jeune fille aux lèvres violettes* : allusion à la « *belle jeune fille marchande de fleurs sur le boulevard* », évoquée par David d'Angers dans son témoignage.
6. *effarées* : résume les expressions évoquées par les quatre adjectifs employés cinq vers plus haut. L'expression est chère à Hugo, *cf.* le dernier vers d'*Éblouissements* (VI, v).

Le cou hors de la terre et le regard aux cieux,
Que, dans le cimetière où le cyprès frissonne,
Entendant le clairon du jugement qui sonne,
Tous ces assassinés s'éveillaient brusquement,
Qu'ils voyaient, Bonaparte, au seuil du firmament,
Amener devant Dieu ton âme horrible et fausse,
Et que, pour témoigner, ils sortaient de leur fosse.

Montmartre ! enclos fatal ! quand vient le soir obscur,
Aujourd'hui le passant évite encor ce mur.

VI

Un mois après, cet homme allait à Notre-Dame.[1]

Il entra le front haut ; la myrrhe et le cinname[2]
Brûlaient ; les tours vibraient sous le bourdon sonnant ;
L'archevêque était là, de gloire rayonnant ;
Sa chape avait été taillée en un suaire ;[3]
Sur une croix dressée au fond du sanctuaire
Jésus avait été cloué pour qu'il restât.[4]
Cet infâme apportait à Dieu son attentat.
Comme un loup qui se lèche après qu'il vient de mordre,
Caressant sa moustache, il dit : – J'ai sauvé l'ordre !
Anges, recevez-moi dans votre légion[5] !
J'ai sauvé la famille et la religion ! –[6]
Et dans son œil féroce, où Satan se contemple,
On vit luire une larme… – Ô colonnes du temple,

1. *Un mois après, cet homme allait à Notre-Dame* : pour assister au *Te Deum*.
2. *la myrrhe et le cinname* : parfums à combustion lente qu'on laisse se consumer en l'honneur d'une divinité.
3. *Sa chape avait été taillée en un suaire* : la chape est un long manteau ecclésiastique sans manches, agrafé par-devant et porté lors des cérémonies. Allusion aux morts du 4 décembre.
4. *Jésus avait été cloué pour qu'il restât* : Hugo sous-entend que, s'il n'avait été cloué sur la croix, Jésus aurait quitté Notre-Dame pour ne pas être témoin de la cérémonie sacrilège au cours de laquelle l'archevêque Sibour bénit le coup d'État.
5. *légion* : diérèse (légi-on).
6. *J'ai sauvé l'ordre / […] et la religion !* : les quatre premiers livres portent respectivement pour titre : *La société est sauvée* ; *L'ordre est rétabli,* ; *La famille est restaurée* ; *La religion est glorifiée*. Il s'agit là de la reprise d'assertions de Louis Napoléon qui prétendait *« préserver la France de l'anarchie »* (*Appel au peuple* placardé sur les murs le 2 décembre 1851). (Diérèse : religi-on.)

Abîmes qu'à Pathmos• vit s'entr'ouvrir saint-Jean•,
Cieux qui vîtes Néron•, soleil qui vis Séjan•,
Vents qui jadis meniez Tibère• vers Caprée•
Et poussiez sur les flots sa galère dorée,
Ô souffles de l'aurore et du septentrion,
Dites si l'assassin dépasse l'histrion[1] !

VII[2]

Toi qui bats de ton flux fidèle
La roche où j'ai ployé mon aile,
Vaincu, mais non pas abattu,
Gouffre où l'air joue, où l'esquif sombre,
Pourquoi me parles-tu dans l'ombre ?
Ô sombre mer, que me veux-tu ?

Tu n'y peux rien ! Ronge tes digues,
Épands l'onde que tu prodigues,
Laisse-moi souffrir et rêver ;
Toutes les eaux de ton abîme,
Hélas ! passeraient sur ce crime,
Ô vaste mer, sans le laver ![3]

Je comprends, tu veux m'en distraire ;
Tu me dis : Calme-toi, mon frère,
Calme-toi, penseur orageux !
Mais toi-même alors, mer profonde,
Calme ton flot puissant qui gronde,
Toujours amer, jamais fangeux !

Tu crois en ton pouvoir suprême,
Toi qu'on admire, toi qu'on aime,
Toi qui ressembles au destin,
Toi que les cieux ont azurée,
Toi qui dans ton onde sacrée

1. *histrion* : comédien, acteur ; le mot a généralement un sens péjoratif.
2. Première apparition de l'Océan comme interlocuteur, complice, miroir, ennemi du poète (*cf.* le bilan, pp. 33-34).
3. *Toutes les eaux de ton abîme, / [...] sans le laver !* : référence à Shakespeare. Après son crime, taraudé par la culpabilité, Macbeth s'écrie : « *Tout l'océan du grand Neptune arrivera-t-il à laver ce sang de ma main ?* » (*Macbeth*, acte II, scène 2).

Laves l'étoile du matin ![1]

Tu me dis : Viens, contemple, oublie !
Tu me montres le mât qui plie,
Les blocs verdis, les caps croulants,
L'écume au loin dans les décombres,
S'abattant sur les rochers sombres
Comme une troupe d'oiseaux blancs ;

La pêcheuse aux pieds nus qui chante,
L'eau bleue où fuit la nef penchante,
Le marin, rude laboureur,
Les hautes vagues en démence ;
Tu me montres ta grâce immense
Mêlée à ton immense horreur.

Tu me dis : Donne-moi ton âme ;
Proscrit, éteins en moi ta flamme ;
Marcheur, jette aux flots ton bâton ;
Tourne vers moi ta vue ingrate.
Tu me dis : J'endormais Socrate[2] !
Tu me dis : J'ai calmé Caton[2] !

Non ![3] respecte l'âpre pensée,
L'âme du juste[4] courroucée,
L'esprit qui songe aux noirs forfaits !
Parle aux vieux rochers, tes conquêtes,
Et laisse en repos mes tempêtes !
D'ailleurs, mer sombre, je te hais !

Ô mer ! n'est-ce pas toi, servante,
Qui traînes sur ton eau mouvante,
Parmi les vents et les écueils,
Vers Cayenne• aux fosses profondes,
Ces noirs pontons qui sur tes ondes
Passent comme de grands cercueils !

1. *Toi qui* [...] / *Laves l'étoile du matin* : l'association entre la mer et l'étoile annonce *Stella* (VI, XV).
2. *Socrate* / *Caton* : tous deux sont morts en regardant la mer.
3. *Non !* : réponse du poète à la tentation de l'oubli et de l'apaisement.
4. *juste* : dans le texte biblique, l'homme de bien, celui qui est fidèle aux principes moraux et religieux.

N'est-ce pas toi qui les emportes
Vers le sépulcre ouvrant ses portes,
Tous nos martyrs au front serein,
Dans la cale où manque la paille,
Où les canons pleins de mitraille,
Béants, passent leur cou d'airain !

Et s'ils pleurent, si les tortures
Font fléchir ces hautes natures,
N'est-ce pas toi, gouffre exécré,
Qui te mêles à leur supplice,
Et qui de ta rumeur complice
Couvres leur cri désespéré !

VIII

Voilà ce qu'on a vu ! l'histoire le raconte,
Et lorsqu'elle a fini pleure, rouge de honte...

Quand se réveillera la grande nation,
Quand viendra le moment de l'expiation[1],
Glaive des jours sanglants, oh ! ne sors pas de l'ombre ![2]
Non ! non ! il n'est pas vrai qu'en plus d'une âme sombre,
Pour châtier ce traître et cet homme de nuit,
À cette heure, ô douleur, ta nécessité luit !
Souvenirs où l'esprit grave et pensif s'arrête !
Gendarmes, sabre nu, conduisant la charrette,
Roulements des tambours, peuple criant : frappons !
Foule encombrant les toits, les seuils, les quais, les ponts,
Grèves des temps passés, mornes places publiques
Où l'on entrevoyait des triangles obliques[3],

1. *expiation* : double diérèse (expia-ti-on). Martèlement du terme qui annonce le poème XIII du livre V.
2. *Glaive des jours sanglants, oh ! ne sors pas de l'ombre !* : Hugo est hostile à la peine de mort. *Cf.* son roman : *Le Dernier Jour d'un condamné*, 1829 (*cf.* l'édition « Classiques Hachette » n° 95, Paris, 1998). En février 1848, le gouvernement provisoire, présidé par Lamartine, avait aboli la peine de mort. Cette abolition ne fut ratifiée par l'Assemblée qu'en ce qui concernait les condamnations politiques, mais maintenue pour les condamnations de droit commun, malgré l'opposition farouche de Hugo.
3. *triangles obliques* : il s'agit des couperets des guillotines.

Oh ! ne revenez pas, lugubres visions[1] !
Ciel ! nous allions en paix devant nous, nous faisions
Chacun notre travail dans le siècle où nous sommes,
Le poète chantait l'œuvre immense des hommes,
La tribune parlait avec sa grande voix,
On brisait échafauds, trônes, carcans, pavois[2],
Chaque jour décroissaient la haine et la souffrance,
Le genre humain suivait le progrès saint[3], la France
Marchait devant, avec sa flamme sur le front ;
Ces hommes sont venus ! Lui, ce vivant affront,
Lui, ce bandit qu'on lave avec l'huile du sacre !
Ils sont venus, portant le deuil et le massacre,
Le meurtre, les linceuls, le fer, le sang, le feu ;
Ils ont semé cela sur l'avenir, Grand Dieu !

Et maintenant, pitié, voici que tu tressailles
À ces mots effrayants : vengeance ! représailles !

Et moi, proscrit qui saigne aux ronces des chemins,
Triste, je rêve et j'ai mon front dans mes deux mains,
Et je sens, par instants, d'une aile hérissée,
Dans les jours qui viendront s'enfoncer ma pensée !
Géante aux chastes yeux, à l'ardente action,
Que jamais on ne voie, ô Révolution,
Devant ton fier visage où la colère brille,
L'Humanité, tremblante et te criant : ma fille !
Et, couvrant de son corps même les scélérats,
Se traîner à tes pieds en se tordant les bras !
Ah ! tu respecteras cette douleur amère,
Et tu t'arrêteras, Vierge, devant la Mère !

Ô travailleur robuste, ouvrier demi-nu,
Moissonneur envoyé par Dieu même, et venu
Pour faucher en un jour dix siècles de misère,
Sans peur, sans pitié, vrai, formidable et sincère,
Égal par la stature au colosse romain,
Toi qui vainquis l'Europe et qui pris dans ta main

1. *lugubres visions* : souvenirs de la période de la Terreur.
2. *pavois* : allusion au cérémonial qui accompagnait la prise de pouvoir des rois francs. Ils étaient portés par les soldats sur des boucliers nommés « pavois ».
3. *le progrès saint* : c'est à ce mouvement de l'histoire (le progrès) qu'il faut revenir, c'est ce que promet *Lux*.

Les rois, et les brisas les uns contre les autres,
Né pour clore les temps d'où sortirent les nôtres,
Toi qui par la terreur sauvas la liberté,
Toi qui portes ce nom sombre : Nécessité,
Dans l'histoire où tu luis comme en une fournaise,
Reste seul à jamais, Titan• quatrevingt-treize[1] !
Rien d'aussi grand que toi ne viendrait après toi.

D'ailleurs, né d'un régime où dominait l'effroi,
Ton éducation sur ta tête affranchie
Pesait, et, malgré toi, fils de la monarchie,
Nourri d'enseignements et d'exemples mauvais,
Comme elle tu versas le sang ; tu ne savais
Que ce qu'elle t'avait appris : le mal, la peine,
La loi de mort mêlée avec la loi de haine,
Et, jetant bas tyrans, parlements, rois, Capets[2],
Tu te levais contre eux et comme eux tu frappais[3].

Nous, grâce à toi, géant qui gagnas notre cause,
Fils de la liberté, nous savons autre chose.
Ce que la France veut pour toujours désormais,
C'est l'amour rayonnant sur ses calmes sommets,
La loi sainte du Christ, la fraternité pure.
Ce grand mot est écrit dans toute la nature :
Aimez-vous ! aimez-vous ! – Soyons frères ; ayons
L'œil fixé sur l'Idée, ange aux divins rayons.
L'Idée à qui tout cède et qui toujours éclaire
Prouve sa sainteté même dans sa colère.
Elle laisse toujours les principes debout.
Être vainqueurs, c'est peu, mais rester grands, c'est tout.
Quand nous tiendrons ce traître, abject, frissonnant, blême,
Affirmons le progrès dans le châtiment même :
La honte, et non la mort. – Peuples, couvrons d'oubli

1. *Titan quatrevingt-treize* : Hugo personnifie la Terreur qu'il considère comme un mal qui fut sans doute nécessaire mais dont l'histoire ne doit plus jamais plus nous donner d'exemple (*cf.* le bilan, pp. 33-34).

2. *Capets* : nom générique que les révolutionnaires donnèrent aux rois de France ; ainsi appelèrent-ils Louis XVI « Louis Capet ». (Les Capétiens régnèrent en ligne directe, de l'accession au trône d'Hugues Capet en 987 jusqu'en 1328.)

3. *Tu te levais contre eux et comme eux tu frappais* : la Terreur est présentée par Hugo comme la réponse violente de la Révolution à la violence des siècles passés qu'elle veut éradiquer.

L'affreux passé des rois, pour toujours aboli,
Supplices, couperets, billots, gibets, tortures !
Hâtons l'heure promise aux nations futures,
Où, calme et souriant aux bons, même aux ingrats,
La Concorde, serrant les hommes dans ses bras,
Penchera sur nous tous sa tête vénérable !
Oh ! qu'il ne soit pas dit que, pour ce misérable,
Le monde en son chemin sublime a reculé !
Que Jésus et Voltaire auront en vain parlé !
Qu'il n'est pas vrai qu'après tant d'effort et de peine,
Notre époque ait enfin sacré la vie humaine,
Hélas ! et qu'il suffit d'un moment indigné
Pour perdre le trésor par les siècles gagné !
On peut être sévère et de sang économe.
Oh ! qu'il ne soit pas dit qu'à cause de cet homme
La guillotine au noir panier, qu'avec dégoût
Février avait prise et jetée à l'égout,[1]
S'est réveillée avec les bourreaux dans leurs bouges,
A ressaisi sa hache entre ses deux bras rouges,
Et, dressant son poteau dans les tombes scellé,
Sinistre, a reparu sous le ciel étoilé !

IX

Toi qu'aimait Juvénal•, gonflé de lave ardente,
Toi dont la clarté luit dans l'œil fixe de Dante•,
Muse Indignation[2], viens, dressons maintenant,
Dressons sur cet empire heureux et rayonnant,
Et sur cette victoire au tonnerre échappée,
Assez de piloris pour faire une épopée !

Jersey. Novembre 1852.
[16-22/11/1852]

1. *La guillotine* [...] *jetée à l'égout* : nouvelle allusion à l'abolition de la peine de mort en février 1858.
2. *Muse Indignation* : dans sa première satire, Juvénal écrivait : *« À défaut du talent, c'est l'indignation qui dicte les vers... » (Si natura negat, facit indignatio versum...).*

Questions

Compréhension

1. *Dans les sections I, III, IV, V, et VI, Hugo appelle Napoléon III tantôt* « prince », *tantôt* « cet homme ». *Quel est l'effet recherché par l'emploi de chacune de ces apostrophes ? Pourquoi cette alternance entre les deux termes ?*

2. *Dès le poème* Nox *apparaissent des noms propres que l'auteur emploie en grand nombre et souvent assortis d'adjectifs ou de compléments. Quel effet produisent :* a) *la multiplication des nom ? ;* b) *la manière lapidaire dont ils sont caractérisés ?*

3. *Section IV. Tentez de définir la grande opposition sur laquelle repose ce poème. À quel jugement de valeur conduit-elle le lecteur ?*

4. *Section V. Dans son évocation des cadavres, Hugo suscite l'indignation du lecteur, mais, plus encore, sa pitié et sa tendresse. Par quels grands procédés y parvient-il ? À quoi cela sert-il ?*

5. *Section VII. Dans sa solitude, Hugo est hanté par la présence obsédante de la mer ; c'est elle qu'il interpelle ici. Quelles images et quels rôles contradictoires de l'Océan le poète évoque-t-il ?*

6. *Section VIII. À partir du mouvement d'ensemble du poème, tentez de définir le rapport qu'entretient Hugo :* a) *avec la Révolution française ;* b) *avec la violence physique.*

7. *Section IX. Que représentent les six vers du poème :* a) *par rapport à* Nox ? ; b) *par rapport à l'ensemble des* Châtiments ?

Écriture

8. *Tentez de définir l'effet recherché par Hugo lorsqu'il multiplie l'emploi des impératifs dans la première section* (« tuez », « sabrez », *etc.).*

9. *L'esthétique romantique autorise des évocations ou des métaphores d'une violence qui confine à l'horreur. Repérez les plus marquantes (sections I et II) et analysez-les (emploi des mots, contexte).*

Bilan

Structure du recueil

La construction des Châtiments *répond à un désir d'efficacité et de démonstration. Elle est donc apparente dans ses grandes articulations. La structure comporte une ouverture,* Nox *(la nuit), suivie de sept livres, puis d'un final,* Lux *(la lumière).*
Les six premiers livres portent des titres empruntés à un discours tenu à Bordeaux par Napoléon III, alors qu'il se targuait d'avoir sauvé la France de l'anarchie : La société est sauvée (I), L'ordre est rétabli (II), La famille est restaurée (III), La religion est glorifiée (IV), L'autorité est sacrée (V), La stabilité est assurée (VI). *À chacune de ces assertions correspond l'évocation d'une réalité qui en est le contrepoint tragique ou satirique.*
Le livre VII, Les sauveurs se sauveront, *traite de la fin de la tyrannie et de la fuite des oppresseurs. Enfin, la dernière section,* Lux, *offre la perspective d'un avenir radieux.*
L'ensemble est parcouru par plusieurs lignes de force qui nous proposent plusieurs lectures possibles et complémentaires. D'après Pierre Albouy, le recueil suit un véritable parcours symbolique : de la chute à la rédemption en passant par L'expiation *(V, XIII)* .
Ce mouvement moral se traduit en termes de cheminement vers la lumière. Partant de Nox *(l'obscurité), nous sommes conduits par* Luna *(la lune), puis* Stella *(l'étoile), juqu'au monde éblouissant du Progrès promis dans* Lux.
Enfin, au cœur même de ce mouvement vers la rédemption et la lumière, on peut distinguer ce qui apparaît comme l'accession du poète à la maturité de son art, à la conscience de son image et de la puissance de son écriture poétique. Après les crises qui ont bouleversé la vie privée de Victor Hugo au cours des années 1840 (notamment la mort de sa fille Léopoldine) et sa prise de conscience politique, l'œuvre Les Châtiments *apparaît comme* « une récupération de l'ego Hugo », *toujours selon Pierre Albouy. Hugo choisit définitivement la parole poétique comme art et comme arme.*

Nox

• Ce que nous savons

Poème d'introduction, Nox *se présente comme une sorte de microcosme qui préfigure vertigineusement* Les Châtiments. *La plupart des thèmes abordés dans l'œuvre y sont déjà présents.* Nox *évoque la nuit de l'Empire sous ses trois aspects :*

– la nuit du coup d'État (1er au 2 décembre 1851) ;
– la nuit du 4 décembre où le pouvoir confirma son assise par le massacre ;
– et, enfin, la longue nuit de l'Empire qui imposera pendant vingt ans à la France obscurantisme et confiscation des libertés, étouffant le Progrès et condamnant les Justes à l'exil ou à la mort.
Le poème se décompose lui-même en neuf sections de longueur et de mètres variés :
I. Évocation du coup d'État et de l'écrasement des velléités de résistance.
II. Les vainqueurs s'installent. Parallèle entre Napoléon Ier et Napoléon III.
III. Détournement pervers de l'épopée napoléonienne par le Second Empire.
IV. La fête impériale et la société des profiteurs.
V. Les « morts du 4 décembre ».
VI. Consécration par l'Église.
VII. Présence et symbolique de la mer.
VIII. Perspective historique, annonce du châtiment.
IX. La poésie épique et satirique, instrument du châtiment : la parole se faisant acte.

• À quoi nous attendre ?

À partir de là, Les Châtiments *vont se développer comme une série de variations qui réinterprètent, développent et enrichissent ce que* Nox *nous avait offert en ouverture. C'est pourquoi, avec l'accord du poète, ce poème, séparé du recueil, sera utilisé comme brochure de propagande et circulera* « sous le manteau » *dans les milieux d'opposition à l'Empire.*
Pour l'essentiel, Nox *est rédigé en alexandrins (c'est d'ailleurs le mètre le plus fréquent dans* Les Châtiments*). On remarque toutefois deux exceptions constituées par les sections III et VII :*
La section III est composée de onze quatrains, présentant une alternance d'alexandrins et d'hexasyllabes. Il en résulte un effet d'allongement de l'alexandrin qui concourt à une impression d'enflure traduisant la mégalomanie de Napoléon III.
Dans la section VII, l'emploi de l'octosyllabe, ponctué régulièrement en fin de vers, introduit une rupture rythmique propre à susciter un sentiment d'apaisement. Les strophes de six vers (sixains) se déroulent avec une régularité qui évoque celle du flux et du reflux. C'est l'irruption de la nature dans un univers où les miasmes sordides de l'Histoire ont besoin d'être balayés par le vent du large.

LIVRE PREMIER

LA SOCIÉTÉ EST SAUVÉE

I

France ! à l'heure où tu te prosternes[1],
Le pied d'un tyran sur ton front,
La voix sortira des cavernes ;
Les enchaînés tressailleront.

Le banni[2], debout sur la grève,
Contemplant l'étoile et le flot,
Comme ceux qu'on entend en rêve,
Parlera dans l'ombre tout haut ;

Et ses paroles qui menacent,
Ses paroles dont l'éclair luit,
Seront comme des mains qui passent
Tenant des glaives dans la nuit.

Elles feront frémir les marbres
Et les monts que brunit le soir,
Et les chevelures des arbres
Frissonneront sous le ciel noir ;

Elles seront l'airain qui sonne,
Le cri qui chasse les corbeaux,
Le souffle inconnu dont frissonne
Le brin d'herbe sur les tombeaux ;

Elles crieront : Honte aux infâmes,
Aux oppresseurs, aux meurtriers !

---

1. *France ! à l'heure où tu te prosternes* : les plébiscites du 21 décembre 1851 et du 21 novembre 1852 approuvèrent respectivement le coup d'État puis l'Empire à une écrasante majorité (7 145 000 OUI contre 592 000 NON, puis 7 800 000 OUI contre 253 000 NON).
2. *Le banni* : Hugo désigne ici celui qui parle, le poème définissant ensuite l'origine et les pouvoirs de cette parole.

Elles appelleront les âmes
Comme on appelle des guerriers !

Sur les races qui se transforment,
Sombre orage, elles planeront ;
Et si ceux qui vivent s'endorment,
Ceux qui sont morts s'éveilleront.

Jersey. Août 1853.
[30/3/1853]

II

TOULON•

– 1 –

En ces temps-là[1], c'était une ville tombée
Au pouvoir des Anglais, maîtres des vastes mers,
Qui, du canon battue et de terreur courbée,
Disparaissait dans les éclairs.

C'était une cité qu'ébranlait le tonnerre
À l'heure où la nuit tombe, à l'heure où le jour naît,
Qu'avait prise en sa griffe Albion[2], qu'en sa serre
La République reprenait.

Dans la rade couraient les frégates meurtries ;
Les pavillons pendaient troués par le boulet ;
Sur le front orageux des noires batteries
La fumée à longs flots roulait.

On entendait gronder les forts, sauter les poudres ;
Le brûlot[3] flamboyait sur la vague qui luit ;
Comme un astre effrayant qui se disperse en foudres,

1. *En ces temps-là* : c'est-à-dire en 1793, date à laquelle le capitaine Napoléon Bonaparte rend Toulon à la République.
2. *Albion* : nom ayant servi aux Anciens à désigner l'Angleterre par allusion à la blancheur (du latin *albus*, « blanc ») de ses falaises.
3. *brûlot* : navire incendiaire envoyé contre les vaisseaux ennemis.

La bombe éclatait dans la nuit.

Sombre histoire ! Quels temps ! Et quelle illustre page !
Tout se mêlait, le mât coupé, le mur détruit,
Les obus, le sifflet des maîtres d'équipage,
Et l'ombre, et l'horreur, et le bruit.

Ô France ! Tu couvrais alors toute la terre
Du choc prodigieux de tes rébellions.
Les rois lâchaient sur toi le tigre et la panthère,
Et toi, tu lâchais les lions.

Alors la République avait quatorze armées,
On luttait sur les monts et sur les océans.
Cent victoires jetaient au vent cent renommées.
On voyait surgir les géants !

Alors apparaissaient des aubes rayonnantes ;
Des inconnus[1], soudain éblouissant les yeux,
Se dressaient, et faisaient aux trompettes sonnantes
Dire leurs noms mystérieux.

Ils faisaient de leurs jours de sublimes offrandes ;
Ils criaient : Liberté ! guerre aux tyrans ! mourons !
Guerre ! – et la gloire ouvrait ses ailes toutes grandes
Au-dessus de ces jeunes fronts !

– 2 –

Aujourd'hui c'est la ville où toute honte échoue.
Là, quiconque est abject, horrible et malfaisant,
Quiconque un jour plongea son honneur dans la boue,
Noya son âme dans le sang ;

Là, le faux-monnayeur pris la main sur sa forge,
L'homme du faux serment et l'homme du faux poids,
Le brigand qui s'embusque et qui saute à la gorge
Des passants, la nuit, dans les bois ;

1. *Des inconnus* : comme Napoléon Bonaparte.

Là, quand l'heure a sonné, cette heure nécessaire,
Toujours, quoi qu'il ait fait pour fuir, quoi qu'il ait dit,
Le pirate hideux, le voleur, le faussaire,
Le parricide, le bandit,

Qu'il sorte d'un palais ou qu'il sorte d'un bouge,
Vient, et trouve une main, froide comme un verrou,
Qui sur le dos lui jette une casaque rouge,
Et lui met un carcan[1] au cou.

L'aurore luit, pour eux sombre et pour nous vermeille.
Allons ! debout ! Ils vont vers le sombre Océan.
Il semble que leur chaîne avec eux se réveille,
Et dit : me voilà ; viens-nous-en !

Ils marchent, au marteau présentant leurs manilles[2],
À leur chaîne cloués, mêlant leurs pas bruyants,
Traînant leur pourpre infâme en hideuses guenilles,
Humbles, furieux, effrayants.

Les pieds nus, leur bonnet baissé sur leurs paupières,
Dès l'aube harassés, l'œil mort, les membres lourds,
Ils travaillent, creusant des rocs, roulant des pierres,
Sans trêve, hier, demain, toujours.

Pluie ou soleil, hiver, été, que juin flamboie,
Que janvier pleure, ils vont, leur destin s'accomplit,
Avec le souvenir de leurs crimes pour joie,
Avec une planche pour lit.

Le soir, comme un troupeau, l'argousin[3] vil les compte.
Ils montent deux à deux l'escalier du ponton[4],
Brisés, vaincus, le cœur incliné sous la honte,
Le dos courbé sous le bâton.

1. *carcan* : cercle de fer avec lequel les criminels condamnés à l'exposition publique étaient attachés par le cou au pilori.
2. *manilles* : anneaux métalliques par lesquels les forçats étaient attachés à leur chaîne.
3. *argousin* : garde-chiourme, au sens propre, c'est-à-dire surveillant de prison ; par extension, policier.
4. *ponton* : navire désaffecté transformé en prison flottante.

La pensée implacable habite encor leurs têtes.
Morts vivants, aux labeurs voués, marqués au front,
Ils rampent, recevant le fouet comme des bêtes,
Et comme des hommes l'affront.

– 3 –

Ville que l'infamie et la gloire ensemencent,
Où du forçat pensif le fer tond les cheveux,
Ô Toulon ! c'est par toi que les oncles commencent,
Et que finissent les neveux !

Va, maudit ! ce boulet que, dans des temps stoïques,
Le grand soldat, sur qui ton opprobre s'assied,
Mettait dans les canons de ses mains héroïques,
Tu le traîneras à ton pied !

Écrit en arrivant à Bruxelles, 12 décembre 1851.
[28/10/1852]

III

Approchez-vous. Ceci, c'est le tas des dévots[1].
Cela hurle en grinçant un *benedicat vos*[2] ;
C'est laid, c'est vieux, c'est noir. Cela fait des gazettes.
Pères fouetteurs du siècle, à grands coups de garcettes[3],
Ils nous mènent au ciel. Ils font, blêmes grimauds[4],
De l'âme et de Jésus des querelles de mots,
Comme à Byzance au temps des Jeans et des Eudoxes[5].
Méfions-nous ; ce sont des gredins orthodoxes.

---

1. *c'est le tas des dévots* : dans le « *tas* », Veuillot est au premier plan.
2. benedicat vos : formule d'ouverture de la messe en latin.
3. *garcette* : petit cordage tressé servant à réduire la surface d'une voile, employé aussi comme fouet.
4. *grimauds* : cuistres, qui font étalage de leur culture.
5. *Comme à Byzance au temps des Jeans et des Eudoxes* : exemple de querelle byzantine. Au IVe siècle, une controverse religieuse opposa saint Jean Chrysostome, dit « Bouche d'or », tenant de l'orthodoxie, à l'arianisme d'Eudoxe.

Ils auraient fait pousser des cris à Juvénal•.
La douairière aux yeux gris s'ébat sur leur journal,
Comme sur les marais la grue et la bécasse.
Ils citent Poquelin, Pascal, Rousseau, Boccace,
Voltaire, Diderot, l'aigle au vol inégal,[1]
Devant l'official et le théologal[2].
L'esprit étant gênant, ces saints le congédient.
Ils mettent Escobar• sous bande et l'expédient
Aux bedeaux rayonnants, pour quatre francs par mois.
Avec le vieux savon des jésuites sournois
Ils lavent notre époque incrédule et pensive,
Et le bûcher fournit sa cendre à leur lessive[3].
Leur gazette, où les mots de venin sont verdis,
Est la seule qui soit reçue au paradis.[4]
Ils sont, là, tout-puissants ; et tandis que leur bande
Prêche ici-bas la dîme et défend la prébende[5],
Ils font chez Jéhovah la pluie et le beau temps.
L'ange au glaive de feu leur ouvre à deux battants
La porte bienheureuse, effrayante et vermeille ;
Tous les matins, à l'heure où l'oiseau se réveille,
Quand l'aube, se dressant au bord du ciel profond,
Rougit en regardant ce que les hommes font,
Et que des pleurs de honte emplissent sa paupière,
Gais, ils grimpent là-haut, et, cognant chez saint Pierre,
Jettent à ce portier leur journal impudent.
Ils écrivent à Dieu comme à leur intendant,
Critiquant, gourmandant, et lui demandant compte
Des révolutions, des vents, du flot qui monte,
De l'astre au pur regard qu'ils voudraient voir loucher,
De ce qu'il fait tourner notre terre et marcher
Notre esprit, et, d'un timbre ornant l'Eucharistie,

---

1. *Poquelin, Pascal, Rousseau, Boccace / Voltaire, Diderot, l'aigle au vol inégal* : tous sont suspects aux yeux d'un catholique fondamentaliste du XIXe siècle.
2. *théologal* : juge ecclésiastique exerçant la juridiction contentieuse au nom de l'évêque ; c'est aussi en son nom que le second enseigne la théologie dans le chapitre d'une cathédrale.
3. *le bûcher fournit sa cendre à leur lessive* : autrefois, pour laver le linge, on utilisait de l'eau dans laquelle on avait dissout de la cendre. Cette opération s'appelait « couler la lessive ».
4. *Leur gazette* [...] *Est la seule qui soit reçue au paradis* : la gazette est assimilée au démon qui se trouvait au paradis sous la forme d'un serpent.
5. *prébende* : revenu accordé à certains ecclésiastiques.

Ils cachettent leur lettre immonde avec l'hostie.
Jamais marquis, voyant son carrosse broncher,
N'a plus superbement tutoyé son cocher ;
Si bien que, ne sachant comment mener le monde,
Ce pauvre vieux Bon Dieu, sur qui leur foudre gronde,
Tremblant, cherchant un trou dans ses cieux éclatants,
Ne sait où se fourrer quand ils sont mécontents.
Ils ont supprimé Rome ; ils auraient détruit Sparte.
Ces drôles sont charmés de monsieur Bonaparte.

Bruxelles. Janvier 1852.
[1/1852]

IV

AUX MORTS DU 4 DÉCEMBRE

Jouissez du repos que vous donne le maître.
Vous étiez autrefois des cœurs troublés peut-être,
Qu'un vain songe poursuit ;
L'erreur vous tourmentait, ou la haine, ou l'envie ;
Vos bouches, d'où sortait la vapeur de la vie,
Étaient pleines de bruit.

Faces confusément l'une à l'autre apparues,
Vous alliez et veniez en foule dans les rues,
Ne vous arrêtant pas,
Inquiets comme l'eau qui coule des fontaines,
Tous, marchant au hasard, souffrant les mêmes peines,
Mêlant les mêmes pas.

Peut-être un feu creusait votre tête embrasée :
Projets, espoirs, briser l'homme de l'Élysée,
L'homme du Vatican,
Verser le libre esprit à grands flots sur la terre ;
Car dans ce siècle ardent toute âme est un cratère
Et tout peuple un volcan.

Vous aimiez, vous aviez le cœur lié de chaînes ;
Et le soir vous sentiez, livrés aux craintes vaines,
Pleins de soucis poignants,

Ainsi que l'Océan sent remuer ses ondes,
Se soulever en vous mille vagues profondes
Sous les cieux rayonnants.

Tous, qui que vous fussiez, tête ardente, esprit sage,
Soit qu'en vos yeux brillât la jeunesse, ou que l'âge
Vous prît et vous courbât,
Que le destin pour vous fût deuil, énigme ou fête,
Vous aviez dans vos cœurs l'amour, cette tempête,
La douleur, ce combat.

Grâce au quatre décembre, aujourd'hui, sans pensée,
Vous gisez étendus dans la fosse glacée
Sous les linceuls épais ;
Ô morts, l'herbe sans bruit croît sur vos catacombes,
Dormez dans vos cercueils ! taisez-vous dans vos tombes !
L'empire, c'est la paix. [1]

Jersey. Décembre 1852.
[11/1852]

V

CETTE NUIT-LÀ

Trois amis l'entouraient. C'était à l'Élysée.
On voyait du dehors luire cette croisée.
Regardant venir l'heure et l'aiguille marcher,
Il était là, pensif, et rêvant d'attacher
Le nom de Bonaparte aux exploits de Cartouche•,
Il sentait approcher son guet-apens farouche.
D'un pied distrait, dans l'âtre il poussait le tison,
Et voici ce que dit l'homme de trahison :
« Cette nuit vont surgir mes projets invisibles.

1. *L'empire, c'est la paix* : allusion au discours que fit Louis Napoléon à Bordeaux le 9 octobre 1852 (*« Par esprit de défiance, certaines personnes disent : l'Empire c'est la guerre ; moi, je dis : l'empire c'est la paix. »*).

Les Saint-Barthélemy[1] sont encore possibles.
Paris dort, comme aux temps de Charles de Valois• ;
Vous allez dans un sac mettre toutes les lois,
Et par-dessus le pont les jeter dans la Seine. »
Ô ruffians[2] ! bâtards de la fortune obscène,
Nés du honteux coït de l'intrigue et du sort !
Rien qu'en songeant à vous mon vers indigné sort !
Et mon cœur orageux dans ma poitrine gronde
Comme le chêne au vent dans la forêt profonde !
Comme ils sortaient tous trois de la maison Bancal•,
Morny•, Maupas• le Grec, Saint-Arnaud• le chacal,
Voyant passer ce groupe oblique et taciturne,
Les clochers de Paris, sonnant l'heure nocturne,
S'efforçaient vainement d'imiter le tocsin ;
Les pavés de Juillet[3] criaient : À l'assassin !
Tous les spectres sanglants des antiques carnages,
Réveillés, se montraient du doigt ces personnages ;
La Marseillaise, archange aux chants aériens,
Murmurait dans les cieux : Aux armes, citoyens !
Paris dormait, hélas ! et bientôt, sur les places,
Sur les quais, les soldats, dociles populaces,
Janissaires conduits par Reybell• et Sauboul•,
Payés comme à Byzance, ivres comme à Stamboul,
Ceux de Dulac•, et ceux de Korte• et d'Espinasse•,
La cartouchière au flanc et dans l'œil la menace,
Vinrent, le régiment après le régiment,
Et le long des maisons ils passaient lentement,
À pas sourds, comme on voit les tigres dans les jungles
Qui rampent sur le ventre en allongeant leurs ongles ;
Et la nuit était morne, et Paris sommeillait
Comme un aigle endormi pris sous un noir filet.

Les chefs attendaient l'aube en fumant leurs cigares.

Ô cosaques ! voleurs ! chauffeurs ! routiers ! bulgares !
Ô généraux brigands ! bagne, je te les rends !

---

1. *Saint-Barthélemy* : nom donné au massacre des protestants ordonné par le roi Charles IX le 24 août 1572, pendant la nuit de la Saint-Barthélemy, à Paris.
2. *ruffians* : souteneurs, « maquereaux ».
3. *pavés de Juillet* : double allusion, au 14 juillet 1789 et à la révolution de 1830 (27, 28 et 29 juillet).

Les juges d'autrefois pour des crimes moins grands
Ont brûlé la Voisin• et roué vif Desrues• !

Éclairant leur affiche infâme [1] au coin des rues
Et le lâche armement de ces filous hardis,
Le jour parut. La nuit, complice des bandits,
Prit la fuite, et, traînant à la hâte ses voiles,
Dans les plis de sa robe emporta les étoiles,
Et les mille soleils dans l'ombre étincelant,
Comme les sequins d'or qu'emporte en s'en allant
Une fille, aux baisers du crime habituée,
Qui se rhabille après s'être prostituée !

Bruxelles. Janvier 1852.
[17/1/1853]

VI

LE *TE DEUM* DU 1er JANVIER 1852 [2]

Prêtre, ta messe, écho des feux de peloton,
Est une chose impie.
Derrière toi, le bras ployé sous le menton,
Rit la mort accroupie.

Prêtre, on voit frissonner, aux cieux d'où nous venons,
Les anges et les vierges
Quand un évêque prend la mèche des canons
Pour allumer les cierges.

Tu veux être au sénat, voir ton siège élevé
Et ta fortune accrue ;
Soit ; mais pour bénir l'homme, attends qu'on ait lavé
Le pavé de la rue.

1. *affiche infâme* : celle qui proclamait le coup d'État.
2. Pour le *Te Deum* qui célébra le résultat du plébiscite du 20 décembre 1852, l'archevêque Sibour officia lui-même et, au lieu de chanter « *Domine salvam fac rem publicam* », chanta « *Domine salvum fac Ludovicum-Napoleonem* » (« Seigneur, sauve Louis Napoléon »).

Peuples, gloire à Gessler• ! meure Guillaume Tell• !
Un râle sort de l'orgue.
Archevêque, on a pris, pour bâtir ton autel,
Les dalles de la morgue.

Quand tu dis : – *Te Deum* ! nous vous louons, Dieu fort !
Sabaoth des armées ![1] –
Il se mêle à l'encens une vapeur qui sort
Des fosses mal fermées.

On a tué, la nuit, on a tué, le jour,
L'homme, l'enfant, la femme !
Crime et deuil ! Ce n'est plus l'aigle, c'est le vautour
Qui vole à Notre-Dame.[2]

Va, prodigue au bandit les adorations ;
Martyrs, vous l'entendîtes !
Dieu te voit, et là-haut tes bénédictions,
Ô prêtre, sont maudites !

Les proscrits sont partis, aux flancs du ponton noir,
Pour Alger, pour Cayenne• ;
Ils ont vu Bonaparte à Paris, ils vont voir
En Afrique l'hyène.

Ouvriers, paysans qu'on arrache au labour,
Le sombre exil vous fauche !
Bien, regarde à ta droite, archevêque Sibour•,
Et regarde à ta gauche :

Ton diacre est Trahison et ton sous-diacre est Vol ;
Vends ton Dieu, vends ton âme !
Allons, coiffe ta mitre, allons, mets ton licol[3],
Chante, vieux prêtre infâme !

1. Te Deum ! [...] / *Sabaoth des armées !* : citation du *Te Deum* : « *Sanctus, Sanctus, Sanctus Dominus Deus Sabaoth* » (« Saint, Saint, Saint est le Seigneur, Dieu des armées »).
2. *Ce n'est plus l'aigle* [...] / *Qui vole à Notre-Dame* : le 1er mars 1815, débarquant au golfe Juan, Napoléon 1er déclara : « *L'aigle avec les couleurs nationales volera de clocher en clocher jusqu'aux tours de Notre-Dame.* »
3. *licol* : lien qui sert à attacher et conduire les bêtes de somme, il remplace ici l'étole de l'évêque et apparaît comme le symbole de sa servilité.

Le meurtre à tes côtés suit l'office divin,
Criant : Feu sur qui bouge !
Satan tient la burette[1], et ce n'est pas de vin
Que ton ciboire[2] est rouge.

Bruxelles. 3 janvier 1852.
[7/11/1852]

VII

AD MAJOREM DEI GLORIAM[3]

« Vraiment, notre siècle est étrangement délicat. S'imagine-t-il donc que la cendre des bûchers soit totalement éteinte ? qu'il n'en soit pas resté le plus petit tison pour allumer une seule torche ? Les insensés ! en nous appelant jésuites, *ils croient nous couvrir d'opprobre ! Mais ces* jésuites *leur réservent la censure, un bâillon et du feu… Et, un jour, ils seront les maîtres de leurs maîtres. »*

(Le père ROOTHAAN, *général des jésuites,*
à la conférence de Chiéri.[4])

Ils ont dit : « Nous serons les vainqueurs et les maîtres.
Soldats par la tactique et par la robe prêtres,
Nous détruirons progrès, lois, vertus, droits, talents.
Nous nous ferons un fort avec tous ces décombres,
Et pour nous y garder, comme des dogues sombres,
Nous démusèlerons les préjugés hurlants.

« Oui, l'échafaud est bon ; la guerre est nécessaire ;
Acceptez l'ignorance, acceptez la misère ;
L'enfer attend l'orgueil du tribun triomphant ;
L'homme parvient à l'ange en passant par la buse.
Notre gouvernement fait de force et de ruse
Bâillonnera le père, abrutira l'enfant.

1. *burette* : flacon qui contient l'eau et le vin de messe pendant l'office.
2. *ciboire* : vase où l'on conserve les hosties. On attendrait plutôt « calice ».
3. AD MAJOREM DEI GLORIAM : *« Pour la plus grande gloire de Dieu »* (devise de la Compagnie de Jésus).
4. Citation authentique mais attribuée par erreur au père Rotin.

« Notre parole, hostile au siècle qui s'écoule,
Tombera de la chaire en flocons sur la foule ;
Elle refroidira les cœurs irrésolus,
Y glacera tout germe utile ou salutaire,
Et puis elle y fondra comme la neige à terre,
Et qui la cherchera ne la trouvera plus.

« Seulement un froid sombre aura saisi les âmes ;
Seulement nous aurons tué toutes les flammes ;
Et si quelqu'un leur crie, à ces Français d'alors :
Sauvez la liberté pour qui luttaient vos pères !
Ils riront, ces Français sortis de nos repaires,
De la liberté morte et de leurs pères morts.

« Prêtres, nous écrirons sur un drapeau qui brille :
– Ordre, Religion, Propriété, Famille. –
Et si quelque bandit, corse, juif ou païen,
Vient nous aider avec le parjure à la bouche,
Le sabre aux dents, la torche au poing, sanglant, farouche,
Volant et massacrant, nous lui dirons : C'est bien !

« Vainqueurs, fortifiés aux lieux inabordables,
Nous vivrons arrogants, vénérés, formidables.
Que nous importe au fond Christ, Mahomet, Mithra• !
Régner est notre but, notre moyen proscrire.
Si jamais ici-bas on entend notre rire,
Le fond obscur du cœur de l'homme tremblera.

« Nous garrotterons l'âme au fond d'une caverne.
Nations, l'idéal du peuple qu'on gouverne,
C'est le moine d'Espagne ou le fellah du Nil.
À bas l'esprit ! à bas le droit ! vive l'épée !
Qu'est-ce que la pensée ? une chienne échappée.
Mettons Jean-Jacque au bagne et Voltaire au chenil.

« Si l'esprit se débat, toujours nous l'étouffâmes.
Nous parlerons tout bas à l'oreille des femmes.
Nous aurons les pontons, l'Afrique, le Spielberg•.
Les vieux bûchers sont morts, nous les ferons revivre ;
N'y pouvant jeter l'homme, on y jette le livre ;
À défaut de Jean Huss•, nous brûlons Gutenberg.

« Et quant à la raison, qui prétend juger Rome,

Flambeau qu'allume Dieu sous le crâne de l'homme,
Dont s'éclairait Socrate et qui guidait Jésus,
Nous, pareils au voleur qui se glisse et qui rampe,
Et commence en entrant par éteindre la lampe,
En arrière et furtifs, nous soufflerons dessus.

« Alors dans l'âme humaine obscurité profonde.
Sur le néant des cœurs le vrai pouvoir se fonde.
Tout ce que nous voudrons, nous le ferons sans bruit.
Pas un souffle de voix, pas un battement d'aile
Ne remuera dans l'ombre, et notre citadelle
Sera comme une tour plus noire que la nuit.

« Nous régnerons. La tourbe obéit comme l'onde.
Nous serons tout-puissants, nous régirons le monde ;
Nous posséderons tout, force, gloire et bonheur ;
Et nous ne craindrons rien, n'ayant ni foi ni règles… [1]
– Quand vous habiteriez la montagne des aigles,
Je vous arracherais de là, » dit le Seigneur !

Jersey. Novembre 1852.
[8/11/1852]

VIII

À UN MARTYR [2]

On lit dans les *Annales de la propagation de la foi* :
*« Une lettre de Hong-Kong (Chine), en date du 24 juillet 1852, nous annonce que M. Bonnard, missionnaire du Tong-King, a été décapité pour la foi, le 1*er *mai dernier. Ce nouveau martyr était né dans le diocèse de Lyon et appartenait à la Société des Missions étrangères. Il était parti pour le Tong-King en 1849. »*

1. *« Nous régnerons* [...] *n'ayant ni foi ni règles... »* : les jésuites deviennent une espèce d'incarnation collective, presque mythologique du Mal (*cf. Le Juif errant* d'Eugène Sue ; *Les Jésuites* de Michelet).
2. L'histoire authentique de ce martyr s'inscrit en contrepoint de l'ignominie globale de l'Église qu'elle sert à dénoncer.

– 1 –

Ô saint prêtre ! grande âme ! oh ! je tombe à genoux !
Jeune, il avait encor de longs jours parmi nous,
Il n'en a pas compté le nombre ;
Il était à cet âge où le bonheur fleurit ;
Il a considéré la croix de Jésus-Christ
Toute rayonnante dans l'ombre.

Il a dit : « C'est le Dieu de progrès et d'amour.
Jésus, qui voit ton front croit voir le front du jour.
Christ sourit à qui le repousse.
Puisqu'il est mort pour nous, je veux mourir pour lui ;
Dans son tombeau, dont j'ai la pierre pour appui,
Il m'appelle d'une voix douce.

« Sa doctrine est le ciel entr'ouvert ; par la main,
Comme un père l'enfant, il tient le genre humain ;
Par lui nous vivons et nous sommes ;
Au chevet des geôliers dormant dans leurs maisons,
Il dérobe les clefs de toutes les prisons
Et met en liberté les hommes.

« Or il est, loin de nous, une autre humanité
Qui ne le connaît point, et dans l'iniquité
Rampe enchaînée, et souffre et tombe ;
Ils font pour trouver Dieu de ténébreux efforts ;
Ils s'agitent en vain ; ils sont comme des morts
Qui tâtent le mur de leur tombe.

« Sans loi, sans but, sans guide, ils errent ici-bas.
Ils sont méchants, étant ignorants[1] ; ils n'ont pas
Leur part de la grande conquête.
J'irai. Pour les sauver je quitte le saint lieu.
Ô mes frères, je viens vous apporter mon Dieu ;
Je viens vous apporter ma tête ! »

Prêtre, il s'est souvenu, calme en nos jours troublés,

1. *Ils sont méchants, étant ignorants* : assertion sur laquelle l'Église fonde la nécessité de l'évangélisation, mais qui exprime aussi la conviction morale et politique de Hugo.

De la parole dite aux apôtres : – Allez,
Bravez les bûchers et les claies ! –
Et de l'adieu du Christ au suprême moment :
– Ô vivants, aimez-vous ! aimez. En vous aimant,
Frères, vous fermerez mes plaies. –

Il s'est dit qu'il est bon d'éclairer dans leur nuit
Ces peuples égarés loin du progrès qui luit,
Dont l'âme est couverte de voiles ;
Puis il s'en est allé, dans les vents, dans les flots,
Vers les noirs chevalets et les sanglants billots,
Les yeux fixés sur les étoiles.

– 2 –

Ceux vers qui cet apôtre allait l'ont égorgé.

– 3 –

Oh ! tandis que là-bas, hélas ! chez ces barbares,
S'étale l'échafaud de tes membres chargé,
Que le bourreau, rangeant ses glaives et ses barres,
Frotte au gibet son ongle où ton sang s'est figé ;

Ciel ! tandis que les chiens dans ce sang viennent boire,
Et que la mouche horrible, essaim au vol joyeux,
Comme dans une ruche entre en ta bouche noire
Et bourdonne au soleil dans les trous de tes yeux ;

Tandis qu'échevelée, et sans voix, sans paupières,
Ta tête blême est là sur un infâme pieu,
Livrée aux vils affronts, meurtrie à coups de pierres,
Ici, derrière toi, martyr, on vend ton Dieu !

Ce Dieu qui n'est qu'à toi, martyr, on te le vole !
On le livre à Mandrin•, ce Dieu pour qui tu meurs !
Des hommes, comme toi revêtus de l'étole,
Pour être cardinaux, pour être sénateurs,

Des prêtres, pour avoir des palais, des carrosses,
Et des jardins l'été riant sous le ciel bleu,

Pour argenter leur mitre et pour dorer leurs crosses,
Pour boire de bon vin, assis près d'un bon feu,

Au forban dont la main dans le meurtre est trempée,
Au larron chargé d'or qui paye et qui sourit,
Grand Dieu ! retourne-toi vers nous, tête coupée !
Ils vendent Jésus-Christ ! ils vendent Jésus-Christ !

Ils livrent au bandit, pour quelques sacs sordides,
L'évangile, la loi, l'autel épouvanté,
Et la justice aux yeux sévères et candides,
Et l'étoile du cœur humain, la vérité !

Les bons jetés, vivants au bagne, ou morts aux fleuves,
L'homme juste proscrit par Cartouche• Sylla•,
L'innocent égorgé, le deuil sacré des veuves,
Les pleurs de l'orphelin, ils vendent tout cela !

Tout ! la foi, le serment que Dieu tient sous sa garde,
Le saint temple où, mourant, tu dis : *Introïbo*[1],
Ils livrent tout ! pudeur, vertu ! – martyr, regarde,
Rouvre tes yeux qu'emplit la lueur du tombeau. –

Ils vendent l'arche auguste où l'hostie étincelle !
Ils vendent Christ, te dis-je ! et ses membres liés !
Ils vendent la sueur qui sur son front ruisselle,
Et les clous de ses mains, et les clous de ses pieds !

Ils vendent au brigand qui chez lui les attire
Le grand crucifié sur les hommes penché ;
Ils vendent sa parole, ils vendent son martyre,
Et ton martyre à toi par-dessus le marché !

Tant pour les coups de fouet qu'il reçut à la porte !
César ! tant pour l'amen, tant pour l'alleluia !
Tant pour la pierre où vint heurter sa tête morte !
Tant pour le drap rougi que sa barbe essuya !

Ils vendent ses genoux meurtris, sa palme verte,

1. Introïbo : sous-entendu « *Introïbo ad altare Dei* » (« Je m'avancerai jusqu'à l'autel de Dieu »), début du texte de la messe en latin.

Sa plaie au flanc, son œil tout baigné d'infini,
Ses pleurs, son agonie, et sa bouche entr'ouverte,
Et le cri qu'il poussa : Lamma Sabacthani[1] !

Ils vendent le sépulcre ! ils vendent les ténèbres !
Les séraphins chantant au seuil profond des cieux,
Et la mère debout sous l'arbre aux bras funèbres,
Qui, sentant là son fils, ne levait pas les yeux !

Oui, ces évêques, oui, ces marchands, oui, ces prêtres,
À l'histrion du crime, assouvi, couronné,
À ce Néron repu qui rit parmi les traîtres,
Un pied sur Thraséas•, un coude sur Phryné•,

Au voleur qui tua les lois à coups de crosse,
Au pirate empereur Napoléon dernier,
Ivre deux fois, immonde encor plus que féroce,
Pourceau dans le cloaque et loup dans le charnier,

Ils vendent, ô martyr, le Dieu pensif et pâle
Qui, debout sur la terre et sous le firmament,
Triste et nous souriant dans notre nuit fatale,
Sur le noir Golgotha[2] saigne éternellement !

Jersey. Décembre 1852.
[5-8/12/1852]

1. *Lamma Sabacthani* : « Pourquoi m'as-Tu abandonné ? », dernières paroles prononcées par Jésus sur la croix et adressées à son Père.
2. *Golgotha* : littéralement « lieu de crâne ». Nom de la colline où Jésus fut crucifié.

Questions

Compréhension

1. *Poème* II. *Définissez le châtiment que le poète réserve à Napoléon III dans* Toulon. *En quoi s'avère-t-il parfaitement conforme aux convictions de Hugo en la matière ?*

2. *Dans ce même poème, justifiez la construction en trois sections. Indiquez ce que chacune d'elles présente de particulier.*

3. *Poème* VII. *Comment définiriez-vous l'action des jésuites telle que Hugo nous la présente (moyens et objectifs) ?*

4. *Poème* VIII. *Sur quelle grande opposition ce poème est-il construit ? Quels sont les moyens dont use Hugo pour la mettre en place ?*

Écriture

5. *Poème* I. *Pourquoi Hugo a-t-il choisi l'octosyllabe au moment de prendre la parole ?*

6. *Poème* III. *Étudiez l'emploi des pronoms et des démonstratifs. Quel est l'effet produit ?*

7. *Dans ce même poème, caractérisez le ton employé par Hugo pour parler des dévots, en étudiant le vocabulaire choisi pour les désigner ou évoquer leurs actions.*

8. *Poème* IV. *Quel effet produit l'emploi des temps dans ce poème ? Où est-il placé dans le livre ? Pourquoi ?*

9. *Poème* VI. *Quel est ici l'effet produit par l'alternance d'alexandrins et d'hexasyllabes ? Pourquoi le poème est-il divisé en strophes ?*

10. *Poème* VII. *Étudiez le choix des verbes. Quelles particularités présentent-ils ?*

IX

L'ART ET LE PEUPLE[1]

– 1 –

L'art, c'est la gloire et la joie ;
Dans la tempête il flamboie,
Il éclaire le ciel bleu.
L'art, splendeur universelle,
Au front du peuple étincelle,
Comme l'astre au front de Dieu.

L'art est un chant magnifique
Qui plaît au cœur pacifique,
Que la cité dit aux bois,
Que l'homme dit à la femme,
Que toutes les voix de l'âme
Chantent en chœur à la fois !

L'art, c'est la pensée humaine
Qui va brisant toute chaîne !
L'art, c'est le doux conquérant !
À lui le Rhin et le Tibre !
Peuple esclave, il te fait libre ;
Peuple libre, il te fait grand !

– 2 –

Ô bonne France invincible,
Chante ta chanson paisible !
Chante, et regarde le ciel !
Ta voix joyeuse et profonde
Est l'espérance du monde,
Ô grand peuple fraternel !

Bon peuple, chante à l'aurore,
Quand le soir vient, chante encore !

1. Ici vont être définies la place et la fonction du poète.

Le travail fait la gaîté.
Ris du vieux siècle qui passe !
Chante l'amour à voix basse,
Et tout haut la liberté !

Chante la sainte Italie,
La Pologne ensevelie,
Naples qu'un sang pur rougit,
La Hongrie agonisante… –
Ô tyrans ! le peuple chante
Comme le lion rugit ![1]

Paris, 6 novembre 1851.
[7/11/1851]

X

CHANSON

Courtisans ! attablés dans la splendide orgie,
La bouche par le rire et la soif élargie,
Vous célébrez César, très bon, très grand, très pur ;
Vous buvez, apostats[2] à tout ce qu'on révère,
Le chypre à pleine coupe et la honte à plein verre… –
Mangez, moi je préfère,
Vérité, ton pain dur.

Boursier qui tonds le peuple, usurier qui le triches,
Gais soupeurs de Chevet•, ventrus, coquins et riches,
Amis de Fould• le juif et de Maupas• le Grec[3],
Laissez le pauvre en pleurs sous la porte cochère ;

1. *Chante la sainte Italie / […] / Comme le lion rugit* : en 1848, des mouvements révolutionnaires eurent lieu dans toute l'Europe ; tous furent réprimés, sauf en France, jusqu'au coup d'État.

2. *apostats* : ceux qui abandonnent une religion pour une autre.

3. *de Fould le juif et de Maupas le Grec* : le juif est homme d'argent, voleur ; le grec est perfide. Il s'agit de préjugés raciaux communément admis au XIXe siècle (*cf.* éd. Rosa et Gleize).

Engraissez-vous, vivez, et faites bonne chère… –
Mangez, moi je préfère,
Probité, ton pain sec.

L'opprobre est une lèpre et le crime une dartre.
Soldats qui revenez du boulevard Montmartre,
Le vin, au sang mêlé, jaillit sur vos habits ;
Chantez ! la table emplit l'École militaire[1],
Le festin fume, on trinque, on boit, on roule à terre… –
Mangez, moi je préfère,
Ô gloire, ton pain bis.

Ô peuple des faubourgs, je vous ai vu sublime.
Aujourd'hui vous avez, serf grisé par le crime,
Plus d'argent dans la poche, au cœur moins de fierté.
On va, chaîne au cou, rire et boire à la barrière.
Et vive l'empereur ! et vive le salaire !… –
Mangez, moi je préfère,
Ton pain noir, liberté !

Jersey. Décembre 1852.
[19/12/1852]

XI[2]

– 1 –

Oh ! je sais qu'ils feront des mensonges sans nombre
Pour s'évader des mains de la Vérité sombre ;
Qu'ils nieront, qu'ils diront : Ce n'est pas moi, c'est lui.
Mais, n'est-il pas vrai, Dante•, Eschyle•, et vous, prophètes[3] ?
Jamais, du poignet des poëtes,
Jamais, pris au collet, les malfaiteurs n'ont fui.
J'ai fermé sur ceux-ci mon livre expiatoire ;
J'ai mis des verrous à l'histoire ;
L'histoire est un bagne aujourd'hui.

---

1. *l'École militaire* : on y avait réuni les troupes du coup d'État.
2. Apparition d'une nouvelle fonction du poète : celui qui met des « *verrous à l'histoire* ».
3. *prophètes* : leur parole est vengeresse.

Le poëte n'est plus l'esprit qui rêve et prie ; –
Il a la grosse clef de la Conciergerie[1].
Quand ils entrent au greffe, où pend leur chaîne au clou,
On regarde le prince aux poches, comme un drôle,
Et les empereurs à l'épaule ; –[2]
Macbeth est un escroc, César est un filou.
Vous gardez des forçats, ô mes strophes ailées !...
Les Calliopes• étoilées[3]
Tiennent des registres d'écrou[4].

– 2 –

Ô peuples douloureux, il faut bien qu'on vous venge !
Les rhéteurs froids m'ont dit : Le poëte, c'est l'ange ;
Il plane, ignorant Fould•, Magnan•, Morny•, Maupas• ;
Il contemple la nuit sereine avec délices... –
Non, tant que vous serez complices
De ces crimes hideux que je suis pas à pas,
Tant que vous couvrirez ces brigands de vos voiles,
Cieux azurés, soleils, étoiles,
Je ne vous regarderai pas !

Tant qu'un gueux forcera les bouches à se taire,
Tant que la liberté sera couchée à terre
Comme une femme morte et qu'on vient de noyer,
Tant que dans les pontons on entendra des râles,
J'aurai des clartés sépulcrales
Pour tous ces fronts abjects qu'un bandit fait ployer.
Je crierai : Lève-toi, peuple ! ciel, tonne et gronde !
La France, dans sa nuit profonde,
Verra ma torche flamboyer !

1. *Conciergerie* : prison où furent enfermés, pendant la Révolution, Marie-Antoinette et d'autres détenus notoires. En 1851, les fils du poète y furent incarcérés avec Meurice et Vacquerie (IV, XII).
2. *On regarde* [...] / *Et les empereurs à l'épaule* : c'est à l'épaule que les forçats sont marqués au fer rouge.
3. *Les Calliopes étoilées* : Calliope est la muse de la Poésie héroïque ; c'est aussi le nom d'une étoile.
4. *registre d'écrou* : registre de prison où sont répertoriés les prisonniers.

– 3 –

Ces coquins vils qui font de la France une Chine,
On entendra mon fouet claquer sur leur échine.
Ils chantent : *Te Deum*, je crierai : *Memento* ![1]
Je fouaillerai les gens, les faits, les noms, les titres,
Porte-sabres et porte-mitres ;
Je les tiens dans mon vers comme dans un étau.
On verra choir surplis, épaulettes, bréviaires,
Et César, sous mes étrivières[2],
Se sauver, troussant son manteau !

Et les champs, et les prés, le lac, la fleur, la plaine,
Les nuages, pareils à des flocons de laine,
L'eau qui fait frissonner l'algue et les goëmons,
Et l'énorme Océan, hydre aux écailles vertes,
Les forêts de rumeurs couvertes,
Le phare sur les flots, l'étoile sur les monts,
Me reconnaîtront bien et diront à voix basse :
C'est un esprit vengeur qui passe,
Chassant devant lui les démons !

Jersey. Novembre 1852.
[13/11/1852]

XII

CARTE D'EUROPE

Des sabres sont partout posés sur les provinces.
L'autel ment. On entend ceux qu'on nomme les princes
Jurer, d'un front tranquille et sans baisser les yeux,
De faux serments[3] qui font, tant ils navrent les âmes,
Tant ils sont monstrueux, effroyables, infâmes,

1. Memento : en latin, « Souviens-toi ».
2. *étrivières* : courroies qui portent l'étrier, souvent utilisées comme fouets.
3. *faux serments* : le poète dénonce en particulier celui de Louis Napoléon.

Remuer le tonnerre endormi dans les cieux.

Les soldats ont fouetté des femmes dans les rues.
Où sont la liberté, la vertu ? disparues !
Dans l'exil ! dans l'horreur des pontons étouffants !
Ô nations ! où sont vos âmes les plus belles ?
Le boulet, c'est trop peu contre de tels rebelles :
Haynau• dans les canons met des têtes d'enfants.

Peuple russe, tremblant et morne, tu chemines,
Serf à Saint-Pétersbourg, ou forçat dans les mines.
Le pôle est pour ton maître un cachot vaste et noir ;
Russie et Sibérie, ô czar ! tyran ! vampire !
Ce sont les deux moitiés de ton funèbre empire ;
L'une est l'Oppression, l'autre est le Désespoir.

Les supplices d'Ancône• emplissent les murailles.
Le pape Mastaï• fusille ses ouailles ;
Il pose là l'hostie et commande le feu.
Simoncelli• périt le premier ; tous les autres
Le suivent sans pâlir, tribuns, soldats, apôtres ;
Ils meurent, et s'en vont parler du prêtre à Dieu.

Saint-Père, sur tes mains laisse tomber tes manches !
Saint-Père, on voit du sang à tes sandales blanches !
Borgia te sourit, le pape empoisonneur.
Combien sont morts ? combien mourront ? qui sait le nombre ?
Ce qui mène aujourd'hui votre troupeau dans l'ombre,
Ce n'est pas le berger, c'est le boucher, Seigneur !

Italie ! Allemagne ! ô Sicile ! ô Hongrie !
Europe, aïeule en pleurs, de misère amaigrie,
Vos meilleurs fils sont morts ; l'honneur sombre est absent.
Au midi l'échafaud, au nord un ossuaire.
La lune chaque nuit se lève en un suaire,
Le soleil chaque soir se couche dans du sang.

Sur les Français vaincus un saint-office pèse.
Un brigand les égorge, et dit : Je les apaise.
Paris lave à genoux le sang qui l'inonda ;
La France garrottée assiste à l'hécatombe.
Par les pleurs, par les cris, réveillés dans la tombe,
– Bien ! dit Laubardemont• ; – Va ! dit Torquemada•.

Batthyani•, Sandor•, Poërio•, victimes !
Pour le peuple et le droit en vain nous combattîmes.
Baudin tombe, agitant son écharpe en lambeau.
Pleurez dans les forêts, pleurez sur les montagnes !
Où Dieu mit des édens les rois mettent des bagnes ;
Venise est une chiourme et Naple est un tombeau.

Le gibet sur Arad• ! le gibet sur Palerme !
La corde à ces héros qui levaient d'un bras ferme
Leur drapeau libre et fier devant les rois tremblants !
Tandis qu'on va sacrer l'empereur Schinderhannes•,
Martyrs, la pluie à flots ruisselle sur vos crânes,
Et le bec des corbeaux fouille vos yeux sanglants.

Avenir ! avenir ! voici que tout s'écroule !
Les pâles rois ont fui, la mer vient, le flot roule,
Peuples ! le clairon sonne aux quatre coins du ciel ;
Quelle fuite effrayante et sombre ! les armées
S'en vont dans la tempête en cendres enflammées,
L'épouvante se lève. – Allons, dit l'Éternel !

Jersey. Novembre 1852.
[5/11/1852]

XIII

CHANSON

La femelle ? elle est morte.
Le mâle ? un chat l'emporte
Et dévore ses os.
Au doux nid qui frissonne
Qui reviendra ? personne.
Pauvres petits oiseaux !

Le pâtre absent par fraude !
Le chien mort ! le loup rôde,
Et tend ses noirs panneaux[1].
Au bercail qui frissonne
Qui veillera ? personne.
Pauvres petits agneaux !

L'homme au bagne ! la mère
À l'hospice ! ô misère !
Le logis tremble aux vents ;
L'humble berceau frissonne.
Qui reste-t-il ? personne.
Pauvres petits enfants !

Jersey. Février 1853.
[22/2/1853]

XIV

C'est la nuit ; la nuit noire, assoupie et profonde.
L'ombre immense élargit ses ailes sur le monde.
Dans vos joyeux palais gardés par le canon,
Dans vos lits de velours, de damas[2], de linon[3],
Sous vos chauds couvre-pieds de martres zibelines[4],
Sous le nuage blanc des molles mousselines[5],
Derrière vos rideaux qui cachent sous leurs plis
Toutes les voluptés avec tous les oublis,
Aux sons d'une fanfare amoureuse et lointaine,
Tandis qu'une veilleuse, en tremblant, ose à peine
Éclairer le plafond de pourpre et de lampas[6],
Vous, duc de Saint-Arnaud•, vous, comte de Maupas•,
Vous, sénateurs, préfets, généraux, juges, princes,
Toi, César, qu'à genoux adorent tes provinces,
Toi qui rêvas l'empire et le réalisas,
Dormez, maîtres… – Voici le jour. Debout, forçats !

Jersey. Octobre 1852.
[28/10/1852]

---

1. *panneaux* : pièges, filets que l'on tend à la chasse pour y faire tomber les animaux.
2. *damas* : tissus de soie à dessins satinés sur fond mat.
3. *linon* : toile de lin claire à tissage peu serré.
4. *zibelines* : fourrures rares et particulièrement coûteuses.
5. *mousselines* : tissus de soie fin au point d'en être transparent.
6. *lampas* : tissus de soie à grands dessins tissés en relief.

XV

CONFRONTATIONS

Ô cadavres, parlez ! quels sont vos assassins ?
Quelles mains ont plongé ces stylets dans vos seins ?
Toi d'abord, que je vois dans cette ombre apparaître,
Ton nom ? – Religion. – Ton meurtrier ? – Le prêtre.
– Vous, vos noms ? – Probité, Pudeur, Raison, Vertu.
– Et qui vous égorgea ? – L'Église. – Toi, qu'es-tu ?
– Je suis la Foi publique. – Et qui t'a poignardée ?
– Le Serment. – Toi, qui dors de ton sang inondée ?
– Mon nom était Justice. – Et quel est ton bourreau ?
– Le juge. – Et toi, géant, sans glaive en ton fourreau
Et dont la boue éteint l'auréole enflammée ?
– Je m'appelle Austerlitz. – Qui t'a tué ? – L'armée.

Bruxelles. 5 janvier 1852.
[30/1/1852]

Questions

Compréhension

1. *Poème* IX. *Quelles images Hugo nous offre-t-il de l'art, puis du peuple ? Quel rapport installe-t-il entre les deux ?*

2. *Poème* X. *Quels sont les termes de l'opposition construite ici par Hugo. Par quel moyen la met-il en relief ?*

3. *Poème* XI. *Quelle nouvelle dimension Hugo fait-il intervenir pour juger le coup d'État ? Tentez de définir le rôle que se donne le poète. À quel endroit s'exprime-t-il ? Pourquoi ?*

4. *Poème* XII. *Hugo évoque ici le problème des libertés en Europe. Comment cette thématique se rattache-t-elle à la situation en France ? Quel effet produit la scission en strophes de ce tableau européen ? À quel type d'image la dernière strophe nous renvoie-t-elle ?*

Écriture

5. *Poème* XIII. *Dégagez le sens métaphorique du poème. Quels sont les moyens utilisés ?*

6. *Poème* XIV. *Étudiez la structure des phrases et les sonorités ? Quel est l'effet produit ? Expliquez en quoi l'opposition sommeil / veille oblige* in extremis *le lecteur à réinterpréter tout le poème.*

7. *Poème* XV. *Dans ce poème, Hugo personnifie des idées. Comment appelle-t-on ce procédé ? Comment est structuré le dialogue avec chacune de ces entités ?*

Bilan

• Ce que nous savons

Plus que les autres livres, le livre I traite tout particulièrement des événements de décembre. Mais avant tout, il commence à définir en deux temps (poèmes I *et* IX*) la place et la fonction du poète ; l'une et l'autre vont d'ailleurs se préciser et évoluer au fil de l'œuvre. Quand s'ouvre le livre I, c'est la voix du* « banni debout sur la grève » *qui s'élève. Elle monte des profondeurs de la nuit (*« parlera dans l'ombre »*) et n'est pour l'instant qu'une voix anonyme. Elle se dit toutefois vengeresse, menaçante et résolue à éveiller toutes les consciences (*« ceux qui sont morts s'éveilleront »*). C'est déjà devant la mer et l'étoile que s'exprime le banni qui, face aux mêmes éléments, reprendra la parole dans* Stella *(VI,* XV*), cette fois-ci à la première personne, en son propre nom. Dans* L'art et le peuple *(I,* IX*), le poète désigne son destinataire : le peuple. Libérateur des opprimés par les vertus du verbe poétique, l'auteur nous montre le peuple comme un lion rugissant qui chassera bientôt les tyrans d'Europe.*

C'est en pensant à cette écoute populaire que Victor Hugo choisit d'introduire dans son texte trois chansons : deux d'entre elles sont désignées comme telles par leur titre, mais on peut leur ajouter le poème IX *devant lequel cette mention figurait dans le manuscrit d'origine. Ce recours à la tradition d'une poésie chantée se retrouve dans plusieurs autres passages du recueil. En effet, soucieux de ne pas enfermer l'œuvre dans la pure invective ou la démonstration intellectuelle, Hugo insérera dans son texte au total douze chansons – affirmation d'une liberté formelle où s'exprime une volonté d'efficacité politique. La chanson dans* Châtiments *s'offre au lecteur comme une arme qu'il peut s'approprier pour lutter contre l'oppression.*

La dénonciation et la flagellation sont constantes dans l'œuvre lorsque le poète désigne les ennemis de la liberté. Parmi eux, il accorde une place de choix aux cléricaux, à l'Église et surtout aux jésuites. Quatre des quinze poèmes du livre leur sont consacrés. Hugo dénonce Veuillot et son journal L'Univers *qui soutiennent l'Empire après avoir applaudi l'expédition de Rome. Il dénonce la consécration du régime et de ses crimes dans son* « Te Deum » du 1er janvier 1852*, ainsi que les ambitions politiques des jésuites* (Ad Majorem Dei Gloriam) *qui visent à détruire les démocraties pour dominer le monde en encourageant des régimes fantoches. Enfin, avec* À un martyr*, il évoque l'esprit de sacrifice des véritables croyants, pour mieux faire ressortir le contraste avec l'Église contemporaine corrompue qui prête la main au crime et monnaye ses services à la tyranie. Bien entendu, la dénonciation des menées et des atrocités impériales est présente à tout moment dans* Châtiments *où, après avoir évoqué les* « morts du 4 décembre »*, Hugo promet à Napoléon III de finir à Toulon, non en vainqueur comme son oncle, mais au bagne sous la casaque d'un forçat.*

L'ensemble, qui porte pour titre La société est sauvée, *est entièrement dominé par l'ironie grinçante de la violente formule qui clôt l'évocation des morts se taisant dans leur tombe :* « L'empire, c'est la paix. »

• À quoi nous attendre ?

1. *Certains thèmes sont-ils davantage que d'autres susceptibles d'être traités en alexandrins ?*

2. *Quelle est la position de Hugo par rapport à la religion ?*

3. *Quelles images du peuple voyons-nous se dessiner dès ce premier livre ?*

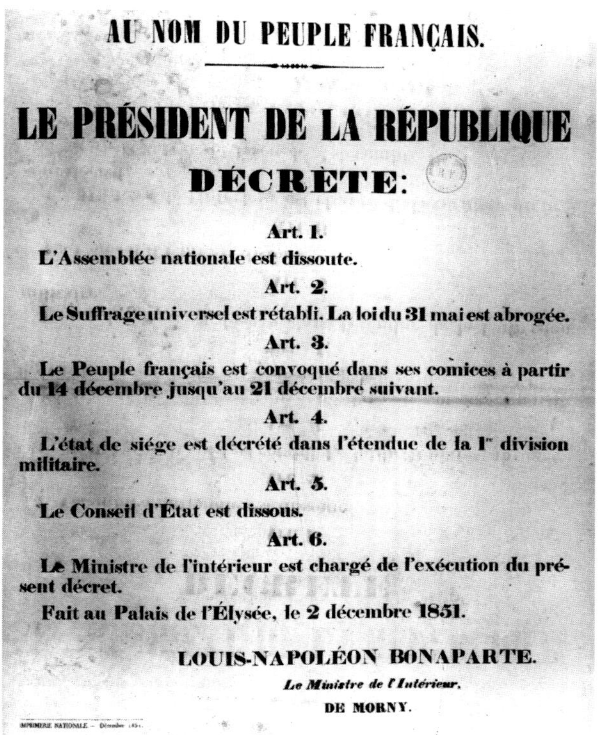

AU NOM DU PEUPLE FRANÇAIS.

LE PRÉSIDENT DE LA RÉPUBLIQUE

DÉCRÈTE :

Art. 1.

L'Assemblée nationale est dissoute.

Art. 2.

Le Suffrage universel est rétabli. La loi du 31 mai est abrogée.

Art. 3.

Le Peuple français est convoqué dans ses comices à partir du 14 décembre jusqu'au 21 décembre suivant.

Art. 4.

L'état de siége est décrété dans l'étendue de la 1re division militaire.

Art. 5.

Le Conseil d'État est dissous.

Art. 6.

Le Ministre de l'intérieur est chargé de l'exécution du présent décret.

Fait au Palais de l'Élysée, le 2 décembre 1851.

LOUIS-NAPOLÉON BONAPARTE.

Le Ministre de l'Intérieur,

DE MORNY.

IMPRIMERIE NATIONALE. — Décembre 1851.

LIVRE DEUXIÈME

L'ORDRE EST RÉTABLI

I

IDYLLES

Le sénat

Vibrez, trombone et chanterelle [1] !
Les oiseaux chantent dans les nids.
La joie est chose naturelle.
Que Magnan• danse la trénis [2]
Et Saint-Arnaud• la pastourelle [2] !

Les caves de Lille [3]

Miserere !
Miserere !

Le conseil d'État

Des lampions dans les charmilles [4] !
Des lampions dans les buissons !
Mêlez-vous, sabres et mantilles !
Chantez en chœur, les beaux garçons !
Dansez en rond, les belles filles !

1. *chanterelle* : corde donnant le son le plus aigu dans un instrument à cordes.
2. *trénis, pastourelle* : figures du quadrille.
3. Les caves de Lille : Hugo les avait visitées en 1851 (*cf. Joyeuse vie*, III, ix).
4. *charmilles* : allées bordées de charmes. Par extension, berceaux de verdure.

LES GRENIERS DE ROUEN [1]

Miserere !
Miserere !

LE CORPS LÉGISLATIF

Jouissons ! l'amour nous réclame.
Chacun, pour devenir meilleur,
Cueille son miel, nourrit son âme,
L'abeille aux lèvres de la fleur,
Le sage aux lèvres de la femme !

BRUXELLES, LONDRES, BELLE-ISLE, JERSEY [2]

Miserere !
Miserere !

L'HÔTEL DE VILLE

L'empire se met aux croisées :
Rions, jouons, soupons, dînons.
Des pétards aux Champs-Élysées !
À l'oncle il fallait des canons,
Il faut au neveu des fusées.

LES PONTONS

Miserere !
Miserere !

1. *LES GRENIERS DE ROUEN* : s'y entassait une population d'ouvriers du textile aussi misérables que ceux qui vivaient dans les caves de Lille.
2. *BRUXELLES, LONDRES* [...] *JERSEY* : ces villes étaient les lieux de refuge des républicains après le coup d'État. À Belle-Isle, Cavaignac avait déporté plus de 2 000 condamnés après les journées de juin 1848.

L'ARMÉE

Pas de scrupules ! pas de morgue !
À genoux ! un bedeau paraît.
Le tambour obéit à l'orgue.
Notre ardeur sort du cabaret,
Et notre gloire est à la Morgue.

LAMBESSA

Miserere !
Miserere !

LA MAGISTRATURE

Mangeons, buvons, tout le conseille !
Heureux l'ami du raisin mûr,
Qui toujours, riant sous sa treille,
Trouve une grappe sur son mur
Et dans sa cave une bouteille !

CAYENNE

Miserere !
Miserere !

LES ÉVÊQUES

Jupiter l'ordonne, on révère
Le succès, sur le trône assis.
Trinquons ! Le prêtre peu sévère
Vide son âme de soucis
Et de vin vieux emplit son verre !

LE CIMETIÈRE MONTMARTRE

Miserere !
Miserere !

Jersey. Avril 1853.
[7/4/1853]

II

AU PEUPLE[1]

Partout pleurs, sanglots, cris funèbres.
Pourquoi dors-tu dans les ténèbres ?
Je ne veux pas que tu sois mort.
Pourquoi dors-tu dans les ténèbres ?
Ce n'est pas l'instant où l'on dort.
La pâle liberté gît sanglante à ta porte.
Tu le sais, toi mort, elle est morte.
Voici le chacal sur ton seuil,
Voici les rats et les belettes,
Pourquoi t'es-tu laissé lier de bandelettes ?
Ils te mordent dans ton cercueil !
De tous les peuples on prépare
Le convoi… –
Lazare[2] ! Lazare ! Lazare !
Lève-toi !

Paris sanglant, au clair de lune,
Rêve sur la fosse commune ;
Gloire au général Trestaillon• !
Plus de presse, plus de tribune !
Quatrevingt-neuf porte un bâillon.
La Révolution, terrible à qui la touche,
Est couchée à terre ! un Cartouche•
Peut ce qu'aucun Titan• ne put.
Escobar• rit d'un rire oblique.
On voit traîner sur toi, Géante République,
Tous les sabres de Lilliput[3].
Le juge, marchand en simarre[4],
Vend la loi… –

1. *Cf.* l'autre poème du même titre (VI, IX).
2. *Lazare* : personnage du Nouveau Testament ressuscité à Béthanie par Jésus qui lui aurait simplement dit : « *Lazare, lève-toi.* » Ici, appel au peuple qui doit sortir de sa léthargie.
3. *Lilliput* : pays aux habitants minuscules visité par le Gulliver de Swift (*Les Voyages de Gulliver*).
4. *simarre* : *cf.* note 4, p. 19.

Lazare ! Lazare ! Lazare !
Lève-toi !

Sur Milan [1], sur Vienne [1] punie,
Sur Rome[1] étranglée et bénie,
Sur Pesth [1], torturé sans répit,
La vieille louve Tyrannie,
Fauve et joyeuse, s'accroupit.
Elle rit ; son repaire est orné d'amulettes ;
Elle marche sur des squelettes
De la Vistule au Tanaro [2] ;
Elle a ses petits qu'elle couve.
Qui la nourrit ? qui porte à manger à la louve ?
C'est l'évêque, c'est le bourreau.
Qui s'allaite à son flanc barbare ?
C'est le roi… –
Lazare ! Lazare ! Lazare !
Lève-toi !

Jésus, parlant à ses apôtres,
Dit : Aimez-vous les uns les autres.
Et voilà bientôt deux mille ans
Qu'il appelle nous et les nôtres
Et qu'il ouvre ses bras sanglants.
Rome commande et règne au nom du doux prophète.
De trois cercles sacrés est faite
La tiare du Vatican [3] ;
Le premier est une couronne,
Le second est le nœud des gibets de Vérone [4],
Et le troisième est un carcan.
Mastaï• met cette tiare
Sans effroi… –

1. *Milan, Vienne, Rome, Pesth* : dans ces quatre villes d'Europe, les révoltes de 1848 et 1849 donnèrent lieu à de sanglantes représailles.
2. *De la Vistule au Tanaro* : c'est-à-dire de la Pologne au Piémont (province d'où partit la révolution italienne de 1848), Vistule et Tanaro étant les rivières qui y coulent respectivement.
3. *La tiare du Vatican* : chacune des trois couronnes de la tiare pontificale symbolise un des aspects de l'Église (militante, souffrante, triomphante).
4. *gibets de Vérone* : allusion à la répression par Joseph Radetzky de la révolte du Piémont.

Lazare ! Lazare ! Lazare !
Lève-toi !

Ils bâtissent des prisons neuves[1].
Ô dormeur sombre, entends les fleuves
Murmurer, teints de sang vermeil ;
Entends pleurer les pauvres veuves,
Ô noir dormeur au dur sommeil !
Martyrs, adieu ! le vent souffle, les pontons flottent ;
Les mères au front gris sanglotent ;
Leurs fils sont en proie aux vainqueurs ;
Elles gémissent sur la route ;
Les pleurs qui de leurs yeux s'échappent goutte à goutte
Filtrent en haine dans nos cœurs.
Les juifs triomphent, groupe avare
Et sans foi… –
Lazare ! Lazare ! Lazare !
Lève-toi !

Mais il semble qu'on se réveille !
Est-ce toi que j'ai dans l'oreille,
Bourdonnement du sombre essaim ?
Dans la ruche frémit l'abeille ;
J'entends sourdre un vague tocsin.
Les Césars, oubliant qu'il est des gémonies[2],
S'endorment dans les symphonies
Du lac Baltique au mont Etna ;
Les peuples sont dans la nuit noire ;
Dormez, rois ; le clairon dit aux tyrans : Victoire !
Et l'orgue leur chante : Hosanna !
Qui répond à cette fanfare ?
Le beffroi… –
Lazare ! Lazare ! Lazare !
Lève-toi !

Jersey. Mai 1853.
[9/11/1852]

1. *prisons neuves* : Mazas date de 1850 ; en 1852, on commençait à construire la Santé, on agrandissait Sainte-Pélagie, la prison militaire et celle de la Garde nationale.
2. *gémonies* : à Rome, escaliers sur lesquels on exposait les corps des condamnés qui avaient été exécutés dans la prison.

III

SOUVENIR DE LA NUIT DU 4

L'enfant avait reçu deux balles dans la tête.
Le logis était propre, humble, paisible, honnête ;
On voyait un rameau bénit sur un portrait.
Une vieille grand'mère était là qui pleurait.
Nous le déshabillions en silence. Sa bouche,
Pâle, s'ouvrait ; la mort noyait son œil farouche ;
Ses bras pendants semblaient demander des appuis.
Il avait dans sa poche une toupie en buis.
On pouvait mettre un doigt dans les trous de ses plaies.
Avez-vous vu saigner la mûre dans les haies ?
Son crâne était ouvert comme un bois qui se fend.
L'aïeule regarda déshabiller l'enfant,
Disant : – Comme il est blanc ! approchez donc la lampe.
Dieu ! ses pauvres cheveux sont collés sur sa tempe ! –
Et quand ce fut fini, le prit sur ses genoux.
La nuit était lugubre ; on entendait des coups
De fusil dans la rue où l'on en tuait d'autres.
– Il faut ensevelir l'enfant, dirent les nôtres.
Et l'ont prit un drap blanc dans l'armoire en noyer.
L'aïeule cependant l'approchait du foyer,
Comme pour réchauffer ses membres déjà roides.
Hélas ! ce que la mort touche de ses mains froides
Ne se réchauffe plus aux foyers d'ici-bas !
Elle pencha la tête et lui tira ses bas,
Et dans ses vieilles mains prit les pieds du cadavre.
– Est-ce que ce n'est pas une chose qui navre !
Cria-t-elle ; monsieur, il n'avait pas huit ans !
Ses maîtres, il allait en classe, étaient contents.
Monsieur, quand il fallait que je fisse une lettre,
C'est lui qui l'écrivait. Est-ce qu'on va se mettre
À tuer les enfants maintenant ? Ah ! mon Dieu !
On est donc des brigands ! Je vous demande un peu,
Il jouait ce matin, là, devant la fenêtre !
Dire qu'ils m'ont tué ce pauvre petit être !
Il passait dans la rue, ils ont tiré dessus.
Monsieur, il était bon et doux comme un Jésus.
Moi je suis vieille, il est tout simple que je parte ;
Cela n'aurait rien fait à monsieur Bonaparte

De me tuer au lieu de tuer mon enfant ! –
Elle s'interrompit, les sanglots l'étouffant,
Puis elle dit, et tous pleuraient près de l'aïeule :
– Que vais-je devenir à présent toute seule ?
Expliquez-moi cela, vous autres, aujourd'hui.
Hélas ! je n'avais plus de sa mère que lui.
Pourquoi l'a-t-on tué ? Je veux qu'on me l'explique.
L'enfant n'a pas crié Vive la République. –
Nous nous taisions, debout et graves, chapeau bas,
Tremblant devant ce deuil qu'on ne console pas.

Vous ne compreniez point, mère, la politique.
Monsieur Napoléon, c'est son nom authentique,
Est pauvre, et même prince ; il aime les palais ;
Il lui convient d'avoir des chevaux, des valets,
De l'argent pour son jeu, sa table, son alcôve,
Ses chasses ; par la même occasion, il sauve
La Famille, l'Église et la Société ;
Il veut avoir Saint-Cloud [1], plein de roses l'été,
Où viendront l'adorer les préfets et les maires ;
C'est pour cela qu'il faut que les vieilles grand'mères,
De leurs pauvres doigts gris que fait trembler le temps,
Cousent dans le linceul des enfants de sept ans.

Jersey. 2 décembre 1852.
[2/12/1852]

IV

Ô soleil, ô face divine,
Fleurs sauvages de la ravine,
Grottes où l'on entend des voix,
Parfums que sous l'herbe on devine,
Ô ronces farouches des bois,

1. *Saint-Cloud* : résidence d'été de Napoléon III.

Monts sacrés, hauts comme l'exemple,
Blancs comme le fronton d'un temple,
Vieux rocs, chêne des ans vainqueur,
Dont je sens, quand je vous contemple,
L'âme éparse entrer dans mon cœur,

Ô vierge forêt, source pure,
Lac limpide que l'ombre azure,
Eau chaste où le ciel resplendit,
Conscience de la nature,
Que pensez-vous de ce bandit ?

Jersey. 2 décembre 1852.
[22/11/1852]

V

Puisque le juste est dans l'abîme,
Puisqu'on donne le sceptre au crime,
Puisque tous les droits sont trahis,
Puisque les plus fiers restent mornes,
Puisqu'on affiche au coin des bornes
Le déshonneur de mon pays ;

Ô République de nos pères,
Grand Panthéon plein de lumières,
Dôme d'or dans le libre azur,
Temple des ombres immortelles,
Puisqu'on vient avec des échelles
Coller l'empire sur ton mur ;

Puisque toute âme est affaiblie,
Puisqu'on rampe, puisqu'on oublie
Le vrai, le pur, le grand, le beau,
Les yeux indignés de l'histoire,
L'honneur, la loi, le droit, la gloire,
Et ceux qui sont dans le tombeau ;

Je t'aime, exil ! douleur, je t'aime !
Tristesse, sois mon diadème !

Je t'aime, altière pauvreté !
J'aime ma porte aux vents battue.
J'aime le deuil, grave statue
Qui vient s'asseoir à mon côté.

J'aime le malheur qui m'éprouve,
Et cette ombre où je vous retrouve,
Ô vous à qui mon cœur sourit,
Dignité, foi, vertu voilée,
Toi, liberté, fière exilée,
Et toi, dévouement, grand proscrit !

J'aime cette île solitaire,
Jersey, que la libre Angleterre
Couvre de son vieux pavillon,
L'eau noire, par moments accrue,
Le navire, errante charrue,
Le flot, mystérieux sillon.

J'aime ta mouette, ô mer profonde,
Qui secoue en perles ton onde
Sur son aile aux fauves couleurs,
Plonge dans les lames géantes,
Et sort de ces gueules béantes
Comme l'âme sort des douleurs !

J'aime la roche solennelle
D'où j'entends la plainte éternelle,
Sans trêve comme le remords,
Toujours renaissant dans les ombres,
Des vagues sur les écueils sombres,
Des mères sur leurs enfants morts !

Jersey. Décembre 1852.

VI

L'AUTRE PRÉSIDENT[1]

– 1 –

Donc, vieux partis, voilà votre homme consulaire !
Au jours sereins, quand rien ne nous vient assiéger,
Dogue aboyant, dragon farouche, hydre en colère ;
Taupe aux jours du danger !

Pour le mettre à leur tête, en nos temps que visite
La tempête, brisant le cèdre et le sapin,
Ils prirent le plus lâche, et, n'ayant pas Thersite•,
Ils choisirent Dupin•.

Tandis que ton bras fort pioche, laboure et bêche,
Ils te trahissaient, peuple, ouvrier souverain ;
Ces hommes opposaient le président Bobèche•
Au président Mandrin•.

– 2 –

Sa voix aigre sonnait comme une calebasse ;
Ses quolibets mordaient l'orateur au cœur chaud ;
Ils avaient, insensés, mis l'âme la plus basse
Au faîte le plus haut ;

Si bien qu'un jour, ce fut un dénouement immonde,
Des soldats, sabre au poing, quittant leur noir chevet,
Entrèrent dans ce temple auguste où, pour le monde,
L'aurore se levait !

Devant l'autel des lois qu'on renverse et qu'on brûle,
Honneur, Devoir criaient à cet homme : – Debout !
Dresse-toi, foudre en main, sur ta chaise curule ! –
Il plongea dans l'égout.[2]

---

1. *L'AUTRE PRÉSIDENT* : il s'agit de Dupin, président de l'Assemblée législative.
2. Thème repris dans *L'égout de Rome* (VII, IV).

– 3 –

Qu'il y reste à jamais ! qu'à jamais il y dorme !
Que ce vil souvenir soit à jamais détruit !
Qu'il se dissolve là ! qu'il y devienne informe,
Et pareil à la nuit !

Que, même en l'y cherchant, on le distingue à peine
Dans ce profond cloaque, affreux, morne, béant !
Et que tout ce qui rampe et tout ce qui se traîne
Se mêle à son néant !

Et que l'histoire un jour ne s'en rende plus compte,
Et dise en le voyant dans la fange étendu :
– On ne sait ce que c'est. C'est quelque vieille honte
Dont le nom s'est perdu ! –

– 4 –

Oh ! si ces âmes-là par l'enfer sont reçues,
S'il ne les chasse pas dans son amer orgueil,
Poëtes qui, portant dans vos mains des massues,
Gardez ce sombre seuil,

N'est-ce pas ? dans ce gouffre où la justice habite,
Dont l'espérance fuit le flamboyant fronton,
Dites, toi de Pathmos• lugubre cénobite,
Toi Dante•, toi Milton•,

Toi, vieil Eschyle, ami des plaintives Électres[1],
Ce doit être une joie, ô vengeurs des vertus,
De faire souffleter les masques par les spectres,
Et Dupin par Brutus !

Bruxelles. Décembre 1851.
[24/12/1852]

1. *Eschyle, ami des plaintives Électres* : Électre pousse son frère Oreste à venger l'assassinat de leur père dans *Les Choéphores* d'Eschyle.

Questions

Compréhension

1. *Poème* I. *Expliquez le pluriel du titre. Pourquoi l'évocation des évêques a-t-elle été gardée pour la fin ? Quelle signification doit-on accorder au choix du refrain en latin ?*

2. *Poème* II. *Pour quelles raisons Hugo compare-t-il le peuple à Lazare ?*

3. *Poème* III. *Analysez l'emploi de* « nous » *au vers cinq ; qu'apporte-t-il de particulier à ce poème ? Quel sens donnez-vous à la généralisation des trois derniers vers ?*

4. *Poème* V. *Qu'apporte la répétition de* « puisque » *? Repérez les mouvements du texte. Comment Hugo parvient-il à associer critique de la situation politique, expression du lyrisme personnel et célébration des valeurs morales ?*

Écriture

5. *Poème* II. *Analysez l'organisation et la répartition des mètres et des rimes de chaque strophe. Quelle impression l'ensemble donne-t-il ?*

6. *Poème* III. *Dans la première partie du poème (v. 1 à 48), montrez comment alternent récit, description et discours direct, puis dégagez l'effet produit. Analysez en les ordonnant les procédés qui font naître le pathétique et l'émotion.*

7. *Poème* IV. *Observez la construction grammaticale du poème et justifiez-la.*

8. *Poème* VI. *Pourquoi Hugo a-t-il choisi de clore chaque strophe par un hexasyllabe ?*

VII

À L'OBÉISSANCE PASSIVE[1]

– 1 –

Ô soldats de l'an deux[2] ! ô guerres ! épopées !
Contre les rois tirant ensemble leurs épées,
Prussiens, Autrichiens,[3]
Contre toutes les Tyrs et toutes les Sodomes,
Contre le czar du Nord, contre ce chasseur d'hommes
Suivi de tous ses chiens,

Contre toute l'Europe avec ses capitaines,
Avec ses fantassins couvrant au loin les plaines,
Avec ses cavaliers,
Tout entière debout comme une hydre vivante,
Ils chantaient, ils allaient, l'âme sans épouvante
Et les pieds sans souliers !

Au levant, au couchant, partout, au sud, au pôle,
Avec de vieux fusils sonnant sur leur épaule,
Passant torrents et monts,
Sans repos, sans sommeil, coudes percés, sans vivres,
Ils allaient, fiers, joyeux, et soufflant dans des cuivres
Ainsi que des démons !

La liberté sublime emplissait leurs pensées.
Flottes prises d'assaut[4], frontières effacées
Sous leur pas souverain,

1. Allusion à une circulaire de Saint-Arnaud opposant la théorie de « l'obéissance passive » à celle des « baïonnettes intelligentes ».
2. *l'an deux* : dans le calendrier révolutionnaire, l'an II commence le 20 septembre 1793.
3. *Prussiens, Autrichiens* : lors de la première coalition (1792), la France est en guerre contre la Prusse et l'Autriche.
4. *Flottes prises d'assaut* : en 1795, la France s'empara de la flotte hollandaise bloquée par les eaux au Helder, port militaire des Pays-Bas.

Ô France, tous les jours, c'était quelque prodige,
Chocs, rencontres, combats ; et Joubert• sur l'Adige,
Et Marceau• sur le Rhin !

On battait l'avant-garde, on culbutait le centre ;
Dans la pluie et la neige et de l'eau jusqu'au ventre,
On allait ! en avant !
Et l'un offrait la paix, et l'autre ouvrait ses portes,
Et les trônes, roulant comme des feuilles mortes,
Se dispersaient au vent !

Oh ! que vous étiez grands, au milieu des mêlées,
Soldats ! l'œil plein d'éclairs, faces échevelées
Dans le noir tourbillon,
Ils rayonnaient, debout, ardents, dressant la tête ;
Et comme les lions aspirent la tempête
Quand souffle l'aquilon,

Eux, dans l'emportement de leurs luttes épiques,
Ivres, ils savouraient tous les bruits héroïques,
Le fer heurtant le fer,
La Marseillaise ailée et volant dans les balles,
Les tambours, les obus, les bombes, les cymbales,
Et ton rire, ô Kléber !

La Révolution leur criait : – Volontaires,
Mourez pour délivrer tous les peuples vos frères ! –
Contents, ils disaient oui.
– Allez, mes vieux soldats, mes généraux imberbes[1] ! –
Et l'on voyait marcher ces va-nu-pieds superbes
Sur le monde ébloui !

La tristesse et la peur leur étaient inconnues.
Ils eussent, sans nul doute, escaladé les nues
Si ces audacieux,
En retournant les yeux dans leur course olympique,
Avaient vu derrière eux la grande République
Montrant du doigt les cieux !

---

1. *mes généraux imberbes* : Marceau fut général à 24 ans, Bonaparte à 25 ans, Joubert à 26 ans...

– 2 –

Oh ! vers ces vétérans quand notre esprit s'élève,
Nous voyons leur front luire et resplendir leur glaive,
Fertile en grands travaux.
C'étaient là les anciens. Mais ce temps les efface !
France, dans ton histoire ils tiennent trop de place ;
France, gloire aux nouveaux !

Oui, gloire à ceux d'hier ! ils se mettent cent mille,
Sabres nus, vingt contre un, sans crainte, et par la ville
S'en vont, tambours battants.
À mitraille ! leur feu brille, l'obusier tonne.
Victoire ! ils ont tué, carrefour Tiquetonne•,
Un enfant de sept ans ! [1]

Ceux-ci sont des héros qui n'ont pas peur des femmes !
Ils tirent sans pâlir, gloire à ces grandes âmes !
Sur les passants tremblants.
On voit, quand dans Paris leur troupe se promène,
Aux fers de leurs chevaux de la cervelle humaine
Avec des cheveux blancs !

Ils montent à l'assaut des lois ; sur la patrie
Ils s'élancent ; chevaux, fantassins, batterie,
Bataillon, escadron,
Gorgés, payés, repus, joyeux, fous de colère,
Sonnant la charge, avec Maupas• pour vexillaire [2]
Et Veuillot• pour clairon !

Tout, le fer et le plomb, manque à nos bras farouches ;
Le peuple est sans fusils, le peuple est sans cartouches ;
Braves ! c'est le moment !
Avec quelques tribuns la loi demeure seule.
Derrière vos canons chargés jusqu'à la gueule
Risquez-vous hardiment !

Ô soldats de décembre ! ô soldats d'embuscades

---

1. *ils ont tué, carrefour Tiquetonne, / Un enfant de sept ans* : *cf. Souvenir de la nuit du 4* (II, III).
2. *vexillaire* : porte-étendard dans l'armée romaine.

Contre votre pays ! Honte à vos cavalcades
Dans Paris consterné !
Vos pères, je l'ai dit, brillaient comme le phare ;
Ils bravaient, en chantant une haute fanfare,
La Mort, spectre étonné ;

Vos pères combattaient les plus fières armées,
Le Prussien blond, le Russe aux foudres enflammées,
Le Catalan bruni ;
Vous, vous tuez des gens de bourse et de négoce.
Vos pères, ces géants, avaient pris Saragosse,
Vous prenez Tortoni• !

Histoire, qu'en dis-tu ? les vieux dans les batailles
Couraient sur les canons vomissant les mitrailles ;
Ceux-ci vont, sans trembler,
Foulant aux pieds vieillards sanglants, femmes mourantes,
Droit au crime. Ce sont deux façons différentes
De ne pas reculer.

– 3 –

Cet homme fait venir, à l'heure où la nuit voile
Paris dormant encor,
Des généraux français portant la triple étoile
Sur l'épaulette d'or ;

Il leur dit : « Écoutez, pour vos yeux seuls j'écarte
L'ombre que je répands ;
Vous crûtes jusqu'ici que j'étais Bonaparte,
Mon nom est Guet-apens.

« C'est demain le grand jour, le jour des funérailles
Et le jour des douleurs.
Vous allez vous glisser sans bruit sous les murailles
Comme font les voleurs ;

« Vous prendrez cette pince[1], à mon service usée,

1. *cette pince* : pince-monseigneur, outil d'effraction des cambrioleurs.

Que je cache sur moi,
Et vous soulèverez avec une pesée
La porte de la loi ;

« Puis, hourrah ! sabre au vent, et la police en tête !
Et main basse sur tout,
Sur vos chefs africains[1], sur quiconque est honnête,
Sur quiconque est debout,

« Sur les représentants, et ceux qu'ils représentent,
Sur Paris terrassé !
Et je vous paîrai bien ! » – Ces généraux consentent ;
Vidocq eût refusé.

– 4 –

Maintenant, largesse au prétoire !
Trinquez, soldats ! et depuis quand
A-t-on peur de rire et de boire ?
Fête aux casernes ! fête au camp !

L'orgie a rougi leur moustache,
Les rouleaux d'or gonflent leur sac ;
Pour capitaine ils ont Gamache[2],
Ils ont Cocagne pour bivouac.

La bombance après l'équipée.
On s'attable. Hier on tua.
Ô Napoléon, ton épée
Sert de broche à Gargantua.

Le meurtre est pour eux la victoire ;
Leur œil, par l'ivresse endormi,
Prend le déshonneur pour la gloire
Et les Français pour l'ennemi.

---

1. *vos chefs africains* : ceux qui, comme Saint-Arnaud, avaient participé à la conquête de l'Algérie.
2. *Gamache* : dans *Don Quichotte*, les noces du riche paysan Gamache sont pantagruéliques.

France, ils t'égorgèrent la veille.
Ils tiennent, c'est leur lendemain,
Dans une main une bouteille
Et ta tête dans l'autre main.

Ils dansent en rond, noirs quadrilles,
Comme des gueux dans le ravin ;
Troplong leur amène des filles,
Et Sibour leur verse du vin.

Et leurs banquets sans fin ni trêves
D'orchestres sont environnés… –
Nous faisions pour vous d'autres rêves,
Ô nos soldats infortunés !

Nous rêvions pour vous l'âpre bise,
La neige au pied du noir sapin,
La brèche où la bombe se brise,
Les nuits sans feu, les jours sans pain.

Nous rêvions les marches forcées,
La faim, le froid, les coups hardis,
Les vieilles capotes usées,
Et la victoire un contre dix !

Nous rêvions, ô soldats esclaves,
Pour vous et pour vos généraux,
La sainte misère des braves,
La grande tombe des héros !

Car l'Europe en ses fers soupire,
Car dans les cœurs un ferment bout,
Car voici l'heure où Dieu va dire :
Chaînes, tombez ! Peuples, debout !

L'histoire ouvre un nouveau registre ;
Le penseur, amer et serein,
Derrière l'horizon sinistre
Entend rouler des chars d'airain.

Un bruit profond trouble la terre ;
Dans les fourreaux s'émeut l'acier ;
Ce vent qui souffle sort, ô guerre,

Des naseaux de ton noir coursier !

Vers l'heureux but où Dieu nous mène,
Soldats ! rêveurs, nous vous poussions,
Tête de la colonne humaine,
Avant-garde des nations !

Nous rêvions, bandes aguerries,
Pour vous, fraternels conquérants,
La grande guerre des patries,
La chute immense des tyrans ![1]

Nous réservions votre effort juste,
Vos fiers tambours, vos rangs épais,
Soldats, pour cette guerre auguste
D'où sortira l'auguste paix !

Dans nos songes visionnaires,
Nous vous voyions, ô nos guerriers,
Marcher joyeux dans les tonnerres,
Courir sanglants dans les lauriers,

Sous la fumée et la poussière
Disparaître en noirs tourbillons,
Puis tout à coup dans la lumière
Surgir, radieux bataillons,

Et passer, légion sacrée
Que les peuples venaient bénir,
Sous la haute porte azurée
De l'éblouissant avenir !

– 5 –

Donc, les soldats français auront vu, jours infâmes !
Après Brune et Desaix•, après ces grandes âmes

1. *Nous rêvions* [...] / *La chute immense des tyrans* : les guerres révolutionnaires s'étaient donné pour objectif la chute des monarchies européennes et la libération des peuples.

Que nous admirons tous,
Après Turenne, après Xaintraille•, après Lahire•,
Poulailler• leur donner des drapeaux et leur dire :
Je suis content de vous !

Ô drapeaux du passé[1], si beaux dans les histoires,
Drapeaux de tous nos preux et de toutes nos gloires,
Redoutés du fuyard,
Percés, troués, criblés, sans peur et sans reproche,
Vous qui dans vos lambeaux mêlez le sang de Hoche•
Et le sang de Bayard•,

Ô vieux drapeaux ! sortez des tombes, des abîmes !
Sortez en foule, ailés de vos haillons sublimes,
Drapeaux éblouissants !
Comme un sinistre essaim qui sur l'horizon monte,
Sortez, venez, volez, sur toute cette honte
Accourez frémissants !

Délivrez nos soldats de ces bannières viles !
Vous qui chassiez les rois, vous qui preniez les villes,
Vous en qui l'âme croit,
Vous qui passiez les monts, les gouffres et les fleuves,
Drapeaux sous qui l'on meurt, chassez ces aigles neuves[2],
Drapeaux sous qui l'on boit !

Que nos tristes soldats fassent la différence !
Montrez-leur ce que c'est que les drapeaux de France,
Montrez vos sacrés plis
Qui flottaient sur le Rhin, sur la Meuse et la Sambre,
Et faites, ô drapeaux, auprès du Deux-Décembre
Frissonner Austerlitz !

– 6 –

Hélas ! tout est fini. Fange ! néant ! nuit noire !
Au-dessus de ce gouffre où croula notre gloire,

1. *Ô drapeaux du passé* : *cf.* l'ouverture de V, v.
2. *ces aigles neuves* : le nom est féminin quand il s'agit d'un emblème.

Flamboyez, noms maudits !
Maupas•, Morny•, Magnan•, Saint-Arnaud•, Bonaparte !
Courbons nos fronts ! Gomorrhe a triomphé de Sparte[1] !
Cinq hommes ! cinq bandits !

Toutes les nations tour à tour sont conquises :
L'Angleterre, pays des antiques franchises,
Par les vieux Neustriens[2],
Rome par Alaric•, par Mahomet Byzance,
La Sicile par trois chevaliers[3], et la France
Par cinq galériens.

Soit. Régnez ! emplissez de dégoût la pensée,
Notre-Dame d'encens, de danses l'Élysée,
Montmartre d'ossements.
Régnez ! liez ce peuple, à vos yeux populace,
Liez Paris, liez la France à la culasse
De vos canons fumants !

– 7 –

Quand sur votre poitrine il jeta sa médaille,
Ses rubans et sa croix, après cette bataille
Et ce coup de lacet,
Ô soldats dont l'Afrique avait hâlé la joue,
N'avez-vous donc pas vu que c'était de la boue
Qui vous éclaboussait ?

Oh ! quand je pense à vous, mon œil se mouille encore !
Je vous pleure, soldats ! je pleure votre aurore,
Et ce qu'elle promit.
Je pleure ! car la gloire est maintenant voilée ;

1. *Gomorrhe a triomphé de Sparte* : Gomorrhe est symbole de corruption et de perversité. Dans la Bible, Dieu détruit cette ville où Loth n'a pu trouver un seul homme de bien. Par opposition, la ville grecque de Sparte offre le modèle d'une cité exemplaire où l'on cultive la tempérance et la vertu.
2. *les vieux Neustriens* : les Normands.
3. *trois chevaliers* : fils d'un seigneur normand, conquérants de la Sicile aux Xe-XIe siècle.

Car il est parmi vous plus d'une âme accablée
Qui songe et qui frémit !

Ô soldats ! nous aimions votre splendeur première ;
Fils de la république et fils de la chaumière,
Que l'honneur échauffait,
Pour servir ce bandit qui dans leur sang se vautre,
Hélas ! pour trahir l'une et déshonorer l'autre,
Que vous ont-elles fait ?

Après qui marchez-vous, ô légion trompée ?
L'homme à qui vous avez prostitué l'épée,
Ce criminel flagrant,
Cet aventurier vil en qui vous semblez croire,
Sera Napoléon-le-Petit dans l'histoire,
Ou Cartouche•-le-Grand.

Armée ! ainsi ton sabre a frappé par derrière
Le serment, le devoir, la loyauté guerrière,
Le droit aux vents jeté,
La révolution sur ce grand siècle empreinte,
Le progrès, l'avenir, la République sainte,
La sainte liberté,

Pour qu'il puisse asservir ton pays que tu navres,
Pour qu'il puisse s'asseoir sur tous ces grands cadavres,
Lui, ce nain tout-puissant,
Qui préside l'orgie immonde et triomphale,
Qui cuve le massacre et dont la gorge exhale
L'affreux hoquet du sang !

– 8 –

Ô Dieu, puisque voilà ce qu'a fait cette armée,
Puisque, comme une porte est barrée et fermée,
Elle est sourde à l'honneur,
Puisque tous ces soldats rampent sans espérance,
Et puisque dans le sang ils ont éteint la France,
Votre flambeau, Seigneur !

Puisque la conscience en deuil est sans refuge ;

Puisque le prêtre assis dans la chaire, et le juge
D'hermine revêtu,
Adorent le succès, seul vrai, seul légitime,
Et disent qu'il vaut mieux réussir par le crime
Que choir par la vertu ;

Puisque les âmes sont pareilles à des filles ;
Puisque ceux-là sont morts qui brisaient les bastilles,
Ou bien sont dégradés ;
Puisque l'abjection, aux conseils misérables,
Sortant de tous les cœurs, fait les bouches semblables
Aux égouts débordés ;

Puisque l'honneur décroît pendant que César monte ;
Puisque dans ce Paris on n'entend plus, ô honte,
Que des femmes gémir ;
Puisqu'on n'a plus de cœur devant les grandes tâches,
Puisque les vieux faubourgs, tremblant comme des lâches,
Font semblant de dormir ;

Ô Dieu vivant, mon Dieu ! prêtez-moi votre force,
Et, moi qui ne suis rien, j'entrerai chez ce Corse
Et chez cet inhumain ;
Secouant mon vers sombre et plein de votre flamme,
J'entrerai là, Seigneur, la justice dans l'âme
Et le fouet à la main ;

Et, retroussant ma manche ainsi qu'un belluaire[1],
Seul, terrible, des morts agitant le suaire
Dans ma sainte fureur,
Pareil aux noirs vengeurs devant qui l'on se sauve,
J'écraserai du pied l'antre et la bête fauve,
L'empire et l'empereur !

Jersey. Janvier 1853.
[7-13/1/1853]

1. *belluaire* : gladiateur qui combattait les fauves lors des jeux du cirque à Rome.

Questions

Compréhension

À l'obéissance passive

1. *Section 1. Les* « soldats de l'an deux » *se distinguent par leurs actions et leur apparence : essayez de les définir.*

2. *Section 1. Repérez les parties de cette même section et montrez l'unité du mouvement d'ensemble.*

3. *Section 2. Relevez les éléments qui construisent un parallèle antithétique avec la section précédente.*

4. *Section 4. Dans cette confrontation de la réalité militaire de l'Empire avec l'utopie d'une armée au service du progrès, quel regard sur les soldats introduit le passage à l'imparfait ?*

5. *Section 8. On retrouve ici la formule* « puisque », *répétée comme en section 5 ; les constatations qu'elle implique conduisent-elles aux mêmes conclusions ? Caractérisez le ton de cette dernière section du poème.*

Écriture

6. *Section 1. Étudiez le choix de la strophe, du rythme et des sonorités ; à quel effet concourent-ils ? Comment Hugo fait-il passer ici le souffle épique ?*

7. *Section 2. Étudiez le rythme de ce passage ; quel type de rupture marque-t-il avec ce qui précède ? Quel est l'effet recherché ?*

8. *Section 4. Analysez l'effet produit par l'emploi des quatrains d'octosyllabes.*

Bilan

• Ce que nous savons

Hugo vient d'exposer dans Nox *et dans le livre I les données de la situation qu'il affronte. Il a fait comprendre au lecteur sa position et son but, ses indignations et ses refus. Dans le livre II, c'est la corde de l'émotion la plus profonde qu'il fait vibrer. Pendant que les vainqueurs jouissent et ripaillent, sourds aux gémissements des victimes, que le poète s'efforce, figure christique, de ressusciter le peuple comme Jésus le fit pour Lazare dans* l'Évangile de saint Jean, *on ensevelit les morts. Si le livre s'intitule* L'ordre est rétabli, *on se demande bien quel* « ordre » *peut exiger la mort d'un* « enfant de sept ans ».
C'est autour du troisième poème, Souvenir de la nuit du 4, *que tout le livre s'organise. Par la simplicité du vocabulaire, le caractère précis de la description, la sobriété des paroles rapportées, la froide évocation des détails et la chaleur des gestes qui entourent l'enfant mort, la tendresse et la pitié exprimées, Hugo a écrit un texte qui retentit jusqu'à la fin du livre comme un épisode douloureux et obsédant.*
Ainsi le poème IV *n'est-il qu'une interrogation sans réponse, un appel au jugement de la nature à défaut de celui des hommes. C'est pourquoi éclate au poème* V *l'exclamation :* « Je t'aime, exil ! douleur, je t'aime » *où le poète exprime avec une sorte de joie grave son attachement à l'épreuve, à l'univers de l'exil et à la violence marine qui sont porteurs des valeurs dont le régime impérial a dépouillé la France. La colère de l'Océan n'y est pas mise en accusation comme dans* Nox ; *au contraire, elle accompagne la plainte* « des mères sur leurs enfants morts ». *Il ne faudrait toutefois pas croire que la souffrance n'appelle qu'émotion contenue et sympathie : dès le second mouvement du livre, elle balaye les coupables d'un élan violent et vengeur.*
Le dernier et fort long poème annonce et prépare L'expiation. *Évoquant les soldats de la Révolution, il introduit le lyrisme épique dans l'œuvre et, par antithèse, stigmatise comme cyniques, grotesques ou ignobles, les actions militaires, la morale ou le mode de vie des nouveaux gouvernants :* « On s'attable, hier on tua. » *Et puisque l'accumulation des monstruosités a exclu Napoléon III du genre humain, le poète vengeur se fait* « belluaire » *pour écraser le* « fauve ».

• À quoi nous attendre ?

1. *Pourquoi ce livre ne comporte-t-il pas de chanson ?*

2. *Quelle est la particularité formelle du poème* III *par rapport à l'ensemble du livre II ? Quel effet produit-elle ?*

3. *Quelle efficacité nouvelle la dimension épique apporte-t-elle aux propos du poète ?*

LIVRE TROISIÈME

LA FAMILLE EST RESTAURÉE

I

APOTHÉOSE[1]

Méditons ! Il est bon que l'esprit se repaisse
De ces spectacles-là. L'on n'était qu'une espèce
De perroquet ayant un grand nom pour perchoir,
Pauvre diable de prince, usant son habit noir,
Auquel mil-huit-cent-quinze avait coupé les vivres.
On n'avait pas dix sous, on emprunte cinq livres.
Maintenant, remarquons l'échelle, s'il vous plaît :
De l'écu de cinq francs on s'élève au billet
Signé Garat• ; bravo ! puis du billet de banque
On grimpe au million[2], rapide saltimbanque ;
Le million gobé fait mordre au milliard.
On arrive au lingot en partant du liard.
Puis carrosses, palais, bals, festins, opulence ;
On s'attable au pouvoir et l'on mange la France.
C'est ainsi qu'un filou devient homme d'État.

Qu'a-t-il fait ? un délit ? fi donc ! un attentat ;
Un grand acte, un massacre, un admirable crime
Auquel la Haute-cour prête serment. L'abîme
Se referme en poussant un grognement bourru.
La Révolution sous terre a disparu
En laissant derrière elle une senteur de soufre.
Romieu• montre la trappe et dit : Voyez le gouffre !
Vivat Mascarillus[3] ! roulement de tambours.
On tient sous le bâton parqués dans les faubourgs
Les ouvriers ainsi que des noirs dans leurs cases ;
Paris sur ses pavés voit neiger les ukases[4] ;

1. *APOTHÉOSE* : cérémonie de déification des empereurs romains après leur mort. Au sens moderne et figuré, honneurs exceptionnels rendus à un homme vivant ou mort.
2. *million* : la diérèse *milli-on* a ici un effet d'insistance. *Cf.* les diérèses des vers suivants.
3. *Mascarillus* : valet de comédie créé par Molière (*L'Étourdi* : « *Vivat Mascarillus, fourbum imperator !* »).
4. *ukazes* : édits du tsar, arbitraires et sans appel.

La Seine devient glace autant que la Neva[1].
Quant au maître, il triomphe ; il se promène, va
De préfet en préfet, vole de maire en maire,
Orné du Deux-Décembre et du Dix-huit Brumaire,
Bombardé de bouquets, voituré dans des chars,
Laid, joyeux, salué par des chœurs de mouchards.
Puis il rentre empereur au Louvre, il parodie
Napoléon, il lit l'histoire, il étudie
L'honneur et la vertu dans Alexandre six• ;
Il s'installe au palais du spectre Médicis• ;
Il quitte par moments sa pourpre ou sa casaque[2],
Flâne autour du bassin en pantalon cosaque,
Et riant, et semant les miettes sur ses pas,
Donne aux poissons le pain que les proscrits n'ont pas.
La caserne l'adore, on le bénit au prône[3] ;
L'Europe est sous ses pieds et tremble sous son trône.
Il règne par la mitre et par le hausse-col[4].
Ce trône a trois degrés : parjure, meurtre et vol.

Ô Carrare ! ô Paros ! ô marbres pentéliques[5] !
Ô tous les vieux héros des vieilles républiques !
Ô tous les dictateurs de l'empire latin !
Le moment est venu d'admirer le destin.
Voici qu'un nouveau dieu monte au fronton du temple.
Regarde, peuple, et toi, froide histoire, contemple.
Tandis que nous, martyrs du droit, nous expions,
Avec les Périclès•, avec les Scipions,
Sur les frises où sont les Victoires aptères[6],
Au milieu des Césars traînés par des panthères[7],
Vêtus de pourpre et ceints du laurier souverain,
Parmi les aigles d'or et les louves d'airain,
Comme un astre apparaît parmi ses satellites,

1. *la Neva* : l'hiver 1852 fut si froid qu'il est comparé à celui de Saint-Pétersbourg où la Neva est généralement prise sous les glaces, à la mauvaise saison.
2. *casaque* : vêtement de forçat.
3. *prône* : prière pour recommander quelqu'un à Dieu.
4. *par la mitre et par le hausse-col* : c'est-à-dire l'Église et l'Armée.
5. *ô marbres pentéliques* : le Pentélique est une montagne au nord d'Athènes, célèbre pour ses marbres blancs.
6. *les victoires aptères* : elles sont dépourvues d'ailes, pour qu'elles ne puissent s'envoler au loin.
7. *traînés par des panthères* : allusion à Bacchus dont le char était traîné par des panthères.

Voici qu'à la hauteur des empereurs stylites[1],
Entre Auguste à l'œil calme et Trajan• au front pur,
Resplendit, immobile en l'éternel azur,
Sur vous, ô panthéons, sur vous, ô propylées[2],
Robert Macaire• avec ses bottes éculées !

Jersey. Décembre 1852.
[31/1/1853]

II

L'HOMME A RI

« M. Victor Hugo vient de publier à Bruxelles un livre qui a pour titre : Napoléon-le-Petit, *et qui renferme les calomnies les plus odieuses contre le prince-président.*
On raconte qu'un des jours de la semaine dernière un fonctionnaire apporta ce libelle à Saint-Cloud. Lorsque Louis Napoléon le vit, il le prit, l'examina un instant avec le sourire du mépris sur les lèvres, puis, s'adressant aux personnes qui l'entouraient, il dit, en leur montrant le pamphlet : "Voyez, messieurs, voici Napoléon-le-Petit, par Victor Hugo-le-Grand". »
(*Journaux élyséens*, août 1852.)

Ah ! tu finiras bien par hurler, misérable !
Encor tout haletant de ton crime exécrable,
Dans ton triomphe abject, si lugubre et si prompt,
Je t'ai saisi. J'ai mis l'écriteau sur ton front ;
Et maintenant la foule accourt, et te bafoue,
Toi, tandis qu'au poteau le châtiment te cloue,
Que le carcan te force à lever le menton,
Tandis que, de ta veste arrachant le bouton,
L'histoire à mes côtés met à nu ton épaule,
Tu dis : Je ne sens rien ! et tu nous railles, drôle !
Ton rire sur mon nom gaîment vient écumer ;
Mais je tiens le fer rouge et vois ta chair fumer.[3]

Jersey. Août 1852.
[30/10/1852]

1. *stylites* : du mot grec signifiant « colonne », on nommait ainsi les ermites qui vivaient au sommet d'une colonne. Ici, il s'agit des statues des empereurs.
2. *propylée* : construction à colonnes érigée pour former l'entrée principale de l'enceinte d'un sanctuaire ou d'une citadelle.
3. *Mais je tiens le fer rouge et vois ta chair fumer* : *cf.* note 2, p. 57.

III

FABLE OU HISTOIRE[1]

Un jour, maigre et sentant un royal appétit,
Un singe d'une peau de tigre se vêtit.
Le tigre avait été méchant ; lui, fut atroce.
Il avait endossé le droit d'être féroce.
Il se mit à grincer des dents, criant : Je suis
Le vainqueur des halliers, le roi sombre des nuits !
Il s'embusqua, brigand des bois, dans les épines ;
Il entassa l'horreur, le meurtre, les rapines,
Égorgea les passants, dévasta la forêt,
Fit tout ce qu'avait fait la peau qui le couvrait.
Il vivait dans un antre, entouré de carnage.
Chacun, voyant la peau, croyait au personnage.
Il s'écriait, poussant d'affreux rugissements :
Regardez, ma caverne est pleine d'ossements ;
Devant moi tout recule et frémit, tout émigre,
Tout tremble ; admirez-moi, voyez, je suis un tigre !
Les bêtes l'admiraient, et fuyaient à grands pas.
Un belluaire[2] vint, le saisit dans ses bras,
Déchira cette peau comme on déchire un linge,
Mit à nu ce vainqueur, et dit : Tu n'es qu'un singe !

Jersey. Septembre 1852.
[6/11/1852]

IV

Ainsi les plus abjects, les plus vils, les plus minces
Vont régner ! ce n'était pas assez des vrais princes
Qui de leur sceptre d'or insultent le ciel bleu,
Et sont rois et méchants par la grâce de Dieu !
Quoi ! tel gueux qui, pourvu d'un titre en bonne forme,

1. Il s'agit d'un pastiche de La Fontaine.
2. *belluaire* : *cf.* note 1, p. 89.

À pour toute splendeur sa bâtardise énorme[1],
Tel enfant du hasard, rebut des échafauds,
Dont le nom fut un vol et la naissance un faux,
Tel bohème pétri de ruse et d'arrogance,
Tel intrus entrera dans le sang de Bragance•,
Dans la maison d'Autriche[2] ou dans la maison d'Est[2]
Grâce à la fiction légale *is pater est*[3],
Criera : Je suis Bourbon, ou : Je suis Bonaparte,
Mettra cyniquement ses deux poings sur la carte,
Et dira : C'est à moi ! je suis le grand vainqueur !
Sans que les braves gens, sans que les gens de cœur
Rendent à Curtius• ce monarque de cire !
Et, quand je dis : Faquin ! l'écho répondra : Sire !
Quoi ! ce royal croquant[4], ce maraud couronné,
Qui, d'un boulet de quatre à la cheville orné,
Devrait dans un ponton pourrir à fond de cale,
Cette altesse en ruolz[5], ce prince en chrysocale[5],
Se fait devant la France, horrible, ensanglanté,
Donner de l'empereur et de la majesté,
Il trousse sa moustache en croc et la caresse,
Sans que sous les soufflets sa face disparaisse,
Sans que, d'un coup de pied l'arrachant à Saint-Cloud[6],
On le jette au ruisseau, dût-on salir l'égout !

– Paix ! disent cent crétins ! c'est fini. Chose faite.
Le Trois-pour-cent est Dieu[7], Mandrin• est son prophète.
Il règne. Nous avons voté ! *Vox populi*[8]. –
Oui, je comprends, l'opprobre est un fait accompli.
Mais qui donc a voté ? Mais qui donc tenait l'urne ?

---

1. *sa bâtardise énorme* : *cf.* dans le lexique des noms propres *Verhuell*.
2. *la maison d'Autriche / la maison d'Est* : grandes familles régnant ou ayant régné en Europe.
3. is pater est : selon le droit romain, « *is pater est quem nuptiae demonstrant* ». Ce qui signifie : « le père est celui que le mariage désigne », autrement dit, l'époux de la mère lors de la conception de l'enfant.
4. *croquant* : paysan.
5. *ruolz, chrysocale* : le ruolz est un alliage blanc composé de cuivre, de nickel et d'argent ; le chrysocale un alliage de cuivre, d'étain et de zinc imitant l'or.
6. *Saint-Cloud* : voir note 149.
7. *Le Trois pour cent est Dieu* : rente dont les bourgeois suivent le cours en bourse avec la plus grande attention.
8. Vox populi : « *Vox populi, vox Dei* » (« La voix du peuple est la voix de Dieu »).

Mais qui donc a vu clair dans ce scrutin nocturne ?
Où donc était la loi dans ce tour effronté ?
Où donc la nation ? Où donc la liberté ?
Ils ont voté !

Troupeau que la peur mène paître
Entre le sacristain et le garde champêtre,
Vous qui, pleins de terreur, voyez, pour vous manger,
Pour manger vos maisons, vos bois, votre verger,
Vos meules de luzerne et vos pommes à cidre,
S'ouvrir tous les matins les mâchoires d'une hydre[1] ;
Braves gens, qui croyez en vos foins, et mettez
De la religion dans vos propriétés ;
Âmes que l'argent touche et que l'or fait dévotes ;
Maires narquois, traînant vos paysans aux votes ;
Marguilliers[2] aux regards vitreux ; curés camus[3]
Hurlant à vos lutrins : *Dœmonem laudamus*[4] ;
Sots, qui vous courroucez comme flambe une bûche ;
Marchands dont la balance incorrecte trébuche ;
Vieux bonshommes crochus, hiboux hommes d'État,
Qui déclarez, devant la fraude et l'attentat,
La tribune fatale et la presse funeste ;
Fats, qui, tout effrayés de l'esprit, cette peste,
Criez, quoique à l'abri de la contagion ;
Voltairiens, viveurs, fervente légion,
Saints gaillards, qui jetez dans la même gamelle
Dieu, l'orgie et la messe, et prenez pêle-mêle
La défense du ciel et la taille à Goton[5] ;
Bons dos, qui vous courbez, adorant le bâton ;
Contemplateurs béats des gibets de l'Autriche ;
Gens de Bourse effarés, qui trichez et qu'on triche[6] ;
Invalides, lions transformés en toutous ;
Niais, pour qui cet homme est un sauveur ; vous tous
Qui vous ébahissez, bestiaux de Panurge,

1. *hydre* : symbolise ici le socialisme.
2. *Marguilliers* : laïcs chargés de la garde et de l'entretien d'une église.
3. *camus* : au nez court et plat.
4. Dœmonem laudamus : « Démon, nous te louons », au lieu de *Te Deum laudamus* (« Seigneur, nous te louons »).
5. *Goton* : diminutif de Margoton, prénom populaire.
6. *qu'on triche* : ici employé comme verbe transitif, construction mentionnée par Littré (*cf.* Journet).

Aux miracles que fait Cartouche• thaumaturge[1] ;
Noircisseurs de papier timbré, planteurs de choux,
Est-ce que vous croyez que la France, c'est vous,
Que vous êtes le peuple, et que jamais vous eûtes
Le droit de nous donner un maître, ô tas de brutes[2] ?

Ce droit, sachez-le bien, chiens du berger Maupas•,
Et la France et le peuple eux-mêmes ne l'ont pas.
L'altière Vérité jamais ne tombe en cendre.
La Liberté n'est pas une guenille à vendre,
Jetée au tas, pendue au clou chez un fripier.
Quand un peuple se laisse au piège estropier,
Le droit sacré, toujours à soi-même fidèle,
Dans chaque citoyen trouve une citadelle ;
On s'illustre en bravant un lâche conquérant,
Et le moindre du peuple en devient le plus grand.
Donc, trouvez du bonheur, ô plates créatures,
À vivre dans la fange et dans les pourritures,
Adorez ce fumier sous ce dais de brocart[3],
L'honnête homme recule et s'accoude à l'écart.
Dans la chute d'autrui je ne veux pas descendre.
L'honneur n'abdique point. Nul n'a droit de me prendre
Ma liberté, mon bien, mon ciel bleu, mon amour.
Tout l'univers aveugle est sans droit sur le jour.
Fût-on cent millions d'esclaves, je suis libre.
Ainsi parle Caton•. Sur la Seine ou le Tibre,
Personne n'est tombé tant qu'un seul est debout.[4]
Le vieux sang des aïeux qui s'indigne et qui bout,
La vertu, la fierté, la justice, l'histoire,
Toute une nation avec toute sa gloire
Vit dans le dernier front qui ne veut pas plier.
Pour soutenir le temple il suffit d'un pilier ;
Un Français, c'est la France ; un Romain contient Rome,
Et ce qui brise un peuple avorte aux pieds d'un homme.

Jersey. Novembre 1852.
[4/5/1853]

1. *thaumaturge* : personne qui prétend faire, ou fait des miracles.
2. *ô tas de brutes* : ceux qui ont voté « OUI ».
3. *brocart* : étoffe de soie brodée d'or ou d'argent.
4. *Personne* [...] *debout* : comme toute la fin du poème, ce vers annonce *Ultima verba* (VII, XVII).

V

QUERELLES DU SÉRAIL[1]

Ciel ! après tes splendeurs, qui rayonnaient naguères,
Liberté sainte ; après toutes ces grandes guerres,
Tourbillon inouï ;
Après ce Marengo[2] qui brille sur la carte,
Et qui ferait lâcher le premier Bonaparte
À Tacite• ébloui ;

Après ces messidors, ces prairials, ces frimaires[3],
Et tant de préjugés, d'hydres et de chimères,
Terrassés à jamais ;
Après le sceptre en cendre et la Bastille en poudre,[4]
Le trône en flamme ; après tous ces grands coups de foudre
Sur tous ces grands sommets ;

Après tous ces géants, après tous ces colosses,
S'acharnant, malgré Dieu, comme d'ardents molosses,
Quand Dieu disait : Va-t'en !
Après ton océan, République française,
Où nos pères ont vu passer Quatrevingt-treize
Comme Léviathan[5] ;

Après Danton, Saint-Just et Mirabeau, ces hommes,
Ces titans, aujourd'hui cette France où nous sommes
Contemple l'embryon !
L'infiniment petit, monstrueux et féroce !

---

1. En janvier 1852, un décret confisqua les biens de la famille d'Orléans, Morny démissionna alors du ministère de l'Intérieur. On créa pour Maupas le ministère de la Police générale.
2. *Marengo* : victoire de Bonaparte contre les Autrichiens pendant la campagne d'Italie, en 1800.
3. *ces messidors, ces prairials, ces frimaires* : mois du calendrier révolutionnaire.
4. *Après le sceptre* [...] *en poudre* : Jean Massin voit dans ce vers une réminiscence probable des imprécations de la Camille de Corneille (*Horace*, V, 5 : « *Voir ses maisons en cendre et tes lauriers en poudre* »), d'autant que « *poudre* » rime, comme chez Corneille, avec « *foudre* ».
5. *Léviathan* : monstre marin décrit dans la Bible (Job, XL-XLI).

Et, dans la goutte d'eau, les guerres du volvoce
Contre le vibrion ![1]

Honte ! France, aujourd'hui, voici ta grande affaire :
Savoir si c'est Maupas• ou Morny• qu'on préfère,
Là-haut, dans le palais ;
Tous deux ont sauvé l'ordre et sauvé les familles ;
Lequel l'emportera ? l'un a pour lui les filles,
Et l'autre, les valets.

Bruxelles. Janvier 1852.
[1/1852]

VI

ORIENTALE

Lorsque Abd el-Kader• dans sa geôle
Vit entrer l'homme aux yeux étroits
Que l'histoire appelle – ce drôle, –
Et Troplong• – Napoléon trois ; –

Qu'il vit venir, de sa croisée,
Suivi du troupeau qui le sert,
L'homme louche de l'Élysée, –
Lui, l'homme fauve du désert ;

Lui, le sultan né sous les palmes,
Le compagnon des lions roux,
Le hadji[2] farouche aux yeux calmes,
L'émir[3] pensif, féroce et doux ;

1. *les guerres du volvoce / Contre le vibrion* : le volvoce est une algue verte, le vibrion une bactérie. On passe ici au règne de l'infiniment petit.
2. *hadji* : saint homme ; nom donné aux musulmans qui ont fait le pèlerinage à la Mecque.
3. *émir* : c'est ainsi que l'on appelait en pays musulman un chef de tribu ou un gouverneur de province.

Lui, sombre et fatal personnage
Qui, spectre pâle au blanc burnous,
Bondissait, ivre de carnage,
Puis tombait dans l'ombre à genoux ;

Qui, de sa tente ouvrant les toiles,
Et priant au bord du chemin,
Tranquille, montrait aux étoiles
Ses mains teintes de sang humain ;

Qui donnait à boire aux épées,
Et qui, rêveur mystérieux,
Assis sur des têtes coupées,
Contemplait la beauté des cieux ;

Voyant ce regard fourbe et traître,
Ce front bas, de honte obscurci,
Lui, le beau soldat, le beau prêtre,
Il dit : Quel est cet homme-ci ?

Devant ce vil masque à moustaches,
Il hésita ; mais on lui dit :
« Regarde, émir, passer les haches !
Cet homme, c'est César bandit.

« Écoute ces plaintes amères
Et cette clameur qui grandit.
Cet homme est maudit par les mères,
Par les femmes il est maudit ;

« Il les fait veuves ; il les navre ;
Il prit la France et la tua,
Il ronge à présent son cadavre. »
Alors le hadji salua.

Mais au fond toutes ses pensées
Méprisaient le sanglant gredin ;
Le tigre aux narines froncées
Flairait ce loup avec dédain.

Jersey. Novembre 1852.
[20/11/1852]

Questions

Compréhension

1. *Poème* I. *Quel effet produit l'évocation du monde gréco-romain ?*

2. *Poème* III. *Si la parole a une fonction prophétique, quel est le sens du titre ? Précisez le rôle de la parole dans le dernier vers et le poids du présent utilisé.*

3. *Relevez les tournures et les thèmes propres à la fable. Montrez le double sens qu'ils recouvrent.*

4. *Dégagez le sens des trois derniers vers. Quelle fonction le poète a-t-il ici ?*

5. *Poème* IV. *Mettez en évidence la construction du poème. Quelles instances principales met-elle en présence ? Quel rôle donne-t-elle au poète ?*

6. *Poème* V. *Sur quelle grande opposition ce poème est-il construit ? Par quel effet de style est-elle mise en relief ?*

7. *Poème* VI. *Précisez les principaux traits du portrait d'Abd el-Kader. Quels points communs trouvez-vous avec celui de Napoléon III ? Quelles différences relevez-vous ? Donnez le sens du vers 40.*

Écriture

8. *Poème* I. *Pourquoi Hugo utilise-t-il le pronom indéfini* « on » *pour désigner Napoléon III (v. 1 à 15) ?*

9. *Poème* II. *Observez l'utilisation des pronoms dans ce poème. Quelle en est la signification ?*

10. *Poème* V. *Pour la première fois dans ce livre, Hugo revient à l'emploi de strophes. Pourquoi ?*

VII

UN BON BOURGEOIS DANS SA MAISON

« Mais que je suis donc heureux d'être né en Chine !
Je possède une maison pour m'abriter, j'ai de quoi manger et boire, j'ai toutes les commodités de l'existence, j'ai des habits, des bonnets et une multitude d'agréments ; en vérité, la félicité la plus grande est mon partage ! »
THIEN-CI-KHI[1]•, *lettré chinois.*

Il est certains bourgeois, prêtres du dieu Boutique,
Plus voisins de Chrysès• que de Caton d'Utique,
Mettant par-dessus tout la rente et le coupon[2],
Qui, voguant à la Bourse et tenant un harpon,
Honnêtes gens d'ailleurs, mais de la grosse espèce,
Acceptent Phalaris• par amour pour leur caisse,
Et le taureau d'airain à cause du veau d'or[3].
Ils ont voté. Demain ils voteront encor.
Si quelque libre écrit[4] entre leurs mains s'égare,
Les pieds sur les chenets et fumant son cigare,
Chacun de ces votants tout bas raisonne ainsi :
« Ce livre est fort choquant. De quel droit celui-ci
Est-il généreux, ferme et fier, quand je suis lâche ?
En attaquant monsieur Bonaparte, on me fâche.
Je pense comme lui que c'est un gueux ; pourquoi
Le dit-il ? Soit, d'accord, Bonaparte est sans foi
Ni loi ; c'est un parjure, un brigand, un faussaire,
C'est vrai ; sa politique est armée en corsaire ;
Il a banni jusqu'à des juges suppléants ;
Il a coupé leur bourse aux princes d'Orléans ;[5]
C'est le pire gredin qui soit sur cette terre ;
Mais puisque j'ai voté pour lui, l'on doit se taire.

---

1. *Thien-Ci-Khi* : lettré chinois, probablement imaginaire, dont le nom a perdu ici la connotation scatologique qu'il avait dans l'édition de 1853 (« *Thien-Ki-Chi* »).
2. *la rente et le coupon* : le coupon permet de toucher l'intérêt de la rente.
3. *veau d'or* : idole construite et adorée par les Hébreux pendant que Moïse, sur le Sinaï, recevait les commandements de Dieu.
4. *quelque libre écrit* : telles les œuvres du poète, *Napoléon-le-Petit* ou *Les Châtiments*.
5. *Il a coupé leur bourse aux princes d'Orléans* : *cf.* note 1, p. 99.

Écrire contre lui, c'est me blâmer, au fond ;
C'est me dire : Voilà comment les braves font ;
Et c'est une façon, à nous qui restons neutres,
De nous faire sentir que nous sommes des pleutres.
J'en conviens, nous avons une corde au poignet.
Que voulez-vous ? la Bourse allait mal ; on craignait
La république rouge, et même un peu la rose ;
Il fallait bien finir par faire quelque chose ;
On trouve ce coquin, on le fait empereur ;
C'est tout simple. On voulait éviter la terreur,
Le spectre de monsieur Romieu•, la jacquerie[1] ;
On s'est réfugié dans cette escroquerie.
Or, quand on dit du mal de ce gouvernement,
Je me sens chatouillé désagréablement.
Qu'on fouaille[2] avec raison cet homme, c'est possible ;
Mais c'est m'insinuer à moi, bourgeois paisible
Qui fis ce scélérat empereur ou consul,
Que j'ai dit oui par peur et vivat par calcul.
Je trouve impertinent, parbleu, qu'on me le dise.
M'étant enseveli dans cette couardise,
Il me déplaît qu'on soit intrépide aujourd'hui,
Et je tiens pour affront le courage d'autrui. »

Penseurs, quand vous marquez au front l'homme punique[3]
Qui de la loi sanglante arracha la tunique,
Quand vous vengez le peuple à la gorge saisi,
Le serment et le droit, vous êtes, songez-y,
Entre Sbogar• qui règne et Géronte[4] qui vote ;
Et votre plume ardente, anarchique, indévote,
Démagogique, impie, attente d'un côté
À ce crime ; de l'autre, à cette lâcheté.

Jersey. Novembre 1852.
[11/1852]

1. *jacquerie* : révolte paysanne.
2. *qu'on fouaille* : qu'on fouette.
3. *punique* : synonyme de fourbe pour les romains, sens qui perdure aujourd'hui.
4. *Géronte* : vieillard borné chez Molière (*Les Fourberies de Scapin*).

VIII

SPLENDEURS

– 1 –

À présent que c'est fait, dans l'avilissement
Arrangeons-nous chacun notre compartiment ;
Marchons d'un air auguste et fier ; la honte est bue.
Que tout à composer cette cour contribue,
Tout, excepté l'honneur, tout, hormis les vertus.
Faites vivre, animez, envoyez vos fœtus
Et vos nains monstrueux, bocaux d'anatomie ;
Donne ton crocodile et donne ta momie,
Vieille Égypte ; donnez, tapis-francs[1], vos filous ;
Shakspeare, ton Falstaff• ; noires forêts, vos loups ;
Donne, ô bon Rabelais, ton Grandgousier qui mange ;
Donne ton diable, Hoffmann• ; Veuillot•, donne ton ange[2] ;
Scapin, apporte-nous Géronte dans ton sac ;
Beaumarchais, prête-nous Bridoison• ; que Balzac
Donne Vautrin• ; Dumas, la Carconte[3] ; Voltaire,
Son Frêlon• que l'argent fait parler et fait taire ;
Mabile•, les beautés de ton jardin d'hiver ;
Lesage, cède-nous Gil Blas• ; que Gulliver
Donne tout Lilliput dont l'aigle est une mouche,
Et Scarron Bruscambille[4], et Callot Scaramouche[5].
Il nous faut un dévot dans ce tripot païen ;
Molière, donne-nous Montalembert•. C'est bien,
L'ombre à l'horreur s'accouple, et le mauvais au pire.
Tacite•, nous avons de quoi faire l'empire ;
Juvénal•, nous avons de quoi faire un sénat.[6]

---

1. *tapis-franc* : cabaret où se réunissent des voleurs (*cf. Les Mystères de Paris* d'Eugène Sue).
2. *Veuillot, donne ton ange* : allusion à une caricature de Daumier représentant Veuillot en ange.
3. *Carconte* : personnage de mégère dans *Le Comte de Monte-Cristo* d'Alexandre Dumas.
4. *Bruscambille* : aucun personnage de Scarron ne porte ce nom, ce fut en revanche celui d'un célèbre comédien de l'Hôtel de Bourgogne, Delauriers.
5. *Scaramouche* : personnage de la comédie italienne.
6. *Juvénal, nous avons de quoi faire un sénat* : le Sénat de Domitien est décrit par Juvénal dans la satire IV.

– 2 –

Ô Ducos• le gascon, ô Rouher• l'auvergnat,
Et vous, juifs, Fould• – Shylock•, Sibour• – Iscariote•,
Toi Parieu•, toi Bertrand•, horreur du patriote,
Bauchart•, bourreau douceâtre et proscripteur plaintif,
Baroche•, dont le nom n'est plus qu'un vomitif,
Ô valets solennels, ô majestueux fourbes,
Travaillant votre échine à produire des courbes,
Bas, hautains, ravissant les Daumiers• enchantés
Par vos convexités et vos concavités,
Convenez avec moi, vous tous qu'ici je nomme,
Que Dieu dans sa sagesse a fait exprès cet homme
Pour régner sur la France, ou bien sur Haïti.[1]
Et vous autres, créés pour grossir son parti,
Philosophes gênés de cuissons à l'épaule[2],
Et vous, viveurs râpés, frais sortis de la geôle,
Saluez l'être unique et providentiel,
Ce gouvernant tombé d'une trappe du ciel,
Ce César moustachu, gardé par cent guérites,
Qui sait apprécier les gens et les mérites,
Et qui, prince admirable et grand homme en effet,
Fait Poissy• sénateur et Clichy• sous-préfet.

– 3 –

Après quoi l'on ajuste au fait la théorie :
« À bas les mots ! à bas loi, liberté, patrie !
Plus on s'aplatira, plus on prospérera.
Jetons au feu tribune et presse, et cætera.
Depuis quatre-vingt-neuf les nations sont ivres.
Les faiseurs de discours et les faiseurs de livres
Perdent tout ; le poète est un fou dangereux ;
Le progrès ment, le ciel est vide, l'art est creux,
Le monde est mort. Le peuple ? un âne qui se cabre !
La force, c'est le droit. Courbons-nous. Gloire au sabre !

1. *Pour régner sur la France, ou bien sur Haïti* : *cf.* dans le lexique à *Soulouque*.
2. *cuissons à l'épaule* : *cf.* note 2, p. 57.

À bas les Washington ! vivent les Attila ! »
On a des gens d'esprit pour soutenir cela.

Oui, qu'ils viennent tous ceux qui n'ont ni cœur ni flamme,
Qui boitent de l'honneur et qui louchent de l'âme ;
Oui, leur soleil se lève et leur messie est né.
C'est décrété, c'est fait, c'est dit, c'est canonné[1] ;
La France est mitraillée, escroquée et sauvée.

Le hibou Trahison pond gaîment sa couvée.

– 4 –

Et partout le néant prévaut ; pour déchirer
Notre histoire, nos lois, nos droits, pour dévorer
L'avenir de nos fils et les os de nos pères,
Les bêtes de la nuit sortent de leurs repaires ;
Sophistes et soudards[2] resserrent leur réseau ;
Les Radetzky[•] flairant le gibet du museau,
Les Giulay[•], poil tigré, les Buol[•], face verte,
Les Haynau[•], les Bomba[•], rôdent, la gueule ouverte,
Autour du genre humain qui, pâle et garrotté,
Lutte pour la justice et pour la vérité ;
Et de Paris à Pesth, du Tibre aux monts Carpathes,
Sur nos débris sanglants rampent ces mille-pattes.

– 5 –

Du lourd dictionnaire où Beauzée[•] et Batteux[•]
Ont versé les trésors de leur bon sens goutteux,
Il faut, grâce aux vainqueurs, refaire chaque lettre.
Âme de l'homme, ils ont trouvé moyen de mettre
Sur tes vieilles laideurs un tas de mots nouveaux,
Leurs noms. L'hypocrisie aux yeux bas et dévots

1. *c'est canonné* : néologisme.
2. *Sophistes et soudards* : ceux qui parlent et ceux qui frappent en dévoyant leur fonction.

A nom Menjaud•, et vend Jésus dans sa chapelle ;
On a débaptisé la honte, elle s'appelle
Sibour• ; la trahison, Maupas• ; l'assassinat
Sous le nom de Magnan• est membre du Sénat ;
Quant à la lâcheté, c'est Hardouin qu'on la nomme ;
Riancey•, c'est le mensonge, il arrive de Rome
Et tient la vérité renfermée en son puits ;
La platitude a nom Montlaville-Chapuis• ;
La prostitution, ingénue[1], est princesse ;
La férocité, c'est Carrelet• ; la bassesse
Signe Rouher•, avec Delangle• pour greffier.
Ô muse, inscris ces noms. Veux-tu qualifier
La justice vénale, atroce, abjecte et fausse ?
Commence à Partarieu• pour finir par Lafosse.
J'appelle Saint-Arnaud•, le meurtre dit : C'est moi.
Et, pour tout compléter par le deuil et l'effroi,
Le vieux calendrier remplace sur sa carte
La Saint-Barthélemy par la Saint-Bonaparte.

Quant au peuple, il admire et vote ; on est suspect
D'en douter, et Paris écoute avec respect
Sibour et ses sermons, Troplong• et ses troplongues.
Les deux Napoléon s'unissent en diphtongues,
Et Berger• entrelace en un chiffre hardi
Le boulevard Montmartre entre Arcole et Lodi.[2]
Spartacus agonise en un bagne fétide ;
On chasse Thémistocle•, on expulse Aristide•,
On jette Daniel dans la fosse aux lions ;[3]
Et maintenant ouvrons le ventre aux millions[4] !

Jersey. Novembre 1852.
[1/1853]

1. *ingénue* : allusion probable à l'impératrice Eugénie.
2. *Et Berger* [...] *entre Arcole et Lodi* : entrelacement d'initiales. Montmartre, Arcole et Lodi donnent M.A.L.
3. *On jette Daniel dans la fosse aux lions* : dans la Bible, le prophète Daniel fut épargné par les lions auxquels il avait été jeté en pâture.
4. *millions* : voir le premier vers de *Joyeuse vie* (III, IX, 2).

IX

JOYEUSE VIE

– 1 –

Bien ! pillards, intrigants, fourbes, crétins, puissances !
Attablez-vous en hâte autour des jouissances !
Accourez ! place à tous !
Maîtres, buvez, mangez, car la vie est rapide.
Tout ce peuple conquis, tout ce peuple stupide[1],
Tout ce peuple est à vous !

Vendez l'État ! coupez les bois ! coupez les bourses !
Videz les réservoirs et tarissez les sources !
Les temps sont arrivés.
Prenez le dernier sou ! prenez, gais et faciles,
Aux travailleurs des champs, aux travailleurs des villes !
Prenez, riez, vivez !

Bombance ! allez ! c'est bien ! vivez ! faites ripaille !
La famille du pauvre expire sur la paille,
Sans porte ni volet.
Le père en frémissant va mendier dans l'ombre ;
La mère n'ayant plus de pain, dénûment sombre,
L'enfant n'a plus de lait.

– 2 –

Millions ! millions ! châteaux ! liste civile[2] !
Un jour je descendis dans les caves de Lille[3] ;
Je vis ce morne enfer.
Des fantômes sont là sous terre dans des chambres,
Blêmes, courbés, ployés ; le rachis[4] tord leurs membres
Dans son poignet de fer.

1. *stupide* : frappé de stupeur, hébété.
2. *liste civile* : somme allouée au chef de l'État pour ses dépenses personnelles.
3. *les caves de Lille* : Hugo les avait visitées le 2 février 1851.
4. *le rachis* : le rachitisme est une maladie de la croissance affectant le squelette, due à des carences vitaminiques. *Rachis* désigne en principe « la colonne vertébrale ».

Sous ces voûtes on souffre, et l'air semble un toxique ;
L'aveugle en tâtonnant donne à boire au phtisique[1] ;
L'eau coule à longs ruisseaux ;
Presque enfant à vingt ans, déjà vieillard à trente,
Le vivant chaque jour sent la mort pénétrante
S'infiltrer dans ses os.

Jamais de feu ; la pluie inonde la lucarne ;
L'œil en ces souterrains où le malheur s'acharne
Sur vous, ô travailleurs,
Près du rouet qui tourne et du fil qu'on dévide,
Voit des larves errer dans la lueur livide
Du soupirail en pleurs.

Misère ! l'homme songe en regardant la femme.
Le père, autour de lui sentant l'angoisse infâme
Étreindre la vertu,
Voit sa fille rentrer sinistre sous la porte,
Et n'ose, l'œil fixé sur le pain qu'elle apporte,
Lui dire : D'où viens-tu ?[2]

Là dort le désespoir sur son haillon sordide ;
Là, l'avril de la vie, ailleurs tiède et splendide,
Ressemble au sombre hiver ;
La vierge, rose au jour, dans l'ombre est violette ;[3]
Là, rampent dans l'horreur la maigreur du squelette,
La nudité du ver ;

Là frissonnent, plus bas que les égouts des rues,
Familles de la vie et du jour disparues,
Des groupes grelottants ;
Là, quand j'entrai, farouche, aux méduses pareille[4],
Une petite fille à figure de vieille
Me dit : J'ai dix-huit ans !

Là, n'ayant pas de lit, la mère malheureuse

1. *phtisique* : tuberculeux.
2. *Misère !* [...] *D'où viens-tu ?* : allusion à la prostitution.
3. *La vierge, rose au jour, dans l'ombre est violette* : elle porte déjà l'empreinte de la mort sur son visage (*cf.* *Nox* V : « *La belle jeune fille aux lèvres violettes* »).
4. *aux méduses pareille* : son regard tel celui de Méduse est pétrifiant, mais peut-être a-t-elle aussi la pâleur et l'inconsistance de l'animal marin.

Met ses petits enfants dans un trou qu'elle creuse,[2]
Tremblants comme l'oiseau ;
Hélas ! ces innocents aux regards de colombe
Trouvent en arrivant sur la terre une tombe
En place d'un berceau !

Caves de Lille ! on meurt sous vos plafonds de pierre !
J'ai vu, vu de ces yeux pleurant sous ma paupière,
Râler l'aïeul flétri,
La fille aux yeux hagards de ses cheveux vêtue,
Et l'enfant spectre au sein de la mère statue !
Ô Dante Alighieri • !

C'est de ces douleurs-là que sortent vos richesses,
Princes ! ces dénûments nourrissent vos largesses,
Ô vainqueurs ! conquérants !
Votre budget ruisselle et suinte à larges gouttes
Des murs de ces caveaux, des pierres de ces voûtes,
Du cœur de ces mourants.

Sous ce rouage affreux qu'on nomme tyrannie,
Sous cette vis que meut le fisc, hideux génie,
De l'aube jusqu'au soir,
Sans trêve, nuit et jour, dans le siècle où nous sommes,
Ainsi que des raisins on écrase des hommes,
Et l'or sort du pressoir.

C'est de cette détresse et de ces agonies,
De cette ombre, où jamais, dans les âmes ternies,
Espoir, tu ne vibras,
C'est de ces bouges noirs pleins d'angoisses amères,
C'est de ce sombre amas de pères et de mères
Qui se tordent les bras,

Oui, c'est de ce monceau d'indigences terribles
Que les lourds millions, étincelants, horribles,
Semant l'or en chemin,
Rampant vers les palais et les apothéoses[3],

---

1. *la mère malheureuse* [...] *dans un trou qu'elle creuse* : pratique attestée par le théoricien Louis Blanqui *(Projet de discours sur la misère)*.
2. *Ô Dante Alighieri* : ce poète décrivit l'*Enfer*.
3. *apothéoses* : *cf.* note 1, p. 92.

Sortent, monstres joyeux et couronnés de roses,
Et teints de sang humain !

– 3 –

Ô paradis ! splendeurs ! versez à boire aux maîtres !
L'orchestre rit, la fête empourpre les fenêtres,
La table éclate et luit ;
L'ombre est là sous leurs pieds ; les portes sont fermées ;
La prostitution des vierges affamées
Pleure dans cette nuit !

Vous tous qui partagez ces hideuses délices,
Soldats payés, tribuns vendus, juges complices,
Évêques effrontés,
La misère frémit sous ce Louvre où vous êtes !
C'est de fièvre et de faim et de morts que sont faites
Toutes vos voluptés !

À Saint-Cloud, effeuillant jasmins et marguerites,
Quand s'ébat sous les fleurs l'essaim des favorites,
Bras nus et gorge au vent,
Dans le festin qu'égaie un lustre à mille branches,
Chacune, en souriant, dans ses belles dents blanches
Mange un enfant vivant !

Mais qu'importe ! riez ! Se plaindra-t-on sans cesse ?
Serait-on empereur, prélat, prince et princesse,
Pour ne pas s'amuser ?
Ce peuple en larmes, triste, et que la faim déchire,
Doit être satisfait puisqu'il vous entend rire
Et qu'il vous voit danser !

Qu'importe ! Allons, emplis ton coffre, emplis ta poche.
Chantez, le verre en main, Troplong•, Sibour•, Baroche• !
Ce tableau nous manquait.
Regorgez, quand la faim tient le peuple en sa serre,
Et faites, au-dessus de l'immense misère,
Un immense banquet !

– 4 –

Ils marchent sur toi, peuple ! Ô barricade sombre,
Si haute hier, dressant dans les assauts sans nombre
Ton front de sang lavé,
Sous la roue emportée, étincelante et folle,
De leur coupé joyeux qui rayonne et qui vole,
Tu redeviens pavé ![1]

À César ton argent, peuple ; à toi, la famine.
N'es-tu pas le chien vil qu'on bat et qui chemine
Derrière son seigneur ?
À lui la pourpre ; à toi la hotte et les guenilles.
Peuple, à lui la beauté de ces femmes, tes filles,
À toi leur déshonneur !

– 5 –

Ah ! quelqu'un parlera. La muse, c'est l'histoire.
Quelqu'un élèvera la voix dans la nuit noire.
Riez, bourreaux bouffons !
Quelqu'un te vengera, pauvre France abattue,
Ma mère ! et l'on verra la parole qui tue
Sortir des cieux profonds !

Ces gueux, pires brigands que ceux des vieilles races,
Rongeant le pauvre peuple avec leurs dents voraces,
Sans pitié, sans merci,
Vils, n'ayant pas de cœur, mais ayant deux visages,
Disent : – Bah ! le poëte ! il est dans les nuages ! –
Soit. Le tonnerre aussi.

Jersey. Janvier 1853.
[19/1/1853]

1. *Ô barricade sombre* [...] / *Tu redeviens pavé* : le pavé semble n'exister que pour servir à la barricade.

Questions

Compréhension

1. *Poème* I. *À quelle valeur principale les bourgeois désignés aux vers 1 à 7 sont-ils attachés ? Relevez les termes qui la désignent et analysez-les.*

2. *Quelles ont été les motivations du vote favorable à l'Empire ?*

3. *Quelle image ses partisans ont-ils de Napoléon III ?*

4. *Quel est le ton du dernier passage (v. 45 à 52) ?*

5. *Poème* VIII. *Dans la première section du poème, Hugo fait appel à de nombreuses références culturelles. Pourquoi ?*

6. *Poème* IX. *Pourquoi la description des caves de Lille est-elle insérée dans* Joyeuse vie *au lieu de faire l'objet d'un poème particulier ?*

7. *Qu'ajoute à l'évocation la présence physique du poète ?*

8. *Relevez tous les détails évoquant un monde contre nature et confrontez-les au titre. Quel est l'effet produit ?*

Écriture

9. *Poème* VIII. *Montrez comment Hugo témoigne dans la section 2 d'un art consommé de la caricature.*

10. *Relevez dans la section 4 tous les termes empruntés à la vie animale. Quel effet leur emploi produit-il ?*

11. *Poème* IX. *À quelle impression concourt l'emploi des impératifs dans la première section du poème (v. 1 à 18) ?*

12. *Étudiez l'emploi des adjectifs dans cette même section.*

X

L'EMPEREUR S'AMUSE

CHANSON

Pour les bannis opiniâtres[1],
La France est loin, la tombe est près.
Prince, préside aux jeux folâtres,
Chasse aux femmes dans les théâtres,
Chasse aux chevreuils dans les forêts ;
Rome te brûle le cinname[2],
Les rois te disent : Mon cousin. –
Sonne aujourd'hui le glas, bourdon de Notre-Dame,
Et demain le tocsin ![3]

Les plus frappés sont les plus dignes.
Ou l'exil ! ou l'Afrique en feu[4] !
Prince, Compiègne[5] est plein de cygnes,
Cours dans les bois, cours dans les vignes,
Vénus rayonne au plafond bleu ;
La bacchante aux bras nus se pâme
Sous sa couronne de raisin. –
Sonne aujourd'hui le glas, bourdon de Notre-Dame,
Et demain le tocsin !

Les forçats bâtissent le phare,
Traînant leurs fers au bord des flots !
Hallali ! hallali ![6] fanfare !
Le cor sonne, le bois s'effare,
La lune argente les bouleaux ;
À l'eau les chiens ! le cerf qui brame

---

1. *opiniâtres* : ceux qui s'obstinent dans leurs convictions.
2. *cinname* : parfum solide qui se consume lentement, comme l'encens.
3. *Sonne aujourd'hui le glas* [...] */ Et demain le tocsin !* : le glas est une sonnerie funèbre, alors que le tocsin sert à donner l'alarme.
4. *l'Afrique en feu* : pays où la chaleur est brûlante.
5. *Compiègne* : c'est là qu'étaient organisées les fêtes impériales.
6. *hallali !* : cri de chasse ou son du cor annonçant que la bête est près de succomber (terme de chasse à courre).

Se perd dans l'ombre du bassin. –
Sonne aujourd'hui le glas, bourdon de Notre-Dame,
Et demain le tocsin !

Le père est au bagne à Cayenne
Et les enfants meurent de faim.
Le loup verse à boire à l'hyène ;
L'homme à la mitre citoyenne[1]
Trinque en son ciboire[2] d'or fin ;
On voit luire les yeux de flamme
Des faunes dans l'antre voisin. –
Sonne aujourd'hui le glas, bourdon de Notre-Dame,
Et demain le tocsin !

Les morts, au boulevard Montmartre,
Rôdent, montrant leur plaie au cœur.
Pâtés de Strasbourg et de Chartre,
Sous la table, un tapis de martre[3],
Les belles boivent au vainqueur ;
Et leur sourire offre leur âme,
Et leur corset offre leur sein. –
Sonne aujourd'hui le glas, bourdon de Notre-Dame,
Et demain le tocsin !

Captifs, expirez dans les fièvres.
Vous allez donc vous reposer !
Dans le vieux saxe et le vieux sèvres[4]
On soupe, on mange, et sur les lèvres
Éclôt le doux oiseau baiser ;
Et, tout en riant, chaque femme
En laisse fuir un fol essaim. –
Sonne aujourd'hui le glas, bourdon de Notre-Dame,
Et demain le tocsin !

La Guyane, cachot fournaise,
Tue aujourd'hui comme jadis.
Couche-toi, joyeux et plein d'aise,

1. *L'homme à la mitre citoyenne* : Mgr Sibour était à la fois archevêque et sénateur.
2. *ciboire* : comme dans le *Te Deum*, il s'agit plutôt d'un calice.
3. *martre* : *cf.* note 4, p. 61.
4. *le vieux saxe et le vieux sèvres* : porcelaines précieuses.

Au lit où coucha Louis seize,
Puis l'empereur, puis Charles dix ;
Endors-toi, pendant qu'on t'acclame,
La tête sur leur traversin. –
Sonne aujourd'hui le glas, bourdon de Notre-Dame,
Et demain le tocsin !

Ô deuil ! par un bandit féroce
L'avenir est mort poignardé !
C'est aujourd'hui la grande noce[1],
Le fiancé monte en carrosse ;
C'est lui ! César le bien gardé !
Peuples, chantez l'épithalame[2] !
La France épouse l'assassin. –
Sonne aujourd'hui le glas, bourdon de Notre-Dame,
Et demain le tocsin !

Jersey. Décembre 1853.
[25/1/1853]

XI

– Sentiers où l'herbe se balance,
Vallons, coteaux, bois chevelus,
Pourquoi ce deuil et ce silence ?
– Celui qui venait ne vient plus.

– Pourquoi personne à ta fenêtre,
Et pourquoi ton jardin sans fleurs,
Ô maison ? où donc est ton maître ?
– Je ne sais pas, il est ailleurs.

– Chien, veille au logis. – Pourquoi faire ?
La maison est vide à présent.
– Enfant, qui pleures-tu ? – Mon père.
– Femme, qui pleures-tu ? – L'absent.

1. *la grande noce* : Napoléon III épouse Eugénie de Montijo en janvier 1853.
2. *épithalame* : poème écrit pour célébrer un mariage.

– Où s'en est-il allé ? – Dans l'ombre.
– Flots qui gémissez sur l'écueil,
D'où venez-vous ? – Du bagne sombre.
– Et qu'apportez-vous ? – Un cercueil.

Juillet 1853.
[1/8/1853]

XII

Ô Robert•, un conseil. Ayez l'air moins candide.
Soyons homme d'esprit. Le moment est splendide,
Je le sais ; le quart d'heure est chatoyant, c'est vrai ;
Cette Californie est riche en minerai[1],
D'accord ; mais cependant quand un préfet, un maire,
Un évêque adorant le fils de votre mère[2],
Quand un Suin•, un Parieu•, payé pour sa ferveur,
Vous parlant en plein nez, vous appelle sauveur,
Vous promet l'avenir, atteste Fould• et Magne•,
Et vous fait coudoyer César et Charlemagne,
Mon cher, vous accueillez ces propos obligeants
D'un air de bonne foi qui prête à rire aux gens.
Vous avez l'œil béat d'un bailli de province.
Par ces simplicités vous affligez, ô prince,
Napoléon, votre oncle, et moi, votre parrain[3].
Ne soyons pas Jocrisse[4] ayant été Mandrin•.
On vole un trône, on prend un peuple en une attrape,
Mais il est de bon goût d'en rire un peu sous cape
Et de cligner de l'œil du côté des malins.
Être sa propre dupe ! ah ! fi donc ! Verres pleins,
Poche pleine, et rions ! La France rampe et s'offre ;
Soyons un sage à qui Jupiter livre un coffre ;
Dépêchons-nous, pillons, régnons vite. – Mais quoi !

1. *minerai* : c'est d'or qu'il s'agit.
2. *le fils de votre mère* : nouvelle allusion à la bâtardise possible de Napoléon III.
3. *votre parrain* : comme nous l'avons déja vu, Hugo a rebaptisé Napoléon III « *Napoléon-le-Petit* ».
4. *Jocrisse* : personnage de dupe grotesque.

Le pape nous bénit ; czar, sultan, duc et roi
Sont nos cousins ; fonder un empire est facile ;
Il est doux d'être chef d'une race ! – Imbécile !
Te figures-tu donc que ceci durera ?
Prends-tu pour du granit ce décor d'opéra ?
Paris dompté ! par toi ! dans quelle apocalypse
Lit-on que le géant devant le nain s'éclipse ?
Crois-tu donc qu'on va voir, gaîment, l'œil impudent,
Ta fortune cynique écraser sous sa dent
La Révolution que nos pères ont faite,
Ainsi qu'une guenon qui croque une noisette ?
Ôte-toi de l'esprit ce rêve enchanteur. Crois
À Rose Tamisier• faisant saigner la croix,
À l'âme de Baroche• entr'ouvrant sa corolle,
Crois à l'honnêteté de Deutz•, à ta parole,
C'est bien ; mais ne crois pas à ton succès ; il ment.
Rose Tamisier, Deutz, Baroche, ton serment,
C'est de l'or, j'en conviens ; ton sceptre est de l'argile.
Dieu, qui t'a mis au coche, écrit sur toi : Fragile.

Jersey. Mai 1853.
[29/5/1853]

XIII

L'Histoire a pour égout des temps comme les nôtres ;
Et c'est là que la table est mise pour vous autres.
C'est là, sur cette nappe où joyeux vous mangez,
Qu'on voit, – tandis qu'ailleurs, nus et de fers chargés,
Agonisent, sereins, calmes, le front sévère,
Socrate[1]• à l'Agora, Jésus-Christ[1] au Calvaire,
Colomb[1] dans son cachot, Jean Huss[1]• sur son bûcher,
Et que l'humanité pleure et n'ose approcher
Tous ces gibets où sont les justes et les sages, –
C'est là qu'on voit trôner dans la longueur des âges,

1. *Socrate, Jésus-Christ, Colomb, Jean Huss* : victimes d'injustice et de violence partisane.

Parmi les vins, les luths, les viandes, les flambeaux,
Sur des coussins de pourpre oubliant les tombeaux,
Ouvrant et refermant leurs féroces mâchoires,
Ivres, heureux, affreux, la tête dans des gloires,
Tout le troupeau hideux des satrapes[1] dorés ;
C'est là qu'on entend rire et chanter, entourés
De femmes couronnant de fleurs leurs turpitudes,
Dans leur lasciveté prenant mille attitudes,
Laissant peuples et chiens en bas ronger les os,
Tous les hommes requins, tous les hommes pourceaux,
Les princes de hasard plus fangeux que les rues,
Les goinfres courtisans, les altesses ventrues,
Toute gloutonnerie et toute abjection,
Depuis Cambacérès[2] jusqu'à Trimalcion•.

Jersey. Février 1853.
[4/1/1853]

XIV

À PROPOS DE LA LOI FAIDER•

Ce qu'on appelle Charte ou Constitution,
C'est un antre qu'un peuple en révolution
Creuse dans le granit, abri sûr et fidèle.
Joyeux, le peuple enferme en cette citadelle
Ses conquêtes, ses droits, payés de tant d'efforts,
Ses progrès, son honneur ; pour garder ces trésors,
Il installe en la haute et superbe tanière
La fauve liberté, secouant sa crinière.[3]
L'œuvre faite, il s'apaise, il reprend ses travaux,
Il retourne à son champ, fier de ses droits nouveaux,

1. *satrapes* : gouverneurs de province dans l'ancienne Perse. Au figuré : hommes puissants et despotiques vivant dans les plaisirs.
2. *Cambacérès* : second consul lors du 18 Brumaire ; il avait une réputation de goinfre.
3. *La fauve liberté, secouant sa crinière* : allusion au lion qui figure sur les armes de la Belgique.

Et tranquille, il s'endort sur des dates célèbres,
Sans songer aux larrons rôdant dans les ténèbres.
Un beau matin, le peuple en s'éveillant va voir
Sa Constitution, temple de son pouvoir ;
Hélas ! de l'antre auguste on a fait une niche.
Il y mit un lion, il y trouve un caniche.

Jersey. Décembre 1852.

XV

LE BORD DE LA MER

HARMODIUS•

La nuit vient. Vénus brille.

L'ÉPÉE

Harmodius, c'est l'heure !

LA BORNE DU CHEMIN

Le tyran va passer.

HARMODIUS

J'ai froid, rentrons.

UN TOMBEAU

Demeure.

HARMODIUS

Qu'es-tu ?

LE TOMBEAU

Je suis la tombe. – Exécute, ou péris.

UN NAVIRE À L'HORIZON

Je suis la tombe aussi, j'emporte les proscrits.

L'ÉPÉE

Attendons le tyran.

HARMODIUS

J'ai froid. Quel vent !

LE VENT

Je passe.
Mon bruit est une voix. Je sème dans l'espace
Les cris des exilés, de misère expirants,
Qui sans pain, sans abri, sans amis, sans parents,
Meurent en regardant du côté de la Grèce.

VOIX DANS L'AIR

Némésis• ! Némésis ! lève-toi, vengeresse !

L'ÉPÉE

C'est l'heure. Profitons de l'ombre qui descend.

LA TERRE

Je suis pleine de morts.

LA MER

Je suis rouge de sang.
Les fleuves m'ont porté des cadavres sans nombre.

LA TERRE

Les morts saignent pendant qu'on adore son ombre.
À chaque pas qu'il fait sous le clair firmament,
Je les sens s'agiter en moi confusément.

UN FORÇAT

Je suis forçat, voici la chaîne que je porte,
Hélas ! pour n'avoir pas chassé loin de ma porte
Un proscrit qui fuyait, noble et pur citoyen.

L'ÉPÉE

Ne frappe pas au cœur, tu ne trouverais rien.

LA LOI

J'étais la loi, je suis un spectre. Il m'a tuée.

LA JUSTICE

De moi, prêtresse, il fait une prostituée.

LES OISEAUX

Il a retiré l'air des cieux, et nous fuyons.

LA LIBERTÉ

Je m'enfuis avec eux – ô terre sans rayons,
Grèce, adieu !

UN VOLEUR

Ce tyran, nous l'aimons. Car ce maître
Que respecte le juge et qu'admire le prêtre,
Qu'on accueille partout de cris encourageants,
Est plus pareil à nous qu'à vous, honnêtes gens.

LE SERMENT

Dieux puissants ! à jamais fermez toutes les bouches !
La confiance est morte au fond des cœurs farouches.
Homme, tu mens ! Soleil, tu mens ! Cieux, vous mentez !
Soufflez, vents de la nuit ! emportez, emportez
L'honneur et la vertu, cette sombre chimère !

LA PATRIE

Mon fils, je suis aux fers ! Mon fils, je suis ta mère !
Je tends les bras vers toi du fond de ma prison.

HARMODIUS

Quoi ! le frapper, la nuit, rentrant dans sa maison !
Quoi ! devant ce ciel noir, devant ces mers sans borne !
Le poignarder, devant ce gouffre obscur et morne,
En présence de l'ombre et de l'immensité !

LA CONSCIENCE

Tu peux tuer cet homme avec tranquillité.

Jersey. Octobre 1852.
[25/10/1852]

XVI

NON[1]

Laissons le glaive à Rome et le stylet à Sparte,
Ne faisons pas saisir, trop pressés de punir,
Par le spectre Brutus le brigand Bonaparte.
Gardons ce misérable au sinistre avenir.

Vous serez satisfaits, je vous le certifie,
Bannis, qui de l'exil portez le triste faix[2],
Captifs, proscrits, martyrs qu'il foule et qu'il défie,
Vous tous qui frémissez, vous serez satisfaits.

---

1. *NON* : réponse directe au vers précédent qui évoquait une exécution possible de Napoléon III.
2. *faix* : fardeau.

Jamais au criminel son crime ne pardonne ;
Mais gardez, croyez-moi, la vengeance au fourreau ;
Attendez ; ayez foi dans les ordres que donne
Dieu, juge patient, au temps, tardif bourreau !

Laissons vivre le traître en sa honte insondable.
Ce sang humilierait même le vil couteau.
Laissons venir le temps, l'inconnu formidable
Qui tient le châtiment caché sous son manteau.

Qu'il soit le couronné parce qu'il est le pire ;
Le maître des fronts plats et des cœurs abrutis ;
Que son sénat décerne à sa race l'empire,
S'il trouve une femelle et s'il a des petits ;

Qu'il règne par la messe et par la pertuisane ;
Qu'on le fasse empereur dans son flagrant délit ;
Que l'église en rampant, que cette courtisane
Se glisse dans son antre et couche dans son lit ;

Qu'il soit cher à Troplong, que Sibour le vénère,
Qu'il leur donne son pied tout sanglant à baiser,
Qu'il vive, ce César ! Louvel ou Lacenaire
Seraient pour le tuer forcés de se baisser.

Ne tuez pas cet homme, ô vous, songeurs sévères,
Rêveurs mystérieux, solitaires et forts,
Qui, pendant qu'on le fête et qu'il choque les verres,
Marchez, le poing crispé, dans l'herbe où sont les morts !

Avec l'aide d'en haut toujours nous triomphâmes.
L'exemple froid vaut mieux qu'un éclair de fureur.
Non, ne le tuez pas. Les piloris infâmes
Ont besoin d'être ornés parfois d'un empereur.[1]

Jersey. Octobre 1852.
[12/11/1852]

1. *Les piloris infâmes / Ont besoin d'être ornés parfois d'un empereur* : *cf.* le dernier vers de *Nox* et *L'homme a ri* (III, II).

Questions

Compréhension

1. *Poème* X. *Quelle est la signification du refrain ? Comment les sonorités en renforcent-elles le sens ?*

2. *Poème* XI. *Par quelles caractéristiques ce poème tranche-t-il sur la tonalité générale du livre ? Justifiez sa place.*

3. *Poème* XIII. *Quels sont les moyens utilisés ici par Hugo pour susciter le dégoût chez le lecteur ?*

4. *Poème* XIV. *Comment le poète amène-t-il la « pointe » du dernier vers ?*

5. *Poème* XV. *On trouve dans ce poème des interlocuteurs de natures différentes. Tentez de caractériser chacun d'eux. Quel effet produit leur dialogue ?*

6. *Pourquoi la Conscience parle-t-elle en dernier ?*

7. *Poème* XVI. *Dégagez l'argumentation qui s'oppose à l'application de la peine de mort.*

8. *Quelle image du poète voyons-nous se dégager ici ?*

Écriture

9. *Poème* X. *Étudiez le passage du* « vous » *au* « tu » *; quel est son sens ?*

10. *Poème* XV. *Quelles libertés formelles Hugo s'autorise-t-il dans ce poème ? Que lui permettent-elles ?*

Bilan

Dans le livre III, plus développé que le précédent, une large place est accordée à l'évocation de la victoire électorale du prince-président, des sbires du nouveau régime et des plaisirs où ils se vautrent. La famille est restaurée, *nous dit le titre, mais laquelle ? Celle qu'a brisée la fusillade du 4 décembre 1851 ? Celle qui vit dans* « les caves de Lille » *(IX, 2) et dont les filles se prostituent pour survivre ? Évidemment non, mais plutôt la famille paysanne et la famille bourgeoise qui ont massivement dit OUI au plébiscite rétablissant l'Empire, qui, en d'autres termes, ont prêté main-forte à la restauration de la famille Bonaparte sur le trône. Ainsi le poète analyse-t-il le plébiscite et les mobiles de l'électorat favorable à l'Empire (lâcheté, peur, égoïsme). Il montre que cette masse importante de la population n'ose revendiquer son vote, mais se trouve objectivement complice des crimes. Une nouvelle fois, Hugo brosse le portrait de celui qui détient le pouvoir, mais en insistant sur l'idée qu'il s'agit d'un usurpateur dans tous les sens du terme : faux Bonaparte par sa probable bâtardise, faux prince (*« altesse en ruolz »*), faux tigre (*« tu n'es qu'un singe »*), etc. Il nous relate le triomphe de ce faussaire et de ses comparses dans* Apothéose, Splendeurs, Joyeuse vie, L'empereur s'amuse, *et l'on assiste à un premier ballet frénétique des noms des profiteurs qui sont décrits comme des monstres (*« nains monstrueux »*), des grotesques ou des bandits, en particulier grâce à la mise en place d'un riche bestiaire symbolique.*

Mais le poète est là pour nous rappeler que cette fête se nourrit des souffrances du peuple. Comme précédemment dans Souvenir de la nuit du 4, *Hugo évoque sa propre expérience. Témoin oculaire, il nous rapporte le spectacle qui s'est offert à lui chez les ouvriers des caves de* Lille, *celui d'une misère inhumaine. C'est de cette souffrance, de l'exploitation de ces hommes que l'Empire se nourrit et tire les millions qu'il gaspille. Ainsi le livre se trouve-t-il hanté par un monde souterrain de dénuement, de douleur et de faim que l'Empire écrase et pressure (*« La misère frémit sous ce Louvre où vous êtes ! »*, IX, 3 ;* « Ils marchent sur toi, peuple ! »*, IX, 4). Mais la métaphore se renverse avec le poème XIII, la misère du dessous, celle des opprimés, étant moins répugnante que le luxe sordide des vainqueurs : c'est à la surface que se trouve l'égout.*

Si l'Empire et ses excès sont plus largement représentés ici, une place plus ample est également faite à l'évocation du châtiment. En préface du poème II, Hugo évoque un de ses précédents ouvrages, Napoléon-le-Petit, *qui avait déjà marqué le front de l'empereur du sceau de l'infamie ; il termine au terme de ce livre (poème XV) par la sentence de mort que prononce la Conscience devant le bilan des actes de Napoléon III, sentence qu'exigerait le Droit et à laquelle le Juste répond par NON (poème XVI). Pour ne pas être ravalé au rang du criminel qu'il châtie, il se contentera de l'exposer à la honte. La parole-acte suffit au châtiment.*

LIVRE QUATRIÈME

LA RELIGION EST GLORIFIÉE

I

SACER ESTO[1]

Non, Liberté ! non, Peuple, il ne faut pas qu'il meure !
Oh ! certes, ce serait trop simple, en vérité,
Qu'après avoir brisé les lois, et sonné l'heure
Où la sainte pudeur au ciel a remonté ;

Qu'après avoir gagné sa sanglante gageure,
Et vaincu par l'embûche, et le glaive, et le feu ;
Qu'après son guet-apens, ses meurtres, son parjure,
Son faux serment, soufflet sur la face de Dieu ;

Qu'après avoir traîné la France, au cœur frappée,
Et par les pieds liée, à son immonde char,
Cet infâme en fût quitte avec un coup d'épée
Au cou comme Pompée•, au flanc comme César !

Non ! il est l'assassin qui rôde dans les plaines ;
Il a tué, sabré, mitraillé sans remords,
Il fit la maison vide, il fit les tombes pleines,
Il marche, il va, suivi par l'œil fixe des morts[2] ;

À cause de cet homme, empereur éphémère,
Le fils n'a plus de père et l'enfant plus d'espoir,
La veuve à genoux pleure et sanglote, et la mère
N'est plus qu'un spectre assis sous un long voile noir ;

1. SACER ESTO : formule pénale qui, dans la Rome antique, signifiait : « Qu'il soit voué aux dieux infernaux. » N'importe qui pouvait donc tuer l'homme désigné sans qu'il y ait crime. Or, ici le poète semble plutôt signifier qu'il est intouchable, le châtiment du criminel n'appartenant pas aux hommes.
2. *l'œil fixe des morts* : cela fait allusion à ceux dont on n'a pas fermé les yeux. *Cf. La Conscience*, dans *La Légende des siècles*.

Pour filer ses habits royaux, sur les navettes
On met du fil trempé dans le sang qui coula ;
Le boulevard Montmartre a fourni ses cuvettes,
Et l'on teint son manteau dans cette pourpre-là ;

Il vous jette à Cayenne•, à l'Afrique, aux sentines[1],
Martyrs, héros d'hier et forçats d'aujourd'hui !
Le couteau ruisselant des rouges guillotines
Laisse tomber le sang goutte à goutte sur lui ;

Lorsque la trahison, sa complice livide,
Vient et frappe à sa porte, il fait signe d'ouvrir ;
Il est le fratricide ! il est le parricide ! –
Peuples, c'est pour cela qu'il ne doit pas mourir !

Gardons l'homme vivant. Oh ! châtiment superbe !
Oh ! s'il pouvait un jour passer par le chemin,
Nu, courbé, frissonnant, comme au vent tremble l'herbe,
Sous l'exécration[2] de tout le genre humain !

Étreint par son passé tout rempli de ses crimes,
Comme par un carcan tout hérissé de clous,
Cherchant les lieux profonds, les forêts, les abîmes,
Pâle, horrible, effaré, reconnu par les loups ;

Dans quelque bagne vil n'entendant que sa chaîne,
Seul, toujours seul, parlant en vain aux rochers sourds,
Voyant autour de lui le silence et la haine,
Des hommes nulle part et des spectres toujours ;

Vieillissant, rejeté par la mort comme indigne,
Tremblant sous la nuit noire, affreux sous le ciel bleu… –
Peuples, écartez-vous ! cet homme porte un signe ;
Laissez passer Caïn ! il appartient à Dieu.[3]

Jersey. Octobre 1852.
[14/11/1852]

1. *sentines* : endroits de la cale d'un navire où s'amassent les eaux.
2. *exécration* : se comprend ici au sens étymologique de « malédiction ».
3. *Laissez passer Caïn ! il appartient à Dieu* : Genèse, IV, 15 (*« Yahvé dit : "Si quelqu'un tue Caïn, on le vengera sept fois ", et Yahvé mit un signe sur Caïn, afin que le premier venu ne le frappât point »*).

II

CE QUE LE POËTE SE DISAIT EN 1848

Tu ne dois pas chercher le pouvoir, tu dois faire
Ton œuvre ailleurs ; tu dois, esprit d'une autre sphère,
Devant l'occasion reculer chastement.
De la pensée en deuil doux et sévère amant,
Compris ou dédaigné des hommes, tu dois être
Pâtre pour les garder et pour les bénir prêtre.
Lorsque les citoyens, par la misère aigris,
Fils de la même France et du même Paris,
S'égorgent[1] ; quand, sinistre, et soudain apparue,
La morne barricade au coin de chaque rue
Monte et vomit la mort de partout à la fois,
Tu dois y courir seul et désarmé[2] ; tu dois
Dans cette guerre impie, abominable, infâme,
Présenter ta poitrine et répandre ton âme,
Parler, prier, sauver les faibles et les forts,
Sourire à la mitraille et pleurer sur les morts ;
Puis remonter tranquille à ta place isolée,
Et là, défendre, au sein de l'ardente assemblée,
Et ceux qu'on veut proscrire et ceux qu'on croit juger,[3]
Renverser l'échafaud, servir et protéger
L'ordre et la paix qu'ébranle un parti téméraire,
Nos soldats trop aisés à tromper, et ton frère,
Le pauvre homme du peuple aux cabanons jeté,
Et les lois, et la triste et fière liberté ;
Consoler, dans ces jours d'anxiété funeste,
L'art divin qui frissonne et pleure[4], et pour le reste
Attendre le moment suprême et décisif.

Ton rôle est d'avertir et de rester pensif.

Paris. Juillet 1848. [27/11/1848]

---

1. *Lorsque les citoyens* [...] / *S'égorgent* : évocation des journées de juin 1848.
2. *Tu dois y courir seul et désarmé* : c'est bien ainsi que se comporta Hugo, mais en février, pour demander la régence de la duchesse d'Orléans. En juin, en revanche, il entraîna la Garde mobile à l'assaut des barricades.
3. *défendre* [...] / *Et ceux qu'on veut proscrire et ceux qu'on croit juger* : Hugo intervint en faveur de prisonniers politiques avec d'autant plus d'énergie qu'il regrettait d'avoir participé à la répression de juin.
4. *Consoler* [...] / *L'art divin qui frissonne et pleure* : Hugo fut président de la Commission de secours aux théâtres après juin 1848.

III

LES COMMISSIONS MIXTES[1]

Ils sont assis dans l'ombre et disent : Nous jugeons.
Ils peuplent d'innocents les geôles, les donjons,
Et les pontons, nefs abhorrées,
Qui flottent au soleil, sombres comme le soir,
Tandis que le reflet des mers sur leur flanc noir
Frissonne en écailles dorées.

Pour avoir sous son chaume abrité des proscrits,
Ce vieillard est au bagne, et l'on entend ses cris.
À Cayenne•, à Bône•, aux galères,
Quiconque a combattu cet escroc du scrutin
Qui, traître, après avoir crocheté le Destin,
Filouta les droits populaires !

Ils ont frappé l'ami des lois ; ils ont flétri
La femme qui portait du pain à son mari,
Le fils qui défendait son père ;
Le droit ? on l'a banni ; l'honneur ? on l'exila.
Cette justice-là sort de ces juges-là
Comme des tombeaux la vipère.

Bruxelles. Juillet 1852.
[7/5/1853]

1. *LES COMMISSIONS MIXTES* : créées le 2 février 1852, composées chacune d'un préfet, d'un général et d'un procureur, elles agirent avec tant de brutalité, condamnant sur de simples présomptions, qu'elles furent dissoutes en mars 1852.

IV

À DES JOURNALISTES DE ROBE COURTE[1]

Parce que, jargonnant vêpres, jeûne et vigile,
Exploitant Dieu qui rêve au fond du firmament,
Vous avez, au milieu du divin évangile,
Ouvert boutique effrontément ;

Parce que vous feriez prendre à Jésus la verge[2],
Cyniques brocanteurs sortis on ne sait d'où ;
Parce que vous allez vendant la Sainte Vierge
Dix sous avec miracle, et sans miracle un sou ;

Parce que vous contez d'effroyables sornettes
Qui font des temples saints trembler les vieux piliers ;
Parce que votre style éblouit les lunettes
Des duègnes[3] et des marguilliers[4] ;

Parce que la soutane est sous vos redingotes,
Parce que vous sentez la crasse et non l'œillet[5],
Parce que vous bâclez un journal de bigotes
Pensé par Escobar•, écrit par Patouillet• ;

Parce qu'en balayant leurs portes, les concierges
Poussent dans le ruisseau ce pamphlet méprisé ;
Parce que vous mêlez à la cire des cierges
Votre affreux suif vert-de-grisé ;

1. *JOURNALISTES DE ROBE COURTE* : les affiliés laïques de la Compagnie de Jésus étaient nommés « jésuites de robe courte ». Ici, Veuillot et son journal sont la cible du poète.
2. *vous feriez prendre à Jésus la verge* : allusion à l'épisode du Nouveau Testament où Jésus chasse les marchands du Temple.
3. *duègnes* : en Espagne, femmes d'âge mûr affectées à la surveillance de la conduite des jeunes filles.
4. *marguilliers* : *cf.* note 2, p. 97.
5. *l'œillet* : l'œillet blanc était porté à la boutonnière par les royalistes ultras.

Parce qu'à vous tout seuls vous faites une espèce[1] ;
Parce qu'enfin, blanchis dehors et noirs dedans[2],
Criant : *Mea culpa*[3], battant la grosse caisse,
La boue au cœur, la larme à l'œil, le fifre aux dents,

Pour attirer les sots qui donnent tête-bêche
Dans tous les vils panneaux[4] du mensonge immortel,
Vous avez adossé le tréteau de Bobêche•
Aux saintes pierres de l'autel,

Vous vous croyez le droit, trempant dans l'eau bénite
Cette griffe qui sort de votre abject pourpoint,
De dire : Je suis saint, ange, vierge et jésuite,
J'insulte les passants et je ne me bats point !

Ô pieds plats[5] ! votre plume au fond de vos masures
Griffonne, va, vient, court, boit l'encre, rend du fiel,
Bave, égratigne et crache, et ses éclaboussures
Font des taches jusques au ciel !

Votre immonde journal est une charretée
De masques[6] déguisés en prédicants camus,
Qui passent en prêchant la cohue ameutée
Et qui parlent argot entre deux oremus[7].

Vous insultez l'esprit, l'écrivain dans ses veilles,
Et le penseur rêvant sur les libres sommets ;
Et quand on va chez vous pour chercher vos oreilles,
Vos oreilles n'y sont jamais.

---

1. *espèce* : Hugo joue sur les deux sens du mot « espèce ». Le sens actuel qui désigne un groupe d'individus présentant des caractéristiques communes, et le sens que le mot avait au XVIIIe siècle (et qui subsistait en 1850) où « espèce » s'oppose à « homme de considération ».
2. *blanchis dehors et noirs dedans* : allusion à l'apostrophe de Jésus aux pharisiens (faux dévots, généralement fortunés), les qualifiant de « *sépulcres blanchis* », beaux à l'extérieur, mais pleins de pourriture au-dedans.
3. Mea culpa : en latin « C'est ma faute ».
4. *panneaux* : *cf.* note 1, p. 61.
5. *pieds plats* : paysans, rustres, par opposition à ceux qui portent des chaussures à talons.
6. *masques* : allusion au Mardi gras et à son défilé (*cf. Les Misérables*, V, 6, I, « Classiques Hachette » n° 59, Paris, 1995).
7. *oremus* : prière (littéralement, en latin : « prions »).

Après avoir lancé l'affront et le mensonge,
Vous fuyez, vous courez, vous échappez aux yeux.
Chacun a ses instincts, et s'enfonce et se plonge,
Le hibou dans les trous et l'aigle dans les cieux !

Vous, où vous cachez-vous ? dans quel hideux repaire ?
Ô Dieu ! l'ombre où l'on sent tous les crimes passer
S'y fait autour de vous plus noire, et la vipère
S'y glisse et vient vous y baiser [1].

Là vous pouvez, dragons qui rampez sous les presses,
Vous vautrer dans la fange où vous jettent vos goûts.
Le sort qui dans vos cœurs mit toutes les bassesses
Doit faire en vos taudis passer tous les égouts.

Bateleurs de l'autel, voilà quels sont vos rôles.
Et quand un galant homme à de tels compagnons
Fait cet immense honneur de leur dire : Mes drôles,
Je suis votre homme ; dégainons !

– Un duel ! nous ! des chrétiens ! jamais ! [2] – Et ces crapules
Font des signes de croix et jurent par les saints.
Lâches gueux, leur terreur se déguise en scrupules,
Et ces empoisonneurs ont peur d'être assassins.

Bien, écoutez : la trique est là, fraîche coupée.
On vous fera cogner le pavé du menton ;
Car sachez-le, coquins, on n'esquive l'épée
Que pour rencontrer le bâton.

Vous conquîtes la Seine et le Rhin et le Tage. [3]
L'esprit humain rogné subit votre compas [4].
Sur les publicains juifs vous avez l'avantage,
Maudits ! Judas• est mort, Tartuffe ne meurt pas.

1. *la vipère / S'y glisse et vient vous y baiser* : *cf.* le dernier vers des *Commissions mixtes* (IV, III).
2. *Un duel ! nous ! des chrétiens ! jamais !* : Hugo laisse entendre que la religion n'est qu'un prétexte au refus des duels par Veuillot, le vrai motif étant la lâcheté. Synérèse : prononcer le mot « duel » en une seule syllabe.
3. *Vous conquîtes la Seine et le Rhin et le Tage* : fait référence à l'Europe entière.
4. *compas* : règle ou mesure.

Iago[1] n'est qu'un fat près de votre Basile•.
La bible en vos greniers pourrit mangée aux vers.
Le jour où le mensonge aurait besoin d'asile,
Vos cœurs sont là, tout grands ouverts.

Vous insultez le juste abreuvé d'amertumes.
Tous les vices, quittant veste, cape et manteau,
Vont se masquer chez vous et trouvent des costumes.
On entre Lacenaire•, on sort Contrafatto•.

Les âmes sont pour vous des bourses et des banques.
Quiconque vous accueille a d'affreux repentirs.
Vous vous faites chasser, et par vos saltimbanques
Vous parodiez les martyrs.

L'église du Bon Dieu n'est que votre buvette.
Vous offrez l'alliance à tous les inhumains.
On trouvera du sang au fond de la cuvette
Si jamais, par hasard, vous vous lavez les mains.

Vous seriez des bourreaux si vous n'étiez des cuistres.
Pour vous le glaive est saint et le supplice est beau.
Ô monstres ! vous chantez dans vos hymnes sinistres
Le bûcher, votre seul flambeau ![2]

Depuis dix-huit cents ans Jésus, le doux pontife,
Veut sortir du tombeau qui lentement se rompt,
Mais vous faites effort, ô valets de Caïphe•,
Pour faire retomber la pierre sur son front !

Ô cafards ! votre échine appelle l'étrivière[3].
Le sort juste et railleur fait chasser Loyola
De France par le fouet d'un pape[4], et de Bavière
Par la cravache de Lola•.

1. *Iago* : personnage de Shakespeare dans *Othello* ; individu perfide qui trahit la confiance de son ami.
2. *vous chantez* [...] / *Le bûcher, votre seul flambeau* : rappel des pratiques anciennes de l'Inquisition.
3. *étrivière* : *cf.* note 2, p. 58.
4. *pape* : Clément XIV supprima la Compagnie de Jésus en 1773, mais elle avait été déjà expulsée de France en 1762.

Allez, continuez, tournez la manivelle
De votre impur journal, vils grimauds dépravés ;
Avec vos ongles noirs grattez votre cervelle ;
Calomniez, hurlez, mordez, mentez, vivez !

Dieu prédestine aux dents des chevreaux les brins d'herbes,
La mer aux coups de vent, les donjons aux boulets,
Aux rayons du soleil les parthénons superbes,
Vos faces aux larges soufflets.

Sus donc ! cherchez les trous, les recoins, les cavernes !
Cachez-vous, plats vendeurs d'un fade orviétan[1],
Pitres dévots, marchands d'infâmes balivernes,
Vierges comme l'eunuque, anges comme Satan !

Ô saints du ciel ! est-il, sous l'œil de Dieu qui règne,
Charlatans plus hideux et d'un plus lâche esprit,
Que ceux qui, sans frémir, accrochent leur enseigne
Aux clous saignants de Jésus-Christ !

Septembre 1850.
[9/1850]

1. *orviétan* : prétendu remède à base de plantes ; les marchands d'orviétan sont des charlatans.

Questions

Compréhension

1. *Poème* I. *Relevez les arguments contre la peine de mort.*

2. *Poème* I. *Quelles images célèbres peut évoquer le vers 16 ? Qu'apportent ces connotations au texte ?*

3. *Poème* II. *Relevez toutes les fonctions qui sont assignées au poète. Quels sont les éléments nouveaux par rapport à ce qui a déjà été dit ?*

4. *Poème* III. *Tentez de définir ce qui constitue un critère de culpabilité aux yeux des commissions mixtes.*

5. *Poème* IV, *vers 33 à 36. À quoi s'oppose la pratique de l'écriture évoquée ici ? Quelle est la portée de cette comparaison implicite ?*

6. *Poème* IV. *Expliquez le parallèle mis en place au vers 112.*

Écriture

7. *Poème* II. *Relevez les rejets du poème et indiquez ce qu'ils expriment.*

8. *Poème* III. *Quel effet produit au vers 3 la place du mot* « ponton » *?*

9. *Poème* IV. *Étudiez la construction du passage qui ouvre le poème (v. 1 à 32) ; quel en est le ton ?*

V

QUELQU'UN[1]

Donc un homme a vécu qui s'appelait Varron,
Un autre Paul Émile•, un autre Cicéron ;
Ces hommes ont été grands, puissants, populaires,
Ont marché, précédés des faisceaux consulaires[2],
Ont été généraux, magistrats, orateurs ;
Ces hommes ont parlé devant les sénateurs ;
Ils ont vu, dans la poudre et le bruit des armées,
Frissonnantes, passer les aigles enflammées ;
La foule les suivait et leur battait des mains ;
Ils sont morts ; on a fait à ces fameux Romains
Des tombeaux dans le marbre, et d'autres dans l'histoire :
Leurs bustes, aujourd'hui, graves comme la gloire,
Dans l'ombre des palais ouvrant leurs vagues yeux,
Rêvent autour de nous, témoins mystérieux ;
Ce qui n'empêche pas, nous, gens des autres âges,
Que, lorsque nous parlons de ces grands personnages,
Nous ne disions : Tel jour Varron fut un butor,
Paul Émile a mal fait, Cicéron eut grand tort,
Et lorsque nous traitons ainsi ces morts illustres,
Tu prétends, toi, maraud, goujat parmi les rustres,
Que je parle de toi qui lasses le dédain,
Sans dire hautement : Cet homme est un gredin !
Tu veux que nous prenions des gants et des mitaines
Avec toi, qu'eût chassé Sparte aussi bien qu'Athènes !
Force gens t'ont connu jadis quand tu courais
Les brelans[3], les enfers, les trous, les cabarets,
Quand on voyait, le soir, tantôt dans l'ombre obscure,
Tantôt devant la porte entr'ouverte et peu sûre
D'un antre d'où sortait une rouge clarté,
Ton chef branlant couvert d'un feutre cahoté.

1. *QUELQU'UN* : probablement Saint-Arnaud.
2. *précédés des faisceaux consulaires* : à Rome, les hauts magistrats étaient précédés de licteurs portant des faisceaux (paquets de verges liés autour d'une hache) – ce qui marquait leur dignité.
3. *brelans* : maisons de jeux.

Tu t'es fait broder d'or[1] par l'empereur bohème.
Ta vie est une farce et se guinde[2] en poëme.
Et que m'importe à moi, penseur, juge, ouvrier,
Que décembre, étranglant dans ses poings février,
T'installe en un palais, toi qui souillais un bouge !
Allez aux tapis-francs[3] de Vanvre[4] et de Montrouge,
Courez aux galetas, aux caves, aux taudis,
Les échos vous diront partout ce que je dis :
– Ce drôle était voleur avant d'être ministre ! –
Ah ! tu veux qu'on t'épargne, imbécile sinistre !
Ah ! te voilà content, satisfait, souriant !
Sois tranquille. J'irai par la ville criant :
Citoyens ! voyez-vous ce jésuite aux yeux jaunes ?
Jadis, c'était Brutus•. Il haïssait les trônes,
Il les aime aujourd'hui. Tous métiers lui sont bons ;
Il est pour le succès. Donc, à bas les Bourbons,
Mais vive l'empereur ! à bas tribune et charte !
Il déteste Chambord•, mais il sert Bonaparte.
On l'a fait sénateur, ce qui le rend fougueux.
Si les choses étaient à leur place, ce gueux
Qui n'a pas, nous dit-il en déclamant son rôle[5],
Les fleurs de lys au cœur, les aurait sur l'épaule ![6]

Londres. Août 1852.
[10/12/1852]

---

1. *Tu t'es fait broder d'or* : le costume des sénateurs était brodé d'or.
2. *se guinde* : *guinder* signifie « donner une rigueur affectée ». En l'occurrence, c'est Hugo qui « guinde » la vie du personnage par sa poésie ; d'où sa prise de parole.
3. *tapis-francs* : *cf.* note 1, p. 105.
4. *Vanvre* : pour Vanves, prononciation parisienne courante au XIXe siècle.
5. *nous dit-il en déclamant son rôle* : allusion au passé de comédien de Saint-Arnaud.
6. *Les fleurs de lys au cœur, les aurait sur l'épaule* : sous l'Ancien Régime, les forçats étaient marqués d'une fleur de lys (emblème de la monarchie française) à l'épaule.

VI

ÉCRIT LE 17 JUILLET 1851
EN DESCENDANT DE LA TRIBUNE[1] (1)

Ces hommes qui mourront[2], foule abjecte et grossière,
Sont de la boue avant d'être de la poussière.
Oui, certe, ils passeront et mourront. Aujourd'hui
Leur vue à l'honnête homme inspire un mâle ennui.
Envieux, consumés de rages puériles,
D'autant plus furieux qu'ils se sentent stériles,
Ils mordent les talons de qui marche en avant.
Ils sont humiliés d'aboyer, ne pouvant
Jusqu'au rugissement hausser leur petitesse.
Ils courent, c'est à qui gagnera de vitesse,
La proie est là ! – hurlant et jappant à la fois,
Lancés dans le sénat ainsi que dans un bois,
Tous confondus, traitant, magistrat, soldat, prêtre,
Meute autour du lion, chenil aux pieds du maître,
Ils sont à qui les veut, du premier au dernier,
Aujourd'hui Bonaparte et demain Changarnier• !
Ils couvrent de leur bave honneur, droit, république,
La charte populaire et l'œuvre évangélique,
Le progrès, ferme espoir des peuples désolés ;
Ils sont odieux. – Bien. Continuez, allez !
Quand l'austère penseur qui, loin des multitudes,
Rêvait hier encore au fond des solitudes,
Apparaissant soudain dans sa tranquillité,
Vient au milieu de vous dire la vérité,
Défendre les vaincus, rassurer la patrie,
Éclatez ! répandez cris, injures, furie,
Ruez-vous sur son nom comme sur un butin !
Vous n'obtiendrez de lui qu'un sourire hautain,
Et pas même un regard ! – Car cette âme sereine,
Méprisant votre estime, estime votre haine.

Paris. 1851.
[17/7/1851]

1. Hugo venait de prononcer un discours contre la révision de la Constitution demandée par les bonapartistes. La séance fut particulièrement houleuse. *Cf.* la note I de Hugo, p. 309.
2. *Ces hommes qui mourront* : *« vous n'êtes plus de ce monde, vous êtes morts »* avait dit Hugo en s'adressant à la droite.

VII

UN AUTRE[1]

Ce Zoïle• cagot naquit d'une Javotte[2].
Le Diable, – ce jour-là Dieu permit qu'il créât, –
D'un peu de Ravaillac et d'un peu de Nonotte[3]
Composa ce gredin béat[4].

Tout jeune, il contemplait, sans gîte et sans valise,
Les sous-diacres coiffés d'un feutre en lampion[5] ;
Vidocq• le rencontra priant dans une église,
Et, l'ayant vu loucher, en fit un espion.[6]

Alors ce va-nu-pieds songea dans sa mansarde,
Et se voyant sans cœur, sans style, sans esprit,
Imagina de mettre une feuille poissarde[7]
Au service de Jésus-Christ.

Armé d'un goupillon, il entra dans la lice
Contre les jacobins[8], le siècle et le péché.
Il se donna le luxe, étant de la police,
D'être jésuite et saint par-dessus le marché.

Pour mille francs par mois livrant l'eucharistie,
Plus vil que les voleurs et que les assassins,
Il fut riche. Il portait un flair de sacristie
Dans le bouge des argousins[9].

Il prospère ! – Il insulte, il prêche, il fait la roue ;

---

1. Il s'agit d'une nouvelle attaque contre Veuillot.
2. *Javotte* : prénom populaire. La mère de Veuillot tenait une buvette pour mariniers à Bercy.
3. *Nonotte* : jésuite, adversaire et cible de prédilection de Voltaire.
4. *béat* : ici, dévot.
5. *un feutre en lampion* : un tricorne.
6. *Vidocq* [...] *en fit un espion* : Veuillot avait été rédacteur à *L'Esprit public*, soupçonné d'être l'organe de la préfecture de police.
7. *poissarde* : grossière.
8. *jacobins* : républicains, intransigeants.
9. *argousins* : *cf.* note 3, p. 38.

S'il n'était pas saint homme, il eût été sapeur[1] ;
Comme s'il s'y lavait, il piaffe en pleine boue,
Et, voyant qu'on se sauve, il dit : Comme ils ont peur !

Regardez : le voilà ! – Son journal frénétique
Plaît aux dévots et semble écrit par des bandits.
Il fait des fausses clefs dans l'arrière-boutique
Pour la porte du paradis.

Des miracles du jour il colle les affiches.
Il rédige l'absurde en articles de foi.
Pharisien hideux, il trinque avec les riches
Et dit au pauvre : Ami, viens jeûner avec moi.

Il ripaille à huis clos, en public il sermonne,
Chante landerirette après alleluia,
Dit un pater[2], et prend le menton de Simone[3]... –
Que j'en ai vu, de ces saints-là !

Qui vous expectoraient des psaumes après boire,
Vendaient, d'un air contrit, leur pieux bric-à-brac,
Et qui passaient, selon qu'ils changeaient d'auditoire,
Des strophes de Piron aux quatrains de Pibrac ![4]

C'est ainsi qu'outrageant gloires, vertus, génies,
Charmant par tant d'horreurs quelques niais fougueux,
Il vit tranquillement dans les ignominies,
Simple jésuite et triple gueux.

Paris. Septembre 1850.
[9/1850]

1. *sapeur* : soldat du génie employé à creuser des tranchées, c'est-à-dire à travailler dans la boue.
2. *pater* : en latin, premier mot et titre de la prière « Notre Père ».
3. *Simone* : prénom féminin faisant allusion au crime de simonie qui consiste à vendre, contre des avantages temporels, une chose intrinsèquement spirituelle (sacrements, dignités ecclésiastiques, etc.).
4. *Et qui passaient* [...] / *Des strophes de Piron aux quatrains de Pibrac* : jusqu'en 1838, date de sa conversion au catholicisme, Veuillot avait mené une existence libre, sinon débauchée. Il avait même composé des chansons licencieuses (*cf.* éd. Massin). Piron était un auteur dramatique français, poète licencieux. Pibrac était un auteur de quatrains moraux du XVIe siècle.

VIII

DÉJÀ NOMMÉ[1]

Malgré moi je reviens, et mes vers s'y résignent,
À cet homme qui fut si misérable, hélas !
Et dont Mathieu Molé•, chez les morts qui s'indignent,
Parle à Boissy d'Anglas•.

Ô loi sainte ! Justice ! où tout pouvoir s'étaie,
Gardienne de tout droit et de tout ordre humain !
Cet homme qui, vingt ans, pour recevoir sa paie,
T'avait tendu la main,

Quand il te vit sanglante et livrée à l'infâme,
Levant tes bras, meurtrie aux talons des soldats,
Tourna la tête et dit : Qu'est-ce que cette femme ?
Je ne la connais pas !

Les vieux partis avaient mis au fauteuil ce juste !
Ayant besoin d'un homme, on prit un mannequin.
Il eût fallu Caton• sur cette chaise auguste ;
On y jucha Pasquin[2].

Opprobre ! il dégradait à plaisir l'Assemblée ;
Souple, insolent, semblable aux valets familiers,
Ses gros lazzis[3] marchaient sur l'éloquence ailée
Avec leurs gros souliers.

Quand on ne croit à rien on est prêt à tout faire.
Il eût reçu Cromwell ou Monk• dans Temple-Bar•.
Suprême abjection ! riant avec Voltaire,
Votant pour Escobar• !

Ne sachant que lécher à droite et mordre à gauche,
Aidant, à son insu, le crime ; vil pantin,

1. *DÉJÀ NOMMÉ* : il s'agit de Dupin, déjà nommé dans *L'autre président*.
2. *Pasquin* : valet de la comédie italienne.
3. *lazzis* : plaisanteries.

Il entr'ouvrait la porte aux sbires en débauche
Qui vinrent un matin.

Si l'on avait voulu, pour sauver du déluge,
Certes, son traitement, sa place, son trésor,
Et sa loque d'hermine et son bonnet de juge
Au triple galon d'or,

Il eût été complice, il eût rempli sa tâche ;
Mais les chefs sur son nom passèrent le charbon[1] ;
Ils n'ont pas daigné faire un traître avec ce lâche ;
Ils ont dit : À quoi bon ?

Sous ce règne où l'on vend de la fange au pied cube,
Du moins cet homme a-t-il à jamais disparu,
Rustre exploiteur des rois, courtisan du Danube[2],
Hideux flatteur bourru !

Il s'offrit aux brigands après la loi tuée ;
Et pour qu'il lâchât prise, aux yeux de tout Paris,
Il fallut qu'on lui dît : Vieille prostituée,
Vois donc tes cheveux gris !

Aujourd'hui méprisé, même de cette clique,
On voit pendre la honte à son nom infamant,
Et le dernier lambeau de la pudeur publique
À son dernier serment.

Si par hasard, la nuit, dans les carrefours mornes,
Fouillant du croc l'ordure où dort plus d'un secret,
Un chiffonnier trouvait cette âme au coin des bornes,
Il la dédaignerait !

Jersey. Décembre 1852.
[25/12/1852]

1. *passèrent le charbon* : *passer le charbon* signifie « raturer un nom sur la liste des complices ». Ayant démissionné après la confiscation des biens de la famille d'Orléans, Dupin a donc effectivement disparu de la vie politique.
2. *courtisan du Danube* : rustre, *cf.* dans La Fontaine *Le paysan du Danube* (XI, 7), « Classiques Hachette » n° 83, Paris, 1996.

IX

CEUX QUI VIVENT…

Ceux qui vivent, ce sont ceux qui luttent ; ce sont
Ceux dont un dessein ferme emplit l'âme et le front,
Ceux qui d'un haut destin gravissent l'âpre cime,
Ceux qui marchent pensifs[1], épris d'un but sublime,
Ayant devant les yeux sans cesse, nuit et jour,
Ou quelque saint labeur ou quelque grand amour.
C'est le prophète saint prosterné devant l'arche[2],
C'est le travailleur, pâtre, ouvrier, patriarche,
Ceux dont le cœur est bon, ceux dont les jours sont pleins.
Ceux-là vivent, Seigneur ! les autres, je les plains.
Car de son vague ennui le néant les enivre,
Car le plus lourd fardeau, c'est d'exister sans vivre.
Inutiles, épars, ils traînent ici-bas
Le sombre accablement d'être en ne pensant pas.
Ils s'appellent *vulgus, plebs*,[3] la tourbe, la foule.
Ils sont ce qui murmure, applaudit, siffle, coule,
Bat des mains, foule aux pieds, bâille, dit oui, dit non,
N'a jamais de figure et n'a jamais de nom ;
Troupeau qui va, revient, juge, absout, délibère,
Détruit, prêt à Marat comme prêt à Tibère[4•],
Foule triste, joyeuse, habits dorés, bras nus,
Pêle-mêle, et poussée aux gouffres inconnus.
Ils sont les passants froids sans but, sans nœud, sans âge ;
Le bas du genre humain qui s'écroule en nuage ;
Ceux qu'on ne connaît pas, ceux qu'on ne compte pas,
Ceux qui perdent les mots, les volontés, les pas.
L'ombre obscure autour d'eux se prolonge et recule ;
Ils n'ont du plein midi qu'un lointain crépuscule,

---

1. *Ceux qui marchent pensifs* : *cf.* le dernier vers de IV, II.
2. *l'arche* : l'Arche d'alliance dans laquelle sont conservées les Tables de la Loi, depuis que Moïse reçut les commandements de Dieu.
3. vulgus, plebs : les deux mots signifient « peuple » en latin, le premier avec une connotation péjorative, le second par opposition aux patriciens.
4. *prêt à Marat comme prêt à Tibère* : susceptible d'accepter n'importe quel type de tyrannie.

Car, jetant au hasard les cris, les voix, le bruit,
Ils errent près du bord sinistre de la nuit.

Quoi ! ne point aimer ! suivre une morne carrière
Sans un songe en avant, sans un deuil en arrière !
Quoi ! marcher devant soi sans savoir où l'on va !
Rire de Jupiter sans croire à Jéhova• !
Regarder sans respect l'astre, la fleur, la femme !
Toujours vouloir le corps, ne jamais chercher l'âme !
Pour de vains résultats faire de vains efforts !
N'attendre rien d'en haut ! ciel ! oublier les morts !
Oh non, je ne suis point de ceux-là ! grands, prospères,
Fiers, puissants, ou cachés dans d'immondes repaires,
Je les fuis, et je crains leurs sentiers détestés ;
Et j'aimerais mieux être, ô fourmis des cités,
Tourbe, foule, hommes faux, cœurs morts, races déchues,
Un arbre dans les bois qu'une âme en vos cohues !

Paris. Décembre 1848.
[31/12/1848]

Questions

Compréhension

1. Poème V. *Repérez les deux grandes parties du poème ; quelle opposition mettent-elles en place ?*

2. Poème V. *Expliquez le vers 43.*

3. Poème V. *Sur quel ton Hugo s'adresse-t-il à Saint-Arnaud ? Relevez les expressions les plus caractéristiques.*

4. Poème VI. *Quel portrait Hugo brosse-t-il des députés de droite ? À quoi les condamne-t-il ?*

5. Poème VI. *Nous avons ici une nouvelle image du poète ; dégagez-en les traits principaux.*

6. Poème VII. *Hugo récapitule à sa manière les différentes étapes de la carrière de Veuillot ; repérez-les.*

7. Poème IX. *Qui Hugo désigne-t-il dans le vers 15 (appuyez-vous sur les vers suivants pour répondre) ?*

8. Poème IX. *Quel sentiment s'exprime à travers les exclamations de la fin du poème ?*

Écriture

9. Poème IX. *Étudiez le rythme du premier vers. Comment le mot essentiel est-il mis en relief ?*

10. Poème IX. *Quel est l'effet produit par la répétition des démonstratifs ?*

X

AUBE

Un immense frisson émeut la plaine obscure.
C'est l'heure où Pythagore•, Hésiode[1], Épicure•,
Songeaient ; c'est l'heure où, las d'avoir, toute la nuit,
Contemplé l'azur sombre et l'étoile qui luit,
Pleins d'horreur, s'endormaient les pâtres de Chaldée•.
Là-bas, la chute d'eau, de mille plis ridée,
Brille, comme dans l'ombre un manteau de satin ;
Sur l'horizon lugubre apparaît le matin,
Face rose qui rit avec des dents de perles ;
Le bœuf rêve et mugit, les bouvreuils et les merles
Et les geais querelleurs sifflent, et dans les bois
On entend s'éveiller confusément les voix ;
Les moutons hors de l'ombre, à travers les bourrées[2],
Font bondir au soleil leurs toisons éclairées ;
Et la jeune dormeuse, entr'ouvrant son œil noir,
Fraîche, et ses coudes blancs sortis hors du peignoir,
Cherche de son pied nu sa pantoufle chinoise.

Louange à Dieu ! toujours, après la nuit sournoise,
Agitant sur les monts la rose et le genêt,
La nature superbe et tranquille renaît ;
L'aube éveille le nid à l'heure accoutumée,
Le chaume dresse au vent sa plume de fumée,
Le rayon, flèche d'or, perce l'âpre forêt ;
Et plutôt qu'arrêter le soleil, on ferait
Sensibles à l'honneur et pour le bien fougueuses
Les âmes de Baroche• et de Troplong•, ces gueuses !

Jersey. Avril 1853.
[28/4/1853]

1. *Hésiode* : premier des grands poètes didactiques grecs de l'Antiquité (VIIIe siècle av. J.-C.).
2. *bourrées* : fagots constitués de menus branchages.

XI

Vicomte de Foucault•, lorsque vous empoignâtes
L'éloquent Manuel de vos mains auvergnates[1],
Comme l'Océan bout quand tressaille l'Etna,
Le peuple tout entier s'émut et frissonna ;
On vit, sombre lueur, poindre mil-huit-cent-trente ;
L'antique royauté, fière et récalcitrante,
Chancela sur son trône,[2] et dans ce noir moment
On sentit commencer ce vaste écroulement ;
Et ces rois, qu'on punit d'oser toucher un homme,
Étaient grands, et mêlés à notre histoire en somme ;
Ils avaient derrière eux des siècles éblouis,
Henri quatre et Coutras•, Damiette• et saint Louis.
Aujourd'hui, dans Paris, un prince de la pègre,
Un pied plat, copiant Faustin•, singe d'un nègre,
Plus faux qu'Ali pacha•, plus cruel que Rosas•,
Fourre en prison la loi, met la gloire à Mazas•,
Chasse l'honneur, le droit, les probités punies,
Orateurs, généraux, représentants, génies,
Les meilleurs serviteurs du siècle et de l'État,
Et c'est tout ! et le peuple, après cet attentat,
Souffleté mille fois sur ces faces illustres,
Va voir de l'Élysée étinceler les lustres,
Ne sent rien sur sa joue, et contemple César !
Lui, souverain, il suit en esclave le char !
Il regarde danser dans le Louvre les maîtres,
Ces immondes faisant vis-à-vis à ces traîtres,
La fraude en grand habit, le meurtre en apparat,
Et le ventre Berger• près du ventre Murat• !
On dit : – Vivons ! adieu grandeur, gloire, espérance ! –
Comme si, dans ce monde, un peuple appelé France,
Alors qu'il n'est plus libre, était encor vivant !
On boit, on mange, on dort, on achète et l'on vend,
Et l'on vote, en riant des doubles fonds de l'urne ;
Et pendant ce temps-là, ce gredin taciturne,

1. *mains auvergnates* : brutales. Traditionnellement, les Auvergnats exerçaient de petits métiers exigeant surtout de la force physique.
2. *L'antique royauté* [...] / *Chancela sur son trône* : la révolution de Juillet provoqua la chute de Charles X.

Ce chacal à sang froid, ce Corse hollandais[1],
Étale, front d'airain, son crime sous le dais,
Gorge d'or et de vin sa bande scélérate,
S'accoude sur la nappe, et cuvant, noir pirate,
Son guet-apens français, son guet-apens romain[2],
Mâche son cure-dents taché de sang humain !

Bruxelles. Mai 1852.
[20/5/1853]

XII

À QUATRE PRISONNIERS[3]
(APRÈS LEUR CONDAMNATION)

Mes fils, soyez contents ; l'honneur est où vous êtes[4].
Et vous, mes deux amis, la gloire, ô fiers poëtes,
Couronne votre nom par l'affront désigné ;
Offrez aux juges vils, groupe abject et stupide,
Toi, ta douceur intrépide,
Toi, ton sourire indigné.

Dans cette salle, où Dieu voit la laideur des âmes,
Devant ces froids jurés, choisis pour être infâmes,
Ces douze hommes, muets, de leur honte chargés,
Ô justice, j'ai cru, justice auguste et sombre,
Voir autour de toi dans l'ombre
Douze sépulcres rangés.

Ils vous ont condamnés, que l'avenir les juge !
Toi, pour avoir crié : La France est le refuge

1. *ce Corse hollandais* : Louis Bonaparte, le père officiel de Napoléon III, était Corse et roi de Hollande ; Verhuell, son père supposé, hollandais.
2. *son guet-apens romain* : allusion à l'expédition française qui rétablit le pouvoir pontifical en détruisant la République romaine en 1849.
3. À *QUATRE PRISONNIERS* : il s'agit de « *Paul Meurice, Auguste Vacquerie, Charles Hugo et François-Victor, rédacteurs de* L'Événement » (note de Hugo).
4. *l'honneur est où vous êtes* : c'est-à-dire en prison.

Des vaincus, des proscrits ![1] – Je t'approuve, mon fils !
Toi, pour avoir, devant la hache qui s'obstine,
Insulté la guillotine,[2]
Et vengé le crucifix !

Les temps sont durs ; c'est bien. Le martyre console.
J'admire, ô vérité, plus que toute auréole,
Plus que le nimbe ardent des saints en oraison,
Plus que les trônes d'or devant qui tout s'efface,
L'ombre que font sur ta face
Les barreaux d'une prison !

Quoi que le méchant fasse en sa bassesse noire,
L'outrage injuste et vil là-haut se change en gloire.
Quand Jésus commençait sa longue passion,
Le crachat qu'un bourreau lança sur son front blême
Fit au ciel à l'instant même
Une constellation !

Conciergerie. Novembre 1851.
[18/1/1852]

XIII

ON LOGE À LA NUIT[3]

Aventurier conduit par le louche destin,
Pour y passer la nuit, jusqu'à demain matin,
Entre à l'auberge Louvre avec ta rosse[4] Empire.
Molière te regarde et fait signe à Shakspeare ;
L'un te prend pour Scapin, l'autre pour Richard trois•.
Entre en jurant, et fais le signe de la croix.

---

1. *Toi, pour avoir crié* [...] *proscrits !* : François-Victor avait protesté contre les restrictions apportées au droit d'asile.
2. *Toi, pour avoir* [...] / *Insulté la guillotine* : Charles Hugo s'était élevé contre la peine de mort.
3. *ON LOGE À LA NUIT* : panneau figurant sur la façade des auberges bon marché généralement mal famées. (Ici, il s'agit de l'Élysée.)
4. *rosse* : mauvais cheval.

L'antique hôtellerie est tout illuminée.
L'enseigne, par le temps salie et charbonnée,
Sur le vieux fleuve Seine, à deux pas du Pont-Neuf,
Crie et grince au balcon rouillé de Charles neuf [1]• ;
On y déchiffre encor ces quelques lettres : – Sacre ; –
Texte obscur et tronqué, reste du mot Massacre.

Un fourmillement sombre emplit ce noir logis.
Parmi les chants d'ivresse et les refrains mugis,
On rit, on boit, on mange, et le vin sort des outres.
Toute une boucherie est accrochée aux poutres.
Ces êtres triomphants ont fait quelque bon coup.
L'un crie : Assommons tout ! et l'autre : Empochons tout !
L'autre agite une torche aux clartés aveuglantes.
Par places, sur les murs on voit des mains sanglantes.
Les mets fument ; la braise aux fourneaux empourprés
Flamboie ; on voit aller et venir affairés,
Des taches à leurs mains, des taches à leurs chausses,
Les Rianceys• marmitons, les Nisards• gâte-sauces ;
Et, – derrière la table où sont assis Fortoul•,
Persil•, Piétri•, Carlier•, Chapuys• le capitoul[2],
Ducos• et Magne• au meurtre ajoutant leur paraphe,
Forey• dont à Bondy• l'on change l'orthographe,
Rouher• et Radetzky•, Haynau• près de Drouyn•, –
Le porc Sénat fouillant l'ordure du grouin[3].
Ces gueux ont commis plus de crimes qu'un évêque
N'en bénirait. Explore, analyse, dissèque,
Dans leur âme où de Dieu le germe est étouffé,
Tu ne trouveras rien. – Sus donc, entre coiffé
Comme Napoléon, botté comme Macaire•.
Le général Bertrand• te précède ; tonnerre
De bravos. Cris de joie aux hurlements mêlés.
Les spectres qui gisaient dans l'ombre échevelés
Te regardent entrer et rouvrent leurs yeux mornes ;
Autour de toi s'émeut l'essaim des maritornes[4],
À beaucoup de jargon mêlant un peu d'argot ;

---

1. *au balcon rouillé de Charles neuf* : la tradition voudrait que Charles IX ait été vu tirant sur les protestants, de son balcon, pendant la nuit de la Saint-Barthélemy.
2. *capitoul* : nom donné aux magistrats toulousains avant 1789.
3. *grouin* : diérèse, prononcer « grou-in ».
4. *maritornes* : au singulier, nom d'une servante repoussante dans le *Don Quichotte* de Cervantès, devenu nom commun pour désigner une souillon.

La marquise Toinon[1], la duchesse Margot[1],
Houris[2] au cœur de verre, aux regards d'escarboucles.
Maître, es-tu la régence ? on poudrera ses boucles ;
Es-tu le directoire ? on mettra des madras.
Fais, ô bel étranger, tout ce que tu voudras.
Ton nom est Million, entre ! – Autour de ces belles
Colombes de l'orgie, ayant toutes des ailes,
Folâtrent Suin•, Mongis•, Turgot• et d'Aguesseau•,
Et Saint-Arnaud• qui vole autrement que l'oiseau.
Aux trois quarts gris déjà, Reybell• le traboucaire[3]
Prend Fould• pour un curé dont Sibour• est vicaire[4].

Regarde, tout est prêt pour te fêter, bandit.

L'immense cheminée au centre resplendit.
Ton aigle, une chouette, en blasonne le plâtre.
Le bœuf Peuple rôtit tout entier devant l'âtre ;
La lèchefrite[5] chante en recevant le sang ;
À côté sont assis, souriant et causant,
Magnan• qui l'a tué, Troplong• qui le fait cuire.
On entend cette chair pétiller et bruire,
Et sur son tablier de cuir, joyeux et las,
Le boucher Carrelet• fourbit son coutelas.
La marmite Budget pend à la crémaillère.
Viens, toi qu'aiment les juifs et que l'église éclaire,
Espoir des fils d'Ignace• et des fils d'Abraham,
Qui t'en vas vers Toulon et qui t'en viens de Ham•,
Viens, la journée est faite et c'est l'heure de paître.
Prends devant ce bon feu ce bon fauteuil, ô maître.
Tout ici te vénère et te proclame roi ;
Viens ; rayonne, assieds-toi, chauffe-toi, sèche-toi,
Sois bon prince, ô brigand ! ô fils de la créole[6],
Dépouille ta grandeur, quitte ton auréole ;

1. *Toinon, Margot* : prénoms de servantes de comédie.
2. *Houris* : femmes très belles promises par le Coran aux musulmans qui iront au paradis.
3. *traboucaire* : bandit pyrénéen.
4. *vicaire* : dans la hiérarchie d'une paroisse, les vicaires sont des prêtres subordonnés au curé.
5. *lèchefrite* : plat destiné à recevoir les jus de cuisson.
6. *fils de la créole* : « petit-fils » serait plus exact, Joséphine de Beauharnais et son premier époux étant tous deux nés en Martinique.

Ce qu'on appelle ainsi dans ce nid de félons,
C'est la boue et le sang collés à tes talons,
C'est la fange rouillant ton éperon sordide ;
Les héros, les penseurs portent, groupe splendide,
Leur immortalité sur leur radieux front ;
Toi, tu traînes ta gloire à tes pieds. Entre donc,
Ôte ta renommée avec un tire-bottes.
Vois, les grands hommes nains et les gloires nabotes
T'entourent en chantant, ô Tom-Pouce• Attila !
Ce bœuf rôtit pour toi ; Maupas•, ton nègre, est là ;
Et, jappant dans sa niche au coin du feu, Baroche•
Vient te lécher les pieds tout en tournant la broche.

Pendant que dans l'auberge ils trinquent à grand bruit,
Dehors, par un chemin qui se perd dans la nuit,
Hâtant son lourd cheval dont le pas se rapproche,
Muet, pensif, avec des ordres dans sa poche,
Sous ce ciel noir qui doit redevenir ciel bleu,
Arrive l'avenir, le gendarme de Dieu.

Jersey. Novembre 1852.
[1/2/1853]

Questions

Compréhension

1. *Poème* X. *Le titre du poème introduit une nouvelle donnée dans l'œuvre ; laquelle ?*

2. *Poème* X. *Ce poème est en opposition de ton et de thème avec tout le livre ; quelle est sa fonction ? quel est son ton ?*

3. *Poème* XI. *Les vers 32 et 33 définissent le fonctionnement d'un monde ; quel effet produit l'accumulation des verbes ?*

4. *Poème* XI. *Dans les vers 34 à 40, Hugo dresse un portrait caricatural de Napoléon III ; quels sont les éléments visuels de cette image ?*

5. *Poème* XII. *Montrez comment Hugo met en évidence l'inversion des rôles sociaux apparents.*

6. *Poème* XII. *Relevez les passages les plus caractéristiques de* « l'union du merveilleux et du réalisme », *selon les mots de Pierre Albouy.*

Écriture

7. *Poème* X. *Quel est l'effet produit par le rejet au vers 3 ?*

8. *Poème* XII. *Observez la structure de la strophe ; quelle utilisation Hugo en fait-il ?*

Bilan

• Ce que nous savons

La religion est glorifiée, *quatrième livre et livre central, répond de manière plus directe que les précédents à son titre. Il est centré sur la religion que bafouent ceux qui prétendent la glorifier et que défendent à la vérité, dans l'esprit, ceux qu'on désigne comme ses ennemis. Le premier poème* Sacer esto *poursuit la réflexion entamée par* Non, *à la fin du livre précédent. Fidèle aux positions qui sont les siennes depuis la publication en 1829 de son roman* Le Dernier Jour d'un condamné, *Hugo ajoute aux idées qu'il avait précédemment développées une coloration religieuse : le coupable est intouchable par les hommes, voué à la solitude et à «* l'exécration de tout le genre humain », « il appartient à Dieu ».
En plusieurs étapes et à travers des textes dont certains ont été rédigés avant le coup d'État, il pose des jalons pour définir le rôle du penseur et du poète. Véritable Cassandre pour ses contemporains, son rôle est « d'avertir et de rester pensif » *(IV, II) en défendant à tout prix, mais sans autre arme que la parole,* « La charte populaire et l'œuvre évangélique » *(IV, VI). Il doit devenir dépositaire de la Conscience. Ceux qui luttent sont à ses yeux les vrais chrétiens. Hugo évoque l'exemple de ses deux fils et de leurs amis Meurice et Vacquerie, emprisonnés pour s'être prononcés dans la presse contre la peine de mort et en faveur des libertés. Dans leur geôle, ils sont plus proches du Christ martyr au visage souillé de crachats que les chrétiens patentés. Ces* « journalistes de robe courte » *ou ce Veuillot,* « simple jésuite et triple gueux », *se réclament bien haut de la religion et de la vertu mais se vendent au plus offrant et se livrent dans l'ombre à la débauche. Si les dépositaires des valeurs authentiques (le poète et son entourage) sont peu nombreux, les cléricaux en revanche trouvent bien des complices chez les hommes d'ordre, les arrivistes et les profiteurs. Hugo distingue ici quelques personnages particulièrement condamnables dont il détaille carrière et actions : ce sont les Saint-Arnaud, Dupin et autres vicomtes de Foucault.*
Le dernier poème, On loge à la nuit, *nous introduit dans une auberge louche qui n'est autre que l'Élysée. On y retrouve le bandit en chef et ses comparses festoyant à grand bruit sous le regard des spectres, inconscients de l'approche du châtiment imminent figuré par* « l'avenir, le gendarme de Dieu ». *Le livre s'achève donc comme il s'était ouvert, sur l'idée qu'en dernière instance la justice ne peut être que divine.*

• À quoi nous attendre ?

1. *Les critiques laissent-elles entrevoir en négatif une définition de l'homme politique tel que le souhaiterait Hugo ? Si oui, quelle est-elle ?*

2. *Quelle évolution peut-on percevoir dans la pensée politique du poète entre les textes de ce livre datés de 1848 et l'écriture de* Châtiments *?*

LIVRE CINQUIÈME

L'AUTORITÉ EST SACRÉE

I

LE SACRE[1]

SUR L'AIR DE MALBROUCK[2]

Dans l'affreux cimetière,
Paris tremble, ô douleur, ô misère !
Dans l'affreux cimetière
Frémit le nénuphar[3] .

Castaing• lève sa pierre,
Paris tremble, ô douleur, ô misère !
Castaing lève sa pierre
Dans l'herbe de Clamar•,

Et crie et vocifère,
Paris tremble, ô douleur, ô misère !
Et crie et vocifère :
– Je veux être César !

Cartouche• en son suaire,
Paris tremble, ô douleur, ô misère !
Cartouche en son suaire
S'écrie ensanglanté :

– Je veux aller sur terre,
Paris tremble, ô douleur, ô misère !
Je veux aller sur terre
Pour être majesté !

---

1. *LE SACRE* : il n'eut jamais lieu, le pape ayant posé des conditions qui furent jugées inacceptables.
2. *MALBROUCK* : déformation du nom du général Marlbourough (1650-1722) dans une chanson populaire où il est raillé par les soldats français.
3. *nénuphar* : fleur funéraire pour les romantiques.

Mingrat• monte à sa chaire,
Paris tremble, ô douleur, ô misère !
Mingrat monte à sa chaire,
Et dit, sonnant le glas :

– Je veux, dans l'ombre où j'erre,
Paris tremble, ô douleur, ô misère !
Je veux, dans l'ombre où j'erre
Avec mon coutelas,

Être appelé : mon frère,
Paris tremble, ô douleur, ô misère !
Être appelé : mon frère,
Par le czar Nicolas[1] !

Poulmann•, dans l'ossuaire,
Paris tremble, ô douleur, ô misère !
Poulmann, dans l'ossuaire
S'éveillant en fureur,

Dit à Mandrin• : – Compère,
Paris tremble, ô douleur, ô misère !
Dit à Mandrin : – Compère,
Je veux être empereur !

– Je veux, dit Lacenaire•,
Paris tremble, ô douleur, ô misère !
Je veux, dit Lacenaire,
Être empereur et roi !

Et Soufflard• déblatère,
Paris tremble, ô douleur, ô misère !
Et Soufflard déblatère,
Hurlant comme un beffroi :

– Au lieu de cette bière,
Paris tremble, ô douleur, ô misère !
Au lieu de cette bière,
Je veux le Louvre, moi !

1. *czar Nicolas* : Nicolas Ier, tsar de Russie.

Ainsi, dans leur poussière,
Paris tremble, ô douleur, ô misère !
Ainsi, dans leur poussière,
Parlent les chenapans.

– Çà, dit Robert Macaire•,
Paris tremble, ô douleur, ô misère !
– Çà, dit Robert Macaire,
Pourquoi ces cris de paons ?

Pourquoi cette colère ?
Paris tremble, ô douleur, ô misère !
Pourquoi cette colère ?
Ne sommes-nous pas rois ?

Regardez, le saint-père,
Paris tremble, ô douleur, ô misère !
Regardez, le saint-père,
Portant sa grande croix,

Nous sacre tous ensemble,
Ô misère, ô douleur, Paris tremble !
Nous sacre tous ensemble
Dans Napoléon trois !

Jersey. Juillet 1853.
[17/1/1853]

II

CHANSON

Un jour, Dieu sur sa table
Jouait avec le Diable
Du genre humain haï.
Chacun tenait sa carte ;
L'un jouait Bonaparte,
Et l'autre Mastaï•.

Un pauvre abbé bien mince !
Un méchant petit prince,
Polisson hasardeux !
Quel enjeu pitoyable !

Dieu fit tant que le Diable
Les gagna tous les deux.

« Prends ! cria Dieu le père,
Tu ne sauras qu'en faire ! »
Le Diable dit : « Erreur ! »
Et, ricanant sous cape,
Il fit de l'un un pape,
De l'autre un empereur.

Jersey. Juillet 1853.
[1/3/1853]

III

LE MANTEAU IMPÉRIAL[1]

Oh ! vous dont le travail est joie,
Vous qui n'avez pas d'autre proie
Que les parfums, souffles du ciel,
Vous qui fuyez quand vient décembre,
Vous qui dérobez aux fleurs l'ambre
Pour donner aux hommes le miel,

Chastes buveuses de rosée,
Qui, pareilles à l'épousée,
Visitez le lys du coteau,
Ô sœurs des corolles vermeilles,
Filles de la lumière, abeilles,
Envolez-vous de ce manteau !

Ruez-vous sur l'homme, guerrières !
Ô généreuses ouvrières,
Vous le devoir, vous la vertu,
Ailes d'or et flèches de flamme,
Tourbillonnez sur cet infâme !
Dites-lui : « Pour qui nous prends-tu ?

1. *LE MANTEAU IMPÉRIAL* : il était décoré d'abeilles.

« Maudit ! nous sommes les abeilles !
Des chalets ombragés de treilles
Notre ruche orne le fronton ;
Nous volons, dans l'azur écloses,
Sur la bouche ouverte des roses
Et sur les lèvres de Platon•.

« Ce qui sort de la fange y rentre.
Va trouver Tibère• en son antre,
Et Charles neuf• sur son balcon.[1]
Va ! sur ta pourpre il faut qu'on mette,
Non les abeilles de l'Hymette•,
Mais l'essaim noir de Montfaucon[2]• ! »

Et percez-le toutes ensemble,
Faites honte au peuple qui tremble,
Aveuglez l'immonde trompeur,
Acharnez-vous sur lui, farouches,
Et qu'il soit chassé par les mouches
Puisque les hommes en ont peur !

Jersey. Juin 1853.
[6/1853]

IV

TOUT S'EN VA

LA RAISON

Moi, je me sauve.

LE DROIT

Adieu ! je m'en vais.

1. *Et Charles neuf sur son balcon* : *cf.* note 1, p. 152.
2. *l'essaim noir de Montfaucon* : il s'agit des mouches qui grouillent sur les cadavres du gibet.

L'HONNEUR

Je m'exile.

ALCESTE [1]

Je vais chez les Hurons leur demander asile.

LA CHANSON

J'émigre. Je ne puis souffler mot, s'il vous plaît,
Dire un refrain sans être empoignée au collet
Par les sergents de ville, affreux drôles livides.

UNE PLUME

Personne n'écrit plus ; les encriers sont vides.
On dirait d'un pays mogol, russe ou persan.
Nous n'avons plus ici que faire ; allons-nous-en,
Mes sœurs, je quitte l'homme et je retourne aux oies.

LA PITIÉ

Je pars. Vainqueurs sanglants, je vous laisse à vos joies.
Je vole vers Cayenne• où j'entends de grands cris.

LA MARSEILLAISE

J'ouvre mon aile, et vais rejoindre les proscrits.

LA POÉSIE

Oh ! je pars avec toi, pitié, puisque tu saignes !

L'AIGLE

Quel est ce perroquet qu'on met sur vos enseignes,
Français ! de quel égout sort cette bête-là ?

1. *ALCESTE* : personnage principal du *Misanthrope* de Molière. Il quitte la civilisation pour aller vivre loin de l'hypocrisie du monde.

Aigle selon Cartouche• et selon Loyola•,
Il a du sang au bec, Français ; mais c'est le vôtre.
Je regagne les monts. Je ne vais qu'avec l'autre.
Les rois à ce félon peuvent dire : Merci ;
Moi, je ne connais pas ce Bonaparte-ci !
Sénateurs ! courtisans ! je rentre aux solitudes !
Vivez dans le cloaque et dans les turpitudes,
Soyez vils, vautrez-vous sous les cieux rayonnants !

LA FOUDRE

Je remonte avec l'aigle aux nuages tonnants.
L'heure ne peut tarder. Je vais attendre un ordre.

UNE LIME

Puisqu'il n'est plus permis qu'aux vipères de mordre,
Je pars, je vais couper les fers dans les pontons.

LES CHIENS

Nous sommes remplacés par les préfets ; partons.

LA CONCORDE

Je m'éloigne. La haine est dans les cœurs sinistres.

LA PENSÉE

On n'échappe aux fripons que pour choir dans les cuistres.
Il semble que tout meure et que de grands ciseaux
Vont jusque dans les cieux couper l'aile aux oiseaux.
Toute clarté s'éteint sous cet homme funeste.
Ô France ! je m'enfuis et je pleure.

LE MÉPRIS

Je reste.

Jersey. Novembre 1852.
[24/11/1852]

V

Ô drapeau de Wagram ! ô pays de Voltaire !
Puissance, liberté, vieil honneur militaire,
Principes, droits, pensée, ils font en ce moment
De toute cette gloire un vaste abaissement.
Toute leur confiance est dans leur petitesse.
Ils disent, se sentant d'une chétive espèce :
– Bah ! nous ne pesons rien ! régnons. – Les nobles cœurs !
Ils ne savent donc pas, ces pauvres nains vainqueurs,
Sautés sur le pavois du fond d'une caverne,
Que lorsque c'est un peuple illustre qu'on gouverne,
Un peuple en qui l'honneur résonne et retentit,
On est d'autant plus lourd que l'on est plus petit !
Est-ce qu'ils vont changer, est-ce là notre compte ?
Ce pays de lumière en un pays de honte ?
Il est dur de penser, c'est un souci profond,
Qu'ils froissent dans les cœurs, sans savoir ce qu'ils font,
Les instincts les plus fiers et les plus vénérables.
Ah ! ces hommes maudits, ces hommes misérables
Éveilleront enfin quelque rébellion
À force de courber la tête du lion !
La bête est étendue à terre, et fatiguée ;
Elle sommeille, au fond de l'ombre reléguée ;
Le mufle fauve et roux ne bouge pas, d'accord ;
C'est vrai, la patte énorme et monstrueuse dort ;
Mais on l'excite assez pour que la griffe sorte.
J'estime qu'ils ont tort de jouer de la sorte.

Jersey. Juin 1853.
[10/1849]

VI

On est Tibère•, on est Judas•, on est Dracon• ;
Et l'on a Lambessa•, n'ayant plus Montfaucon[1]• .
On forge pour le peuple une chaîne ; on enferme,
On exile, on proscrit le penseur libre et ferme ;
Tout succombe. On comprime élans, espoirs, regrets,
La liberté, le droit, l'avenir, le progrès,
Comme faisait Séjan•, comme fit Louis onze[2],
Avec des lois de fer et des juges de bronze.
Puis, – c'est bien, – on s'endort, et le maître joyeux
Dit : L'homme n'a plus d'âme et le ciel n'a plus d'yeux.
Ô rêve des tyrans ! l'heure fuit, le temps marche,
Le grain croît dans la terre et l'eau coule sous l'arche.
Un jour vient où ces lois de silence et de mort
Se rompant tout à coup, comme, sous un effort,
Se rouvrent à grand bruit des portes mal fermées,
Emplissent la cité de torches enflammées.

Jersey. Août 1853.
[17/1/1853]

1. *Et l'on a Lambessa, n'ayant plus Montfaucon* : le gibet est remplacé par le bagne.
2. *Louis onze* : il réorganisa la France à la fin du XVe siècle ; il raffermit l'autorité royale. Mais il est aussi resté célèbre à cause des cages de fer dans lesquelles il enfermait, dit-on, ses ennemis.

Questions

Compréhension

1. *Poème* I. *Sachant que l'air désigné par Hugo est celui choisi par Beaumarchais dans* Le Mariage de Figaro *pour la chanson de Chérubin, commentez cette indication.*

2. *Poème* III. *Montrez comment les abeilles sont idéalisées dans les deux premières strophes.*

3. *Poème* III. *Pourquoi les abeilles deviennent-elles mouches à l'avant-dernier vers ?*

4. *Poème* IV. *Commentez le titre du poème. Quelles sont ses significations ?*

5. *Poème* V. *Étudiez l'image du lion (v. 20 à 25). Quel effet est-elle destinée à produire ?*

Écriture

6. *Poème* I. *Étudiez les rimes et le rythme du poème. Quelles sont leurs particularités ? Quel effet visent-elles à produire ?*

7. *Poème* III. *Étudiez la progression du poème. Montrez comment le texte passe du lyrisme à l'invective.*

8. *Poème* III. *Étudiez l'emploi des impératifs. Quel effet produit-il ?*

9. *Poème* IV. *Observez les différentes allégories et analysez leur choix.*

10. *Poème* VI. *Commentez l'emploi répété du pronom indéfini* « on ».

VII

LES GRANDS CORPS DE L'ÉTAT

Ces hommes passeront comme un ver sur le sable.
Qu'est-ce que tu ferais de leur sang méprisable ?[1]
Le dégoût rend clément.
Retenons la colère âpre, ardente, électrique.
Peuple, si tu m'en crois, tu prendras une trique
Au jour du châtiment.

Ô de Soulouque deux• burlesque cantonade[2] !
Ô ducs de Trou-Bonbon, marquis de Cassonade[3],
Souteneurs du larron,
Vous dont la poésie, ou sublime ou mordante,
Ne sait que faire, gueux, trop grotesques pour Dante•,
Trop sanglants pour Scarron•,

Ô jongleurs, noirs par l'âme et par la servitude,
Vous vous imaginez un lendemain trop rude,
Vous êtes trop tremblants,
Vous croyez qu'on en veut, dans l'exil où nous sommes,
À cette peau qui fait qu'on vous prend pour des hommes ;
Calmez-vous, nègres blancs !

Cambyse•, j'en conviens, eût eu ce cœur de roche
De faire asseoir Troplong• sur la peau de Baroche• ;
Au bout d'un temps peu long,
Il eût crié : Cet autre est pire ! Qu'on l'étrangle !
Et, j'en conviens encore, eût fait asseoir Delangle•
Sur la peau de Troplong.

Cambyse était stupide et digne d'être auguste ;
Comme s'il suffisait pour qu'un être soit juste,
Sans vices, sans orgueil,

---

1. *Qu'est-ce que tu ferais de leur sang méprisable ?* : nouvelle affirmation d'un refus du châtiment faisant appel à la violence physique.
2. *cantonade* : originairement le mot désignait des places réservées sur la scène du théâtre à des spectateurs privilégiés. Il s'agit donc de l'entourage de Napoléon III.
3. *Cassonade* : sucre roux.

Pour qu'il ne soit pas traître à la loi, ni transfuge,
Que d'une peau de tigre ou d'une peau de juge
On lui fasse un fauteuil !

Toi, peuple, tu diras : – Ces hommes se ressemblent.
Voyons les mains. – Et tous trembleront comme tremblent
Les loups pris aux filets.
Bon. Les uns ont du sang, qu'au bagne on les écroue,
À la chaîne ! Mais ceux qui n'ont que de la boue,
Tu leur diras : – Valets !

La loi râlait, ayant en vain crié : Main-forte !
Vous avez partagé les habits de la morte.
Par César achetés,
De tous nos droits livrés vous avez fait des ventes ;
Toutes ses trahisons ont trouvé pour servantes
Toutes vos lâchetés !

Allez, fuyez, vivez, pourvu que, mauvais prêtre,
Mauvais juge, on vous voie en vos trous disparaître,
Rampant sur vos genoux,
Et qu'il ne reste rien, sous les cieux que Dieu dore,
Sous le splendide azur où se lève l'aurore,
Rien de pareil à vous !

Vivez, si vous pouvez ! l'opprobre est votre asile.
Vous aurez à jamais, toi, cardinal Basile•,
Toi, sénateur Crispin[1]•,
De quoi boire et manger dans vos fuites lointaines,
Si le mépris se boit comme l'eau des fontaines,
Si la honte est du pain ! –

Peuple, alors nous prendrons au collet tous ces drôles,
Et tu les jetteras dehors par les épaules
À grands coups de bâton ;
Et dans le Luxembourg, blancs sous les branches d'arbre,
Vous nous approuverez de vos têtes de marbre,
Ô Lycurgue•, ô Caton• !

1. *sénateur Crispin* : on peut facilement comprendre « Dupin ».

Citoyens ! le néant pour ces laquais se rouvre ;
Qu'importe, ô citoyens ! l'abjection les couvre
De son manteau de plomb.
Qu'importe que, le soir, un passant solitaire,
Voyant un récureur d'égouts sortir de terre,
Dise : Tiens ! c'est Troplong• !

Qu'importe que Rouher• sur le Pont-Neuf se carre,
Que Baroche• et Delangle•, en quittant leur simarre,
Prennent des tabliers,
Qu'ils s'offrent pour trois sous, oubliés quoique infâmes,
Et qu'ils aillent, après avoir sali leurs âmes,
Nettoyer vos souliers ![1]

Jersey. Juin 1853.
[23/11/1852]

VIII

Le Progrès calme et fort, et toujours innocent,
Ne sait pas ce que c'est que de verser le sang.[2]
Il règne, conquérant désarmé ; quoi qu'on fasse,
De la hache et du glaive il détourne sa face,
Car le doigt éternel écrit dans le ciel bleu
Que la terre est à l'homme et que l'homme est à Dieu ;
Car la force invincible est la force impalpable. –
Peuple, jamais de sang ! – Vertueux ou coupable,
Le sang qu'on a versé monte des mains au front.
Quand sur une mémoire, indélébile affront,
Il jaillit, plus d'espoir ; cette fatale goutte
Finit par la couvrir et la dévorer toute ;
Il n'est pas dans l'histoire une tache de sang
Qui sur les noirs bourreaux n'aille s'élargissant.
Sachons-le bien, la honte est la meilleure tombe.

1. *Nettoyer vos souliers* : c'est-à-dire cirer des bottes.
2. *Le Progrès* [...] / *Ne sait pas ce que c'est que de verser le sang* : on retrouve ici la même idée que dans le poème précédent, mais le refus de la peine de mort apparaît comme une victoire du progrès sur la barbarie.

Le même homme sur qui son crime enfin retombe
Sort sanglant du sépulcre et fangeux du mépris.
Le bagne dédaigneux sur les coquins flétris[1]
Se ferme, et tout est dit ; l'obscur tombeau se rouvre ;
Qu'on le fasse profond et muré, qu'on le couvre
D'une dalle de marbre et d'un plafond massif,
Quand vous avez fini, le fantôme pensif
Lève du front la pierre et lentement se dresse.
Mettez sur ce tombeau toute une forteresse,
Tout un mont de granit, impénétrable et sourd,
Le fantôme est plus fort que le granit n'est lourd.
Il soulève ce mont comme une feuille morte.
Le voici, regardez, il sort ; il faut qu'il sorte !
Il faut qu'il aille et marche et traîne son linceul !
Il surgit devant vous dès que vous êtes seul ;
Il dit : C'est moi ; tout vent qui souffle vous l'apporte ;
La nuit, vous l'entendez qui frappe à votre porte.
Les exterminateurs, avec ou sans le droit,
Je les hais, mais surtout je les plains. On les voit,
À travers l'âpre histoire où le vrai seul demeure,
Pour s'être délivrés de leurs rivaux d'une heure,
D'ennemis innocents, ou même criminels,
Fuir dans l'ombre entourés de spectres éternels.

Jersey. Octobre 1852.
[25/3/1853]

IX

LE CHANT DE CEUX QUI S'EN VONT SUR MER

AIR BRETON

Adieu, patrie !
L'onde est en furie.
Adieu, patrie,
Azur !

---

1. *flétris* : la marque appliquée au fer rouge est nommée « flétrissure ».

Adieu, maison, treille au fruit mûr,
Adieu, les fleurs d'or du vieux mur !

Adieu, patrie !
Ciel, forêt, prairie !
Adieu, patrie,
Azur !

Adieu, patrie !
L'onde est en furie.
Adieu, patrie,
Azur !

Adieu, fiancée au front pur,
Le ciel est noir, le vent est dur.

Adieu, patrie !
Lise, Anna, Marie !
Adieu, patrie,
Azur !

Adieu, patrie !
L'onde est en furie.
Adieu, patrie,
Azur !

Notre œil, que voile un deuil futur,
Va du flot sombre au sort obscur !

Adieu, patrie !
Pour toi mon cœur prie.
Adieu, patrie,
Azur !

En mer. 1er août 1852.
[31/7/1853]

X

À UN QUI VEUT SE DÉTACHER[1]

– 1 –

Maintenant il se dit : – L'empire est chancelant ;
La victoire est peu sûre. –
Il cherche à s'en aller, furtif et reculant.
Reste dans la masure !

Tu dis : – Le plafond croule. Ils vont, si l'on me voit,
Empêcher que je sorte. –
N'osant rester ni fuir, tu regardes le toit,
Tu regardes la porte ;

Tu mets timidement la main sur le verrou.
Reste en leurs rangs funèbres !
Reste ! la loi qu'ils ont enfouie en un trou
Est là dans les ténèbres.

Reste ! elle est là, le flanc percé de leur couteau,
Gisante, et sur sa bière
Ils ont mis une dalle. Un pan de ton manteau
Est pris sous cette pierre !

Pendant qu'à l'Élysée en fête et plein d'encens,
On chante, on déblatère,
Qu'on oublie et qu'on rit, toi tu pâlis ; tu sens
Ce spectre sous la terre !

Tu ne t'en iras pas ! quoi ! quitter leur maison !
Et fuir leur destinée !
Quoi ! tu voudrais trahir jusqu'à la trahison,
Elle-même indignée !

Quoi ! tu veux renier ce larron au front bas
Qui t'admire et t'honore !

---

1. *À UN QUI VEUT SE DÉTACHER* : Montalembert qui, à partir d'octobre 1852, prôna l'indépendance par rapport au pouvoir. Hugo condamne son opportunisme.

Quoi ! Judas• pour Jésus, tu veux pour Barabbas•
Être Judas encore !

Quoi ! n'as-tu pas tenu l'échelle à ces fripons,
En pleine connivence ?
Le sac de ces voleurs ne fut-il pas, réponds,
Cousu par toi d'avance !

Les mensonges, la haine au dard froid et visqueux,
Habitent ce repaire ;
Tu t'en vas ! de quel droit ? étant plus renard qu'eux,
Et plus qu'elle vipère !

– 2 –

Quand l'Italie en deuil dressa, du Tibre au Pô,
Son drapeau magnifique,
Quand ce grand peuple, après s'être couché troupeau,
Se leva république[1],

C'est toi, quand Rome aux fers jeta le cri d'espoir,
Toi qui brisas son aile,
Toi qui fis retomber l'affreux capuchon noir
Sur sa face éternelle !

C'est toi qui restauras Montrouge• et Saint-Acheul•,
Écoles dégradées,
Où l'on met à l'esprit frémissant un linceul,
Un bâillon aux idées.

C'est toi qui, pour progrès rêvant l'homme animal,
Livras l'enfant victime
Aux jésuites lascifs, sombres amants du mal,
En rut devant le crime !

Ô pauvres chers enfants qu'ont nourris de leur lait
Et qu'ont bercés nos femmes,

1. *république* : la République avait été proclamée à Venise en mars 1848, à Rome et à Florence en février 1849.

Ces blêmes oiseleurs ont pris dans leur filet
Toutes vos douces âmes !

Hélas ! ce triste oiseau, sans plumes sur la chair,
Rongé de lèpre immonde,
Qui rampe et qui se meurt dans leur cage de fer,
C'est l'avenir du monde !

Si nous les laissons faire, on aura dans vingt ans,
Sous les cieux que Dieu dore,
Une France aux yeux ronds, aux regards clignotants,
Qui haïra l'aurore !

Ces noirs magiciens, ces jongleurs tortueux,
Dont la fraude est la règle,
Pour en faire sortir le hibou monstrueux,
Ont volé l'œuf de l'aigle !

– 3 –

Donc, comme les Baskirs•, sur Paris étouffé,
Et comme les Croates,[1]
Créateurs du néant, vous avez triomphé
Dans vos haines béates ;

Et vous êtes joyeux, vous, constructeurs savants
Des préjugés sans nombre,
Qui, pareils à la nuit, versez sur les vivants
Des urnes pleines d'ombre !

Vous courez saluer le nain Napoléon ;
Vous dansez dans l'orgie.
Ce grand siècle est souillé ! c'était le Panthéon,
Et c'est la tabagie[2] !

Et vous dites : C'est bien ! vous sacrez parmi nous
César, au nom de Rome,

1. *comme les Baskirs, sur Paris étouffé, / Et comme les Croates* : évocation de l'occupation de Paris par les troupes coalisées en 1814 et en 1815.
2. *la tabagie* : Hugo était hostile au tabac, or Napoléon III était fumeur.

L'assassin qui, la nuit, se met à deux genoux
Sur le ventre d'un homme.

Ah ! malheureux ! louez César qui fait trembler,
Adorez son étoile ;
Vous oubliez le Dieu vivant qui peut rouler
Les cieux comme une toile !

Encore un peu de temps[1], et ceci tombera ;
Dieu vengera sa cause !
Les villes chanteront, le lieu désert sera
Joyeux comme une rose !

Encore un peu de temps, et vous ne serez plus,
Et je viens vous le dire.
Vous êtes les maudits, nous sommes les élus.
Regardez-nous sourire !

Je le sais, moi qui vis au bord du gouffre amer
Sur les rocs centenaires,
Moi qui passe mes jours à contempler la mer
Pleine de sourds tonnerres ![2]

– 4 –

Toi, leur chef, sois leur chef ! c'est là ton châtiment.
Sois l'homme des discordes !
Ces fourbes ont saisi le genre humain dormant
Et l'ont lié de cordes.

Ah ! tu voulus défaire, épouvantable affront !
Les âmes que Dieu crée ?
Eh bien, frissonne et pleure, atteint toi-même au front
Par ton œuvre exécrée !

À mesure que vient l'ignorance, et l'oubli,
Et l'erreur qu'elle amène,

1. *Encore un peu de temps* : formule empruntée à l'*Évangile selon saint Jean* (XVI, 16-19).
2. *Je le sais [...] / Pleine de sourds tonnerres* : nouvelle image du poète qui associe son caractère prophétique et son intimité avec les éléments.

À mesure qu'aux cieux décroît, soleil pâli,
L'intelligence humaine,

Et que son jour s'éteint, laissant l'homme méchant
Et plus froid que les marbres,
Votre honte, ô maudits, grandit comme au couchant
Grandit l'ombre des arbres !

– 5 –

Oui, reste leur apôtre ! oui, tu l'as mérité.
C'est là ta peine énorme !
Regarde en frémissant dans la postérité
Ta mémoire difforme.

On voit, louche rhéteur[1] des vieux partis hurlants,
Qui mens et qui t'emportes,
Pendre à tes noirs discours, comme à des clous sanglants,
Toutes les grandes mortes,

La Justice, la Foi, bel ange souffleté
Par la goule papale[2],
La Vérité, fermant les yeux, la Liberté
Échevelée et pâle,

Et ces deux sœurs, hélas ! nos mères toutes deux,
Rome, qu'en pleurs je nomme,
Et la France sur qui, raffinement hideux,
Coule le sang de Rome !

Homme fatal ! l'histoire en ses enseignements
Te montrera dans l'ombre,
Comme on montre un gibet entouré d'ossements
Sur la colline sombre !

Jersey, Janvier 1853.
[24/1/1853]

1. *louche rhéteur* : orateur douteux.
2. *la goule papale* : vampire féminin des légendes orientales. Hugo veut signifier que le pape boit du sang.

XI

PAULINE ROLAND•

Elle ne connaissait ni l'orgueil ni la haine ;
Elle aimait ; elle était pauvre, simple et sereine ;
Souvent le pain qui manque abrégeait son repas.
Elle avait trois enfants, ce qui n'empêchait pas
Qu'elle ne se sentît mère de ceux qui souffrent.
Les noirs événements qui dans la nuit s'engouffrent,
Les flux et les reflux, les abîmes béants,
Les nains, sapant sans bruit l'ouvrage des géants,
Et tous nos malfaiteurs inconnus ou célèbres,
Ne l'épouvantaient point ; derrière ces ténèbres,
Elle apercevait Dieu construisant l'avenir[1].
Elle sentait sa foi sans cesse rajeunir ;
De la liberté sainte elle attisait les flammes,
Elle s'inquiétait des enfants et des femmes ;
Elle disait, tendant la main aux travailleurs :
La vie est dure ici, mais sera bonne ailleurs.
Avançons ! – Elle allait, portant de l'un à l'autre
L'espérance[2] ; c'était une espèce d'apôtre[3]
Que Dieu, sur cette terre où nous gémissons tous,
Avait fait mère et femme afin qu'il fût plus doux ;
L'esprit le plus farouche aimait sa voix sincère.
Tendre, elle visitait, sous leur toit de misère,
Tous ceux que la famine ou la douleur abat,
Les malades pensifs, gisant sur leur grabat,
La mansarde où languit l'indigence morose ;
Quand, par hasard moins pauvre, elle avait quelque chose,
Elle le partageait à tous comme une sœur ;
Quand elle n'avait rien, elle donnait son cœur.
Calme et grande, elle aimait comme le soleil brille.
Le genre humain pour elle était une famille

1. *l'avenir* : la conception que Pauline Roland avait de l'avenir était très proche de celle de Hugo.
2. *L'espérance* : elle a ici un double sens, l'une des revues auxquelles Pauline Roland avait collaboré s'intitulant *L'Espérance*.
3. *apôtre* : c'est le terme qu'employait Victor Schœlcher pour parler de Pauline Roland.

Comme ses trois enfants étaient l'humanité.
Elle criait : Progrès ! amour ! fraternité !
Elle ouvrait aux souffrants des horizons sublimes.

Quand Pauline Roland• eut commis tous ces crimes,
Le sauveur de l'église et de l'ordre la prit
Et la mit en prison. Tranquille, elle sourit,
Car l'éponge de fiel[1] plaît à ces lèvres pures.
Cinq mois, elle subit le contact des souillures,
L'oubli, le rire affreux du vice, les bourreaux,
Et le pain noir qu'on jette à travers les barreaux,
Édifiant la geôle au mal habituée,
Enseignant la voleuse et la prostituée.
Ces cinq mois écoulés, un soldat, un bandit,
Dont le nom souillerait ces vers, vint et lui dit :
– Soumettez-vous sur l'heure au règne qui commence,
Reniez votre foi ; sinon, pas de clémence,
Lambessa ! choisissez. – Elle dit : Lambessa.[2]
Le lendemain la grille en frémissant grinça,
Et l'on vit arriver un fourgon cellulaire.
– Ah ! voici Lambessa•, dit-elle sans colère.
Elles étaient plusieurs qui souffraient pour le droit
Dans la même prison. Le fourgon trop étroit
Ne put les recevoir dans ses cloisons infâmes ;
Et l'on fit traverser tout Paris à ces femmes
Bras dessus bras dessous avec les argousins.
Ainsi que des voleurs et que des assassins,
Les sbires les frappaient de paroles bourrues.
S'il arrivait parfois que les passants des rues,
Surpris de voir mener ces femmes en troupeau,
S'approchaient et mettaient la main à leur chapeau,
L'argousin leur jetait des sourires obliques,
Et les passants fuyaient, disant : Filles publiques !
Et Pauline Roland disait : Courage, sœurs !
L'océan[3] au bruit rauque, aux sombres épaisseurs,
Les emporta. Durant la rude traversée,
L'horizon était noir, la bise était glacée,

1. *l'éponge de fiel* : Jésus ayant soif sur la croix, on lui tendit au bout d'une pique une éponge imbibée de vinaigre.
2. *Elle dit : Lambessa* : elle choisit la déportation. En réalité, elle ne fut pas envoyée à Lambessa mais dans d'autres bagnes d'Algérie.
3 .*L'océan* : en fait, la mer.

Sans l'ami qui soutient, sans la voix qui répond,
Elles tremblaient. La nuit, il pleuvait sur le pont ;
Pas de lit pour dormir, pas d'abri sous l'orage,
Et Pauline Roland criait : Mes sœurs, courage !
Et les durs matelots pleuraient en les voyant.
On atteignit l'Afrique au rivage effrayant,
Les sables, les déserts qu'un ciel d'airain calcine,
Les rocs sans une source et sans une racine ;
L'Afrique, lieu d'horreur pour les plus résolus,
Terre au visage étrange où l'on ne se sent plus
Regardé par les yeux de la douce patrie.
Et Pauline Roland, souriante et meurtrie,
Dit aux femmes en pleurs : Courage, c'est ici.
Et quand elle était seule, elle pleurait aussi.
Ses trois enfants ! loin d'elle ! Oh ! quelle angoisse amère !
Un jour, un des geôliers dit à la pauvre mère
Dans la casbah[1] de Bône aux cachots étouffants :
– Voulez-vous être libre et revoir vos enfants ?
Demandez grâce au prince. – Et cette femme forte
Dit : – J'irai les revoir lorsque je serai morte.
Alors sur la martyre, humble cœur indompté,
On épuisa la haine et la férocité.
Bagnes d'Afrique ! enfers qu'a sondés Ribeyrolles• !
Oh ! la pitié sanglote et manque de paroles.
Une femme, une mère, un esprit ! ce fut là
Que malade, accablée et seule, on l'exila.
Le lit de camp, le froid et le chaud, la famine,
Le jour, l'affreux soleil, et la nuit, la vermine,
Les verrous, le travail sans repos, les affronts,
Rien ne plia son âme ; elle disait : – Souffrons.
Souffrons comme Jésus, souffrons comme Socrate•. –
Captive, on la traîna sur cette terre ingrate ;
Et, lasse, et quoiqu'un ciel torride l'écrasât,
On la faisait marcher à pied comme un forçat.
La fièvre la rongeait ; sombre, pâle, amaigrie,
Le soir elle tombait sur la paille pourrie,
Et de la France aux fers murmurait le doux nom.
On jeta cette femme au fond d'un cabanon.
Le mal brisait sa vie et grandissait son âme.
Grave, elle répétait : « Il est bon qu'une femme,

1. *casbah* : citadelle des villes d'Afrique.

Dans cette servitude et cette lâcheté,
Meure pour la justice et pour la liberté. »
Voyant qu'elle râlait, sachant qu'ils rendront compte,
Les bourreaux eurent peur, ne pouvant avoir honte ;
Et l'homme de décembre abrégea son exil.
« Puisque c'est pour mourir, qu'elle rentre ! » dit-il.
Elle ne savait plus ce que l'on faisait d'elle.
L'agonie à Lyon la saisit. Sa prunelle,
Comme la nuit se fait quand baisse le flambeau,
Devint obscure et vague, et l'ombre du tombeau
Se leva lentement sur son visage blême.
Son fils, pour recueillir à cette heure suprême
Du moins son dernier souffle et son dernier regard,
Accourut. Pauvre mère ! Il arriva trop tard.
Elle était morte ; morte à force de souffrance,
Morte sans avoir su qu'elle voyait la France
Et le doux ciel natal aux rayons réchauffants ;
Morte dans le délire en criant : Mes enfants !
On n'a pas même osé pleurer à ses obsèques ;
Elle dort sous la terre. – Et maintenant, évêques,
Debout, la mitre au front, dans l'ombre du saint lieu,
Crachez vos *Te Deum* à la face de Dieu !

Jersey. Décembre 1852.
[12/3/1853]

XII

Le plus haut attentat que puisse faire un homme,
C'est de lier la France ou de garrotter Rome ;
C'est, quel que soit le lieu, le pays, la cité,
D'ôter l'âme à chacun, à tous la liberté.
Dans la curie[1] auguste entrer avec l'épée,
Assassiner la loi dans son temple frappée,
Mettre aux fers tout un peuple, est un crime odieux
Que Dieu, calme et rêveur, ne quitte pas des yeux.

1. *curie* : siège du Sénat romain ; par extension, toute assemblée représentative du peuple.

Dès que ce grand forfait est commis, point de grâce ;
La Peine au fond des cieux, lente, mais jamais lasse,
Se met en marche, et vient ; son regard est serein.
Elle tient sous son bras son fouet aux clous d'airain.

Jersey. Novembre 1852
[1/12/1852]

Questions

Compréhension

1. *Poème* VII. *Montrez comment la violence verbale se substitue ici à la violence physique. Par quels procédés ?*

2. *Poème* VIII. *Quel fut en vérité le châtiment de Napoléon III ? La réalité donna-t-elle raison à Hugo ?*

3. *Poème* IX. *Comment le poème est-il construit ?*

4. *Poème* X. *Quel sort Hugo réserve-t-il à Montalembert ? Pourquoi ?*

5. *Poème* XI. *À travers sa construction, montrez comment ce texte est à la fois un portrait et un récit à valeur exemplaire.*

Écriture

6. *Poème* IX. *Quel effet produit l'insertion d'un vers impair ?*

7. *Poème* XI. *Quel type de vocabulaire et de tournures grammaticales Hugo emploie-t-il ici ? Pourquoi ?*

8. *Poème* XII. *Quel effet produisent la brièveté et la concision de ce poème avant* L'expiation *(poème* XIII*) ?*

XIII

L'EXPIATION

– 1 –

Il neigeait. On était vaincu par sa conquête.
Pour la première fois l'aigle baissait la tête.
Sombres jours ! l'empereur revenait lentement,[1]
Laissant derrière lui brûler Moscou fumant[2].
Il neigeait. L'âpre hiver fondait en avalanche.
Après la plaine blanche une autre plaine blanche.
On ne connaissait plus les chefs ni le drapeau.
Hier la grande armée, et maintenant troupeau.
On ne distinguait plus les ailes ni le centre.
Il neigeait. Les blessés s'abritaient dans le ventre
Des chevaux morts ; au seuil des bivouacs désolés
On voyait des clairons à leur poste gelés,
Restés debout, en selle et muets, blancs de givre,
Collant leur bouche en pierre aux trompettes de cuivre.
Boulets, mitraille, obus, mêlés aux flocons blancs,
Pleuvaient ; les grenadiers, surpris d'être tremblants,
Marchaient pensifs, la glace à leur moustache grise.
Il neigeait, il neigeait toujours ! La froide bise
Sifflait ; sur le verglas, dans des lieux inconnus,
On n'avait pas de pain et l'on allait pieds nus.
Ce n'étaient plus des cœurs vivants, des gens de guerre ;
C'était un rêve errant dans la brume, un mystère,
Une procession d'ombres sous le ciel noir.
La solitude vaste, épouvantable à voir,
Partout apparaissait, muette vengeresse.
Le ciel faisait sans bruit avec la neige épaisse
Pour cette immense armée un immense linceul ;
Et chacun se sentant mourir, on était seul.
– Sortira-t-on jamais de ce funeste[3] empire ?
Deux ennemis ! le czar, le Nord. Le Nord est pire.

1. *Sombres jours ! l'empereur revenait lentement* : il s'agit de la retraite de Russie.
2. *Moscou fumant* : la ville avait été incendiée le lendemain même de l'arrivée des Français ; l'incendie dura cinq jours. L'empereur ne partit que trois semaines plus tard.
3. *funeste* : au sens propre, qui apporte la mort.

On jetait les canons pour brûler les affûts[1].
Qui se couchait, mourait. Groupe morne et confus,
Ils fuyaient ; le désert dévorait le cortège.
On pouvait, à des plis qui soulevaient la neige,
Voir que des régiments s'étaient endormis là.
Ô chutes d'Annibal ! lendemains d'Attila !
Fuyards, blessés, mourants, caissons, brancards, civières,
On s'écrasait aux ponts pour passer les rivières,[2]
On s'endormait dix mille, on se réveillait cent.
Ney•, que suivait naguère une armée, à présent
S'évadait, disputant sa montre à trois cosaques.
Toutes les nuits, qui-vive ! alerte, assauts ! attaques !
Ces fantômes prenaient leur fusil, et sur eux
Ils voyaient se ruer, effrayants, ténébreux,
Avec des cris pareils aux voix des vautours chauves,
D'horribles escadrons, tourbillons d'hommes fauves.
Toute une armée ainsi dans la nuit se perdait.
L'empereur était là, debout, qui regardait.
Il était comme un arbre en proie à la cognée.
Sur ce géant, grandeur jusqu'alors épargnée,
Le malheur, bûcheron sinistre, était monté ;
Et lui, chêne vivant, par la hache insulté,
Tressaillant sous le spectre aux lugubres revanches,
Il regardait tomber autour de lui ses branches.
Chefs, soldats, tous mouraient. Chacun avait son tour.
Tandis qu'environnant sa tente avec amour,
Voyant son ombre aller et venir sur la toile,
Ceux qui restaient, croyant toujours à son étoile,
Accusaient le destin de lèse-majesté,
Lui se sentit soudain dans l'âme épouvanté.
Stupéfait du désastre et ne sachant que croire,
L'empereur se tourna vers Dieu ; l'homme de gloire
Trembla : Napoléon comprit qu'il expiait
Quelque chose peut-être, et, livide, inquiet,
Devant ses légions sur la neige semées :
« Est-ce le châtiment, dit-il, Dieu des armées ? »[3]

---

1. *affûts* : supports de bois sur lesquels étaient posés les canons.
2. *On s'écrasait aux ponts pour passer les rivières* : comme la Berezina dont le passage fut particulièrement tragique (novembre 1812).
3. *« Est-ce le châtiment, dit-il, Dieu des armées ? »* : le Dieu des armées dans la Bible est Sabaoth. Cette interrogation reviendra à l'évocation de chaque épisode tragique de l'épopée impériale.

Alors il s'entendit appeler par son nom
Et quelqu'un qui parlait dans l'ombre lui dit : Non.

– 2 –

Waterloo ! Waterloo ! Waterloo ! morne plaine ![1]
Comme une onde qui bout dans une urne[2] trop pleine,
Dans ton cirque de bois, de coteaux, de vallons,
La pâle mort mêlait les sombres bataillons.
D'un côté c'est l'Europe[3] et de l'autre la France.
Choc sanglant ! des héros Dieu trompait l'espérance ;
Tu désertais, victoire[4], et le sort était las.
Ô Waterloo ! je pleure et je m'arrête, hélas !
Car ces derniers soldats de la dernière guerre
Furent grands ; ils avaient vaincu toute la terre,
Chassé vingt rois, passé les Alpes et le Rhin,
Et leur âme chantait dans les clairons d'airain !

Le soir tombait[5] ; la lutte était ardente et noire.
Il avait l'offensive et presque la victoire ;
Il tenait Wellington• acculé sur un bois.
Sa lunette à la main, il observait parfois
Le centre du combat, point obscur où tressaille
La mêlée, effroyable et vivante broussaille,
Et parfois l'horizon, sombre comme la mer.
Soudain, joyeux, il dit : Grouchy• ! – C'était Blücher[6]•.
L'espoir changea de camp, le combat changea d'âme,
La mêlée en hurlant grandit comme une flamme.
La batterie anglaise écrasa nos carrés.
La plaine, où frissonnaient les drapeaux déchirés,

1. *Waterloo ! morne plaine !* : pour suivre de manière plus détaillée le déroulement de la bataille, *cf. Les Misérables*, II, livre 1.
2. *urne* : récipient mais aussi vase funéraire.
3. *c'est l'Europe* : en fait, il n'y avait que les Anglais et les Prussiens, mais ils représentaient l'ensemble de la coalition.
4. *Tu désertais, victoire* : jusqu'à présent, du moins sur terre, la victoire avait toujours été du côté de Napoléon.
5. *Le soir tombait* : Hugo ne commence son évocation que vers la fin de la journée, alors que la bataille dure depuis des heures et que l'issue est toujours indécise.
6. *il dit : Grouchy ! – C'était Blücher* : c'est probablement là que l'issue de la bataille s'est décidée.

Ne fut plus, dans les cris des mourants qu'on égorge[1],
Qu'un gouffre flamboyant, rouge comme une forge ;
Gouffre où les régiments comme des pans de murs
Tombaient, où se couchaient comme des épis mûrs
Les hauts tambours-majors[2] aux panaches énormes,
Où l'on entrevoyait des blessures difformes !
Carnage affreux ! moment fatal[3] ! l'homme inquiet
Sentit que la bataille entre ses mains pliait.
Derrière un mamelon la garde était massée.
La garde, espoir suprême et suprême pensée !
« Allons ! faites donner la garde ! » cria-t-il.
Et, lanciers, grenadiers aux guêtres de coutil[4],
Dragons que Rome eût pris pour des légionnaires,
Cuirassiers, canonniers qui traînaient des tonnerres,
Portant le noir colback[5] ou le casque poli,
Tous, ceux de Friedland et ceux de Rivoli[6],
Comprenant qu'ils allaient mourir dans cette fête,
Saluèrent leur dieu, debout dans la tempête.
Leur bouche, d'un seul cri, dit : Vive l'empereur ![7]
Puis, à pas lents, musique en tête, sans fureur,
Tranquille, souriant à la mitraille anglaise,
La garde impériale entra dans la fournaise.
Hélas ! Napoléon, sur sa garde penché,
Regardait, et sitôt qu'ils avaient débouché
Sous les sombres canons crachant des jets de soufre,
Voyait, l'un après l'autre, en cet horrible gouffre,
Fondre ces régiments de granit et d'acier
Comme fond une cire au souffle d'un brasier.

---

1. *qu'on égorge* : la concordance des temps demanderait l'imparfait, l'emploi du présent donne plus de force à l'évocation.
2. *Les hauts tambours-majors* : leur taille intervenait de manière décisive dans les critères de recrutement.
3. *fatal* : au sens étymologique, marqué par le destin.
4. *guêtres de coutil* : jambières de toile (le coutil) qui recouvrent partiellement la chaussure.
5. *colback* : haut bonnet à poil.
6. *ceux de Friedland et ceux de Rivoli* : aussi bien les jeunes soldats (victoire de Friedland, 1807), que les vétérans (victoire de Rivoli, 1797).
7. *Vive l'empereur !* : *« l'histoire n'a rien de plus émouvant que cette agonie éclatant en acclamations »* (*Les Misérables*, II, 1, 12). On peut aussi penser à la formule des gladiateurs romains : *« Ave Caesar, morituri te salutant »* (« Ave César, ceux qui vont mourir te saluent »).

Ils allaient, l'arme au bras, front haut, graves, stoïques.
Pas un ne recula. Dormez, morts héroïques !
Le reste de l'armée hésitait sur leurs corps
Et regardait mourir la garde. – C'est alors
Qu'élevant tout à coup sa voix désespérée,
La Déroute, géante à la face effarée,
Qui, pâle, épouvantant les plus fiers bataillons,
Changeant subitement les drapeaux en haillons,
À de certains moments, spectre fait de fumées,
Se lève grandissante au milieu des armées,
La Déroute apparut au soldat qui s'émeut,
Et, se tordant les bras, cria : Sauve qui peut !
Sauve qui peut ! – affront ! horreur ! – toutes les bouches
Criaient ; à travers champs, fous, éperdus, farouches,
Comme si quelque souffle avait passé sur eux,
Parmi les lourds caissons et les fourgons poudreux,
Roulant dans les fossés, se cachant dans les seigles,
Jetant shakos[1], manteaux, fusils, jetant les aigles,
Sous les sabres prussiens, ces vétérans, ô deuil !
Tremblaient, hurlaient, pleuraient, couraient ! – En un clin d'œil,
Comme s'envole au vent une paille enflammée,
S'évanouit ce bruit qui fut la grande armée,
Et cette plaine, hélas, où l'on rêve aujourd'hui,
Vit fuir ceux devant qui l'univers avait fui !
Quarante ans sont passés, et ce coin de la terre,
Waterloo, ce plateau funèbre et solitaire,
Ce champ sinistre où Dieu mêla tant de néants,
Tremble encor d'avoir vu la fuite des géants !

Napoléon les vit s'écouler comme un fleuve ;
Hommes, chevaux, tambours, drapeaux ; – et dans l'épreuve,
Sentant confusément revenir son remords,
Levant les mains au ciel, il dit : « Mes soldats morts,
Moi vaincu ! mon empire est brisé comme verre.
Est-ce le châtiment cette fois, Dieu sévère ? »
Alors parmi les cris, les rumeurs, le canon,
Il entendit la voix qui lui répondait : Non !

1. *shakos* : coiffures militaires rigides à visière.

– 3 –

Il croula. Dieu changea la chaîne[1] de l'Europe.

Il est, au fond des mers[2] que la brume enveloppe,
Un roc hideux, débris des antiques volcans.
Le Destin prit des clous, un marteau, des carcans,
Saisit, pâle et vivant, ce voleur du tonnerre,
Et, joyeux, s'en alla sur le pic centenaire[3]
Le clouer, excitant par son rire moqueur
Le vautour Angleterre à lui ronger le cœur.[4]

Évanouissement d'une splendeur immense !
Du soleil qui se lève à la nuit qui commence,
Toujours l'isolement, l'abandon, la prison,
Un soldat rouge[5] au seuil, la mer à l'horizon,
Des rochers nus, des bois affreux, l'ennui, l'espace,
Des voiles s'enfuyant comme l'espoir qui passe,
Toujours le bruit des flots, toujours le bruit des vents !
Adieu, tente de pourpre aux panaches mouvants,
Adieu, le cheval blanc que César éperonne !
Plus de tambours battant aux champs, plus de couronne,
Plus de rois prosternés dans l'ombre avec terreur,
Plus de manteau traînant sur eux, plus d'empereur !
Napoléon était retombé Bonaparte.[6]
Comme un Romain blessé par la flèche du Parthe[7],
Saignant, morne, il songeait à Moscou qui brûla.
Un caporal anglais lui disait : Halte-là !
Son fils aux mains des rois ! sa femme aux bras d'un autre ![8]

---

1. *la chaîne* : l'esclavage. L'Europe retombe sous la domination des rois.
2. *au fond des mers* : Sainte-Hélène est au large de toute côte.
3. *centenaire* : c'est-à-dire très ancien.
4. *Le vautour Angleterre à lui ronger le cœur* : Napoléon est assimilé à Prométhée que Zeus avait enchaîné au mont Caucase pour le punir d'avoir dérobé le feu. Un vautour lui dévorait le foie qui se reconstituait toujours, faisant perdurer le supplice.
5. *soldat rouge* : fantassin anglais.
6. *Napoléon était retombé Bonaparte* : il était considéré comme un simple général.
7. *la flèche du Parthe* : allusion aux Parthes, habitants de la Perse, qui tiraient leurs flèches en fuyant. Ainsi la fuite des Russes et l'incendie de Moscou eurent-ils raison de Napoléon.
8. *Son fils aux mains des rois ! sa femme aux bras d'un autre* : l'Aiglon était élevé à la Cour de son grand-père l'empereur d'Autriche ; Marie-Louise de Habsbourg était la maîtresse du maréchal autrichien Neipperg.

Plus vil que le pourceau qui dans l'égout se vautre,
Son sénat qui l'avait adoré l'insultait.[1]
Au bord des mers, à l'heure où la bise se tait,
Sur des escarpements croulant en noirs décombres,
Il marchait, seul, rêveur, captif des vagues sombres[2].
Sur les monts, sur les flots, sur les cieux, triste et fier,
L'œil encore ébloui des batailles d'hier,
Il laissait sa pensée errer à l'aventure.
Grandeur, gloire, ô néant ! calme de la nature !
Les aigles qui passaient ne le connaissaient pas.
Les rois, ses guichetiers[3], avaient pris un compas
Et l'avaient enfermé dans un cercle inflexible.
Il expirait. La mort de plus en plus visible
Se levait dans sa nuit et croissait à ses yeux
Comme le froid matin d'un jour mystérieux.
Son âme palpitait, déjà presque échappée.
Un jour enfin il mit sur son lit son épée,
Et se coucha près d'elle, et dit : C'est aujourd'hui !
On jeta le manteau de Marengo sur lui.[4]
Ses batailles du Nil, du Danube, du Tibre,
Se penchaient sur son front, il dit : « Me voici libre !
Je suis vainqueur ! je vois mes aigles accourir ! »
Et, comme il retournait sa tête pour mourir,
Il aperçut, un pied dans la maison déserte,
Hudson Lowe• guettant par la porte entr'ouverte.
Alors, géant broyé sous le talon des rois,
Il cria : « La mesure est comble cette fois !
Seigneur ! c'est maintenant fini ! Dieu que j'implore[5],
Vous m'avez châtié ! » La voix dit : Pas encore !

– 4 –

Ô noirs événements, vous fuyez dans la nuit !
L'empereur mort tomba sur l'empire détruit.
Napoléon alla s'endormir sous le saule[6].

1. *Son sénat qui l'avait adoré l'insultait* : le Sénat avait voté sa déchéance en 1815.
2. *captif des vagues sombres* : ceci le rapproche du poète.
3. *guichetiers* : gardiens de prison.
4. *On jeta le manteau de Marengo sur lui* : il servit de drap mortuaire au cercueil.
5. *Dieu que j'implore* : il s'adresse ici au Dieu de miséricorde.
6. *saule* : arbre qui ombrageait sa tombe à Sainte-Hélène.

Et les peuples alors, de l'un à l'autre pôle,
Oubliant le tyran, s'éprirent du héros.
Les poëtes, marquant au front les rois bourreaux,
Consolèrent, pensifs, cette gloire abattue.
À la colonne veuve on rendit sa statue.[1]
Quand on levait les yeux, on le voyait debout
Au-dessus de Paris, serein, dominant tout,
Seul, le jour dans l'azur et la nuit dans les astres.
Panthéons, on grava son nom sur vos pilastres !
On ne regarda plus qu'un seul côté du temps,
On ne se souvint plus que des jours éclatants ;
Cet homme étrange avait comme enivré l'histoire ;
La justice à l'œil froid disparut sous sa gloire ;
On ne vit plus qu'Essling, Ulm, Arcole, Austerlitz ;
Comme dans les tombeaux des Romains abolis,
On se mit à fouiller dans ces grandes années ;
Et vous applaudissiez, nations inclinées,
Chaque fois qu'on tirait de ce sol souverain
Ou le consul de marbre ou l'empereur d'airain[2] !

– 5 –[3]

Le nom grandit quand l'homme tombe ;
Jamais rien de tel n'avait lui.
Calme, il écoutait dans sa tombe
La terre qui parlait de lui.

La terre disait : « La victoire
A suivi cet homme en tous lieux.
Jamais tu n'as vu, sombre histoire,
Un passant plus prodigieux !

« Gloire au maître qui dort sous l'herbe !
Gloire à ce grand audacieux !

---

1. *À la colonne veuve on rendit sa statue* : la statue de Napoléon figurant en haut de la colonne Vendôme avait été ôtée et fondue en 1816. Elle fut remplacée en 1833.
2. *le consul de marbre ou l'empereur d'airain* : il fut Premier Consul à partir du 18 Brumaire (11 novembre 1799), empereur à partir de 1804.
3. Ce poème est une méditation sur la gloire de Napoléon Ier.

Nous l'avons vu gravir, superbe,
Les premiers échelons des cieux !

« Il envoyait, âme acharnée,
Prenant Moscou, prenant Madrid,
Lutter contre la destinée
Tous les rêves de son esprit.

« À chaque instant, rentrant en lice,
Cet homme aux gigantesques pas
Proposait quelque grand caprice
À Dieu, qui n'y consentait pas.

« Il n'était presque plus un homme.
Il disait, grave et rayonnant,
En regardant fixement Rome[1] :
C'est moi qui règne maintenant !

« Il voulait, héros et symbole,
Pontife et roi, phare et volcan,
Faire du Louvre un Capitole
Et de Saint-Cloud un Vatican.[2]

« César[3], il eût dit à Pompée• :
Sois fier d'être mon lieutenant !
On voyait luire son épée
Au fond d'un nuage tonnant.

« Il voulait, dans les frénésies
De ses vastes ambitions,
Faire devant ses fantaisies
Agenouiller les nations,

« Ainsi qu'en une urne profonde,
Mêler races, langues, esprits,
Répandre Paris sur le monde,
Enfermer le monde en Paris !

---

1. *Rome* : modèle politique (la Rome antique) et religieux (la Rome chrétienne).
2. *Faire du Louvre un Capitole / Et de Saint-Cloud un Vatican* : entre 1807 et 1811, Napoléon avait caressé le projet de transférer le Saint-Siège à Saint-Cloud.
3. *César* : il s'agit ici de Jules César.

« Comme Cyrus• dans Babylone,
Il voulait sous sa large main
Ne faire du monde qu'un trône
Et qu'un peuple du genre humain,

« Et bâtir, malgré les huées,
Un tel empire sous son nom,
Que Jéhovah dans les nuées
Fût jaloux de Napoléon ! »[1]

– 6 –

Enfin, mort triomphant, il vit sa délivrance,
Et l'océan rendit son cercueil à la France[2].
L'homme, depuis douze ans[3], sous le dôme doré[4]
Reposait, par l'exil et par la mort sacré.
En paix ! – Quand on passait près du monument sombre,
On se le figurait, couronne au front, dans l'ombre,
Dans son manteau semé d'abeilles d'or[5], muet,
Couché sous cette voûte où rien ne remuait,
Lui, l'homme qui trouvait la terre trop étroite,
Le sceptre en sa main gauche et l'épée en sa droite,
À ses pieds son grand aigle ouvrant l'œil à demi,
Et l'on disait : C'est là qu'est César endormi !

Laissant dans la clarté marcher l'immense ville,
Il dormait ; il dormait confiant et tranquille.

– 7 –

Une nuit, – c'est toujours la nuit dans le tombeau, –

---

1. *« Et bâtir [...] / Fût jaloux de Napoléon ! »* : entreprise aussi ambitieuse et sacrilège que la construction de la tour de Babel qui appela un châtiment exemplaire.
2. *l'océan rendit son cercueil à la France* : l'Angleterre autorisa le retour des cendres en 1840. Elles furent déposées aux Invalides au cours d'une cérémonie qui rassembla une foule considérable.
3. *depuis douze ans* : nous sommes donc en 1852.
4. *le dôme doré* : celui des Invalides.
5. *son manteau semé d'abeilles d'or* : le manteau impérial (*cf.* V, III).

Il s'éveilla. Luisant comme un hideux flambeau,
D'étranges visions emplissaient sa paupière ;
Des rires éclataient sous son plafond de pierre ;
Livide, il se dressa ; la vision grandit ;
Ô terreur ! une voix qu'il reconnut lui dit :

– Réveille-toi. Moscou, Waterloo, Sainte-Hélène,
L'exil, les rois geôliers, l'Angleterre hautaine
Sur ton lit accoudée à ton dernier moment,
Sire, cela n'est rien. Voici le châtiment !

La voix alors devint âpre, amère, stridente,
Comme le noir sarcasme et l'ironie ardente ;
C'était le rire amer mordant un demi-dieu.

– Sire ! on t'a retiré de ton Panthéon bleu !
Sire ! on t'a descendu de ta haute colonne !
Regarde. Des brigands, dont l'essaim tourbillonne,
D'affreux bohémiens, des vainqueurs de charnier[1]
Te tiennent dans leurs mains et t'ont fait prisonnier.
À ton orteil d'airain leur patte infâme touche.
Ils t'ont pris. Tu mourus, comme un astre se couche,
Napoléon-le-Grand, empereur ; tu renais
Bonaparte, écuyer du cirque Beauharnais.[2]
Te voilà dans leurs rangs, on t'a, l'on te harnache.
Ils t'appellent tout haut grand homme, entre eux, ganache[3].
Ils traînent, sur Paris qui les voit s'étaler,
Des sabres qu'au besoin ils sauraient avaler.[4]
Aux passants attroupés devant leur habitacle,
Ils disent, entends-les : – Empire à grand spectacle !
Le pape[5] est engagé dans la troupe ; c'est bien,
Nous avons mieux ; le czar en est[6] ; mais ce n'est rien,
Le czar n'est qu'un sergent, le pape n'est qu'un bonze ;

1. *charnier* : allusion aux morts du 4 décembre 1851.

2. *tu renais / Bonaparte, écuyer du cirque Beauharnais* : début de l'évocation de la caricature d'épopée.

3. *ganache* : personne incapable, peu intelligente.

4. *Des sabres qu'au besoin ils sauraient avaler* : comme dans les cirques ou dans les foires.

5. *Le pape* : Pie IX était favorable au coup d'État.

6. *le czar en est* : comme tous ceux qui avaient de bonnes raisons d'être hostiles à la démocratie.

Nous avons avec nous le bonhomme de bronze[1] !
Nous sommes les neveux du grand Napoléon ! –
Et Fould•, Magnan•, Rouher•, Parieu• caméléon,
Font rage. Ils vont montrant un sénat d'automates.
Ils ont pris de la paille au fond des casemates[2]
Pour empailler ton aigle[3], ô vainqueur d'Iéna !
Il est là, mort, gisant, lui qui si haut plana,
Et du champ de bataille il tombe au champ de foire.
Sire, de ton vieux trône ils recousent la moire[4].
Ayant dévalisé la France au coin d'un bois,
Ils ont à leurs haillons du sang, comme tu vois,
Et dans son bénitier Sibour• lave leur linge.
Toi, lion, tu les suis ; leur maître, c'est le singe[5].
Ton nom leur sert de lit, Napoléon premier.
On voit sur Austerlitz un peu de leur fumier.
Ta gloire est un gros vin dont leur honte se grise ;
Cartouche• essaie et met ta redingote grise ;
On quête des liards dans le petit chapeau ;
Pour tapis sur la table ils ont mis ton drapeau ;
À cette table immonde où le grec[6] devient riche,
Avec le paysan on boit, on joue, on triche.
Tu te mêles, compère, à ce tripot hardi,
Et ta main qui tenait l'étendard de Lodi,
Cette main qui portait la foudre, ô Bonaparte,
Aide à piper les dés et fait sauter la carte.
Ils te forcent à boire avec eux, et Carlier•
Pousse amicalement d'un coude familier
Votre majesté, sire, et Piétri• dans son antre
Vous tutoie, et Maupas• vous tape sur le ventre.
Faussaires, meurtriers, escrocs, forbans, voleurs,
Ils savent qu'ils auront, comme toi, des malheurs ;
Leur soif en attendant vide la coupe pleine,
À ta santé ; Poissy• trinque avec Sainte-Hélène.
Regarde ! bals, sabbats, fêtes matin et soir.

1. *le bonhomme de bronze* : celui de la colonne Vendôme.
2. *casemates* : abris situés dans les fortification et servant en principe contre les tirs d'artillerie. On y enfermait aussi des prisonniers.
3. *ton aigle* : allusion à l'aigle vivant ou empaillé (?) que Louis Napoléon avait apporté avec lui lors de son débarquement à Boulogne en 1840 (*cf.* éd. Massin).
4. *moire* : tissu à reflets chatoyants.
5. *leur maître, c'est le singe* : *cf. Fable ou Histoire* (III, III).
6. *le grec* : fourbe, tricheur (*cf.* I, X : « *Maupas le grec* »).

La foule au bruit qu'ils font se culbute pour voir ;
Debout sur le tréteau qu'assiège une cohue
Qui rit, bâille, applaudit, tempête, siffle, hue,
Entouré de pasquins agitant leur grelot,
– Commencer par Homère et finir par Callot ![1]
Épopée ! épopée ! oh ! quel dernier chapitre ! –
Entre Troplong• paillasse et Chaix-d'Est-Ange[2] pitre,
Devant cette baraque, abject et vil bazar
Où Mandrin• mal lavé se déguise en César,
Riant, l'affreux bandit, dans sa moustache épaisse,
Toi, spectre impérial, tu bats la grosse caisse ! –

L'horrible vision s'éteignit. – L'empereur,
Désespéré, poussa dans l'ombre un cri d'horreur,
Baissant les yeux, dressant ses mains épouvantées.
Les Victoires de marbre à la porte sculptées,[3]
Fantômes blancs debout hors du sépulcre obscur,
Se faisaient du doigt signe, et, s'appuyant au mur,
Écoutaient le titan pleurer dans les ténèbres.
Et lui, cria : « Démon aux visions funèbres,
Toi qui me suis partout, que jamais je ne vois,
Qui donc es-tu ? – Je suis ton crime », dit la voix.
La tombe alors s'emplit d'une lumière étrange
Semblable à la clarté de Dieu quand il se venge ;
Pareils aux mots que vit resplendir Balthazar,[4]
Deux mots dans l'ombre écrits flamboyaient sur César ;
Bonaparte, tremblant comme un enfant sans mère,
Leva sa face pâle et lut : – DIX-HUIT BRUMAIRE !

Jersey. 30 novembre 1852. [25-30/11/1852]

1. – *Commencer par Homère et finir par Callot !* : de l'épique au grotesque. Callot était un graveur et dessinateur qui représenta souvent des personnages grotesques.
2. *Chaix-d'Est-Ange* : nom qui remplaça celui de Baroche dans les éditions définitives, le fils de ce dernier étant mort héroïquement en défendant Paris en 1870.
3. *Les Victoires de marbre à la porte sculptées* : douze victoires de marbre, œuvre du sculpteur Pradier, entourent le tombeau depuis 1844.
4. *Pareils aux mots que vit resplendir Balthazar* : allusion à un épisode biblique. Au cours d'un festin, le roi perse de Babylone, Balthazar, vit apparaître sur le mur des doigts qui y inscrivirent : « *Mané, Thécel, Pharès.* » On envoya quérir le prophète Daniel qui donna l'interprétation suivante : « Compte, pèse, divise. » C'est-à-dire que Dieu, ayant évalué les actions de Balthazar, avait décidé sa chute et livrait son royaume à l'ennemi. Pendant la nuit, Balthazar fut tué par le Mède Darius qui s'empara de son royaume.

Questions

Compréhension

L'expiation

1. *Section 1. Le thème central du poème n'est pas annoncé tout de suite dans le texte ; pourquoi ?*

2. *Section 1. Comment comprenez-vous l'adjectif* « pensifs » *appliqué aux grenadiers (v. 17) ?*

3. *Section 1. L'impression d'un châtiment n'apparaît que progressivement ; relevez les étapes de ce dévoilement.*

4. *Section 2. Comment Hugo parvient-il à susciter chez son lecteur pitié et admiration tout en maintenant présente la menace d'une punition pour un crime encore mystérieux ?*

5. *Sections 1, 2, 3 et 7. Aux vers 66, 154, 209 et 378, Napoléon interpelle la force qui le brise. Commentez les différentes manières dont il s'adresse à elle. Quelle est-elle en réalité ?*

Écriture

6. *Section 1. Analysez la figure de style employée au vers 1. Quelle idée sert-elle à mettre en valeur ?*

7. *Section 1. Expliquez l'emploi de l'indéfini* « quelque chose » *au vers 64. Quel effet le rejet produit-il ?*

8. *Section 1. Relevez dans ce passage les procédés caractéristiques de l'épopée, classez-les et analysez-les.*

9. *Section 2. Analysez ce qui donne une telle force à l'apparition de* « la Déroute » *(v. 126).*

10. *Sections 1, 2 et 3. Recherchez et étudiez dans les trois premières sections l'effet produit par les rejets.*

11. *Section 7. Étudiez les procédés qui permettent la mise en place de la parodie d'épopée.*

Bilan

• Ce que nous savons

Le livre V, L'autorité est sacrée, *relève d'une organisation sans doute plus facile à repérer que celle des livres précédents. Il présente un nombre important de poèmes qui répondent au titre* **en en renversant le sens** *(poèmes* I *à* VII, *poème* X*), mais on y retrouve aussi les grands thèmes présents depuis le début de l'œuvre : l'évocation des victimes (poèmes* IX *et* XI*), en particulier de la figure lumineuse et émouvante de Pauline Roland, le renoncement à la peine de mort au profit d'une peine de honte (poème* VIII*) et enfin, réglant les comptes avec le passé, le poème* XIII, L'expiation.

L'intitulé du premier poème à lui seul donne le ton. Le sacre, *c'est celui des bandits célèbres enterrés au cimetière des guillotinés, qui sortent de leur tombe pour hurler leur reconnaissance du nouvel empereur, criminel universel en qui chacun d'eux se retrouve. C'est le sacre dérisoire mais unique de Napoléon III, puisque le pape n'accédera pas à sa demande de consécration religieuse. Il n'est donc au mieux qu'un souverain de jeu de cartes (poème* II*) qui prend de gros risques en endossant le manteau impérial (poème* III*). Les abeilles savent, à la différence des hommes, identifier et chasser l'usurpateur. Il ne reste plus à Napoléon III qu'à régner sur un pays déserté par toutes les valeurs (poème* V*) jusqu'au jour où le peuple-lion sera suffisamment éveillé* « pour que *[sa]* griffe sorte » *et que soient chassés tous les membres corrompus des Grands corps de l'État (poème* VII*). Dans le court poème* XII, *Hugo récapitule de manière lapidaire les exactions commises par Napoléon III et rappelle une nouvelle fois que Dieu punit immanquablement le crime.*

Pour illustrer en quelque sorte ce que peut être le châtiment divin, parfois tardif, toujours terrible, Hugo nous montre comment Napoléon Bonaparte est amené à expier sa faute originelle : le coup d'État du 18 brumaire. L'expiation *est un très long poème qui retrace les étapes successives de la chute de Napoléon Ier, de la retraite de Russie à sa mort à Sainte-Hélène en passant par Waterloo. Au terme de chaque épisode, l'empereur pose à Dieu la même question :* « Est-ce le châtiment ? » *; la réponse est par trois fois négative. Puis tout semble s'apaiser dans les sections 4, 5 et 6 du poème. On voit Napoléon reposer en paix, on assiste à l'élaboration du mythe, au retour triomphal des cendres aux Invalides. Le vrai drame commence lorsque l'empereur, tiré du sommeil de la tombe, connaît enfin la punition qui lui est réservée : c'est l'épopée bouffonne et grotesque du Second Empire qui s'empare de son nom, fait de lui son pantin et traîne dans la boue son image héroïque. Ne pouvant être puni par les hommes en ce monde, il est puni par Dieu dans l'au-delà. Mais plus que cette humiliation, ce que retient le lecteur, c'est l'extraordinaire puissance qui anime l'évocation de l'épopée napoléonienne et qui nous rappelle que le père de Victor Hugo* *fut général et héros de l'Empire. Une fois puni, Napoléon retrouve son aura pour nous apparaître, glorieux et absous, à la fin de* L'expiation. *Ce poème clôt le livre en nous offrant une image de Napoléon III plus complète puisque plus criminelle (*« Mandrin mal lavé », « affreux bandit »*). Auteur du coup d'État, assassin, contempteur de la dignité impériale et de l'héroïsme de son oncle, il a été jugé par Dieu comme assez abject pour être l'instrument de Sa vengeance. Son propre châtiment est donc inéluctable mais ne saurait lui rendre, comme à son oncle, une grandeur qu'il n'a jamais eue.*

• À quoi nous attendre ?

1. *Les chansons ont-elles dans ce livre la même résonance et la même fonction que dans les autres ?*

2. *Pourquoi Hugo consacre-t-il une telle place à l'évocation de l'épopée du Premier Empire ?*

LIVRE SIXIÈME

LA STABILITÉ EST ASSURÉE

I

NAPOLÉON III

Donc c'est fait. Dût rugir de honte le canon,
Te voilà, nain immonde, accroupi sur ce nom !
Cette gloire est ton trou, ta bauge, ta demeure !
Toi qui n'as jamais pris la fortune qu'à l'heure,
Te voilà presque assis sur ce hautain sommet !
Sur le chapeau d'Essling tu plantes ton plumet ;
Tu mets, petit Poucet, ces bottes de sept lieues ;
Tu prends Napoléon dans les régions bleues ;
Tu fais travailler l'oncle, et, perroquet ravi,
Grimper à ton perchoir l'aigle de Mondovi[1] !
Thersite• est le neveu d'Achille• Péliade !
C'est pour toi qu'on a fait toute cette Iliade[2] !
C'est pour toi qu'on livra ces combats inouïs !
C'est pour toi que Murat•, aux Russes éblouis,
Terrible, apparaissait, cravachant leur armée !
C'est pour toi qu'à travers la flamme et la fumée
Les grenadiers pensifs s'avançaient à pas lents !
C'est pour toi que mon père et mes oncles vaillants[3]
Ont répandu leur sang dans ces guerres épiques !
Pour toi qu'ont fourmillé les sabres et les piques,
Que tout le continent trembla sous Attila,
Et que Londres frémit, et que Moscou brûla !
C'est pour toi, pour tes Deutz• et pour tes Mascarilles,
Pour que tu puisses boire avec de belles filles,
Et, la nuit, t'attabler dans le Louvre à l'écart,

---

1. *Mondovi* : victoire de la campagne d'Italie (avril 1799).
2. *cette Iliade* : cette épopée.
3. *mon père et mes oncles vaillants* : évocation de la famille de Hugo. Son père Léopold fut général et deux de ses oncles officiers d'Empire.

C'est pour monsieur Fialin• et pour monsieur Mocquart•,
Que Lannes• d'un boulet eut la cuisse coupée,
Que le front des soldats, entr'ouvert par l'épée,
Saigna sous le shako[1], le casque et le colback[1],
Que Lasalle• à Wagram, Duroc• à Reichenbach,
Expirèrent frappés au milieu de leur route,
Que Caulaincourt• tomba dans la grande redoute,
Et que la vieille garde est morte à Waterloo !
C'est pour toi qu'agitant le pin et le bouleau,
Le vent fait aujourd'hui, sous ses âpres haleines,
Blanchir tant d'ossements, hélas ! dans tant de plaines !
Faquin ! – Tu t'es soudé, chargé d'un vil butin,
Toi, l'homme du hasard, à l'homme du destin[2] !
Tu fourres, impudent, ton front dans ses couronnes !
Nous entendons claquer dans tes mains fanfaronnes
Ce fouet prodigieux qui conduisait les rois ;
Et tranquille, attelant à ton numéro trois
Austerlitz, Marengo, Rivoli, Saint-Jean-d'Acre,
Aux chevaux du soleil tu fais traîner ton fiacre[3] !

Jersey. Décembre 1852.
[31/5/1853]

II

LES MARTYRES[4]

Ces femmes, qu'on envoie aux lointaines bastilles,
Peuple, ce sont tes sœurs, tes mères et tes filles !
Ô peuple, leur forfait, c'est de t'avoir aimé !
Paris sanglant, courbé, sinistre, inanimé,
Voit ces horreurs et garde un silence farouche.

---

1. *shako, colback* : *cf.* notes 5, p. 186 et 1, p. 187.
2. *l'homme du hasard, à l'homme du destin* : le premier désigne Napoléon III, le second Napoléon Ier.
3. *fiacre* : voiture de louage.
4. *LES MARTYRES* : ce sont les femmes déportées en 1852, comme Pauline Roland.

Celle-ci, qu'on amène un bâillon dans la bouche,
Cria – c'est là son crime – : À bas la trahison !
Ces femmes sont la foi, la vertu, la raison,
L'équité, la pudeur, la fierté, la justice.
Saint-Lazare• – il faudra broyer cette bâtisse ! [1]
Il n'en restera pas pierre sur pierre un jour ! –
Les reçoit, les dévore, et, quand revient leur tour,
S'ouvre, et les revomit par son horrible porte,
Et les jette au fourgon hideux qui les emporte.
Où vont-elles ? L'oubli le sait, et le tombeau
Le raconte au cyprès et le dit au corbeau.

Une d'elles était une mère sacrée. [2]
Le jour qu'on l'entraîna vers l'Afrique abhorrée,
Ses enfants étaient là qui voulaient l'embrasser ;
On les chassa. La mère en deuil les vit chasser [3]
Et dit : Partons ! Le peuple en larmes criait grâce.
La porte du fourgon étant étroite et basse,
Un argousin joyeux, raillant son embonpoint,
La fit entrer de force en la poussant du poing.

Elles s'en vont ainsi, malades, verrouillées,
Dans le noir chariot aux cellules souillées
Où le captif, sans air, sans jour, sans pleurs dans l'œil,
N'est plus qu'un mort vivant assis dans son cercueil.
Dans la route on entend leurs voix désespérées.
Le peuple hébété voit passer ces torturées.
À Toulon•, le fourgon les quitte, le ponton [4]
Les prend ; sans vêtements, sans pain, sous le bâton,
Elles passent la mer, veuves, seules au monde,
Mangeant avec les doigts dans la gamelle immonde.

Bruxelles. Juillet 1852.
[8/7/1852]

1. *Saint-Lazare – il faudra broyer cette bâtisse !* : elle finira effectivement par être rasée mais seulement au XXe siècle.
2. *Une d'elles était une mère sacrée* : il s'agit de Pauline Roland.
3. *Ses enfants étaient là* [...] *les vit chasser* : selon le témoignage de Schœlcher, elle fut déportée sans avoir pu dire adieu à ses enfants.
4. *ponton* : *cf.* note 4, p. 38.

III

HYMNE DES TRANSPORTÉS

Prions ! voici l'ombre sereine.
Vers toi, grand Dieu, nos yeux et nos bras sont levés.
Ceux qui t'offrent ici leurs larmes et leur chaîne
Sont les plus douloureux parmi les éprouvés.
Ils ont le plus d'honneur ayant le plus de peine.

Souffrons ! le crime aura son tour.
Oiseaux qui passez, nos chaumières,
Vents qui passez, nos sœurs, nos mères
Sont là-bas, pleurant nuit et jour ;
Oiseaux, dites-leur nos misères !
Ô vents, portez-leur notre amour !

Nous t'envoyons notre pensée,
Dieu ! nous te demandons d'oublier les proscrits,
Mais de rendre sa gloire à la France abaissée ;
Et laisse-nous mourir, nous brisés et meurtris,
Nous que le jour brûlant livre à la nuit glacée !

Souffrons ! le crime –

Comme un archer frappe une cible,
L'implacable soleil nous perce de ses traits ;
Après le dur labeur, le sommeil impossible ;
Cette chauve-souris qui sort des noirs marais,
La fièvre, bat nos fronts de son aile invisible.

Souffrons ! le crime –

On a soif, l'eau brûle la bouche ;
On a faim, du pain noir ; travaillez, malheureux !
À chaque coup de pioche en ce désert farouche
La mort sort de la terre avec son rire affreux,
Prend l'homme dans ses bras, l'étreint et se recouche.

Souffrons ! le crime –

Mais qu'importe ! rien ne nous dompte ;

Nous sommes torturés et nous sommes contents.
Nous remercions Dieu vers qui notre hymne monte
De nous avoir choisis pour souffrir dans ce temps
Où tous ceux qui n'ont pas la souffrance ont la honte.

Souffrons ! le crime –

Vive la grande République !
Paix à l'immensité du soir mystérieux !
Paix aux morts endormis dans la tombe stoïque !
Paix au sombre océan qui mêle sous les cieux
La plainte de Cayenne• au sanglot de l'Afrique !

Souffrons ! le crime aura son tour.
Oiseaux qui passez, nos chaumières,
Vents qui passez, nos sœurs, nos mères
Sont là-bas, pleurant nuit et jour ;
Oiseaux, dites-leur nos misères !
Ô vents, portez-leur notre amour !

Jersey. Juillet 1853.
[23/7/1853]

IV

CHANSON

Nous nous promenions parmi les décombres
À Rozel-Tower•,
Et nous écoutions les paroles sombres
Que disait la mer.

L'énorme océan, – car nous entendîmes
Ses vagues chansons, –
Disait : « Paraissez, vérités sublimes
Et bleus horizons !

« Le monde captif, sans lois et sans règles,
Est aux oppresseurs ;
Volez dans les cieux, ailes des grands aigles,
Esprits des penseurs !
« Naissez, levez-vous sur les flots sonores,

Sur les flots vermeils,
Faites dans la nuit poindre vos aurores,
Peuples et soleils !

« Vous, laissez passer la foudre et la brume,
Les vents et les cris,
Affrontez l'orage, affrontez l'écume,
Rochers et proscrits ! »

Jersey. Octobre 1852.
[5/8/1853]

V

ÉBLOUISSEMENTS

Ô temps miraculeux ! ô gaîtés homériques !
Ô rires de l'Europe et des deux Amériques !
Croûtes qui larmoyez ! bons dieux mal accrochés
Qui saignez dans vos coins ![1] madones qui louchez !
Phénomènes vivants ! ô choses inouïes !
Candeurs ! énormités au jour épanouies !
Le goudron déclaré fétide par le suif,
Judas• flairant Shylock• et criant : C'est un juif ![2]
L'arsenic[3] indigné dénonçant la morphine[3],
La hotte injuriant la borne, Messaline•
Reprochant à Goton son regard effronté,
Et Dupin• accusant Sauzet• de lâcheté ![4]

Oui, le vide-gousset[5] flétrit le tire-laine[5],
Falstaff• montre du doigt le ventre de Silène•,
Lacenaire, pudique et de rougeur atteint,
Dit en baissant les yeux : J'ai vu passer Castaing• !

---

1. *bons dieux mal accrochés / Qui saignez dans vos coins !* : allusion à Rose Tamisier. *Cf.* aussi le lexique p. 372.
2. *Judas flairant Shylock et criant : C'est un juif* : ils le sont tous deux.
3. *L'arsenic, la morphine* : deux substances employées comme poisons ; allusion aux affaires criminelles Lafarge et Castaing.
4. *Judas flairant Shylock* [...] *Dupin accusant Sauzet de lâcheté !* : les couples de ces cinq vers se valent en infamie.
5. *le vide-gousset, le tire-laine* : deux termes qui désignent les voleurs.

Je contemple nos temps ; j'en ai le droit, je pense.
Souffrir étant mon lot, rire est ma récompense.
Je ne sais pas comment cette pauvre Clio[1]
Fera pour se tirer de cet imbroglio.
Ma rêverie au fond de ce règne pénètre,
Quand, ne pouvant dormir, la nuit, à ma fenêtre,
Je songe, et que là-bas, dans l'ombre, à travers l'eau,
Je vois briller le phare auprès de Saint-Malo[2].

Donc ce moment existe ! il est ! Stupeur risible !
On le voit ; c'est réel, et ce n'est pas possible.
L'empire est là, refait par quelques sacripants.
Bonaparte-le-Grand dormait. Quel guet-apens !
Il dormait dans sa tombe, absous par la patrie.
Tout à coup des brigands firent une tuerie
Qui dura tout un jour et du soir au matin ;
Napoléon-le-Nain en sortit. Le destin,
De l'expiation implacable ministre,
Dans tout ce sang versé trempa son doigt sinistre
Pour barbouiller, affront à la gloire en lambeau,
Cette caricature[3] au mur de ce tombeau. **(2)**

Ce monde-là prospère. Il prospère, vous dis-je !
Embonpoint de la honte ! époque callipyge[4] !
Il trône, ce cockney[5] d'Eglinton• et d'Epsom•,
Qui, la main sur son cœur, dit : Je mens, *ergo sum*.[6]
Les jours, les mois, les ans passent ; ce flegmatique,
Ce somnambule obscur, brusquement frénétique,
Que Schœlcher• a nommé le président Obus[7],
Règne, continuant ses crimes en abus.
Ô spectacle ! en plein jour, il marche et se promène,
Cet être horrible, insulte à la figure humaine !
Il s'étale effroyable, ayant tout un troupeau
De Suins• et de Fortouls• qui vivent sur sa peau,

1. *Clio* : muse de l'Histoire ; ici, elle la personnifie.
2. *Saint-Malot* : c'est dans cette direction que regardait la maison de *Marine-Terrace* à Jersey.
3. *Cette caricature* : celle de l'épopée napoléonienne.
4. *callipyge* : du grec signifiant « aux belles fesses ».
5. *cockney* : homme du peuple londonien.
6. *Je mens*, ergo sum : parodie de la formule du *Cogito* de Descartes (« *Cogito ergo sum* », « Je pense donc je suis »).
7. *le président Obus* : *cf.* note II de Hugo, p. 320.

Montrant ses nudités, cynique, infâme, indigne,
Sans mettre à son Baroche• une feuille de vigne !
Il rit de voir à terre et montre à Machiavel•
Sa parole d'honneur qu'il a tuée en duel[1].
Il sème l'or ; – venez ! – et sa largesse éclate.
Magnan• ouvre sa griffe et Troplong• tend sa patte.
Tout va. Les sous-coquins aident le drôle en chef.
Tout est beau, tout est bon, et tout est juste ; bref,
L'église le soutient, l'opéra le constate.
Il vola : *Te Deum*. Il égorgea : Cantate[2].

Lois, mœurs, maître, valets, tout est à l'avenant.
C'est un bivouac de gueux, splendide et rayonnant.
Le mépris bat des mains, admire, et dit : Courage !
C'est hideux. L'entouré ressemble à l'entourage.
Quelle collection ! quel choix ! quel Œil-de-bœuf[3] !
L'un vient de Loyola•, l'autre vient de Babeuf•.[4]
Jamais Vénitiens, Romains et bergamasques[5]
N'ont sous plus de sifflets vu passer plus de masques.
La société va sans but, sans jour, sans droit,
Et l'envers de l'habit est devenu l'endroit.
L'immondice au sommet de l'État se déploie.
Les chiffonniers, la nuit, courbés, flairant leur proie,
Allongent leurs crochets du côté du sénat.[6]
Voyez-moi ce coquin, normand, corse, auvergnat[7] ;
C'était fait pour vieillir bélître[8] et mourir cuistre ;
C'est premier président, c'est préfet, c'est ministre.
Ce truand catholique au temps jadis vivait
Maigre, chez Flicoteaux• plutôt que chez Chevet• ;
Il habitait au fond d'un bouge à tabatière[9]

1. *duel* : synérèse, prononcer comme une seule syllabe.
2. *cantate* : pièce musicale à caractère lyrique.
3. *Œil-de-bœuf* : antichambre, à Versailles, dans laquelle les courtisans attendaient le lever du roi.
4. *L'un vient de Loyola, l'autre vient de Babeuf* : le premier évoque le parti dévot, l'autre l'extrême gauche.
5. *bergamasques* : originaires de la ville de Bergame en Italie.
6. *Les chiffonniers* [...] / *Allongent leurs crochets du côté du sénat* : les chiffonniers étaient aussi appelés « crocheteurs », car c'est avec un crochet qu'ils ramassaient les chiffons.
7. *normand, corse, auvergnat* : respectivement, Trolong, Piéti et Rouher.
8. *bélître* : coquin.
9. *tabatière* : fenêtre de mansarde.

Un lit fait et défait, hélas ! par sa portière,
Et griffonnait dès l'aube, amer, affreux, souillé,
Exhalant dans son trou l'odeur d'un chien mouillé.
Il conseille l'État pour vingt-cinq mille livres
Par an. Ce petit homme, étant teneur de livres
Dans la blonde Marseille, au pays du mistral,
Fit des faux. Le voici procureur général.
Celui-là, qui courait la foire avec un singe,
Est député ; cet autre, ayant fort peu de linge,
Sur la pointe du pied entrait dans les logis
Où bâillait quelque armoire aux tiroirs élargis,
Et du bourgeois absent empruntait la tunique ;
Nul mortel n'a jamais, de façon plus cynique,
Assouvi le désir des chemises d'autrui ;
Il était grinche[1] hier, il est juge aujourd'hui.
Ceux-ci, quand il leur plaît, chapelains de la clique[2],
Au saint-père accroupi font pondre une encyclique[3] ;
Ce sont des gazetiers fort puissants en haut lieu,
Car ils sont les amis particuliers de Dieu ;
Sachez que ces béats, quand ils parlent du temple
Comme de leur maison, n'ont pas tort ; par exemple,
J'ai toujours applaudi quand ils ont affecté
Avec les saints du ciel des airs d'intimité ;
Veuillot•, certe, aurait pu vivre avec saint Antoine[4].
Cet autre est général comme on serait chanoine,[5]
Parce qu'il est très gras et qu'il a trois mentons.
Cet autre fut escroc. Cet autre eut vingt bâtons
Cassés sur lui. Cet autre, admirable canaille,
Quand la bise, en janvier, nous pince et nous tenaille,
D'une savate oblique écrasant les talons,
Pour se garer du froid mettait deux pantalons
Dont les trous par bonheur n'étaient pas l'un sur l'autre.
Aujourd'hui, sénateur, dans l'empire il se vautre.
Je regrette le temps que c'était dans l'égout.

---

1. *grinche* : voleur dans l'argot de l'époque.
2. *clique* : bande.
3. *encyclique* : lettre adressée par un pape aux évêques, au clergé et aux fidèles. L'image est particulièrement irrévérencieuse.
4. *Veuillot, certe, aurait pu vivre avec saint Antoine* : allusion au cochon de saint Antoine (*cf.* éd. Massin).
5. *Cet autre est général comme on serait chanoine* : « *cet autre* » désigne le général Henri d'Hautpoul, particulièrement corpulent comme les chanoines ont réputation de l'être.

Ce ventre a nom d'Hautpoul•, ce nez a nom d'Argout[1].
Ce prêtre, c'est la honte à l'état de prodige.
Passons vite. L'histoire abrège, elle rédige
Royer• d'un coup de fouet, Mongis• d'un coup de pied,
Et fuit. Royer• se frotte et Mongis se rassied ;
Tout est dit. Que leur fait l'affront ? l'opprobre engraisse.
Quant au maître qui hait les curieux, la presse,
La tribune, et ne veut pour son règne éclatant
Ni regards, ni témoins, il doit être content ;
Il a plus de succès encor qu'il n'en exige ;
César, devant sa cour, son pouvoir, son quadrige[2],
Ses lois, ses serviteurs brodés et galonnés,
Veut qu'on ferme les yeux ; on se bouche le nez.

Prenez ce Beauharnais• et prenez une loupe ;
Penchez-vous, regardez l'homme et scrutez la troupe.
Vous n'y trouverez pas l'ombre d'un bon instinct.
C'est vil et c'est féroce. En eux l'homme est éteint ;
Et ce qui plonge l'âme en des stupeurs profondes,
C'est la perfection de ces gredins immondes.

À ce ramas[3] se joint un tas d'affreux poussahs[4],
Un tas de Triboulet[5] et de Sancho Panças.
Sous vingt gouvernements ils ont palpé des sommes.
Aucune indignité ne manque à ces bonshommes ;
Rufins• poussifs, Verrès• goutteux, Séjans• fourbus,
Selles à tout tyran, sénateurs omnibus.
On est l'ancien soudard, on est l'ancien bourgmestre ;
On tua Louis seize, on vote avec de Maistre ;
Ils ont eu leur fauteuil dans tous les Luxembourgs[6] ;
Ayant vu les Maurys•, ils sont faits aux Sibours• ;
Ils sont gais, et, contant leurs antiques bamboches[7],
Branlent leurs vieux gazons sur leurs vieilles caboches.
Ayant été, du temps qu'ils avaient un cheveu,

1. *ce nez a nom d'Argout* : son long nez inspira les caricaturistes, Daumier en particulier.
2. *quadrige* : char romain tiré par quatre chevaux.
3. *ramas* : ramassis.
4. *poussahs* : au sens figuré, hommes gros et gras.
5. *Triboulets* : Triboulet était le bouffon de François Ier ; il est le héros du drame de Hugo *Le Roi s'amuse*.
6. *Luxembourgs* : le Luxembourg fut une prison avant d'être le sénat.
7. *bamboches* : débauches.

Lâches sous l'oncle, ils sont abjects sous le neveu.
Gros mandarins chinois adorant le tartare[1],
Ils apportent leur cœur, leur vertu, leur catarrhe[2],
Et prosternent, cagneux, devant sa majesté
Leur bassesse avachie en imbécillité.

Cette bande s'embrasse et se livre à des joies.
Bon ménage touchant des vautours et des oies !

Noirs empereurs romains couchés dans les tombeaux,
Qui faisiez aux sénats discuter les turbots,[3]
Toi, dernière Lagide•, ô reine au cou de cygne,
Prêtre Alexandre six• qui rêves dans ta vigne[4],
Despotes d'Allemagne éclos dans le Rœmer•,
Nemrod• qui hais le ciel, Xercès• qui bats la mer,
Caïphe• qui tressas la couronne d'épine,
Claude• après Messaline• épousant Agrippine,
Caïus• qu'on fit césar, Commode• qu'on fit dieu,
Iturbide, Rosas•, Mazarin, Richelieu,
Moines qui chassez Dante• et brisez Galilée,
Saint-office[5], conseil des dix[6], chambre étoilée[7],
Parlements tout noircis de décrets et d'olims[8],
Vous sultans, les Mourads, les Achmets, les Sélims[9],
Rois qu'on montre aux enfants dans tous les syllabaires[10],
Papes, ducs, empereurs, princes, tas de Tibères• !
Bourreaux toujours sanglants, toujours divinisés,
Tyrans ! enseignez-moi, si vous le connaissez,

1. *tartare* : fleuve des Enfers mais aussi pièce de viande crue.
2. *catarrhe* : inflammation des muqueuses avec hypersécrétion (toux, crachat).
3. *Noirs empereurs* [...] *discuter les turbots* : selon Juvénal (satire IV), l'empereur Domitien aurait fait délibérer son Sénat sur le plat dans lequel on pourrait cuire un turbot gigantesque.
4. *vigne* : « *anciennement maison de plaisance aux environs de Rome et de certaines villes d'Italie ; on dit aujourd'hui* villa » (Littré, cité par R. Journet).
5. *Saint-office* : congrégation pontificale fondée par Paul III et destinée à combattre la Réforme et les hérésies.
6. *conseil des dix* : il gouvernait la République de Venise.
7. *chambre étoilée* : tribunal de justice exceptionnel établi en Angleterre de la fin du XVe siècle à 1614.
8. *olims* : anciens registres du parlement de Paris.
9. *Mourads, Achmets, Sélims* : sultans de Constantinople placés par Hugo dans les listes de tyrans.
10. *syllabaires* : livres destinés à l'apprentissage de la lecture, présentant les mots décomposés en syllabes.

Enseignez-moi le lieu, le point, la borne où cesse
La lâcheté publique et l'humaine bassesse !
Et l'archet frémissant fait bondir tout cela !
Bal à l'hôtel de ville, au Luxembourg gala.
Allons, juges, dansez la danse de l'épée !
Gambade, ô Dombidau•, pour l'onomatopée ![1]
Polkez, Fould• et Maupas•, avec votre écriteau,
Toi, Persil•-Guillotine, au profil de couteau !
Ours que Boustrapa• montre et qu'il tient par la sangle,
Valsez, Billault•, Parieu•, Drouyn•, Lebœuf•, Delangle• !
Danse, Dupin• ! dansez, l'horrible et le bouffon !
Hyènes, loups, chacals, non prévus par Buffon,
Leroy•, Forey•, tueurs au fer rongé de rouilles,
Dansez ! dansez, Berger•, d'Hautpoul•, Murat•, citrouilles !

Et l'on râle en exil, à Cayenne•, à Blidah •!
Et sur le Duguesclin[2], et sur le Canada[2],
Des enfants de dix ans, brigands qu'on extermine,
Agonisent, brûlés de fièvre et de vermine !
Et les mères, pleurant sous l'homme triomphant,
Ne savent même pas où se meurt leur enfant !
Et Samson[3] reparaît, et sort de ses retraites !
Et, le soir, on entend, sur d'horribles charrettes
Qui traversent la ville et qu'on suit à pas lents,
Quelque chose[4] sauter dans des paniers sanglants !
Oh ! laissez ! laissez-moi m'enfuir sur le rivage !
Laissez-moi respirer l'odeur du flot sauvage !
Jersey rit, terre libre, au sein des sombres mers ;
Les genêts sont en fleur, l'agneau paît les prés verts ;
L'écume jette aux rocs ses blanches mousselines ;
Par moments apparaît, au sommet des collines,
Livrant ses crins épars au vent âpre et joyeux,
Un cheval effaré[5] qui hennit dans les cieux !

Jersey. Mai 1853.
[24/5/1853]

1. *Gambade, ô Dombidau, pour l'onomatopée !* : le nom de Dombidau, ministre de l'Instruction publique en 1851, n'est évoqué, nous dit Hugo, qu'à titre de matériel sonore ; les particularités de l'individu semblent n'avoir aucun intérêt.
2. *Dugesclin, Canada* : noms des bateaux qui servirent aux déportations en 1851-1852.
3. *Samson* : Sanson était le nom du bourreau pendant la Révolution.
4. *Quelque chose* : ce sont les têtes des condamnés guillotinés.
5. *cheval effaré* : terme de blason qui désigne un cheval levé sur ses pieds. *Cf.* le premier et le dernier poème des *Chansons des rues et des bois*.

Questions

Compréhension

1. *Poème* I. *Commentez la position de Napoléon III aux vers 2 et 5.*

2. *Poème* I. *Donnez la signification des vers 37 et 38.*

3. *Poème* II. *Montrez comment Hugo fait naître l'émotion dans ce texte apparemment dépourvu de commentaire.*

4. *Poème* III. *Quelle idée introduit la présence d'un futur dans le refrain ? Comment agit-elle sur la signification de l'ensemble du poème ?*

5. *Poème* IV. *Relevez les éléments qui laissent entrevoir un espoir.*

6. *Poème* IV. *Pourquoi ce poème est-il, à votre avis, appelé* Chanson *?*

7. *Poème* V. *Expliquez les vers 25 et 26.*

Écriture

8. *Poème* I. *Quel effet produit l'anaphore* « C'est pour toi » *?*

9. *Poème* V. *Montrez comment le rythme de l'évocation s'accélère jusqu'au vers 182.*

10. *Poème* V. *Vers 183 à la fin. Quel effet produisent le changement de rythme et l'image finale ?*

VI

À CEUX QUI DORMENT

Réveillez-vous, assez de honte !
Bravez boulets et biscayens[1].
Il est temps qu'enfin le flot monte.
Assez de honte, citoyens !
Troussez les manches de la blouse.
Les hommes de quatre-vingt-douze
Affrontaient vingt rois combattants.
Brisez vos fers, forcez vos geôles !
Quoi ! vous avez peur de ces drôles !
Vos pères bravaient les Titans• !

Levez-vous ! foudroyez et la horde et le maître !
Vous avez Dieu pour vous et contre vous le prêtre ;
Dieu seul est souverain.
Devant lui nul n'est fort et tous sont périssables.
Il chasse comme un chien le grand tigre des sables
Et le dragon marin ;
Rien qu'en soufflant dessus, comme un oiseau d'un arbre,
Il peut faire envoler de leur temple de marbre
Les idoles d'airain.

Vous n'êtes pas armés ? qu'importe !
Prends ta fourche, prends ton marteau !
Arrache le gond de ta porte,
Emplis de pierres ton manteau !
Et poussez le cri d'espérance !
Redevenez la grande France !
Redevenez le grand Paris !
Délivrez, frémissants de rage,
Votre pays de l'esclavage,
Votre mémoire du mépris !

Quoi ! faut-il vous citer les royalistes même ?
On était grand aux jours de la lutte suprême !

1. *biscayens* : anciennement petits boulets de fonte, puis gros mousquets.

Alors, que voyait-on ?
La bravoure, ajoutant à l'homme une coudée,
Était dans les deux camps. N'est-il pas vrai, Vendée,
Ô dur pays breton ?
Pour vaincre un bastion, pour rompre une muraille,
Pour prendre cent canons vomissant la mitraille,
Il suffit d'un bâton !

Si dans ce cloaque on demeure,
Si cela dure encore un jour,
Si cela dure encore une heure,
Je brise clairon et tambour,
Je flétris ces pusillanimes,
Ô vieux peuple des jours sublimes,
Géants à qui nous les mêlions,
Je les laisse trembler leurs fièvres,
Et je déclare que ces lièvres
Ne sont pas vos fils, ô lions !

Jersey. Septembre 1853.
[15/1/1853]

VII

LUNA

Ô France, quoique tu sommeilles,
Nous t'appelons, nous les proscrits !
Les ténèbres ont des oreilles,
Et les profondeurs ont des cris.

Le despotisme âpre et sans gloire
Sur les peuples découragés
Ferme la grille épaisse et noire
Des erreurs et des préjugés ;

Il tient sous clef l'essaim fidèle
Des fermes penseurs, des héros,
Mais l'Idée avec un coup d'aile
Écartera les durs barreaux,

Et, comme en l'an quatre-vingt-onze[1],
Reprendra son vol souverain ;
Car briser la cage de bronze,
C'est facile à l'oiseau d'airain.

L'obscurité couvre le monde,
Mais l'Idée illumine et luit ;
De sa clarté blanche elle inonde
Les sombres azurs de la nuit.

Elle est le fanal solitaire,
Le rayon providentiel ;
Elle est la lampe de la terre
Qui ne peut s'allumer qu'au ciel.

Elle apaise l'âme qui souffre,
Guide la vie, endort la mort ;
Elle montre aux méchants le gouffre,
Elle montre aux justes le port.

En voyant dans la brume obscure
L'Idée, amour des tristes yeux,
Monter calme, sereine et pure,
Sur l'horizon mystérieux,

Les fanatismes et les haines
Rugissent devant chaque seuil,
Comme hurlent les chiens obscènes[2]
Quand apparaît la lune en deuil.

Oh ! contemplez l'Idée altière,
Nations ! son front surhumain
A, dès à présent, la lumière
Qui vous éclairera demain !

Jersey. Juillet 1853.
[31/3/1853]

1. *l'an quatre-vingt-onze* : année de la *Déclaration des droits de l'homme et du citoyen.*
2. *Comme hurlent les chiens obscènes* : vers inspiré des *Géorgiques* de Virgile. *Obscène* est à prendre au sens de « sinistre ».

VIII

AUX FEMMES

Quand tout se fait petit, femmes, vous restez grandes.
En vain, aux murs sanglants accrochant des guirlandes,
Ils ont ouvert le bal et la danse ; ô nos sœurs,
Devant ces scélérats transformés en valseurs
Vous haussez, – châtiment ! – vos charmantes épaules.
Votre divin sourire extermine ces drôles.
En vain leur frac[1] scintille ; en vain, brigands,
Pour vous plaire ils ont mis à leurs griffes des gants,
Et de leur vil tricorne ils ont doré les ganses[2] ;
Vous bafouez ces gants, ces fracs, ces élégances,
Cet empire tout neuf et déjà vermoulu.
Dieu vous a tout donné, femmes ; il a voulu
Que les seuls alcyons[3] tinssent tête à l'orage,
Et qu'étant la beauté, vous fussiez le courage.

Les femmes ici-bas et là-haut les aïeux,
Voilà ce qui nous reste !

Abjection ! nos yeux
Plongent dans une nuit toujours plus épaissie.
Oui, le peuple français, oui, le peuple messie,
Oui, ce grand forgeron du droit universel
Dont, depuis soixante ans, l'enclume sous le ciel
Luit et sonne, dont l'âtre incessamment pétille,
Qui fit voler au vent les tours de la Bastille,
Qui broya, se dressant tout à coup souverain,
Mille ans de royauté sous son talon d'airain,
Ce peuple dont le souffle, ainsi que des fumées,
Faisait tourbillonner les rois et les armées,
Qui, lorsqu'il se fâchait, brisait sous son bâton
Le géant Robespierre et le titan Danton,
Oui, ce peuple invincible, oui, ce peuple superbe

1. *frac* : habit d'homme, noir, à basques.
2. *ganses* : rubans d'ornement généralement cousus sur les bordures.
3. *alcyons* : oiseaux de mer fabuleux dont la rencontre passait chez les Anciens pour un heureux présage.

Tremble aujourd'hui, pâlit, frissonne comme l'herbe,
Claque des dents, se cache et n'ose dire un mot
Devant Magnan•, ce reître, et Troplong•, ce grimaud !
Oui, nous voyons cela ! Nous tenant dans leurs serres,
Mangeant les millions en face des misères,
Les Fortoul•, les Rouher•, êtres stupéfiants,
S'étalent ; on se tait. Nos maîtres ruffians[1]
À Cayenne•, en un bagne, abîme d'agonie,
Accouplent l'héroïsme avec l'ignominie ;
On se tait. Les pontons râlent ; que dit-on ? rien.
Des enfants sont forçats en Afrique ; c'est bien.
Si vous pleurez, tenez votre larme secrète.
Le bourreau, noir faucheur, debout dans sa charrette,
Revient de la moisson avec son panier plein ;
Pas un souffle. Il est là, ce Tibère•-Ezzelin•
Qui se croit scorpion et n'est que scolopendre[2],
Fusillant, et jaloux de Haynau• qui peut pendre ;
Éclaboussé de sang, le prêtre l'applaudit ;
Il est là, ce César chauve-souris qui dit
Aux rois : Voyez mon sceptre ; aux gueux : Voyez mon crime ;
Ce vainqueur qui, béni, lavé, sacré, sublime,
De deux pourpres vêtu[3], dans l'histoire s'assied
Le globe dans sa main, un boulet à son pied ;
Il nous crache au visage, il règne ! nul ne bouge.

Et c'est à votre front qu'on voit monter le rouge,
C'est vous qui vous levez et qui vous indignez,
Femmes ; le sein gonflé, les yeux de pleurs baignés,
Vous huez le tyran, vous consolez les tombes,
Et le vautour frémit sous le bec des colombes !

Et moi, proscrit pensif, je vous dis : Gloire à vous !
Oh ! oui, vous êtes bien le sexe fier et doux,
Ardent au dévouement, ardent à la souffrance,
Toujours prêt à la lutte, à Béthulie•, en France,
Dont l'âme à la hauteur des héros s'élargit,
D'où se lève Judith, d'où Charlotte surgit !
Vous mêlez la bravoure à la mélancolie.

1. *ruffians* : souteneurs.
2. *scolopendre* : mille-pattes carnassier.
3. *De deux pourpres vêtu* : la pourpre impériale et celle du vêtement de forçat.

Vous êtes Porcia•, vous êtes Cornélie•,
Vous êtes Arria• qui saigne et qui sourit ;
Oui, vous avez toujours en vous ce même esprit
Qui relève et soutient les nations tombées,
Qui suscite la Juive et les sept Macchabées•,
Qui dans toi, Jeanne d'Arc, fait revivre Amadis•,
Et qui, sur le chemin des tyrans interdit[1],
Pour les épouvanter dans leur gloire éphémère,
Met tantôt une vierge et tantôt une mère !

Si bien que, par moments, lorsqu'en nos visions
Nous voyons, secouant un glaive de rayons,
Dans les cieux apparaître une figure ailée,
Saint-Michel sous ses pieds foulant l'hydre écaillée,[2]
Nous disons : c'est la Gloire et c'est la Liberté !
Et nous croyons, devant sa grâce et sa beauté,
Quand nous cherchons le nom dont il faut qu'on le nomme,
Que l'archange est plutôt une femme qu'un homme !

Jersey. Mai 1853.
[30/5/1853]

IX

AU PEUPLE[3]

Il te ressemble ; il est terrible et pacifique.
Il est sous l'infini le niveau magnifique :
Il a le mouvement, il a l'immensité.
Apaisé d'un rayon et d'un souffle agité,
Tantôt c'est l'harmonie et tantôt le cri rauque.
Les monstres sont à l'aise en sa profondeur glauque ;
La trombe[4] y germe ; il a des gouffres inconnus

1. *interdit* : confondu, déconcerté.
2. *Saint-Michel* [...] *l'hydre écaillée* : l'archange saint Michel vainquit le dragon, figure du Mal.
3. *Cf.* aussi le poème II, livre II.
4. *trombe* : cyclone caractérisé par la formation d'une colonne nébuleuse tourbillonnante et aspirante allant de la masse nuageuse à la mer.

D'où ceux qui l'ont bravé ne sont pas revenus ;
Sur son énormité le colosse chavire ;
Comme toi le despote il brise le navire ;
Le fanal[1] est sur lui comme l'esprit sur toi ;
Il foudroie, il caresse, et Dieu seul sait pourquoi ;
Sa vague, où l'on entend comme des chocs d'armures,
Emplit la sombre nuit de monstrueux murmures,
Et l'on sent que ce flot, comme toi, gouffre humain,
Ayant rugi ce soir, dévorera demain.
Son onde est une lame aussi bien que le glaive ;
Il chante un hymne immense à Vénus qui se lève ;[2]
Sa rondeur formidable, azur universel,
Accepte en son miroir tous les astres du ciel ;
Il a la force rude et la grâce superbe ;
Il déracine un roc, il épargne un brin d'herbe ;
Il jette comme toi l'écume aux fiers sommets,
Ô peuple ; seulement, lui, ne trompe jamais
Quand, l'œil fixe, et debout sur sa grève sacrée,
Et pensif, on attend l'heure de sa marée.

Au bord de l'Océan. Juillet 1853.
[23/1/1853]

X

Apportez vos chaudrons, sorcières de Shakspeare,
Sorcières de Macbeth, prenez-moi tout l'empire,
L'ancien et le nouveau ; sur le même réchaud
Mettez le gros Berger• et le comte Frochot,
Maupas• avec Réal•, Hullin• sur Espinasse•,
La Saint-Napoléon avec la Saint-Ignace•,
Fould• et Maret•, Fouché gâté, Troplong• pourri,
Retirez Austerlitz, ajoutez Satory,
Penchez-vous, crins épars, œil ardent, gorge nue,
Soufflez à pleins poumons le feu sous la cornue ;

1. *fanal* : grosse lanterne servant à signaler la présence d'un navire ou à éclairer sa marche.
2. *Il chante* [...] *Vénus qui se lève* : annonce du mouvement de l'Océan vers l'étoile dans *Stella* (VI, xv).

Regardez le petit se dégager du grand ;
Faites évaporer Baroche• et Talleyrand[1]•,
Le neveu qui descend pendant que l'oncle monte ;
Que reste-t-il au fond de l'alambic ? la honte.

Jersey. Avril 1853.
[26/5/1853]

XI

LE PARTI DU CRIME[2]

« Amis et frères ! en présence de ce gouvernement infâme, négation de toute morale, obstacle à tout progrès social, en présence de ce gouvernement meurtrier du peuple, assassin de la République et violateur des lois, de ce gouvernement né de la force et qui doit périr par la force, de ce gouvernement élevé par le crime et qui doit être terrassé par le droit, le Français digne du nom de citoyen ne sait pas, ne veut pas savoir s'il y a quelque part des semblants de scrutin, des comédies de suffrage universel et des parodies d'appel à la nation ; il ne s'informe pas s'il y a des hommes qui votent et des hommes qui font voter, s'il y a un troupeau qu'on appelle le Sénat et qui délibère et un autre troupeau qu'on appelle le peuple et qui obéit ; il ne s'informe pas si le pape va sacrer au maître-autel de Notre-Dame l'homme qui – n'en doutez pas, ceci est l'avenir inévitable – sera ferré au poteau par le bourreau ; – en présence de M. Bonaparte et de son gouvernement, le citoyen digne de ce nom ne fait qu'une chose et n'a qu'une chose à faire : charger son fusil, et attendre l'heure. »

Jersey, 31 octobre 1852.

Déclaration des proscrits républicains de Jersey, à propos de l'Empire, publiée par *Le Moniteur*, signée pour copie conforme :

VICTOR HUGO, FAURE FOMBERTAUX.

« Nous flétrissons de l'énergie la plus vigoureuse de notre âme les ignobles et coupables manifestes du PARTI DU CRIME. *»*

(RIANCEY, journal *L'Union*, 22 novembre.)

« LE PARTI DU CRIME relève la tête. »

(Tous les journaux élyséens en chœur.)

1. *Baroche et Talleyrand* : selon Hugo, c'est leur commune immoralité qui les rapproche.
2. L'appel qu'on peut lire dans *Actes et Paroles* était signé des « *Proscrits, démocrates-socialistes de France résidant à Jersey...* ».

Ainsi ce gouvernant dont l'ongle est une griffe,
Ce masque impérial, Bonaparte apocryphe[1],
À coup sûr Beauharnais, peut-être Verhuell•,
Qui, pour la mettre en croix, livra, sbire cruel,
Rome républicaine à Rome catholique,[2]
Cet homme, l'assassin de la chose publique,
Ce parvenu, choisi par le destin sans yeux,
Ainsi, lui, ce glouton singeant l'ambitieux,
Cette altesse quelconque habile aux catastrophes,
Ce loup sur qui je lâche une meute de strophes,
Ainsi ce boucanier[3], ainsi ce chourineur[4]
A fait d'un jour d'orgueil un jour de déshonneur,
Mis sur la gloire un crime et souillé la victoire ;
Il a volé, l'infâme, Austerlitz à l'histoire ;
Brigand, dans ce trophée il a pris un poignard ;
Il a broyé bourgeois, ouvrier, campagnard ;
Il a fait de corps morts une horrible étagère
Derrière les barreaux de la cité Bergère[5] ;
Il s'est, le sabre en main, rué sur son serment ;
Il a tué les lois et le gouvernement,
La justice, l'honneur, tout, jusqu'à l'espérance ;
Il a rougi de sang, de ton sang pur, ô France,
Tous nos fleuves, depuis la Seine jusqu'au Var ;
Il a conquis le Louvre en méritant Clamar• ;
Et maintenant il règne, appuyant, ô patrie,
Son vil talon fangeux sur ta bouche meurtrie ;
Voilà ce qu'il a fait ; je n'exagère rien ;
Et quand, nous indignant de ce galérien,
Et de tous les escrocs de cette dictature,
Croyant rêver devant cette affreuse aventure,
Nous disons, de dégoût et d'horreur soulevés :
– Citoyens, marchons ! Peuple, aux armes, aux pavés !
À bas ce sabre abject qui n'est pas même un glaive !

1. *apocryphe* : d'une authenticité douteuse.

2. *Qui, pour la mettre en croix* [...] / *Rome républicaine à Rome catholique* : allusion à l'expédition d'Oudinot à Rome en 1849.

3. *boucanier* : pirate des Antilles.

4. *chourineur* : vient de *surin*, qui désigne « un couteau », en argot. Le chourineur est celui qui manie le couteau. C'est aussi le nom d'un des héros des *Mystères de Paris* d'Eugène Sue.

5. *la cité Bergère* : située boulevard Montmartre, lieu du massacre du 4 décembre 1851.

Que le jour reparaisse et que le droit se lève ! –
C'est nous, proscrits frappés par ces coquins hardis,
Nous, les assassinés, qui sommes les bandits !
Nous qui voulons le meurtre et les guerres civiles !
Nous qui mettons la torche aux quatre coins des villes !

Donc, trôner par la mort, fouler aux pieds le droit ;
Être fourbe, impudent, cynique, atroce, adroit ;
Dire : Je suis César, et n'être qu'un maroufle[1] ;
Étouffer la pensée et la vie et le souffle ;
Forcer quatre-vingt-neuf qui marche à reculer ;
Supprimer lois, tribune et presse ; museler
La grande nation comme une bête fauve ;
Régner par la caserne et du fond d'une alcôve ;
Restaurer les abus au profit des félons ;
Livrer ce pauvre peuple aux voraces Troplongs•,
Sous prétexte qu'il fut, loin des temps où nous sommes,
Dévoré par les rois et par les gentilshommes ;
Faire manger aux chiens ce reste des lions ;
Prendre gaîment pour soi palais et millions ;
S'afficher tout crûment satrape[2], et, sans sourdines,
Mener joyeuse vie avec des gourgandines[3] ;
Torturer des héros dans le bagne exécré ;
Bannir quiconque est ferme et fier ; vivre entouré
De grecs[4], comme à Byzance autrefois le despote ;
Être le bras qui tue et la main qui tripote ;
Ceci, c'est la justice, ô peuple, et la vertu !
Et confesser le droit par le meurtre abattu ;
Dans l'exil, à travers l'encens et les fumées,
Dire en face aux tyrans, dire en face aux armées :
– Violence, injustice et force sont vos noms ;
Vous êtes les soldats, vous êtes les canons ;
La terre est sous vos pieds comme votre royaume ;
Vous êtes le colosse et nous sommes l'atome ;
Eh bien ! guerre ! et luttons, c'est notre volonté,
Vous, pour l'oppression, nous, pour la liberté ! –
Montrer les noirs pontons, montrer les catacombes[5],

1. *maroufle* : homme grossier (variante de *maraud*).
2. *satrape* : homme vivant dans les plaisirs.
3. *gourgandines* : femmes de mauvaise vie, femmes vénales.
4. *grecs* : hypocrites et avides d'argent.
5. *catacombes* : cimetières souterrains des martyrs chrétiens.

Et s'écrier, debout sur la pierre des tombes :
 – Français ! craignez d'avoir un jour pour repentirs
Les pleurs des innocents et les os des martyrs !
Brise l'homme-sépulcre, ô France ! ressuscite !
Arrache de ton flanc ce Néron parasite !
Sors de terre sanglante et belle, et dresse-toi,
Dans une main le glaive et dans l'autre la loi ! –
Jeter ce cri du fond de son âme proscrite,
Attaquer le forban, démasquer l'hypocrite
Parce que l'honneur parle et parce qu'il le faut,
C'est le crime, cela ! – Tu l'entends, toi, là-haut !
Oui, voilà ce qu'on dit, mon Dieu, devant ta face !
Témoin toujours présent qu'aucune ombre n'efface,
Voilà ce qu'on étale à tes yeux éternels !

Quoi ! le sang fume aux mains de tous ces criminels !
Quoi ! les morts, vierge, enfant, vieillards et femmes grosses,
Ont à peine eu le temps de pourrir dans leurs fosses !
Quoi ! Paris saigne encor ! quoi ! devant tous les yeux,
Son faux serment est là qui plane dans les cieux !
Et voilà comme parle un tas d'êtres immondes !
Ô noir bouillonnement des colères profondes !

Et maint vivant, gavé, triomphant et vermeil,
Reprend : « Ce bruit qu'on fait dérange mon sommeil.
Tout va bien. Les marchands triplent leurs clientèles,
Et nos femmes ne sont que fleurs et que dentelles !
 – De quoi donc se plaint-on ? crie un autre quidam[1] ;
En flânant sur l'asphalte et sur le macadam,
Je gagne tous les jours trois cents francs à la Bourse.
L'argent coule aujourd'hui comme l'eau d'une source ;
Les ouvriers maçons ont trois livres dix sous,
C'est superbe ; Paris est sens dessus dessous.
Il paraît qu'on a mis dehors les démagogues[2].
Tant mieux. Moi j'applaudis les bals et les églogues[3]
Du prince qu'autrefois à tort je reniais.
Que m'importe qu'on ait chassé quelques niais ?

---

1. *quidam* : mot emprunté au latin et signifiant « quelqu'un ».
2. *démagogues* : ceux qui flattent le peuple ; les bourgeois appelaient ainsi les républicains.
3. *églogues* : petits poèmes pastoraux ou bucoliques.

Quant aux morts, ils sont morts. Paix à ces imbéciles !
Vivent les gens d'esprit ! vivent ces temps faciles
Où l'on peut à son choix prendre pour nourricier
Le crédit mobilier[1] ou le crédit foncier[2] !
La république rouge aboie en ses cavernes,
C'est affreux ! Liberté, droit, progrès, balivernes !
Hier encor j'empochais une prime d'un franc ;
Et moi, je sens fort peu, j'en conviens, je suis franc,
Les déclamations m'étant indifférentes,
La baisse de l'honneur dans la hausse des rentes. »

Ô langage hideux ! on le tient, on l'entend !
Eh bien, sachez-le donc, repus au cœur content,
Que nous vous le disions bien une fois pour toutes,
Oui, nous, les vagabonds dispersés sur les routes,
Errant sans passeport, sans nom et sans foyer,
Nous autres, les proscrits qu'on ne fait pas ployer,
Nous qui n'acceptons point qu'un peuple s'abrutisse,
Qui d'ailleurs ne voulons, tout en voulant justice,
D'aucune représaille et d'aucun échafaud,
Nous, dis-je, les vaincus sur qui Mandrin• prévaut,
Pour que la liberté revive, et que la honte
Meure, et qu'à tous les fronts l'honneur serein remonte,
Pour affranchir Romains, Lombards, Germains, Hongrois,
Pour faire rayonner, soleil de tous les droits,
La République mère au centre de l'Europe,
Pour réconcilier le palais et l'échoppe,
Pour faire refleurir la fleur Fraternité,
Pour fonder du travail le droit incontesté,
Pour tirer les martyrs de ces bagnes infâmes,
Pour rendre aux fils le père et les maris aux femmes,
Pour qu'enfin ce grand siècle et cette nation
Sortent du Bonaparte et de l'abjection,
Pour atteindre à ce but où notre âme s'élance,
Nous nous ceignons les reins dans l'ombre et le silence ;
Nous nous déclarons prêts, – prêts, entendez-vous bien ?
– Le sacrifice est tout, la souffrance n'est rien, –

1. *crédit mobilier* : banque d'affaires fondée par les frères Pereire, qui versait des primes à ses actionnaires.
2. *crédit foncier* : initialement créé pour aider les paysans, il finança en réalité les grands travaux parisiens. Il versait des rentes aux propriétaires d'obligations.

Prêts, quand Dieu fera signe, à donner notre vie ;
Car, à voir ce qui vit, la mort nous fait envie,
Car nous sommes tous mal sous ce drôle effronté,
Vivant, nous sans patrie, et vous sans liberté !

Oui, sachez-le, vous tous que l'air libre importune
Et qui dans ce fumier plantez votre fortune,
Nous ne laisserons pas le peuple s'assoupir ;
Oui, nous appellerons, jusqu'au dernier soupir,
Au secours de la France aux fers et presque éteinte,
Comme nos grands aïeux, l'insurrection sainte ; **(3)**
Nous convierons Dieu même à foudroyer ceci ;
Et c'est notre pensée et nous sommes ainsi,
Aimant mieux, dût le sort nous broyer sous sa roue,
Voir couler notre sang que croupir votre boue.

Jersey, Novembre 1852.
[28/1/1853]

Questions

Compréhension

1. *Poème* VI. *Quel est le sens de l'évocation de la Vendée au vers 34 ?*

2. *Poème* VII. *Essayez de dégager avec précision la double symbolique de* Luna.

3. *Poème* VIII. *Montrez comment le regard porté ici par Hugo le place en avant de son siècle.*

4. *Poème* VIII. *Dégagez les éléments qui permettent d'établir un parallèle entre le poète et les femmes.*

5. *Poème* IX. *Dégagez et analysez les éléments constitutifs du parallèle entre le peuple et l'océan. Quelles sont les limites de la comparaison ?*

6. *Poème* IX. *Quelle est la signification du dernier vers ?*

7. *Poème* XI. *Analysez la construction du poème.*

Écriture

8. *Poème* IX. *Quels procédés donnent à ce texte son caractère lyrique ?*

9. *Poème* X. *Le poème s'ouvre sur une apostrophe en chiasme ; comment prépare-t-elle syntaxiquement le développement du thème principal du poème ?*

10. *Poème* XI. *Quel sens doit-on donner à la répétition de* « ainsi » *au début du poème ?*

11. *Poème* XI. *Vers 39 à 83. Étudiez l'emploi des infinitifs.*

12. *Poème* XI. *Dans les propos du poète, une phrase d'une longueur inaccoutumée se déploie à la fin du texte ; repérez-la. Quel effet produit-elle ?*

XII

On dit : – Soyez prudents. – Puis vient ce dithyrambe[1] :
«… Qui veut frapper Néron
Rampe, et ne se fait pas précéder d'un ïambe[2]
Soufflant dans un clairon.

« Souviens-toi d'Ettenheim• et des pièges célèbres ;
Attends le jour marqué.
Sois comme Chéréas• qui vient dans les ténèbres,
Seul, muet et masqué.

« La prudence conduit au but qui sait la suivre.
Marche, d'ombre vêtu… »
C'est bien ; je laisse à ceux qui veulent longtemps vivre
Cette lâche vertu.

Jersey, Août 1853.
[2/8/1853]

XIII

À JUVÉNAL

– 1 –

Retournons à l'école, ô mon vieux Juvénal•.
Homme d'ivoire et d'or[3], descends du tribunal
Où depuis deux mille ans tes vers superbes tonnent.
Il paraît, vois-tu bien, ces choses nous étonnent,
Mais c'est la vérité selon monsieur Riancey•,
Que lorsqu'un peu de temps sur le sang a passé,
Après un an ou deux, c'est une découverte,
Quoi qu'en disent les morts avec leur bouche verte,
Le meurtre n'est plus meurtre et le vol n'est plus vol.

1. *dithyrambe* : éloge excessif.
2. *ïambe* : pièce de vers satirique.
3. *d'ivoire et d'or* : comme certaines statues de dieux grecs.

Monsieur Veuillot•, qui tient d'Ignace• et d'Auriol•,
Nous l'affirme, quand l'heure a tourné sur l'horloge,
De notre entendement ceci fait peu l'éloge,
Pourvu qu'à Notre-Dame on brûle de l'encens
Et que l'abonné vienne aux journaux bien-pensants[1],
Il paraît que, sortant de son hideux suaire,
Joyeux, en panthéon changeant son ossuaire,
Dans l'opération par monsieur Fould aidé,
Par les juges lavé, par les filles fardé,
Ô miracle ! entouré de croyants et d'apôtres,
En dépit des rêveurs, en dépit de nous autres
Noirs poètes bourrus qui n'y comprenons rien,
Le mal prend tout à coup la figure du bien.

– 2 –

Il est l'appui de l'ordre ; il est bon catholique ;
Il signe hardiment : prospérité publique.
La trahison s'habille en général français ;
L'archevêque ébloui bénit le dieu Succès ;
C'était crime jeudi, mais c'est haut fait dimanche.
Du pourpoint Probité l'on retourne la manche.
Tout est dit. La vertu tombe dans l'arriéré[2].
L'honneur est un vieux fou dans sa cave muré.
Ô grand penseur de bronze, en nos dures cervelles
Faisons entrer un peu ces morales nouvelles,
Lorsque sur la Grand'Combe• ou sur le blanc de zinc,
On a revendu vingt ce qu'on a payé cinq,
Sache qu'un guet-apens par où nous triomphâmes
Est juste, honnête et bon. Tout au rebours des femmes,
Sache qu'en vieillissant le crime devient beau.
Il plane cygne après s'être envolé corbeau.
Oui, tout cadavre utile exhale une odeur d'ambre.
Que vient-on nous parler d'un crime de décembre
Quand nous sommes en juin ! l'herbe a poussé dessus.
Toute la question, la voici : fils, tissus,
Cotons et sucres bruts prospèrent ; le temps passe.
Le parjure difforme et la trahison basse

1. *journaux bien-pensants* : celui de Veuillot, par exemple.
2. *arriéré* : dette déjà ancienne.

En avançant en âge ont la propriété
De perdre leur bassesse et leur difformité ;
Et l'assassinat louche et tout souillé de fange
Change son front de spectre en un visage d'ange.

– 3 –

Et comme en même temps, dans ce travail normal,
La vertu devient faute et le bien devient mal,
Apprends que, quand Saturne a soufflé sur leur rôle,
Néron est un sauveur et Spartacus un drôle.
La raison obstinée a beau faire du bruit ;
La justice, ombre pâle, a beau, dans notre nuit,
Murmurer comme un souffle à toutes les oreilles ;
On laisse dans leur coin bougonner ces deux vieilles.
Narcisse gazetier lapide Scévola•.
Accoutumons nos yeux à ces lumières-là
Qui font qu'on aperçoit tout sous un nouvel angle,
Et qu'on voit Malesherbe en regardant Delangle•.
Sachons dire : Lebœuf• est grand, Persil• est beau ;
Et laissons la pudeur au fond du lavabo.

– 4 –

Le bon, le sûr, le vrai, c'est l'or dans notre caisse.
L'homme est extravagant qui, lorsque tout s'affaisse,
Proteste seul debout dans une nation,
Et porte à bras tendu son indignation.
Que diable ! il faut pourtant vivre de l'air des rues,
Et ne pas s'entêter aux choses disparues.
Quoi ! tout meurt ici-bas, l'aigle comme le ver,
Le charançon[1] périt sous la neige l'hiver,
Quoi ! le Pont-Neuf fléchit lorsque les eaux sont grosses,
Quoi ! mon coude est troué, quoi ! je perce mes chausses[2],
Quoi ! mon feutre était neuf et s'est usé depuis,
Et la vérité, maître, aurait, dans son vieux puits,

---

1. *charançon* : insecte redouté des paysans car il dévore les grains.
2. *chausses* : autrefois, pantalons.

Cette prétention rare d'être éternelle !
De ne pas se mouiller quand il pleut, d'être belle
À jamais, d'être reine en n'ayant pas le sou,
Et de ne pas mourir quand on lui tord le cou !
Allons donc ! citoyens, c'est au fait qu'il faut croire !

– 5 –

Sur ce, les charlatans prêchent leur auditoire
D'idiots, de mouchards, de grecs, de philistins[1],
Et de gens pleins d'esprit détroussant les crétins ;
La Bourse rit ; la hausse offre aux badauds ses prismes[2] ;
La douce hypocrisie éclate en aphorismes[3] ;
C'est bien, nous gagnons gros et nous sommes contents ;
Et ce sont, Juvénal•, les maximes du temps.
Quelque sous-diacre, éclos dans je ne sais quel bouge,
Trouva ces vérités en balayant Montrouge•,
Si bien qu'aujourd'hui fiers et rois des temps nouveaux,
Messieurs les aigrefins[4] et messieurs les dévots
Déclarent, s'éclairant aux lueurs de leur cierge,
Jeanne d'Arc courtisane et Messaline• vierge.

Voilà ce que curés, évêques, talapoins[5],
Au nom de Dieu vivant, démontrent en trois points,
Et ce que le filou qui fouille dans ma poche
Prouve par A plus B, par Argout• plus Baroche•.

– 6 –

Maître ! voilà-t-il pas de quoi nous indigner ?
À quoi bon s'exclamer ? à quoi bon trépigner ?

---

1. *philistins* : dans la Bible, peuple ennemi d'Israël. Les philistins étaient représentés comme brutaux et bornés.
2. *prismes* : par effet d'optique, le prisme déforme la réalité.
3. *aphorismes* : énoncés très courts résumant un point de science ou de morale ; sentences.
4. *aigrefins* : escrocs.
5. *talapoins* : prêtres bouddhistes du Siam.

Nous avons l'habitude, en songeurs que nous sommes,
De contempler les nains bien moins que les grands hommes ;
Même toi satirique, et moi tribun amer,
Nous regardons en haut, le bourgeois dit : En l'air ;
C'est notre infirmité. Nous fuyons la rencontre
Des sots et des méchants. Quand le Dombidau• montre
Son crâne et que le Fould• avance son menton,
J'aime mieux Jacques Cœur•, tu préfères Caton• ;
La gloire des héros, des sages que Dieu crée,
Est notre vision éternelle et sacrée ;
Éblouis, l'œil noyé des clartés de l'azur,
Nous passons notre vie à voir dans l'éther pur
Resplendir les géants, penseurs ou capitaines ;
Nous regardons, au bruit des fanfares lointaines,
Au-dessus de ce monde où l'ombre règne encor,
Mêlant dans les rayons leurs vagues poitrails d'or,
Une foule de chars voler dans les nuées.
Aussi l'essaim des gueux et des prostituées,
Quand il se heurte à nous, blesse nos yeux pensifs.

Soit. Mais réfléchissons. Soyons moins exclusifs.
Je hais les cœurs abjects, et toi, tu t'en défies ;
Mais laissons-les en paix dans leurs philosophies.

– 7 –

Et puis, même en dehors de tout ceci, vraiment,
Peut-on blâmer l'instinct et le tempérament ?
Ne doit-on pas se faire aux natures des êtres ?
La fange a ses amants et l'ordure a ses prêtres ;
De la cité bourbier le vice est citoyen ;
Où l'un se trouve mal, l'autre se trouve bien ;
J'en atteste Minos• et j'en fais juge Éaque•,
Le paradis du porc, n'est-ce pas le cloaque ?
Voyons, en quoi, réponds, génie âpre et subtil,
Cela nous touche-t-il et nous regarde-t-il,
Quand l'homme du serment dans le meurtre patauge,
Quand monsieur Beauharnais fait du pouvoir une auge,
Si quelque évêque arrive et chante alleluia,
Si Saint-Arnaud• bénit la main qui le paya,
Si tel ou tel bourgeois le célèbre et le loue,
S'il est des estomacs qui digèrent la boue ?
Quoi ! quand la France tremble au vent des trahisons,

Stupéfaits et naïfs, nous nous ébahissons
Si Parieu• vient manger des glands sous ce grand chêne !
Nous trouvons surprenant que l'eau coule à la Seine,
Nous trouvons merveilleux que Troplong• soit Scapin,
Nous trouvons inouï que Dupin• soit Dupin !

– 8 –

Un vieux penchant humain mène à la turpitude.
L'opprobre est un logis, un centre, une habitude,
Un toit, un oreiller, un lit tiède et charmant,
Un bon manteau bien ample où l'on est chaudement.
L'opprobre est le milieu respirable aux immondes.
Quoi ! nous nous étonnons d'ouïr dans les deux mondes
Les dupes faisant chœur avec les chenapans,
Les gredins, les niais vanter ce guet-apens !
Mais ce sont là les lois de la mère nature.
C'est de l'antique instinct l'éternelle aventure.
Par le point qui séduit ses appétits flattés
Chaque bête se plaît aux monstruosités.
Quoi ! ce crime est hideux ! quoi ! ce crime est stupide !
N'est-il plus d'animaux pour l'admirer ? Le vide
S'est-il fait ? N'est-il plus d'êtres vils et rampants ?
N'est-il plus de chacals ? n'est-il plus de serpents ?
Quoi ! les baudets ont-ils pris tout à coup des ailes,
Et se sont-ils enfuis aux voûtes éternelles ?
De la création l'âne a-t-il disparu ?
Quand Cyrus•, Annibal, César, montaient à cru[1]
Cet effrayant cheval qu'on appelle la gloire,
Quand, ailés, effarés de joie et de victoire,
Ils passaient flamboyants au fond des cieux vermeils,
Les aigles leur criaient : Vous êtes nos pareils !
Les aigles leur criaient : Vous portez le tonnerre !
Aujourd'hui les hiboux acclament Lacenaire.
Eh bien ! je trouve bon que cela soit ainsi.
J'applaudis les hiboux et je leur dis : Merci.
La sottise se mêle à ce concert sinistre,
Tant mieux. Dans sa gazette, ô Juvénal•, tel cuistre
Déclare, avec messieurs d'Arras et de Beauvais,

1. *à cru* : sans selle.

Mandrin• très bon, et dit l'honnête homme mauvais,
Foule aux pieds les héros et vante les infâmes,
C'est tout simple ; et, vraiment, nous serions bonnes âmes
De nous émerveiller lorsque nous entendons
Les Veuillots• aux lauriers préférer les chardons !

– 9 –

Donc laissons aboyer la conscience humaine
Comme un chien qui s'agite et qui tire sa chaîne.
Guerre aux justes proscrits ! gloire aux coquins fêtés !
Et faisons bonne mine à ces réalités.
Acceptons cet empire unique et véritable.
Saluons sans broncher Trestaillon• connétable[1],
Mingrat• grand aumônier, Bosco[2] grand électeur[3] ;
Et ne nous fâchons pas s'il advient qu'un rhéteur,
Un homme du sénat, un homme du conclave[4],
Un eunuque, un cagot, un sophiste[5], un esclave,
Esprit sauteur prenant la phrase pour tremplin,
Après avoir chanté César de grandeur plein,
Et ses perfections et ses mansuétudes,
Insulte les bannis jetés aux solitudes,
Ces brigands qu'a vaincus Tibère• Amphitryon[6],
Vois-tu, c'est un talent de plus dans l'histrion[7] ;
C'est de l'art de flatter le plus exquis peut-être ;
On chatouille moins bien Henri huit, le bon maître,
En louant Henri huit• qu'en déchirant Morus•.
Les dictateurs d'esprit, bourrés d'éloges crus,
Sont friands, dans leur gloire et dans leurs arrogances,
De ces raffinements et de ces élégances.

1. *connétable* : commandant général des armées.
2. *Bosco* : célèbre prestidigitateur du XIXe siècle ; allusion aux trucages électoraux.
3. *grand électeur* : l'empereur du Saint Empire romain germanique était élu par les grands électeurs.
4. *conclave* : assemblée des cardinaux qui a pour tâche d'élire le pape.
5. *sophiste* : il utilise son savoir-faire dans le domaine de la parole pour tromper les gens et servir ses intérêts.
6. *Amphitryon* : allusion au vers de Molière (*« Le véritable Amphitryon / Est l'Amphitryon où l'on dîne »*). Comme Amphitryon (roi, légendaire de Tirynthe) et Tibère, Louis Napoléon connaissait le pouvoir des fêtes et des festins.
7. *histrion* : terme péjoratif qui signifie « comédien de bas étage ».

Poëte, c'est ainsi que les despotes sont.
Le pouvoir, les honneurs sont plus doux quand ils ont
Sur l'échafaud du juste une fenêtre ouverte.
Les exilés, pleurant près de la mer déserte,
Les sages torturés, les martyrs expirants
Sont l'assaisonnement du bonheur des tyrans.
Juvénal, Juvénal, mon vieux lion classique,
Notre vin de Champagne et ton vin de Massique[1],
Les festins, les palais, et le luxe effréné,
L'adhésion du prêtre et l'amour de Phryné,
Les triomphes, l'orgueil, les respects, les caresses,
Toutes les voluptés et toutes les ivresses
Dont s'abreuvait Séjan•, dont se gorgeait Rufin•,
Sont meilleures à boire, ont un goût bien plus fin,
Si l'on n'est pas un sot à cervelle exiguë,
Dans la coupe où Socrate• hier but la ciguë !

Jersey. Novembre 1852.
[5/2/1853]

XIV

FLORÉAL[2]

Au retour des beaux jours, dans ce vert floréal
Où meurent les Danton trahis par les Réal•,
Quand l'étable s'agite au fond des métairies,
Quand l'eau vive au soleil se change en pierreries,
Quand la grisette[3] assise, une aiguille à la main,
Soupire, et, de côté regardant le chemin,
Voudrait aller cueillir des fleurs au lieu de coudre,
Quand les nids font l'amour, quand le pommier se poudre
Pour le printemps ainsi qu'un marquis pour le bal,
Quand, par mai réveillés, Charles douze[4], Annibal,
Disent : C'est l'heure ! et font vers les sanglants tumultes
Rouler, l'un les canons, l'autre les catapultes ;

1. *Massique* : vin renommé célébré par Horace et non par Juvénal.
2. *FLORÉAL* : huitième mois du calendrier républicain, du 20 ou 21 avril au 19 ou 20 mai.
3. *grisette* : jeune ouvrière coquette, galante mais non vénale.
4. *Charles douze* : roi de Suède au début du XVIIIe siècle ; grand stratège.

Moi, je crie : Ô soleil ! salut ! parmi les fleurs
J'entends les gais pinsons et les merles siffleurs ;
L'arbre chante ; j'accours ; ô printemps ! on vit double ;
Gallus[1] entraîne au bois Lycoris• qui se trouble ;
Tout rayonne ; et le ciel, couvant l'homme enchanté,
N'est plus qu'un grand regard plein de sérénité !
Alors l'herbe m'invite et le pré me convie ;
Alors j'absous le sort, je pardonne à la vie,
Et je dis : Pourquoi faire autre chose qu'aimer ?
Je sens, comme au dehors, tout en moi s'animer,
Et je dis aux oiseaux : « Petits oiseaux, vous n'êtes
Que des chardonnerets et des bergeronnettes,
Vous ne me connaissez pas même, vous allez
Au hasard dans les champs, dans les bois, dans les blés,
Pêle-mêle, pluviers, grimpereaux, hochequeues,
Dressant vos huppes d'or, lissant vos plumes bleues ;
Vous êtes, quoique beaux, très bêtes ; votre loi,
C'est d'errer ; vous chantez en l'air sans savoir quoi ;
Eh bien, vous m'inondez d'émotions sacrées !
Et quand je vous entends sur les branches dorées,
Oiseaux, mon aile s'ouvre, et mon cœur rajeuni
Boit à l'amour sans fond et s'emplit d'infini ! »
Et je me laisse aller aux longues rêveries.
Ô feuilles d'arbre ! oubli ! bœufs mugissants ! prairies !
Mais dans ces moments-là, tu le sais, Juvénal,
Qu'il sorte par hasard de ma poche un journal,
Et que mon œil distrait, qui vers les cieux remonte,
Heurte l'un de ces noms qui veulent dire honte,
Alors toute l'horreur revient ; dans les bois verts
Némésis m'apparaît et me montre à travers
Les rameaux et les fleurs sa gorge de furie.[2]

C'est que tu veux tout l'homme, ô devoir ! ô patrie !
C'est que lorsque ton flanc saigne, ô France, tu veux
Que l'angoisse nous tienne et dresse nos cheveux,
Que nous ne regardions plus autre chose au monde,
Et que notre œil, noyé dans la pitié profonde,
Cesse de voir les cieux pour ne voir que ton sang !

1. *Gallus* : allusion à la dixième *Bucolique* de Virgile qui chante l'amour de Gallus pour Lycoris.
2. *Némésis* [...] *sa gorge de furie* : les Furies étaient les déesses de la Vengeance chez les Romains (comme Némésis pour les Grecs).

Et je me lève, et tout s'efface, et, frémissant,
Je n'ai plus sous les yeux qu'un peuple à la torture,
Crimes sans châtiment, griefs sans sépulture,
Les géants garrottés livrés aux avortons,
Femmes dans les cachots, enfants dans les pontons,
Bagnes, sénats, proscrits, cadavres, gémonies[1] ;
Alors, foulant aux pieds toutes les fleurs ternies,
Je m'enfuis, et je dis à ce soleil si doux :
Je veux l'ombre ! et je crie aux oiseaux : Taisez-vous !

Et je pleure ! et la strophe, éclose de ma bouche,
Bat mon front orageux de son aile farouche.

Ainsi pas de printemps ! ainsi pas de ciel bleu !
Ô bandits, et toi, fils d'Hortense de Saint-Leu•,
Soyez maudits, d'abord d'être ce que vous êtes,
Et puis soyez maudits d'obséder les poëtes !
Soyez maudits, Troplong•, Fould•, Magnan•, Faustin deux•,
De faire au penseur triste un cortège hideux,
De le suivre au désert, dans les champs, sous les ormes,
De mêler aux forêts vos figures difformes !
Soyez maudits, bourreaux qui lui masquez le jour,
D'emplir de haine un cœur qui déborde d'amour !

Jersey. Mai 1853.
[28/5/1853]

XV

STELLA

Je m'étais endormi la nuit près de la grève.
Un vent frais m'éveilla, je sortis de mon rêve,
J'ouvris les yeux, je vis l'étoile du matin[2].
Elle resplendissait au fond du ciel lointain

1. *gémonies* : à Rome, « escalier des gémissements » sur lequel on exposait les corps des condamnés exécutés.
2. *l'étoile du matin* : il s'agit de Vénus.

Dans une blancheur molle, infinie et charmante.
Aquilon[1] s'enfuyait emportant la tourmente.
L'astre éclatant changeait la nuée en duvet.
C'était une clarté qui pensait, qui vivait ;
Elle apaisait l'écueil où la vague déferle ;
On croyait voir une âme à travers une perle.
Il faisait nuit encor, l'ombre régnait en vain,
Le ciel s'illuminait d'un sourire divin.
La lueur argentait le haut du mât qui penche ;
Le navire était noir, mais la voile était blanche ;
Des goëlands debout sur un escarpement,
Attentifs, contemplaient l'étoile gravement
Comme un oiseau céleste et fait d'une étincelle ;
L'océan, qui ressemble au peuple, allait vers elle,
Et, rugissant tout bas, la regardait briller,
Et semblait avoir peur de la faire envoler.
Un ineffable amour emplissait l'étendue.
L'herbe verte à mes pieds frissonnait éperdue,
Les oiseaux se parlaient dans les nids ; une fleur
Qui s'éveillait me dit : C'est l'étoile ma sœur.
Et pendant qu'à longs plis l'ombre levait son voile,
J'entendis une voix qui venait de l'étoile
Et qui disait : – Je suis l'astre qui vient d'abord.
Je suis celle qu'on croit dans la tombe et qui sort.
J'ai lui sur le Sina[2], j'ai lui sur le Taygète[3] ;
Je suis le caillou d'or et de feu que Dieu jette,
Comme avec une fronde, au front noir de la nuit.[4]
Je suis ce qui renaît quand un monde est détruit.
Ô nations ! je suis la poésie ardente.
J'ai brillé sur Moïse et j'ai brillé sur Dante•.
Le lion Océan est amoureux de moi.
J'arrive. Levez-vous, vertu, courage, foi !
Penseurs, esprits, montez sur la tour, sentinelles !
Paupières, ouvrez-vous, allumez-vous, prunelles !
Terre, émeus le sillon, vie, éveille le bruit ;
Debout, vous qui dormez ! – car celui qui me suit,

---

1. *Aquilon* : vent du Nord.
2. *Sina* : Sinaï, montagne où Moïse reçut les Tables de la Loi.
3. *Taygète* : montagne de Grèce, près de Sparte, associée aux lois de Lycurgue.
4. *Je suis le caillou [...] au front noir de la nuit* : image biblique empruntée à l'épisode du combat de David et Goliath.

Car celui qui m'envoie en avant la première[1],
C'est l'ange Liberté, c'est le géant Lumière !

Jersey. Juillet 1853.
[12/1852]

XVI

LES TROIS CHEVAUX[2]

Trois chevaux, qu'on avait attachés au même arbre,
Causaient.

L'un, coureur leste à la croupe de marbre,
Valait cent mille francs, était vainqueur d'Epsom•,
Et, tout harnaché d'or, s'écriait : *Sum qui sum*[3] *!*
Cela parle latin, les bêtes. Des mains blanches
Cent fois de ce pur-sang avaient flatté les hanches,
Et souvent il avait, dans le turf[4] ébloui,
Senti courir les cœurs des femmes après lui.
De là bien des succès à son propriétaire.

Le second quadrupède était un militaire,
Un dada formidable, une brute d'acier,
Un cheval que Racine eût appelé coursier.
Il se dressait, bridé, superbe, ivre de joie,
D'autant plus triomphant qu'il avait l'œil d'une oie.
Sur sa housse on lisait : Essling, Ulm, Iéna.
Il avait la fierté massive que l'on a
Lorsqu'on est orgueilleux de tout ce qu'on ignore ;
Son caparaçon[5] fauve était riche et sonore ;
Il piaffait, il semblait écouter le tambour.

1. *en avant la première* : comme Jean-Baptiste annonçait la venue de Jésus, le sauveur.

2. Ce texte, écrit en 1868, fait partie des pièces rajoutées à l'édition de 1870.

3. Sum qui sum : « Je suis celui qui est » ; c'est ainsi que Dieu se fit connaître à Moïse (*Exode*, III, 14).

4. *turf* : champ de courses.

5. *caparaçon* : harnachement d'ornement ou de protection d'un cheval de bataille.

Et le troisième était un cheval de labour.
Un bât[1] de corde au cou, c'était là sa toilette.
Triste bête ! on croyait voir marcher un squelette,
Ayant assez de peau sous la bise et le vent
Pour faire un peu l'effet d'un être encor vivant.

Le beau cheval de luxe, espèce de jocrisse,
Disait :
« Ici le pape, et là le baron Brisse• ;
Pour l'estomac Brébant•, pour l'âme Loyola• ;
Être béni, bien boire et bien manger, voilà
Ce que prêche mon maître ; et moi, roi de la joute,
J'estime que mon maître a raison, et j'ajoute
Que les cocottes font l'ornement du derby[2].
Il faut au peuple un dieu par les prêtres fourbi[3],
À nous une écurie en acajou, la Bible
Pour l'homme, et des journaux, morbleu, le moins possible !
Le Jockey-Club vaut mieux que l'esprit-Légion[4].
Pas de société sans la religion.
Si je n'étais cheval, je voudrais être moine.

– Moi, je voudrais manger parfois un peu d'avoine
Et de foin, soupira le cheval paysan.
Je travaille beaucoup, et je suis, jugez-en
Par ma côte saignante et mon échine maigre,
Presque aussi mal traité que l'homme appelé nègre.
Compter les coups de fouet que je reçois serait
Compter combien d'oiseaux chantent dans la forêt ;
J'ai faim, j'ai soif, j'ai froid, je ne suis pas féroce,
Mais je suis malheureux. »

Ainsi parla la rosse.

Le cheval de bataille alors, plein de fureur,
Indigné, bien pensant, dit : – Vive l'Empereur !

[29/7/1868]

---

1. *bât* : harnachement d'une bête de somme pour le transport des fardeaux.
2. *derby* : course de chevaux qui a lieu chaque année à Epsom, en Angleterre.
3. *fourbi* : du verbe *fourbir*, « polir, faire briller ».
4. *l'esprit-Légion* : désigne ici, comme dans *Force des choses* (VII, XIII), l'esprit démocratique, l'esprit humain.

XVII

APPLAUDISSEMENT

Ô grande nation, vous avez à cette heure,
Tandis qu'en bas dans l'ombre on souffre, on râle, on pleure,
Un empire qui fait sonner ses étriers,
Les éblouissements des panaches guerriers,
Une cour où pourrait trôner le roi de Thune,
Une Bourse où l'on peut faire en huit jours fortune,
Des rosières[1] jetant aux soldats leurs bouquets ;
Vous avez des abbés, des juges, des laquais,
Dansant sur des sacs d'or une danse macabre,
La banque à deux genoux qui harangue le sabre,
Des boulets qu'on empile au fond des arsenaux,
Un sénat, les sermons remplaçant les journaux,
Des maréchaux dorés sur toutes les coutures,
Un Paris qu'on refait tout à neuf[2], des voitures
À huit chevaux, entrant dans le Louvre à grand bruit,
Des fêtes tout le jour, des bals toute la nuit,
Des lampions, des jeux, des spectacles ; en somme,
Tu t'es prostituée à ce misérable homme !

Tout ce que tu conquis est tombé de tes mains ;
On dit les vieux Français comme les vieux Romains,
Et leur nom fait songer leurs fils rouges de honte ;
Le monde aimait ta gloire et t'en demande compte,
Car il se réveillait au bruit de ton clairon.
Tu contemples d'un œil abruti ton Néron
Qu'entourent des Romieux• déguisés en Sénèques,
Tu te complais à voir brailler ce tas d'évêques
Qui, pendant que César se vautre en son harem,
Entonnent leur *Salvum fac imperatorem.*[3]
(Au fait, faquin devait se trouver dans la phrase.)
Ton âme est comme un chien sous le pied qui l'écrase ;

1. *rosières* : jeunes filles à qui l'on décerne un prix de vertu.
2. *Un Paris qu'on refait tout à neuf* : de grands travaux de rénovation avaient été entrepris dans Paris, le baron Haussmann les achèvera.
3. *Entonnent leur* Salvum fac imperatorem : *cf. Nox* IV et I, VI.

Ton fier quatre-vingt-neuf reçoit des coups de fouet
D'un gueux qu'hier encor l'Europe bafouait ;
Tes propres souvenirs, folle, tu les lapides.
La Marseillaise est morte à tes lèvres stupides.
Ton Champ-de-Mars subit ces vainqueurs répugnants,
Ces Maupas•, ces Fortouls•, ces Bertrands•, ces Magnans•,
Tous ces tueurs portant le tricorne en équerre,
Et Korte•, et Carrelet•, et Canrobert• Macaire•.
Tu n'es plus rien ; c'est dit, c'est fait, c'est établi.
Tu ne sais même plus, dans ce lugubre oubli,
Quelle est la nation qui brisa la Bastille.
On te voit le dimanche aller à la Courtille[1],
Riant, sautant, buvant, sans un instinct moral,
Comme une drôlesse ivre au bras d'un caporal.
Des soufflets qu'il te donne on ne sait plus le nombre.
Et, tout en revenant sur ce boulevard sombre
Où le meurtre a rempli tant de noirs corbillards,
Où bourgeois et passants, femmes, enfants, vieillards,
Tombèrent effarés d'une attaque soudaine,
Tu chantes Turlurette et la Faridondaine[2] !

C'est bien, descends encore et je m'en réjouis,
Car ceci nous promet des retours inouïs,
Car, France, c'est ta loi de ressaisir l'espace,
Car tu seras bien grande ayant été si basse !
L'avenir a besoin d'un gigantesque effort.
Va, traîne l'affreux char d'un satrape ivre-mort,
Toi qui de la victoire as conduit les quadriges[3].
J'applaudis. Te voilà condamnée aux prodiges.
Le monde, au jour marqué, te verra brusquement
Égaler la revanche à l'avilissement,
Ô Patrie, et sortir, changeant soudain de forme,
Par un immense éclat de cet opprobre énorme !
Oui, nous verrons, ainsi va le progrès humain,
De ce vil aujourd'hui naître un fier lendemain,
Et tu rachèteras, ô prêtresse, ô guerrière,
Par cent pas en avant chaque pas en arrière !
Donc recule et descends ! tombe, ceci me plaît !

1. *Courtille* : parc d'attractions populaire de Belleville.
2. *Faridondaine* : titre d'une chanson de Béranger.
3. *quadriges* : char romain tiré par quatre chevaux.

Flatte le pied du maître et le pied du valet !
Plus bas ! baise Troplong• ! plus bas ! lèche Baroche• !
Descends, car le jour vient, descends, car l'heure approche,
Car tu vas t'élancer, ô grand peuple courbé,
Et, comme le jaguar dans un piège tombé,
Tu donnes pour mesure, en tes ardentes luttes,
À la hauteur des bonds la profondeur des chutes !

Oui, je me réjouis ; oui, j'ai la foi ; je sais
Qu'il faudra bien qu'enfin tu dises : C'est assez !
Tout passe à travers toi comme à travers le crible ;
Mais tu t'éveilleras bientôt, pâle et terrible,
Peuple, et tu deviendras superbe tout à coup.
De cet empire abject, bourbier, cloaque, égout,
Tu sortiras splendide, et ton aile profonde,
En secouant la fange, éblouira le monde !
Et les couronnes d'or fondront au front des rois,
Et le pape, arrachant sa tiare et sa croix,
Tremblant, se cachera comme un loup sous sa chaire,
Et la Thémis• aux bras sanglants, cette bouchère,
S'enfuira vers la nuit, vieux monstre épouvanté,
Et tous les yeux humains s'empliront de clarté,
Et l'on battra des mains de l'un à l'autre pôle, [1]
Et tous les opprimés, redressant leur épaule,
Se sentiront vainqueurs, délivrés et vivants,
Rien qu'à te voir jeter ta honte aux quatre vents !

Jersey. Septembre 1853.
[4/4/1853]

1. *Et l'on battra des mains de l'un à l'autre pôle* : *cf.* le bilan p. 243.

Questions

Compréhension

1. *Poème* XIII. *Définissez, en justifiant votre réponse, la tonalité d'ensemble de ce poème.*

2. *Poème* XIII. *Quel est le ressort de la satire dans la section 2 du poème ?*

3. *Poème* XIII. *Dans cette même section, quelle perversion se trouve dénoncée dans le dernier vers ?*

4. *Poème* XIV. *Mettez en évidence la construction du poème. Quelle est sa signification ?*

5. *Poème* XIV. *Quel reproche fondamental ce poème adresse-t-il à l'Empire ?*

6. *Poème* XIV. *Comment laisse-t-il présager un avenir différent ?*

7. *Poème* XV. *Étudiez la composition du poème.*

8. *Poème* XV. *Quelles impressions dominent respectivement la première puis la seconde partie du texte ? Repérez en particulier les phases du crescendo qui conduit de la première à la seconde partie.*

9. *Poème* XVI. *Dégagez la signification de la fable.*

10. *Poème* XVII. *Quelle nouvelle attitude le poète adopte-t-il par rapport à l'Empire ? Sur quelle idée se fonde-t-elle ?*

Écriture

11. *Poème* XV. *Montrez comment, au fil des changements de rythme, on passe progressivement des impressions aux idées.*

12. *Poème* XV. *Étudiez l'emploi des verbes et montrez qu'ils peuvent s'appliquer aussi bien à la nature qu'aux êtres.*

13. *Poème* XV. *Étudiez le rôle des métaphores en vous penchant particulièrement sur leur symbolisme (comparez éventuellement avec* Luna *et* Lux*).*

Bilan

• Ce que nous savons

Avec son titre, La stabilité est assurée, *le livre VI semble prendre acte d'une installation du régime dans la durée comme en témoignent d'ailleurs le titre* (Napoléon III) *et l'ouverture* (« Donc c'est fait ») *du premier poème. Pourtant, s'il continue à dénoncer avec virulence la réalité politique et sociale de la France, ce livre ouvre enfin sur l'avenir, faisant pénétrer la lumière* (Luna, Stella) *dans les ténèbres. Cette avancée n'est possible qu'après l'épisode de* L'expiation *(V, XIII), qui apparaît comme une charnière de l'œuvre. En effet, jusqu'à la fin du livre V, Hugo a essentiellement évoqué le présent, un présent de crimes, d'abus de pouvoir, d'injustice et de tyrannie qui paraissait immobiliser l'histoire, arrêtant le Progrès que la Révolution française avait mis en marche quelques soixante ans auparavant. Si le passé ne pouvait être fécond, c'est qu'il était porteur d'une faute majeure : le coup d'État du 18 brumaire. La faute punie, expiée et même absoute, tout reprend sens. La marche vers l'avenir peut enfin se poursuivre. Elle saura balayer les obstacles sur son chemin.*

Si le titre du livre VI est aussi ironique que les précédents, il est en outre porteur d'une menace : non ! les choses n'en resteront pas là, le Second Empire s'écroulera. Toutefois, avant de faire renaître l'espoir, le livre commence par une nouvelle évocation de l'empereur exploitant cyniquement la gloire et la légende familiales. À ce premier poème font écho des textes comme Éblouissements, Le parti du crime, *ou* À juvénal. *Ils mettent de nouveau en branle la valse endiablée des complices dont les noms s'accumulent comme autant d'insultes.*

Mais plus que l'indignation, c'est la verve satirique qui domine. D'ailleurs, écrivant à son éditeur Hetzel à propos du poème XI, Le parti du crime, *Hugo lui annonce que c'est cette pièce particulièrement grinçante qui* « donne la couleur du volume tout entier ». *Or, elle s'achève sur une longue prise de parole du poète, pleine de confiance en l'efficacité de la pensée et du soutien de Dieu.*

Au nombre des lueurs qui se font jour dans ce livre, il en est une dont Hugo nous a déjà parlé, mais de manière ponctuelle, alors qu'il lui accorde ici une place fondamentale : il s'agit de la présence et du rôle des femmes (poème VIII : Aux femmes*). Martyres au même titre que les hommes, elles seules ont su, au milieu d'un peuple endormi, rester éveillées, lucides et généreuses, si bien que le poète en vient à nous dire :* « Que l'archange est plutôt une femme qu'un homme » *(v. 83). Féminines aussi, les deux figures sidérales qui annoncent la venue des temps nouveaux.* Luna, *d'abord, commence à percer les ténèbres et annonce* Stella, *l'étoile du matin, Vénus, celle que les chrétiens nomment* Stella matutina *et assimilent à la Vierge. Devant elle le poète s'éveille au bord de l'Océan ; elle lui dévoile alors la dimension cosmique du verbe poétique, précurseur de la Liberté et de la Lumière.*

Ainsi le livre peut-il s'achever avec Applaudissement *qui transforme l'ignominie en splendeur. Par une sorte d'effet de rebond, l'avenir sera d'autant plus glorieux et rayonnant que le présent est abominable. Le poète, puis l'humanité entière ne peuvent donc qu'applaudir l'ignominie actuelle car elle n'est rien d'autre que le signe de la venue des temps radieux.*

Estampe de Louis Napoléon Bonaparte, président de la République française.

LIVRE SEPTIÈME

LES SAUVEURS SE SAUVERONT

I

Sonnez, sonnez toujours, clairons de la pensée.

Quand Josué• rêveur, la tête aux cieux dressée,
Suivi des siens, marchait, et, prophète irrité,
Sonnait de la trompette autour de la cité[1],
Au premier tour qu'il fit, le roi se mit à rire[2] ;
Au second tour, riant toujours, il lui fit dire :
« Crois-tu donc renverser ma ville avec du vent ? »
À la troisième fois l'arche[3] allait en avant,
Puis les trompettes, puis toute l'armée en marche,
Et les petits enfants venaient cracher sur l'arche,
Et, soufflant dans leur trompe, imitaient le clairon ;
Au quatrième tour, bravant les fils d'Aaron•,
Entre les vieux créneaux tout brunis par la rouille,
Les femmes s'asseyaient en filant leur quenouille,
Et se moquaient, jetant des pierres aux Hébreux ;
À la cinquième fois, sur ces murs ténébreux,
Aveugles et boiteux vinrent, et leurs huées
Raillaient le noir clairon sonnant sous les nuées ;
À la sixième fois, sur sa tour de granit
Si haute qu'au sommet l'aigle faisait son nid,
Si dure que l'éclair l'eût en vain foudroyée,
Le roi revint, riant à gorge déployée,
Et cria : « Ces Hébreux sont bons musiciens ! »
Autour du roi joyeux riaient tous les anciens
Qui le soir sont assis au temple, et délibèrent.

À la septième fois, les murailles tombèrent.

Jersey. Septembre 1853.
[19/3/1853]

1. *Cf.* dans la Bible le chapitre VI du *Livre de Josué.*
2. *Cf. L'homme a ri* (III, II).
3. *arche* : l'Arche d'alliance qui contient les Tables de la Loi où étaient inscrits les commandements de Dieu.

II

LA RECULADE[1]

– 1 –

Je disais : – Ces soldats ont la tête trop basse.
Il va leur ouvrir des chemins.
Le peuple aime la poudre, et quand le clairon passe
La France chante et bat des mains.
La guerre est une pourpre où le meurtre se drape ;
Il va crier son : *Quos ego*[2] *!*
Un beau jour, de son crime, ainsi que d'une trappe,
Nous verrons sortir Marengo.
Il faut bien qu'il leur jette enfin un peu de gloire
Après tant de honte et d'horreur !
Que, vainqueur, il défile avec tout son prétoire[3]
Devant Troplong• le procureur ;
Qu'il tâche de cacher son carcan[4] à l'histoire,
Et qu'il fasse par le doreur
Ajuster sa sellette[5] au vieux char de victoire
Où monta le grand empereur.
Il voudra devenir César, frapper, dissoudre
Les anciens États ébranlés,
Et, calme, à l'univers montrer, tenant la foudre,
La main qui fit des fausses clés.
Il fera du vieux monde éclater la machine ;

1. Dans ce poème, il est question des événements qui aboutiront en janvier 1854 à la guerre de Crimée (tension entre la Russie et la Turquie). Hugo reproche à Napoléon III son opposition à la guerre. Il s'agissait en fait d'une ruse diplomatique destinée à pousser les Anglais au déclenchement des hostilités contre la Russie, de manière à briser l'entente alliée mise en place en 1814 et à redonner à la France une place de premier rang en Europe. Hugo avait écrit le poème en septembre 1853, il le datera de juillet. *Cf.* le poème *La fin*, p. 334, dans lequel la guerre est considérée comme imminente.
2. Quos ego : début d'un vers de Virgile dans lequel Neptune exprime sa colère contre les vents.
3. *prétoire* : entourage d'un général romain.
4. *carcan* : cercle de fer entourant le cou des condamnés à l'exposition et permettant de les attacher au pilori.
5. *sellette* : siège de l'accusé.

Il voudra vaincre et surnager.
Hudson Lowe•, Blücher•, Wellington•, Rostopchine•,
Que de souvenirs à venger !
L'occasion abonde à l'époque où nous sommes,
Il saura saisir le moment.
On ne peut pas rester avec cinq cent mille hommes
Dans la fange éternellement.
Il ne peut les laisser courbés sous leur sentence[1] ;
Il leur faut les hauts faits lointains ;
À la meute guerrière il faut une pitance
De lauriers et de bulletins.
Ces soldats, que Décembre orne comme une dartre,
Ne peuvent pas, chiens avilis,
Ronger à tout jamais le boulevard Montmartre,
Quand leurs pères ont Austerlitz ! –

– 2 –

Eh bien non ! je rêvais. Illusion détruite !
Gloire ! songe, néant, vapeur !
Ô soldats ! quel réveil ! l'empire, c'est la fuite.
Soldats ! l'empire, c'est la peur[2].
Ce Mandrin• de la paix est plein d'instincts placides ;
Ce Schinderhannes• craint les coups.
Ô châtiment ! pour lui vous fûtes parricides,
Soldats, il est poltron pour vous.
Votre gloire a péri sous ce hideux incube[3]
Aux doigts de fange, au cœur d'airain.
Ah ! frémissez ! le czar marche sur le Danube,
Vous ne marchez pas sur le Rhin !

– 3 –

Ô nos pauvres enfants ! soldats de notre France !
Ô triste armée à l'œil terni !
Adieu la tente ! Adieu les camps ! plus d'espérance !

1. *leur sentence* : tournure latine pour désigner la sentence qui les condamne.
2. *l'empire, c'est la peur* : *cf.* I, IV, « *L'empire c'est la paix* ».
3. *incube* : démon masculin qui se couche sur les femmes endormies. Ici, Napoléon III a violé l'armée.

Soldats ! soldats ! tout est fini !
N'espérez plus laver dans les combats le crime
Dont vous êtes éclaboussés.
Pour nous ce fut le piège et pour vous c'est l'abîme.
Cartouche• règne ; c'est assez.
Oui, Décembre à jamais vous tient, hordes trompées !
Oui, vous êtes ses vils troupeaux !
Oui, gardez sur vos mains, gardez sur vos épées,
Hélas ! gardez sur vos drapeaux
Ces souillures qui font horreur à vos familles
Et qui font sourire Dracon•,
Et que ne voudrait pas avoir sur ses guenilles
L'équarrisseur[1] de Montfaucon• !
Gardez le deuil, gardez le sang, gardez la boue !
Votre maître hait le danger,
Il vous fait reculer ; gardez sur votre joue
L'âpre soufflet de l'étranger !
Ce nain à sa stature a rabaissé vos tailles.
Ce n'est qu'au vol qu'il est hardi.
Adieu la grande guerre et les grandes batailles !
Adieu Wagram ! adieu Lodi !
Dans cette horrible glu votre aile est prisonnière.
Derrière un crime il faut marcher.
C'est fini. Désormais vous avez pour bannière
Le tablier de ce boucher !
Renoncez aux combats, au nom de Grande Armée,
Au vieil orgueil des trois couleurs !
Renoncez à l'immense et superbe fumée,
Aux femmes vous jetant des fleurs,
À l'encens, aux grands arcs triomphaux que fréquentent
Les ombres des héros le soir ;
Hélas ! contentez-vous de ces prêtres qui chantent
Des *Te Deum* dans l'abattoir !
Vous ne conquerrez point la palme expiatoire,[2]
La palme des exploits nouveaux,
Et vous ne verrez pas se dorer dans la gloire
La crinière de vos chevaux !

1. *équarrisseur* : celui qui dépèce les animaux morts. Au XIXe siècle, une entreprise d'équarrissage était installée sur l'emplacement de l'ancien gibet (*cf.* René Journet, « Poésie Gallimard », N.R.F.).
2. *Vous ne conquerrez point la palme expiatoire* : une victoire leur aurait rendu leur dignité militaire.

– 4 –

Donc l'épopée échoue avant qu'elle commence !
Annibal a pris un calmant ;
L'Europe admire, et mêle une huée immense
À cet immense avortement.
Donc ce neveu s'en va par la porte bâtarde !
Donc ce sabreur, ce pourfendeur,
Ce masque moustachu dont la bouche vantarde
S'ouvrait dans toute sa grandeur,
Ce César qu'un valet tous les matins harnache
Pour s'en aller dans les combats,
Cet ogre galonné dont le hautain panache
Faisait oublier le front bas,
Ce tueur qui semblait l'homme que rien n'étonne,
Qui jouait, dans les hosanna,
Tout barbouillé du sang du ruisseau Tiquetonne[1],
La pantomime d'Iéna,
Ce héros que Dieu fit général des jésuites,
Ce vainqueur qui s'est dit absous,
Montre à Clio[2] son nez meurtri de pommes cuites,
Son œil éborgné de gros sous !
Et notre armée, hélas ! sa dupe et sa complice,
Baisse un front lugubre et puni,
Et voit sous les sifflets s'enfuir dans la coulisse
Cet écuyer de Franconi• !
Cet histrion, qu'on cingle à grands coups de lanière,
A le crime pour seul talent ;
Les Saint-Barthélemy[3] vont mieux à sa manière
Qu'Aboukir et que Friedland.
Le Cosaque stupide arrache à ce superbe
Sa redingote à brandebourgs ;
L'âne russe a brouté ce Bonaparte en herbe.
Sonnez, clairons ! battez, tambours !

1. *Tiquetonne* : rue où fut assassiné l'enfant de sept ans du poème *Souvenir de la nuit du 4* (II, III).
2. *Clio* : muse de l'Histoire.
3. *Saint-Barthélemy* : allusion à la nuit où furent assassinés les protestants sous le règne de Charles IX.

Tranche-Montagne[1], ainsi que Basile•, a la fièvre ;
La colique empoigne Agramant• ;
Sur le crâne du loup les oreilles du lièvre
Se dressent lamentablement.
Le fier-à-bras tremblant se blottit dans son antre ;
Le grand sabre a peur de briller ;
La fanfare bégaie et meurt ; la flotte rentre
Au port, et l'aigle au poulailler !

– 5 –

Et tous ces capitans[2] dont l'épaulette brille
Dans les Louvres et les châteaux
Disent : « Mangeons la France et le peuple en famille.
Sire, les boulets sont brutaux. »
Et Forey va criant : « Majesté, prenez garde. »
Reybell• dit : « Morbleu, sacrebleu !
Tenons-nous coi. Le czar fait manœuvrer sa garde.
Ne jouons pas avec le feu. »
Espinasse reprend : « César, gardez la chambre.
Ces Kalmoucks[3] ne sont pas manchots. »
« Coiffez-vous, dit Leroy•, du laurier de décembre,
Prince, et tenez-vous les pieds chauds. »
Et Magnan• dit : « Buvons et faisons l'amour, sire ! »
Les rêves s'en vont à vau-l'eau.
Et dans sa sombre plaine, ô douleur, j'entends rire
Le noir lion de Waterloo ![4]

Jersey. Juillet 1853.
[1/9/1853]

1. *Tranche-Montagne* : allusion à la scène 11, acte II, du *Barbier de Séville* de Beaumarchais où il désigne une espèce de Matamore.
2. *capitans* : matamores, faux braves.
3. *Kalmoucks* : en fait Kalmouks, peuple nomade d'Asie.
4. *Le noir lion de Waterloo !* : allusion à la statue représentant un lion élevée sur le champ de bataille de Waterloo.

III

LE CHASSEUR NOIR[1]

– Qu'es-tu, passant ? Le bois est sombre,
Les corbeaux volent en grand nombre,
Il va pleuvoir.
– Je suis celui qui va dans l'ombre,
Le Chasseur Noir !

Les feuilles des bois, du vent remuées,
Sifflent… on dirait
Qu'un sabbat nocturne emplit de huées
Toute la forêt ;
Dans une clairière au sein des nuées,
La lune apparaît.

Chasse le daim, chasse la biche,
Cours dans les bois, cours dans la friche,
Voici le soir.
Chasse le czar, chasse l'Autriche,
Ô Chasseur Noir !

Les feuilles des bois –

Souffle en ton cor, boucle ta guêtre,
Chasse les cerfs qui viennent paître
Près du manoir.
Chasse le roi, chasse le prêtre,
Ô Chasseur Noir !

Les feuilles des bois –

Il tonne, il pleut, c'est le déluge.
Le renard fuit, pas de refuge
Et pas d'espoir !
Chasse l'espion, chasse le juge,
Ô Chasseur Noir !

1. *LE CHASSEUR NOIR* : personnage d'une légende rhénane.

Les feuilles des bois –

Tous les démons de saint Antoine [1]
Bondissent dans la folle avoine
Sans t'émouvoir ;
Chasse l'abbé, chasse le moine,
Ô Chasseur Noir !

Les feuilles des bois –

Chasse les ours ! ta meute jappe.
Que pas un sanglier n'échappe !
Fais ton devoir !
Chasse César, chasse le pape,
Ô Chasseur Noir !

Les feuilles des bois –

Le loup de ton sentier s'écarte.
Que ta meute à sa suite parte !
Cours ! fais-le choir !
Chasse le brigand Bonaparte,
Ô Chasseur Noir !

Les feuilles des bois, du vent remuées,
Tombent… on dirait
Que le sabbat sombre aux rauques huées
A fui la forêt ;
Le clair chant du coq perce les nuées ;
Ciel ! l'aube apparaît !

Tout reprend sa forme première.
Tu redeviens la France altière
Si belle à voir,
L'Ange blanc vêtu de lumière,
Ô Chasseur Noir !

Les feuilles des bois, du vent remuées,
Tombent… on dirait

1. *Tous les démons de saint Antoine* : tenté par le Démon alors qu'il vivait dans le désert, saint Antoine lui résista.

Que le sabbat sombre aux rauques huées
A fui la forêt ;
Le clair chant du coq perce les nuées ;
Ciel ! l'aube apparaît !

Jersey. Septembre 1853.
[22/10/1852]

IV

L'ÉGOUT DE ROME

Voici le trou. Voici l'échelle. Descendez.
Tandis qu'au corps de garde en face, on joue aux dés
En riant sous le nez des matrones bourrues ;
Laissez le crieur rauque, assourdissant les rues,
Proclamer le Numide ou le Dace aux abois,[1]
Et, groupés sous l'auvent des échoppes de bois,
Les savetiers romains et les marchandes d'herbes
De la Minerve étrusque échanger les proverbes ;
Descendez.

Vous voilà dans un lieu monstrueux.
Enfer d'ombre et de boue aux porches tortueux,
Où les murs ont la lèpre, où, parmi les pustules,
Glissent les scorpions mêlés aux tarentules.
Morne abîme !

Au-dessus de ce plafond fangeux,
Dans les cieux, dans le cirque immense et plein de jeux,
Sur les pavés sabins, dallages centenaires,
Roulent les chars, les bruits, les vents et les tonnerres ;
Le peuple gronde ou rit dans le forum sacré ;
Le navire d'Ostie[2] au port est amarré,
L'arc triomphal rayonne, et sur la borne agraire

1. *Proclamer le Numide ou le Dace aux abois* : la coutume était de crier les noms des esclaves fugitifs.
2. *Ostie* : port maritime de Rome, à l'embouchure du Tibre.

Tètent, nus et divins, Rémus avec son frère
Romulus, louveteaux de la louve d'airain[1] ;
Non loin, le fleuve Tibre épand son flot serein,
Et la vache au flanc roux y vient boire, et les buffles
Laissent en fils d'argent l'eau tomber de leurs mufles.

Le hideux souterrain s'étend dans tous les sens ;
Il ouvre par endroits sous les pieds des passants
Ses soupiraux infects et flairés par les truies ;
Cette cave se change en fleuve au temps des pluies ;
Vers midi, tout au bord du soupirail vermeil,
Les durs barreaux de fer découpent le soleil,
Et le mur apparaît semblable au dos des zèbres ;
Tout le reste est miasme, obscurité, ténèbres.
Par places le pavé, comme chez les tueurs,
Paraît sanglant : la pierre a d'affreuses sueurs ;
Ici l'oubli, la peste et la nuit font leurs œuvres.
Le rat heurte en courant la taupe ; les couleuvres
Serpentent sur le mur comme de noirs éclairs ;
Les tessons, les haillons, les piliers aux pieds verts,
Les reptiles laissant des traces de salives,
La toile d'araignée accrochée aux solives,
Des mares dans les coins, effroyables miroirs,
Où nagent on ne sait quels êtres lents et noirs,
Font un fourmillement horrible dans ces ombres.
La vieille hydre chaos rampe sous ces décombres.
On voit des animaux accroupis et mangeant ;
La moisissure rose aux écailles d'argent
Fait sur l'obscur bourbier luire ses mosaïques,
L'odeur du lieu mettrait en fuite des stoïques,
Le sol partout se creuse en gouffres empestés ;
Et les chauves-souris volent de tous côtés
Comme au milieu des fleurs s'ébattent les colombes.
On croit, dans cette brume et dans ces catacombes,
Entendre bougonner la mégère Atropos• ;
Le pied sent dans la nuit le dos mou des crapauds ;
L'eau pleure ; par moments quelque escalier livide
Plonge lugubrement ses marches dans le vide.
Tout est fétide, informe, abject, terrible à voir.

1. *la louve d'airain* : statue qui commémore la légende selon laquelle Romulus et Rémus, abandonnés aux eaux du Tibre, auraient été nourris par une louve.

Le charnier, le gibet, le ruisseau, le lavoir,
Les vieux parfums rancis dans les fioles persanes,[1]
Le lavabo vidé des pâles courtisanes,
L'eau lustrale épandue aux pieds des dieux menteurs,
Le sang des confesseurs et des gladiateurs,
Les meurtres, les festins, les luxures hardies,
Le chaudron renversé des noires Canidies•,
Ce que Trimalcion• vomit sur le chemin,
Tous les vices de Rome, égout du genre humain,
Suintent, comme en un crible, à travers cette voûte,
Et l'immonde univers y filtre goutte à goutte.
Là-haut, on vit, on teint ses lèvres de carmin,
On a le lierre au front et la coupe à la main,
Le peuple sous les fleurs cache sa plaie impure
Et chante ; et c'est ici que l'ulcère suppure.
Ceci, c'est le cloaque, effrayant, vil, glacé.
Et Rome tout entière avec tout son passé,
Joyeuse, souveraine, esclave, criminelle,
Dans ce marais sans fond croupit, fange éternelle.
C'est le noir rendez-vous de l'immense néant ;
Toute ordure aboutit à ce gouffre béant ;
La vieille au chef branlant qui gronde et qui soupire
Y vide son panier, et le monde l'empire.
L'horreur emplit cet antre, infâme vision.
Toute l'impureté de la création
Tombe et vient échouer sur cette sombre rive.
Au fond, on entrevoit, dans une ombre où n'arrive
Pas un reflet de jour, pas un souffle de vent,
Quelque chose d'affreux qui fut jadis vivant,
Des mâchoires, des yeux, des ventres, des entrailles,
Des carcasses qui font des taches aux murailles ;
On approche, et longtemps on reste l'œil fixé
Sur ce tas monstrueux, dans la bourbe enfoncé,
Jeté là par un trou redouté des ivrognes,
Sans pouvoir distinguer si ces mornes charognes
Ont une forme encor visible en leurs débris,
Et sont des chiens crevés ou des césars pourris.

Jersey. Avril 1853.
[30/4/1853]

---

1. *Les vieux parfums rancis dans les fioles persanes* : allusion aux parfums de Perse dont parle Horace dans ses *Odes*.

V

C'était en juin, j'étais à Bruxelle ; on me dit :
Savez-vous ce que fait maintenant ce bandit ?
Et l'on me raconta le meurtre juridique,
Charlet• assassiné sur la place publique,
Cirasse•, Cuisinier•, tous ces infortunés
Que cet homme au supplice a lui-même traînés
Et qu'il a de ses mains liés sur la bascule.
Ô sauveur, ô héros, vainqueur de crépuscule,
César ! Dieu fait sortir de terre les moissons,
La vigne, l'eau courante abreuvant les buissons,
Les fruits vermeils, la rose où l'abeille butine,
Les chênes, les lauriers, et toi, la guillotine.

Prince qu'aucun de ceux qui lui donnent leurs voix
Ne voudrait rencontrer le soir au coin d'un bois !

J'avais le front brûlant ; je sortis par la ville.
Tout m'y parut plein d'ombre et de guerre civile,
Les passants me semblaient des spectres effarés ;
Je m'enfuis dans les champs paisibles et dorés ;
Ô contrecoups du crime au fond de l'âme humaine !
La nature ne put me calmer. L'air, la plaine,
Les fleurs, tout m'irritait ; je frémissais devant
Ce monde où je sentais ce scélérat vivant.
Sans pouvoir m'apaiser je fis plus d'une lieue.
Le soir triste monta sous la coupole bleue ;
Linceul frissonnant, l'ombre autour de moi s'accrut ;
Tout à coup la nuit vint, et la lune apparut
Sanglante, et dans les cieux, de deuil enveloppée,
Je regardai rouler cette tête coupée.

Jersey. Mai 1853.
[20/5/1853]

VI

CHANSON

Sa grandeur éblouit l'histoire.
Quinze ans, il fut
Le dieu que traînait la victoire
Sur un affût[1] ;
L'Europe sous la loi guerrière
Se débattit. –
Toi, son singe, marche derrière,
Petit, petit.

Napoléon dans la bataille,
Grave et serein,
Guidait à travers la mitraille
L'aigle d'airain.
Il entra sur le pont d'Arcole,
Il en sortit. –
Voici de l'or, viens, pille et vole,
Petit, petit.

Berlin, Vienne, étaient ses maîtresses ;
Il les forçait,
Leste, et prenant les forteresses
Par le corset ;
Il triompha de cent bastilles[2]
Qu'il investit. –
Voici pour toi, voici des filles,
Petit, petit.

Il passait les monts et les plaines,
Tenant en main
La palme, la foudre, et les rênes
Du genre humain ;

1. *affût* : support du canon.
2. *bastilles* : depuis la prise de la Bastille de 1789, le mot bastille (au départ, ouvrage de fortification à l'avant d'une place forte) est assorti d'une connotation précise. Il s'agit ici de la diffusion des idéaux de la Révolution en Europe.

Il était ivre de sa gloire
Qui retentit. –
Voici du sang, accours, viens boire,
Petit, petit.

Quand il tomba, lâchant le monde,
L'immense mer
Ouvrit à sa chute profonde
Son gouffre amer ;
Il y plongea, sinistre archange,
Et s'engloutit. –
Toi, tu te noieras dans la fange,
Petit, petit.

Jersey. Septembre 1853.
[9/1853]

VII

PATRIA

MUSIQUE DE BEETHOVEN[1] (4)

Là-haut qui sourit ?
Est-ce un esprit ?
Est-ce une femme ?
Quel front sombre et doux !
Peuple, à genoux !
Est-ce notre âme
Qui vient à nous ?

Cette figure en deuil
Paraît sur notre seuil,
Et notre antique orgueil
Sort du cercueil.
Ses fiers regards vainqueurs

1. La partition est en fait de Melesville.

Réveillent tous les cœurs,
Les nids dans les buissons,
Et les chansons.

C'est l'ange du jour ;
L'espoir, l'amour
Du cœur qui pense ;
Du monde enchanté
C'est la clarté.
Son nom est France
Ou Vérité.

Bel ange, à ton miroir
Quand s'offre un vil pouvoir,
Tu viens, terrible à voir,
Sous le ciel noir.
Tu dis au monde : Allons !
Formez vos bataillons ![1]
Et le monde ébloui
Te répond : Oui !

C'est l'ange de nuit.
Rois, il vous suit,
Marquant d'avance
Le fatal moment
Au firmament.
Son nom est France
Ou Châtiment.

Ainsi que nous voyons
En mai les alcyons[2],
Voguez, ô nations,
Dans ses rayons !
Son bras aux cieux dressé
Ferme le noir passé
Et les portes de fer
Du sombre enfer.

1. *Formez vos bataillons !* : citation de *La Marseillaise*.
2. *alcyons* : *cf.* note 3, p. 215.

C'est l'ange de Dieu.
Dans le ciel bleu
Son aile immense
Couvre avec fierté
L'Humanité.
Son nom est France
Ou Liberté !

Jersey. Septembre 1853.
[Avant mars 1853]

Questions

Compréhension

1. *Poème* I. *Dégagez l'idée illustrée par ce poème, son sens dans l'œuvre et sa valeur générale.*

2. *Poème* I. *Dites ce qu'apporte le premier vers.*

3. *Poème* I. *Précisez la composition du poème, sa mise en œuvre dramatique.*

4. *Poème* I. *Quels sont les avantages du choix de cette scène ?*

5. *Poème* I. *Que supprime Hugo du texte biblique original ? que garde-t-il ? qu'ajoute-t-il ? pourquoi ?*

6. *Poème* II. *Quelle idée générale concernant l'armée se trouve développée dans ce poème ?*

7. *Poème* III. *Étudiez la progression de l'image du chasseur jusqu'à la métamorphose finale.*

8. *Poème* IV. *Étudiez la brutalité de l'opposition dessus / dessous.*

9. *Poème* IV. *Quelle est la fonction de ce poème dans le dernier livre ?*

10. *Poème* VI. *Sur quelles oppositions se construit une dernière fois le parallèle entre Napoléon* Ier *et Napoléon III ? Quel est l'effet du refrain ?*

Écriture

11. *Poème* III. *Analysez les rythmes et les sonorités dans le refrain.*

12. *Poème* IV. *Par quels procédés Hugo suscite-t-il le dégoût ?*

13. *Poème* VII. *Repérez toutes les libertés que prend Hugo par rapport aux règles de la versification. Quelles en sont les raisons ? Quel est l'effet produit ?*

VIII

LA CARAVANE

– 1 –

Sur la terre, tantôt sable, tantôt savane,
L'un à l'autre liés en longue caravane,
Échangeant leur pensée en confuses rumeurs,
Emmenant avec eux les lois, les faits, les mœurs,
Les esprits, voyageurs éternels, sont en marche.
L'un porte le drapeau, les autres portent l'arche[1] ;
Ce saint voyage à nom Progrès. De temps en temps,
Ils s'arrêtent, rêveurs, attentifs, haletants,
Puis repartent. En route ! ils s'appellent, ils s'aident,
Ils vont ! Les horizons aux horizons succèdent,
Les plateaux aux plateaux, les sommets aux sommets.
On avance toujours, on n'arrive jamais.
À chaque étape un guide accourt à leur rencontre ;
Quand Jean Huss• disparaît, Luther pensif se montre ;
Luther s'en va, Voltaire alors prend le flambeau ;
Quand Voltaire s'arrête, arrive Mirabeau.
Ils sondent, pleins d'espoir, une terre inconnue ;
À chaque pas qu'on fait, la brume diminue ;
Ils marchent, sans quitter des yeux un seul instant
Le terme du voyage et l'asile où l'on tend,
Point lumineux au fond d'une profonde plaine,
La Liberté sacrée, éclatante et lointaine,
La Paix dans le travail, l'universel Hymen,
L'Idéal, ce grand but, Mecque[2] du genre humain.

Plus ils vont, plus la foi les pousse et les exalte.
Pourtant, à de certains moments, lorsqu'on fait halte,
Que la fatigue vient, qu'on voit le jour blêmir,
Et qu'on a tant marché qu'il faut enfin dormir,
C'est l'instant où le Mal, prenant toutes les formes,
Morne oiseau, vil reptile ou monstre aux bonds énormes,

1. *arche* : *cf.* note 3, p. 245.
2. *Mecque* : lieu saint des musulmans.

Chimère, préjugé, mensonge ténébreux,
C'est l'heure où le Passé, qu'ils laissent derrière eux,
Voyant dans chacun d'eux une proie échappée,
Surprend la caravane assoupie et campée,
Et, sortant hors de l'ombre et du néant profond,
Tâche de ressaisir ces esprits qui s'en vont.

– 2 –

Le jour baisse ; on atteint quelque colline chauve[1]
Que l'âpre solitude entoure, immense et fauve,
Et dont pas même un arbre, une roche, un buisson
Ne coupe l'immobile et lugubre horizon ;
Les tchaouchs[2], aux lueurs des premières étoiles,
Piquent des pieux en terre et déroulent les toiles ;
En cercle autour du camp les feux sont allumés ;
Il est nuit. Gloire à Dieu ! voyageurs las, dormez.

Non, veillez ! car autour de vous tout se réveille.
Écoutez ! écoutez ! debout ! prêtez l'oreille !
Voici qu'à la clarté du jour zodiacal[3],
L'épervier gris, le singe obscène, le chacal,
Les rats abjects et noirs, les belettes, les fouines,
Nocturnes visiteurs des tentes bédouines,
L'hyène au pas boiteux qui menace et qui fuit,
Le tigre au crâne plat où nul instinct ne luit,
Dont la férocité ressemble à de la joie,
Tous, les oiseaux de deuil et les bêtes de proie,
Vers le feu rayonnant poussant d'étranges voix,
De tous les points de l'ombre arrivent à la fois.
Dans la brume, pareils aux brigands qui maraudent,
Bandits de la nature, ils sont tous là qui rôdent.
Le foyer se reflète aux yeux des léopards.
Fourmillement terrible ! on voit de toutes parts
Des prunelles de braise errer dans les ténèbres.
La solitude éclate en hurlements funèbres.

1. *colline chauve* : traduction libre de Golgotha (littéralement « le lieu du crâne »).
2. *tchaouchs* : dans les pays d'administration turque, serviteurs du palais.
3. *jour zodiacal* : lumière qui suit le coucher du soleil, à l'équinoxe de printemps, et précède son lever, à l'équinoxe d'automne.

Des pierres, des fossés, des ravins tortueux,
De partout, sort un bruit farouche et monstrueux.
Car lorsqu'un pas humain pénètre dans ces plaines,
Toujours, à l'heure où l'ombre épanche ses haleines,
Où la création commence son concert,
Le peuple épouvantable et rauque du désert,
Horrible et bondissant sous les pâles nuées,
Accueille l'homme avec des cris et des huées.
Bruit lugubre ! chaos des forts et des petits
Cherchant leur proie avec d'immondes appétits !
L'un glapit, l'autre rit, miaule, aboie, ou gronde.
Le voyageur invoque en son horreur profonde
Ou son saint musulman ou son patron chrétien.

Soudain tout fait silence et l'on n'entend plus rien.

Le tumulte effrayant cesse, râles et plaintes
Meurent comme des voix par l'agonie éteintes,
Comme si, par miracle et par enchantement,
Dieu même avait dans l'ombre emporté brusquement
Renards, singes, vautours, le tigre, la panthère,
Tous ces monstres hideux qui sont sur notre terre
Ce que sont les démons dans le monde inconnu.
Tout se tait.

Le désert est muet, vaste et nu.
L'œil ne voit sous les cieux que l'espace sans borne.

Tout à coup, au milieu de ce silence morne
Qui monte et qui s'accroît de moment en moment,
S'élève un formidable et long rugissement !

C'est le lion.

– 3 –

Il vient, il surgit où vous êtes,
Le roi sauvage et roux des profondeurs muettes !

Il vient de s'éveiller comme le soir tombait,
Non, comme le loup triste, à l'odeur du gibet,
Non, comme le jaguar, pour aller dans les havres

Flairer si la tempête a jeté des cadavres,
Non, comme le chacal furtif et hasardeux,
Pour déterrer la nuit les morts, spectres hideux,
Dans quelque champ qui vit la guerre et ses désastres ;
Mais pour marcher dans l'ombre à la clarté des astres.
Car l'azur constellé plaît à son œil vermeil ;
Car Dieu fait contempler par l'aigle le soleil,
Et fait par le lion regarder les étoiles.
Il vient, du crépuscule il traverse les voiles,
Il médite, il chemine à pas silencieux,
Tranquille et satisfait sous la splendeur des cieux ;
Il aspire l'air pur qui manquait à son antre ;
Sa queue à coups égaux revient battre son ventre,
Et, dans l'obscurité qui le sent approcher,
Rien ne le voit venir, rien ne l'entend marcher.
Les palmiers, frissonnant comme des touffes d'herbe,
Frémissent. C'est ainsi que, paisible et superbe,
Il arrive toujours par le même chemin,
Et qu'il venait hier, et qu'il viendra demain,
À cette heure où Vénus à l'occident décline[1].

Et quand il s'est trouvé proche de la colline,
Marquant ses larges pieds dans le sable mouvant,
Avant même que l'œil d'aucun être vivant
Ait pu, sous l'éternel et mystérieux dôme,
Voir poindre à l'horizon son vague et noir fantôme,
Avant que dans la plaine il se soit avancé,
Il se taisait ; son souffle a seulement passé,
Et ce souffle a suffi, flottant à l'aventure,
Pour faire tressaillir la profonde nature,
Et pour faire soudain taire au plus fort du bruit
Toutes ces sombres voix qui hurlent dans la nuit.

– 4 –

Ainsi, quand de ton antre enfin poussant la pierre[2],
Et las du long sommeil qui pèse à ta paupière,

1. *À cette heure où Vénus à l'occident décline* : au moment où le jour va se lever.
2. *quand de ton antre enfin poussant la pierre* : allusion à la résurrection du Christ. La pierre qui fermait le tombeau est poussée par un ange.

Ô peuple, ouvrant tes yeux d'où sort une clarté,
Tu te réveilleras dans ta tranquillité,
Le jour où nos pillards, où nos tyrans sans nombre
Comprendront que quelqu'un remue au fond de l'ombre,
Et que c'est toi qui viens, ô lion ! ce jour-là,
Ce vil groupe où Falstaff• s'accouple à Loyola•,
Tous ces gueux devant qui la probité se cabre,
Les traîneurs de soutane et les traîneurs de sabre,
Le général Soufflard•, le juge Barabbas•,
Le jésuite au front jaune, à l'œil féroce et bas,
Disant son chapelet dont les grains sont des balles,
Les Mingrats• bénissant les Héliogabales•,
Les Veuillots• qui naguère, errant sans feu ni lieu,
Avant de prendre en main la cause du Bon Dieu,
Avant d'être des saints, traînaient dans les ribotes[1]
Les haillons de leur style et les trous de leurs bottes,
L'archevêque, ouléma[2] du Christ ou de Mahom[3],
Mâchant avec l'hostie un sanglant *Te Deum*,
Les Troplong•, les Rouher•, violateurs de chartes,
Grecs qui tiennent les lois comme ils tiendraient les cartes,
Les beaux fils dont les mains sont rouges sous leurs gants,
Ces dévots, ces viveurs, ces bedeaux, ces brigands,
Depuis les hommes vils jusqu'aux hommes sinistres,
Tout ce tas monstrueux de gredins et de cuistres
Qui grincent, l'œil ardent, le mufle ensanglanté,
Autour de la raison et de la vérité,
Tous, du maître au goujat, du bandit au maroufle[4],
Pâles, rien qu'à sentir au loin passer ton souffle,
Feront silence, ô peuple ! et tous disparaîtront
Subitement, l'éclair ne sera pas plus prompt,
Cachés, évanouis, perdus dans la nuit sombre,
Avant même qu'on ait entendu, dans cette ombre
Où les justes tremblants aux méchants sont mêlés,
Ta grande voix monter vers les cieux étoilés !

Jersey. Juin 1853.
[25/11/1852]

1. *ribotes* : excès de table ou de boisson.
2. *ouléma* : théologien musulman.
3. *Mahom* : Mahomet.
4. *maroufle* : maraud, grossier personnage.

IX

Cette nuit, il pleuvait, la marée était haute,
Un brouillard lourd et gris couvrait toute la côte,
Les brisants[1] aboyaient comme des chiens, le flot
Aux pleurs du ciel profond joignait son noir sanglot,
L'infini secouait et mêlait dans son urne
Les sombres tournoiements de l'abîme nocturne ;
Les bouches de la nuit semblaient rugir dans l'air.

J'entendais le canon d'alarme sur la mer.
Des marins en détresse appelaient à leur aide.
Dans l'ombre où la rafale aux rafales succède,
Sans pilote, sans mât, sans ancre, sans abri,
Quelque vaisseau perdu jetait son dernier cri.
Je sortis. Une vieille, en passant effarée,
Me dit : « Il a péri ; c'est un chasse-marée[2]. »
Je courus à la grève et ne vis qu'un linceul
De brouillard et de nuit, et l'horreur, et moi seul ;
Et la vague, dressant sa tête sur l'abîme,
Comme pour éloigner un témoin de son crime,
Furieuse, se mit à hurler après moi.

Qu'es-tu donc, Dieu jaloux, Dieu d'épreuve et d'effroi,
Dieu des écroulements, des gouffres, des orages,
Que tu n'es pas content de tant de grands naufrages,
Qu'après tant de puissants et de forts engloutis,
Il te reste du temps encor pour les petits,
Que sur les moindres fronts ton bras laisse sa marque,
Et qu'après cette France, il te faut cette barque !

Jersey, Avril 1853.
[5/4/1853]

1. *brisants* : rochers sur lesquels la mer se brise et écume.
2. *chasse-marée* : petit bateau côtier à trois mâts.

X

– 1 –

Ce serait une erreur de croire que ces choses
Finiront par des chants et des apothéoses ;
Certe, il viendra, le rude et fatal châtiment ;
Jamais l'arrêt d'en haut ne recule et ne ment,
Mais ces jours effrayants seront des jours sublimes.
Tu feras expier à ces hommes leurs crimes,
Ô peuple généreux, ô peuple frémissant,
Sans glaive, sans verser une goutte de sang,
Par la loi ; sans pardon, sans fureur, sans tempête.
Non, que pas un cheveu ne tombe d'une tête ;
Que l'on n'entende pas une bouche crier ;
Que pas un scélérat ne trouve un meurtrier.
Les temps sont accomplis ; la loi de mort est morte.
Du vieux charnier humain nous avons clos la porte.
Tous ces hommes vivront. – Peuple, pas même lui !

Nous le disions hier, nous venons aujourd'hui
Le redire, et demain nous le dirons encore,
Nous qui des temps futurs portons au front l'aurore,
Parce que nos esprits, peut-être pour jamais,
De l'adversité sombre habitent les sommets ;
Nous, les absents, allant où l'exil nous envoie ;
Nous, proscrits, qui sentons, pleins d'une douce joie,
Dans le bras qui nous frappe une main nous bénir ;
Nous, les germes du grand et splendide avenir
Que le Seigneur, penché sur la famille humaine,
Sema dans un sillon de misère et de peine[1].

– 2 –

Ils tremblent, ces coquins, sous leur nom accablant ;
Ils ont peur pour leur tête infâme, ou font semblant ;

1. V. 16 à 26 : renversement, les derniers deviennent les premiers et les proscrits les élus.

Mais, marauds, ce serait déshonorer la Grève[1] !
Des révolutions remuer le vieux glaive
Pour eux ! y songent-ils ? diffamer l'échafaud !
Mais, drôles, des martyrs qui marchaient le front haut,
Des justes, des héros, souriant à l'abîme,
Sont morts sur cette planche et l'ont faite sublime !
Quoi ! Charlotte Corday•, quoi ! madame Roland•
Sous cette grande hache ont posé leur cou blanc,
Elles l'ont essuyée avec leur tresse blonde,
Et Magnan• y viendrait faire sa tache immonde !
Où le lion gronda, grognerait le pourceau !
Pour Rouher•, Fould• et Suin•, ces rebuts du ruisseau,
L'échafaud des Camille et des Vergniaud[2] superbes !
Quoi, grand Dieu, pour Troplong• la mort de Malesherbes !
Traiter le sieur Delangle• ainsi qu'André Chénier• !
Jeter ces têtes-là dans le même panier,
Et, dans ce dernier choc qui mêle et qui rapproche,
Faire frémir Danton du contact de Baroche• !
Non, leur règne, où l'atroce au burlesque se joint,
Est une mascarade, et, ne l'oublions point,
Nous en avons pleuré, mais souvent nous en rîmes,
Sous prétexte qu'il a commis beaucoup de crimes,
Et qu'il est assassin autant que charlatan,
Paillasse après Saint-Just, Robespierre et Titan•,
Monterait cette échelle effrayante et sacrée !
Après avoir coupé le cou de Briarée•,
Ce glaive couperait la tête d'Arlequin !
Non, non ! maître Rouher•, vous êtes un faquin,
Fould, vous êtes un fat, Suin, vous êtes un cuistre.
L'échafaud est le lieu du triomphe sinistre,
Le piédestal, dressé sur le noir cabanon,
Qui fait tomber la tête et fait surgir le nom ;
C'est le faîte vermeil d'où le martyr s'envole ;
C'est la hache impuissante à trancher l'auréole ;
C'est le créneau sanglant, étrange et redouté,
Par où l'âme se penche et voit l'éternité.
Ce qu'il faut, ô justice, à ceux de cette espèce,
C'est le lourd bonnet vert[3], c'est la casaque épaisse,

1. *la Grève* : c'est sur la place de Grève que les condamnés à mort étaient guillotinés.
2. *Vergniaud* : député girondin exécuté en 1793.
3. *bonnet vert* : celui que portaient les condamnés à perpétuité.

C'est le poteau ; c'est Brest[1], c'est Clairvaux[1], c'est Toulon[1] ;
C'est le boulet roulant derrière leur talon,
Le fouet et le bâton, la chaîne, âpre compagne,
Et les sabots sonnant sur le pavé du bagne !
Qu'ils vivent accouplés et flétris ! L'échafaud,
Sévère, n'en veut pas. Qu'ils vivent, il le faut,
L'un avec sa simarre et l'autre avec son cierge !
La mort devant ces gueux baisse ses yeux de vierge.

Jersey. Juillet 1853.
[23/5/1853]

XI

Quand l'eunuque régnait à côté du césar,
Quand Tibère•, et Caïus•, et Néron, sous leur char
Foulaient Rome, plus morte, hélas ! que Babylone,
Le poète saisit ces bourreaux sur leur trône ;
La muse entre deux vers, tout vivants, les scia.
Toi, faux prince, cousin du blême hortensia[2],
Hidalgo par ta femme, amiral par ta mère,[3]
Tu règnes par décembre et tu vis sur brumaire,
Mais la muse t'a pris ; et maintenant, c'est bien,
Tu tressailles aux mains du sombre historien.
Pourtant, quoique tremblant sous la verge lyrique,
Tu dis dans ton orgueil : – Je vais être historique. –
Non, coquin ! Le charnier des rois t'est interdit.
Non, tu n'entreras point dans l'histoire, bandit !
Haillon humain, hibou déplumé, bête morte,
Tu resteras dehors et cloué sur la porte.[4]

Jersey. Octobre 1853.
[1/8/1853]

---

1. *Brest, Clairvaux, Toulon* : bagnes et prisons.
2. *blême hortensia* : il s'agit de Morny, fils bâtard d'Hortense de Beauharnais ; un hortensia barré figurait sur ses armes.
3. *Hidalgo par ta femme, amiral par ta mère* : l'impératrice Eugénie appartenait à la noblesse espagnole ; on suppose que le père de Napoléon III était l'amiral Verhuell.
4. *Tu resteras dehors et cloué sur la porte* : une coutume paysanne voulait que l'on clouât les bêtes nuisibles sur les portes pour écarter le mauvais sort.

XII

PAROLES D'UN CONSERVATEUR

À PROPOS D'UN PERTURBATEUR

Était-ce un rêve ? étais-je éveillé ? jugez-en.
Un homme, – était-il grec, juif, chinois, turc, persan ? –
Un membre du parti de l'ordre, véridique
Et grave, me disait : « Cette mort juridique
Frappant ce charlatan, anarchiste éhonté,
Est juste. Il faut que l'ordre et que l'autorité
Se défendent. Comment souffrir qu'on les discute ?
D'ailleurs les lois sont là pour qu'on les exécute.
Il est des vérités éternelles qu'il faut
Faire prévaloir, fût-ce au prix de l'échafaud.
Ce novateur prêchait une philosophie.
Amour, progrès, mots creux, et dont je me défie.
Il raillait notre culte antique et vénéré.
Cet homme était de ceux qui n'ont rien de sacré,
Il ne respectait rien de tout ce qu'on respecte.
Pour leur inoculer sa doctrine suspecte,
Il allait ramassant dans les plus méchants lieux
Des bouviers, des pêcheurs[1], des drôles bilieux,
D'immondes va-nu-pieds n'ayant ni sou ni maille ;
Il faisait son cénacle avec cette canaille.
Il ne s'adressait pas à l'homme intelligent,
Sage, honorable, ayant des rentes, de l'argent,
Du bien ; il n'avait garde ; il égarait les masses ;
Avec les doigts levés en l'air et des grimaces,
Il prétendait guérir malades et blessés
Contrairement aux lois. Mais ce n'est pas assez :
L'imposteur, s'il vous plaît, tirait les morts des fosses.
Il prenait de faux noms et des qualités fausses,
Et se faisait passer pour ce qu'il n'était pas.
Il errait au hasard, disant : – Suivez mes pas, –
Tantôt dans la campagne et tantôt dans la ville.

1. *des pêcheurs* : les premiers disciples de Jésus étaient pêcheurs.

N'est-ce pas exciter à la guerre civile,
Au mépris, à la haine entre les citoyens ?
On voyait accourir vers lui d'affreux païens,
Couchant dans les fossés et dans les fours à plâtre,
L'un boiteux, l'autre sourd, l'autre un œil sous l'emplâtre[1],
L'autre raclant sa plaie avec un vieux tesson.
L'honnête homme indigné rentrait dans sa maison
Quand ce jongleur passait avec cette séquelle[2].
Dans une fête, un jour, je ne sais plus laquelle,
Cet homme prit un fouet, et criant, déclamant,
Il se mit à chasser, mais fort brutalement,
Des marchands patentés, le fait est authentique,
Très braves gens tenant sur le parvis boutique,
Avec permission, ce qui, je crois, suffit,
Du clergé qui touchait sa part de leur profit.[3]
Il traînait à sa suite une espèce de fille[4] ;
Il allait, pérorant, ébranlant la famille,
Et la religion, et la société ;[5]
Il sapait la morale et la propriété ;
Le peuple le suivait, laissant les champs en friches ;
C'était fort dangereux. Il attaquait les riches,
Il flagornait le pauvre, affirmant qu'ici-bas
Les hommes sont égaux et frères, qu'il n'est pas
De grands ni de petits, d'esclaves ni de maîtres,
Que le fruit de la terre est à tous ; quant aux prêtres,
Il les déchirait ; bref, il blasphémait. Cela
Dans la rue. Il contait toutes ces horreurs-là
Aux premiers gueux venus, sans cape et sans semelles.
Il fallait en finir ; les lois étaient formelles,
On l'a crucifié. »

Ce mot, dit d'un air doux,
Me frappa. Je lui dis : « Mais qui donc êtes-vous ? »
Il répondit : « Vraiment, il fallait un exemple.

---

1. *emplâtre* : espèce de pansement à prétention curative.
2. *séquelle* : suite de gens attachés aux intérêts de quelqu'un.
3. *Dans une fête, un jour* [...] *leur profit* : adaptation libre de l'épisode des Évangiles montrant Jésus chassant les marchands du Temple.
4. *une espèce de fille* : Marie-Madeleine, fille de mauvaise vie repentie.
5. *ébranlant la famille / Et la religion, et la société* : écho des titres des premiers livres.

Je m'appelle Élizab[1], je suis scribe du temple.
– Et de qui parlez-vous ? » demandai-je. Il reprit :
« Mais ! de ce vagabond qu'on nomme Jésus-Christ. »

Jersey, Novembre 1852.
[23/12/1852]

1. *Élizab* : Hugo écrit à ce propos : « *Éliasib, grand prêtre juif au temps d'Ataxerce Longuemain. (Contient Basile. Comme Élisab qui en est le renversement exact et que j'ai mis dans* Les Châtiments*)* ».

Questions

Compréhension

1. *Poème* VIII. *Mettez en évidence le plan de ce poème. Quel est le sens visé ?*

2. *Poème* IX. *Montrez comment Hugo ne se contente pas de brosser un tableau, mais nous fait participer à son émotion. Par quels procédés y parvient-il ?*

3. *Poème* IX. *Dans ce même poème, pourquoi l'Océan n'est-il pas comparé au peuple ?*

4. *Poème* IX. *Vers 20 à 26. Quel est le problème posé dans cette dernière partie ? Expliquez le vers 26.*

5. *Poème* X. *Quel thème se trouve repris dans ce poème ? Qu'apporte-t-il de nouveau ?*

6. *Poème* XI. *À quelle question Hugo répond-il ici par anticipation ?*

7. *Poème* XII. *Poème-parabole, quel est le but de ce texte ? Quels moyens Hugo met-il en œuvre pour l'atteindre ?*

8. *Poème* XII. *Expliquez l'expression* « mort juridique » *(v. 4) appliquée à Jésus puis à Hugo.*

9. *Poème* XII. *Quels éléments Hugo ajoute-t-il aux Évangiles ; pourquoi ?*

Écriture

10. *Poème* VIII. *Repérez les éléments dont est constituée l'image du peuple-lion ; quel effet produisent-ils ?*

XIII

FORCE DES CHOSES[1]

Que devant les coquins l'honnête homme soupire ;
Que l'histoire soit laide et plate ; que l'empire
Boite avec Talleyrand• ou louche avec Parieu• ;
Qu'un tour d'escroc bien fait ait nom grâce de Dieu ;
Que le pape en massue ait changé sa houlette[2] ;
Qu'on voie au Champ-de-Mars piaffer sous l'épaulette
Le Meurtre général, le Vol aide de camp ;
Que hors de l'Élysée un prince débusquant[3],
Qu'un flibustier quittant l'île de la Tortue[4],
Assassine, extermine, égorge, pille et tue ;
Que les bonzes chrétiens, cognant sur leur tam-tam,
Hurlent devant Soufflard• : *Attollite portam !*[5]
Que pour claqueurs le crime ait cent journaux infâmes,
Ceux qu'à la Maison d'Or[6], sur les genoux des femmes,
Griffonnent les Romieux•, le verre en main, et ceux
Que saint Ignace inspire à des gredins crasseux ;
Qu'en ces vils tribunaux, où le regard se heurte
De Moreau• de la Seine à Moreau de la Meurthe,
La justice ait reçu d'horribles horions[7] ;
Que, sur un lit de camp, par des centurions
La loi soit violée et râle à l'agonie ;
Que cet être choisi, créé par Dieu génie,
L'homme, adore à genoux le loup fait empereur ;
Qu'en un éclat de rire abrégé par l'horreur,
Tout ce que nous voyons aujourd'hui se résume ;
Qu'Hautpoul• vende son sabre et Cucheval• sa plume ;

1. *FORCE DES CHOSES* : l'expression avait été fréquemment employée par les historiens libéraux de la Restauration pour désigner la nécessité historique (*cf.* Rosa et Gleize).
2. *houlette* : bâton du berger.
3. *débusquant* : c'est-à-dire « sortant ». Avec cette construction, ce terme s'emploie pour le gibier.
4. *île de la Tortue* : repaire de flibustiers, elle appartient au royaume de Soulouque.
5. Attollite portam ! : « Élevez une porte d'honneur » (pour le Messie qui entre au Ciel), citation du psaume XXIII, 8.
6. *Maison d'Or* : café-restaurant du boulevard des Italiens.
7. *horions* : coups violents.

Que tous les grands bandits, en petit copiés,
Revivent ; qu'on emplisse un Sénat de plats-pieds
Dont la servilité négresse et mamelouque
Eût révolté Mahmoud• et lasserait Soulouque• ;
Que l'or soit le seul culte, et qu'en ce temps vénal,
Coffre-fort étant Dieu, Gousset• soit cardinal ;
Que la vieille Thémis• ne soit plus qu'une gouine[1]
Baisant Mandrin• dans l'antre où Mongis• baragouine ;
Que Montalembert• bave accoudé sur l'autel ;
Que Veuillot• sur Sibour• crève sa poche au fiel ;
Qu'on voie aux bals de cour s'étaler des guenipes[1]
Qui le long des trottoirs traînaient hier leurs nippes,
Beautés de lansquenet avec un profil grec ;
Que Haynau• dans Brescia soit pire que Lautrec• ;
Que partout, des Sept-Tours aux colonnes d'Hercule[2],
Napoléon, le poing sur la hanche, recule,
Car l'aigle est vieux, Essling grisonne, Marengo
A la goutte, Austerlitz est pris d'un lombago ;
Que le czar russe ait peur tout autant que le nôtre ;
Que l'ours noir et l'ours blanc tremblent l'un devant l'autre ;
Qu'avec son grand panache et sur son grand cheval
Rayonne Saint-Arnaud•, ci-devant Florival•,
Fort dans la pantomime et les combats *à l'hache* ;[3]
Que Sodome se montre et que Paris se cache ;
Qu'Escobar• et Houdin• vendent le même onguent ;
Que grâce à tous ces gueux qu'on touche avec le gant,
Tout dorés au dehors, au dedans noirs de lèpres,
Courant les bals, courant les jeux, allant à vêpres,
Grâce à ces bateleurs mêlés aux scélérats,
La Saint-Barthélemy s'achève en Mardi gras ;
Ô nature profonde et calme, que t'importe !
Nature, Isis voilée assise à notre porte,
Impénétrable aïeule aux regards attendris,
Vieille comme Cybèle[4] et fraîche comme Iris•,

1. *gouines, guenipes* : femmes de mauvaise vie.
2. *des Sept-Tours aux colonnes d'Hercule* : c'est-à-dire de Constantinople (où se trouve le château des Sept-Tours) au détroit de Gibraltar.
3. *combats* à l'hache : simulacres de combats qui étaient fort populaires ; d'où la prononciation qui a en outre le mérite d'éviter un hiatus (*cf.* R. Journet, « Poésies Gallimard », N.R.F.).
4. *Cybèle* : déesse de la Fécondité dans la mythologie gréco-latine.

Ce qu'on fait ici-bas s'en va devant ta face ;
À ton rayonnement toute laideur s'efface ;
Tu ne t'informes pas quel drôle ou quel tyran
Est fait premier chanoine à Saint-Jean-de-Latran[1] ;
Décembre, les soldats ivres, les lois faussées,
Les cadavres mêlés aux bouteilles cassées,
Ne te font rien ; tu suis ton flux et ton reflux.
Quand l'homme des faubourgs s'endort et ne sait plus
Bourrer dans un fusil des balles de calibre ;
Quand le peuple français n'est plus le peuple libre ;
Quand mon esprit, fidèle au but qu'il se fixa,
Sur cette léthargie applique un vers moxa[2],
Toi, tu rêves ; souvent du fond des geôles sombres,
Sort, comme d'un enfer, le murmure des ombres
Que Baroche• et Rouher• gardent sous les barreaux,
Car ce tas de laquais est un tas de bourreaux ;
Étant les cœurs de boue, ils sont les cœurs de roche ;
Ma strophe alors se dresse, et, pour cingler Baroche,
Se taille un fouet sanglant dans Rouher écorché ;
Toi, tu ne t'émeus point ; flot sans cesse épanché,
La vie indifférente emplit toujours tes urnes ;
Tu laisses s'élever des attentats nocturnes,
Des crimes, des fureurs, de Rome mise en croix,
De Paris mis aux fers, des guets-apens des rois,
Des pièges, des serments, des toiles d'araignées,
L'orageuse clameur des âmes indignées ;
Dans ce calme où toujours tu te réfugias,
Tu laisses le fumier croupir chez Augias,
Et renaître un passé dont nous nous affranchîmes,
Et le sang rajeunir les abus cacochymes[3],
La France en deuil jeter son suprême soupir,
Les prostitutions chanter, et se tapir
Les lâches dans leurs trous, la taupe en ses cachettes,
Et gronder les lions, et rugir les poètes !
Ce n'est pas ton affaire à toi de t'irriter.
Tu verrais, sans frémir et sans te révolter,
Sur tes fleurs, sous tes pins, tes ifs et tes érables,

1. *Saint-Jean-de-Latran* : cathédrale de Rome ; titre donné, depuis Henri IV jusqu'à la séparation de l'Église et de l'État en 1905, à tous les chefs d'État français.
2. *moxa* : remède chinois servant à cautériser les plaies.
3. *cacochymes* : malades.

Errer le plus coquin de tous ces misérables.
Quand Troplong•, le matin, ouvre un œil chassieux,
Vénus, splendeur sereine éblouissant les cieux,
Vénus, qui devrait fuir courroucée et hagarde,
N'a pas l'air de savoir que Troplong la regarde !
Tu laisserais cueillir une rose à Dupin• !
Tandis que, de velours recouvrant le sapin[1],
L'escarpe[2] couronné que l'Europe surveille,
Trône et guette, et qu'il a, lui parlant à l'oreille,
D'un côté Loyola•, de l'autre Trestaillon•,
Ton doigt au blé dans l'ombre entr'ouvre le sillon.
Pendant que l'horreur sort des sénats, des conclaves,
Que les États-Unis ont des marchés d'esclaves
Comme en eut Rome avant que Jésus-Christ passât,
Que l'Américain libre à l'Africain forçat
Met un bât, et qu'on vend des hommes pour des piastres,
Toi, tu gonfles la mer, tu fais lever les astres,
Tu courbes l'arc-en-ciel, tu remplis les buissons
D'essaims, l'air de parfums et les nids de chansons,
Tu fais dans le bois vert la toilette des roses,
Et tu fais concourir, loin des hommes moroses,
Pour des prix inconnus par les anges cueillis,
La candeur de la vierge et la blancheur du lys.
Et quand, tordant ses mains devant les turpitudes,
Le penseur douloureux fuit dans tes solitudes,
Tu lui dis : Viens ! c'est moi ! moi que rien ne corrompt !
Je t'aime ! et tu répands dans l'ombre, sur son front
Où de l'artère ardente il sent battre les ondes,
L'âcre fraîcheur de l'herbe et des feuilles profondes !
Par moments, à te voir, parmi les trahisons,
Mener paisiblement tes mois et tes saisons,
À te voir impassible et froide, quoi qu'on fasse,
Pour qui ne creuse point plus bas que la surface,
Tu sembles bien glacée, et l'on s'étonne un peu.
Quand les proscrits, martyrs du peuple, élus de Dieu,
Stoïques, dans la mort se couchent sans se plaindre,
Tu n'as l'air de songer qu'à dorer et qu'à peindre

1. *de velours recouvrant le sapin* : allusion aux mots de Napoléon en 1814 : « *Le trône en lui-même n'est qu'un assemblage de quelques pièces de bois recouvertes de velours.* »
2. *escarpe* : truand, dans l'argot de l'époque.

L'aile du scarabée errant sur leurs tombeaux.
Les rois font les gibets, toi, tu fais les corbeaux.
Tu mets le même ciel sur le juste et l'injuste.
Occupée à la mouche, à la pierre, à l'arbuste,
Aux mouvements confus du vil monde animal,
Tu parais ignorer le bien comme le mal ;
Tu laisses l'homme en proie à sa misère aiguë.
Que t'importe Socrate* ! et tu fais la ciguë.
Tu créas le besoin, l'instinct et l'appétit ;
Le fort mange le faible et le grand le petit,
L'ours déjeune du rat, l'autour de la colombe,
Qu'importe ! allez, naissez, fourmillez pour la tombe,
Multitudes ! vivez, tuez, faites l'amour,
Croissez ! le pré verdit, la nuit succède au jour,
L'âne brait, le cheval hennit, le taureau beugle.
Ô figure terrible, on te croirait aveugle !
Le bon et le mauvais se mêlent sous tes pas.
Dans cet immense oubli, tu ne vois même pas
Ces deux géants lointains penchés sur ton abîme,
Satan, père du mal, Caïn, père du crime !

Erreur ! erreur ! erreur ! ô géante aux cent yeux,
Tu fais un grand labeur, saint et mystérieux !
Oh ! qu'un autre que moi te blasphème, ô Nature !
Tandis que notre chaîne étreint notre ceinture,
Et que l'obscurité s'étend de toutes parts,
Les principes cachés, les éléments épars,
Le fleuve, le volcan à la bouche écarlate,
Le gaz qui se condense et l'air qui se dilate,
Les fluides, l'éther, le germe sourd et lent,
Sont autant d'ouvriers dans l'ombre travaillant ;
Ouvriers sans sommeil, sans fatigue, sans nombre,
Tu viens dans cette nuit, libératrice sombre !
Tout travaille, l'aimant, le bitume, le fer,
Le charbon ; pour changer en éden notre enfer,
Les forces à ta voix sortent du fond des gouffres.

Tu murmures tout bas : – Race d'Adam qui souffres,
Hommes, forçats pensants au vieux monde attachés,
Chacune de mes lois vous délivre. Cherchez ! –
Et chaque jour surgit une clarté nouvelle,
Et le penseur épie et le hasard révèle ;
Toujours le vent sema, le calcul récolta.
Ici Fulton*, ici Galvani*, là Volta*,

Sur tes secrets profonds que chaque instant nous livre,
Rêvent ; l'homme ébloui déchiffre enfin ton livre.
D'heure en heure on découvre un peu plus d'horizon ;
Comme un coup de bélier au mur d'une prison,
Du genre humain qui fouille et qui creuse et qui sonde,
Chaque tâtonnement fait tressaillir le monde.
L'hymen des nations s'accomplit. Passions,
Intérêts, mœurs et lois, les révolutions
Par qui le cœur humain germe et change de formes,
Paris, Londres, New-York, les continents énormes,
Ont pour lien un fil qui tremble au fond des mers.[1]
Une force inconnue, empruntée aux éclairs,
Mêle au courant des flots le courant des idées.
La science, gonflant ses ondes débordées,
Submerge trône et sceptre, idole et potentat.
Tout va, pense, se meut, s'accroît. L'aérostat
Passe, et du haut des cieux ensemence les hommes.[2]
Chanaan• apparaît ; le voilà, nous y sommes !
L'amour succède aux pleurs et l'eau vive à la mort,
Et la bouche qui chante à la bouche qui mord.
La science, pareille aux antiques pontifes,
Attelle aux chars tonnants d'effrayants hippogriffes[3] ;
Le feu souffle aux naseaux de la bête d'airain.
Le globe esclave cède à l'esprit souverain.
Partout où la terreur régnait, où marchait l'homme,
Triste et plus accablé que la bête de somme,
Traînant ses fers sanglants que l'erreur a forgés,
Partout où les carcans sortaient des préjugés,
Partout où les césars, posant le pied sur l'âme,
Étouffaient la clarté, la pensée et la flamme,
Partout où le mal sombre, étendant son réseau,
Faisait ramper le ver, tu fais naître l'oiseau !
Par degrés, lentement, on voit sous ton haleine
La liberté sortir de l'herbe de la plaine,
Des pierres du chemin, des branches des forêts,
Rayonner, convertir la science en décrets,

1. *Paris, Londres, New-York* [...] *au fond des mers* : la France et l'Angleterre étaient reliées par un câble sous-marin, on était en train d'en poser un entre la France et les États-Unis.
2. *L'aérostat* [...] *les hommes* : la navigation aérienne semblait à Hugo riche de promesses.
3. *hippogriffes* : animaux fantastiques, chevaux ailés à tête de griffon.

Du vieil univers mort briser la carapace,
Emplir le feu qui luit, l'eau qui bout, l'air qui passe,
Gronder dans le tonnerre, errer dans les torrents,
Vivre ! et tu rends le monde impossible aux tyrans !
La matière, aujourd'hui vivante, jadis morte,
Hier écrasait l'homme et maintenant l'emporte.
Le bien germe à toute heure et la joie en tout lieu.
Oh ! sois fière en ton cœur, toi qui, sous l'œil de Dieu,
Nous prodigues les dons que ton mystère épanche,
Toi qui regardes, comme une mère se penche
Pour voir naître l'enfant que son ventre a porté,
De ton flanc éternel sortir l'humanité !

Vie ! idée ! avenir bouillonnant dans les têtes !
Le progrès, reliant entre elles ses conquêtes,
Gagne un point après l'autre, et court contagieux.
De cet obscur amas de faits prodigieux
Qu'aucun regard n'embrasse et qu'aucun mot ne nomme,
Tu nais plus frissonnant que l'aigle, esprit de l'homme,
Refaisant mœurs, cités, codes, religion.
Le passé n'est que l'œuf d'où tu sors, Légion[1] !

Ô nature ! c'est là ta genèse sublime.
Oh ! l'éblouissement nous prend sur cette cime !
Le monde, réclamant l'essor que Dieu lui doit,
Vibre ; et dès à présent, grave, attentif, le doigt
Sur la bouche, incliné sur les choses futures,
Sur la création et sur les créatures,
Une vague lueur dans son œil éclatant,
Le voyant, le savant, le philosophe entend
Dans l'avenir, déjà vivant sous ses prunelles,
La palpitation de ces millions d'ailes !

Jersey. Mai 1853.
[23/5/1853]

1. *Légion* : nom d'un démon qui tourmentait un possédé guéri par Jésus. Il désigne ici l'esprit humain (connotation positive).

XIV

CHANSON (5)

À quoi ce proscrit pense-t-il ?
À son champ d'orge ou de laitue,
À sa charrue, à son outil,
À la grande France abattue.
Hélas ! le souvenir le tue.
Pendant qu'on rente les Dupin•
Le pauvre exilé souffre et prie.
– On ne peut pas vivre sans pain ;
On ne peut pas non plus vivre sans la patrie. –

L'ouvrier rêve l'atelier,
Et le laboureur sa chaumière ;
Les pots de fleurs sur l'escalier,
Le feu brillant, la vitre claire,
Au fond le lit de la grand'mère.
Quatre gros glands de vieux crépin
En faisaient la coquetterie.
– On ne peut pas vivre sans pain ;
On ne peut pas non plus vivre sans la patrie. –

En mai volait la mouche à miel ;
On voyait courir dans les seigles
Les moineaux, partageux[1] du ciel ;
Ils pillaient nos champs, ces espiègles,
Tout comme s'ils étaient des aigles.
Un château du temps de Pépin[2]
Croulait près de la métairie.
– On ne peut pas vivre sans pain ;
On ne peut pas non plus vivre sans la patrie. –

Avec sa lime ou son maillet
On soutenait enfants et femme ;

1. *partageux* : nom donné aux socialistes et communistes.
2. *Pépin* : père de Charlemagne.

De l'aube au soir on travaillait
Et le travail égayait l'âme.
Ô saint travail ! lumière et flamme !
De Watt•, de Jacquart•, de Papin•,
La jeunesse ainsi fut nourrie.
– On ne peut pas vivre sans pain ;
On ne peut pas non plus vivre sans la patrie. –

Les jours de fête, l'ouvrier
Laissait les soucis en fourrière ;
Chantant les chants de février,
Blouse au vent, casquette en arrière,
On s'en allait à la barrière[1].
On mangeait un douteux lapin
Et l'on buvait à la Hongrie.
– On ne peut pas vivre sans pain ;
On ne peut pas non plus vivre sans la patrie. –

Les dimanches le paysan
Appelait Jeanne ou Jacqueline,
Et disait : « Femme, viens-nous-en,
Mets ta coiffe de mousseline ! »
Et l'on dansait sur la colline.
Le sabot, et non l'escarpin,
Foulait gaîment l'herbe fleurie !
– On ne peut pas vivre sans pain ;
On ne peut pas non plus vivre sans la patrie. –

Les exilés s'en vont pensifs.
Leur âme, hélas ! n'est plus entière.
Ils regardent l'ombre des ifs
Sur les fosses du cimetière ;
L'un songe à l'Allemagne altière,
L'autre au beau pays transalpin,
L'autre à sa Pologne chérie.
– On ne peut pas vivre sans pain ;
On ne peut pas non plus vivre sans la patrie. –

1. *barrière* : porte de Paris.

Un proscrit, lassé de souffrir,
Mourait ; calme, il fermait son livre ;
Et je lui dis : « Pourquoi mourir ? »
Il me répondit : « Pourquoi vivre ? »
Puis il reprit : « Je me délivre.
Adieu ! je meurs. Néron Scapin
Met aux fers la France flétrie… »
– On ne peut pas vivre sans pain ;
On ne peut pas non plus vivre sans la patrie. –

« … Je meurs de ne plus voir les champs
Où je regardais l'aube naître,
De ne plus entendre les chants
Que j'entendais de ma fenêtre.
Mon âme est où je ne puis être.
Sous quatre planches de sapin,
Enterrez-moi dans la prairie. »
– On ne peut pas vivre sans pain ;
On ne peut pas non plus vivre sans la patrie. –

Jersey. Avril 1853.
[13/4/1853]

XV

Il est des jours abjects où, séduits par la joie
Sans honneur,
Les peuples au succès se livrent, triste proie
Du bonheur.

Alors des nations, que berce un fatal songe
Dans leur lit,
La vertu coule et tombe, ainsi que d'une éponge
L'eau jaillit.

Alors, devant le mal, le vice, la folie,
Les vivants
Imitent les saluts du vil roseau qui plie
Sous les vents.

Alors festins et jeux ; rien de ce que dit l'âme
Ne s'entend ;
On boit, on mange, on chante, on danse, on est infâme
Et content.

Le crime heureux, servi par d'immondes ministres,
Sous les cieux
Rit, et vous frissonnez, grands ossements sinistres
Des aïeux.

On vit honteux, les yeux troubles, le pas oblique,
Hébété ;
Tout à coup un clairon jette aux vents : République !
Liberté !

Et le monde, éveillé par cette âpre fanfare,
Est pareil
Aux ivrognes de nuit qu'en se levant effare
Le soleil.

Jersey. 1853.
[1854]

XVI

SAINT-ARNAUD [1]

Cet homme avait donné naguère un coup de main
Au recul de la France et de l'esprit humain ;
Ce général avait les états de service
D'un chacal, et le crime aimait en lui le vice.
Buffon l'eût admis, certe, au rang des carnassiers.
Il avait fait charger le septième lanciers [2],

1. Ce poème fut écrit après la disparition de Saint-Arnaud, qui mourut du choléra pendant la guerre de Crimée.
2. *septième lanciers* : régiment de cavalerie.

Secouant les guidons aux trois couleurs françaises,
Sur des bonnes d'enfants, derrière un tas de chaises ;
Il était le vainqueur des passants de Paris ;
Il avait mitraillé les cigares surpris,
Et broyé Tortoni• fumant, à coups de foudre ;
Fier, le tonnerre au poing, il avait mis en poudre
Un marchand de coco[1] près des Variétés[2] ;
Avec quinze escadrons, bien armés, bien montés,
Et trente bataillons, et vingt pièces de douze,
Il avait pris d'assaut le perron Sallandrouze• ;
Il avait réussi même, en fort peu de temps,
À tuer sur sa porte un enfant de sept ans ;
Et sa gloire planait dans l'ouragan qui tonne
De l'égout Poissonnière au ruisseau Tiquetonne•.
Tout cela l'avait fait maréchal. Nous aussi,
Nous étions des vaincus, je dois le dire ici ;
Nous étions douze cents ; eux, ils étaient cent mille.
Or ce Verrès• croyait qu'on devient Paul Émile•.
Pendant que Beauharnais, l'être ignorant le mal,
Affiche aux trois poteaux d'un chiffre impérial[3]
Son nom hideux, dégoût des lèvres de l'histoire ;
Pendant qu'un bas empire éclôt sous un prétoire
Et s'étale, amas d'ombre où rampent les serpents,
Fumier de trahison, de dol[4], de guet-apens,
Dont n'auraient pas voulu les poules de Carthage ;
Pendant que de la France on se fait le partage ;
Pendant que des milliers d'innocents égorgés
Pourrissent, par le ver du sépulcre rongés ;
Pendant que les proscrits, que la chiourme[5] accompagne,
Cheminant deux à deux dans les sabots du bagne,
Vieillards, enfants brûlés de fièvre, sans sommeil,
Vont à Guelma• casser des pierres au soleil ;
Pendant qu'à Bône• on meurt et qu'en Guyane• on tombe,
Et qu'ici, chaque jour, nous creusons une tombe,

1. *coco* : boisson faite de poudre de réglisse.
2. *Variétés* : théâtre sur le boulevard Montmartre.
3. *Pendant que Beauharnais* [...] *d'un chiffre impérial* : il s'agit du III en chiffres romains.
4. *dol* : en termes juridiques, manœuvres frauduleuses destinées à tromper.
5. *la chiourme* : ensemble des forçats d'un bagne. Les condamnés politiques étaient mêlés aux prisonniers de droit commun.

Ce sbire galonné du crime, ce vainqueur,
De la fraude et du vol sinistre remorqueur,
Cet homme, bras sanglant de la trahison louche,
Ce Mars Mandrin• ayant pour Jupiter Cartouche•,
S'était dit : « Bah ! la France oublie. Un vrai laurier !
Et l'on n'osera plus sur mes talons crier.
En guerre ! Il n'est pas bon que la gloire demeure
Au charnier Montfaucon• ; nous avons à cette heure
Trop de Dix-huit Brumaire et trop peu d'Austerlitz ;
Lorsque nous secouons nos drapeaux, de leurs plis
Ils ne laissent tomber sur nous que des huées ;
Au lieu des vieillards morts et des femmes tuées,
Il est temps qu'il se dresse autour de nous un peu
De fanfare et d'orgueil, chantant dans le ciel bleu ;
Or, voici que la guerre à l'Orient se lève[1] ;
Je ne suis que couteau, je puis devenir glaive.
On me crache au visage aujourd'hui, mais demain
J'apparaîtrai, superbe, éclatant, surhumain,
Vainqueur, dans une illustre et splendide fumée,
Et duc de la mer Noire et prince de Crimée,
Et je ferai voler ce mot : Sébastopol,
Des tours de Notre-Dame au dôme de Saint-Paul[2] !
Le vieux monstre Russie, aux regards longs et troubles,
Qui fascine l'Europe avec des yeux de roubles,
Je le prendrai, j'irai le saisir dans son trou ;
Et je rapporterai sur mon poing ce hibou.
On verra sous mes pieds fondre le czar qui croule.
Paris m'admirera de la Bastille au Roule[3] ;
On me battra des mains au fond des vieux faubourgs ;
Les gamins marqueront le pas à mes tambours ;
La porte Saint-Denis tirera des fusées ;
Et, quand je passerai, du haut de ses croisées,
Le boulevard Montmartre applaudira. – Partons.
Effaçons d'un seul trait tûrie, exils, pontons,
Et jetons cette poudre aux yeux froids de l'histoire.
Je m'en irai Massacre et reviendrai Victoire ;
Je serai parti chien, je reviendrai lion.
En guerre ! »

1. *la guerre à l'Orient se lève* : il s'agit de la guerre de Crimée.
2. *Saint-Paul* : cathédrale de Londres.
3. *Roule* : quartier proche de l'Élysée.

Tu mettrais Atlas sur Pélion, [1]
Tu ferais plus qu'aucun dont l'homme se souvienne,
Tu forcerais Moscou, Pétersbourg, Berlin, Vienne,
Tu tordrais dans tes mains ainsi que des serpents
Tous les fleuves domptés, tremblants, soumis, rampants,
Le Don, le Nil, le Tibre, et le Rhin basaltique,
Tu prendrais la mer Noire avec la mer Baltique,
On te verrait, vainqueur, au front des escadrons,
Précédé des tambours et suivi des clairons,
Parmi les plus fameux marcher le plus insigne,
Que tu ne ferais pas décroître d'une ligne
L'épaisseur du carcan qui pend à l'échafaud !
Que tu n'ôterais pas une lettre au fer chaud
Que l'histoire, quand vient l'heure de comparaître,
Imprime au dos du lâche et sur le front du traître !

On est ivre parfois quand on a bu du sang.
Nul ne sait le destin. Fais ton rêve, passant !
L'éternel Océan nous regarde, et sanglote.

Il prit ce qu'il voulut dans l'armée et la flotte ;
Il reçut le baiser de Néron-le-Petit,
Gagna Toulon•, sa ville [2], et partit. Il partit,
Traînant des millions après lui dans ses coffres,
Entouré de banquiers qui lui faisaient des offres,
En satrape persan, en proconsul romain,
Son bâton de velours et d'aigles dans sa main,
Emportant pour sa table un service de Chine,
Suivi de vingt fourgons, brodé jusqu'à l'échine,
Empanaché, doré, magnifique, hideux.
Un jour, on déterra l'un de ceux de l'an deux,
Un vieux républicain, le général Dampierre• ;
On le trouva couché tout armé sous la pierre,
Et portant, fier soldat que nul n'avait vu fuir,
L'épaulette de laine et la dragonne [3] en cuir.

---

1. *Tu mettrais Atlas sur Pélion* : Atlas porte la voûte céleste sur ses épaules. Le Pélion et l'Ossa sont les deux montagnes de Grèce empilées par les Géants lors de leur tentative pour conquérir le Ciel.
2. *sa ville* : à cause du bagne.
3. *dragonne* : lanière double ornant la poignée d'une épée ou d'un sabre.

Il partit, tout trempé d'eau bénite ; et ce reître
Partout sur son chemin baisait la griffe au prêtre,
Car cette hypocrisie est le genre actuel ;
Le crime, qui jadis bravait le rituel,
L'ancien vieux crime impie à présent dégénère
En clins d'yeux qu'à Tartuffe adresse Lacenaire• ;
Le brigand est béni du curé, point ingrat ;
Papavoine• aujourd'hui se confesse à Mingrat• ;
Le bedeau Poulmann sert la messe. – Ah ! je l'avoue,
Quand un bandit sincère, entier, sentant la roue[1],
Honnête à sa façon, bonne fille, complet,
Se déclare bandit, s'annonce ce qu'il est,
Fuit les honnêtes gens, sent qu'il les dépareille,
Et porte carrément son crime sur l'oreille,
Mon Dieu ! quand un voleur dit : Je suis un voleur,
Quand un pauvre histrion de foire, un avaleur
De sabres, au milieu d'un torrent de paroles,
Un arracheur de dents, avec ses bottes molles,
Orné de galons faux et de poil de lapin,
Quand un drôle ingénu, qui peut-être est sans pain,
Met sa main dans ma poche et m'empoigne ma montre,
Quand, le matin, poussant ma porte qu'il rencontre,
Il entre, prend ma bourse et mes couverts d'argent,
Et, si je le surprends à même et pataugeant,
Me dit : C'est vrai, monsieur, je suis une canaille ;
Je ris, et je suis prêt à dire : Qu'il s'en aille !
Amnistie au coquin qui se donne pour tel !
Mais quand l'assassinat s'étale sur l'autel
Et que sous une mitre un prêtre l'escamote ;
Quand un soldat féroce entre ses dents marmotte
Un oremus infâme au bout d'un sacrebleu ;
Quand on fait devant moi cette insulte au ciel bleu
De faire Magnan• saint et Canrobert• ermite ;
Quand le carnage prend des airs de chattemite[2],
Et quand Jean-l'Écorcheur• se confit en Veuillot• ;
Quand le massacre affreux, le couteau, le billot,
Le rond-point la Roquette et la place Saint-Jacques[3],

1. *la roue* : instrument de supplice.
2. *chattemite* : personne qui affecte des airs doux et humbles pour tromper.
3. *la place Saint-Jacques* : lieu des exécutions capitales.

Tout ruisselants de sang, viennent faire leurs pâques ;
Quand les larrons, après avoir coupé le cou
Au voyageur, et mis ses membres dans un trou,
Vont au lieu saint ouvrir et piller la valise ;
Quand j'attends la caverne et quand je vois l'église ;
Quand le meurtre sournois qui chourina[1] sans bruit
La loi, par escalade et guet-apens, la nuit,
Et qui par la fenêtre entra dans nos demeures,
Prend un cierge, se signe, ânonne un livre d'heures[2],
Offre sa pince au Dieu sous qui l'Horeb• tremblait,
Et de sa corde à nœuds se fait un chapelet,
Alors, ô cieux profonds ! ma prunelle s'allume,
Mon pouls bat sur mon cœur comme sur une enclume,
Je sens grandir en moi la colère, géant,
Et j'accours éperdu, frémissant, secouant
Sur ces horreurs, à l'âme humaine injurieuses,
Dans mes deux mains, des fouets de strophes furieuses !

Stamboul, lui prodiguant galas, orchestre et bal,
Lui fit fête, Capoue où manquait Annibal.
Ce bandit rayonna quelque temps dans des gloires ;
Byzance illumina pour lui ses promontoires ;
Au cirque Franconi•, quand vient le dénoûment,
Quand la toile de fond se lève brusquement
Et que tout le décor n'est plus qu'une astragale[3],
On voit ces choses-là dans un feu de Bengale.
Et, pendant ces festins et ces jeux, on brûla,
Les Russes, Silistrie, et les Anglais, Kola.[4]

Le moment vint ; l'escadre appareilla ; les roues
Tournèrent ; par ce tas de voiles et de proues,
Dont l'âpre artillerie en vingt salves gronda,
L'infini se laissa violer. L'armada[5],

1. *chourina* : poignarda, en argot.
2. *livre d'heures* : livre de prières.
3. *astragale* : moulure qui sépare le fût d'une colonne de son chapiteau.
4. *Les Russes, Silistrie, et les Anglais, Kola* : après l'échec du siège de Silistrie, les Russes brûlèrent leurs installations de siège ; les Anglais brûlèrent un fort à Kola pendant la guerre de Crimée (*cf.* Rosa et Gleize).
5. *armada* : flotte très puissante, par référence à « l'invincible Armada » envoyée par Philippe II d'Espagne contre l'Angleterre à la fin du XVIe siècle ; elle fut détruite.

Formidable, penchant, prête à cracher le soufre,
Les gueules des canons sur les gueules du gouffre,
Nageant, polype humain, sur l'abîme béant,
Et, comme un noir poisson dans un filet géant,
Prenant l'ouragan sombre en ses mille cordages,
S'ébranla ; dans ses flancs, les haches d'abordages,
Les sabres, les fusils, le lourd tromblon marin,
La fauve caronade[1] aux ailerons d'airain
Se heurtaient ; et, jetant de l'écume aux étoiles,
Et roulant dans ses plis des tempêtes de toiles,
Frégate, aviso, brick, brûlot, trois-ponts, steamer,
Le troupeau monstrueux couvrit la vaste mer.
La flotte ainsi marchait en ordre de bataille.

Ô mouches ! il est temps que cet homme s'en aille.[2]
Venez ! Souffle, ô vent noir des moustiques de feu !
Hurrah ! les inconnus, les punisseurs de Dieu,
L'obscure légion des hydres invisibles,
L'infiniment petit, rempli d'ailes horribles,
Accourut ; l'âpre essaim des moucherons, tenant
Dans un souffle, et qui fait trembler un continent,
L'atome, monde affreux peuplant l'ombre hagarde,
Que l'œil du microscope avec effroi regarde,
Vint, groupe insaisissable et vague où rien ne luit,
Et plana sur la flotte énorme dans la nuit.
Et les canons, hurlant contre l'homme, molosses
De la mort, les vaisseaux, titaniques colosses,
Les mortiers[3] lourds, volcans aux hideux entonnoirs,
Les grands steamers, dragons dégorgeant des flots noirs,
Tous ces géants tremblaient au sein des flots terribles
Sous ce frémissement d'ailes imperceptibles[4] !

Et le lugubre essaim, vil, céleste, infernal,
Planait, planait toujours, attendant un signal.

1. *caronade* : court canon de fonte (*cf. Quatrevingt-treize* de Victor Hugo).
2. *Ô mouches ! il est temps que cet homme s'en aille* : *cf. Le manteau impérial* (V, III).
3. *mortiers* : canons courts.
4. *Tous ces géants tremblaient* [...] *d'ailes imperceptibles* : on croyait encore à l'époque que le choléra était communiqué par les moustiques et non par un vibrion comme on le découvrira ultérieurement.

Terre ! dit la vigie. Et l'on toucha la rive.
La gloire, qui, parfois, jusqu'aux bandits arrive,
Apparut, et cet homme entrevit les combats,
Les tentes, les bivouacs, et, tout au fond, là-bas,
Vous couvrant de son ombre, horreurs atténuées,
L'immense arc de triomphe au milieu des nuées.

Il débarqua. L'essaim planait toujours. Hurrah !
C'est l'heure. Et le Seigneur fit signe au choléra.
La peste, saisissant son condamné sinistre,
À défaut du césar acceptant le ministre,
Dit à la guerre pâle et reculant d'effroi :
– Va-t'en. Ne me prends pas cet homme. Il est à moi.
Et cria de sa voix où siffle une couleuvre :
– Bataille, fais ta tâche et laisse-moi mon œuvre.
Alors, suivant le doigt qui d'en haut l'avertit,
L'essaim vertigineux sur ce front s'abattit ;
Le monstre aux millions de bouches, l'impalpable,
L'infini, se rua sur le blême coupable ;
Les ténèbres, mordant, rongeant, piquant, suçant,
Entrèrent dans cet homme, et lui burent le sang,
Et l'enfer, le tordant vivant dans ses tenailles,
Se mit à lui manger dans l'ombre les entrailles.

Et dans ce même instant la bataille tonna,
Et cria dans les cieux : Wagram ! Ulm ! Iéna !
En avant, bataillons, dans la fière mêlée !

Peuples ! ceci descend de la voûte étoilée ;
Et c'est l'histoire, et c'est la justice de Dieu :
Pendant que, sous des flots de mitraille, au milieu
Des balles, bondissaient vers le but électrique
Les highlanders d'Écosse et les spahis d'Afrique,
Tandis que, s'excitant et s'entre-regardant,
Le chasseur de Vincenne et le zouave ardent
Rampaient et gravissaient la montagne en décombres,
Tandis que Mentschikoff[1] et ses grenadiers sombres,
À travers les obus, sur l'âpre escarpement,

1. *Mentschikoff* : général russe (1787-1869) chargé de la direction de la guerre de Crimée ; il fut vaincu.

Voyaient, plus effarés de moment en moment,
Monter vers eux ce tas de tigres dans les ronces,
Et que les lourds canons s'envoyaient des réponses,
Et qu'on pouvait, fût-on serf, esclave ou troupeau,
Tomber du moins en brave à l'ombre d'un drapeau,
Lui, l'homme frémissant du boulevard Montmartre,
Ayant son crime au flanc, qui se changeait en dartre,
Les boulets indignés se détournant de lui,
Vil, la main sur le ventre, et plein d'un sombre ennui,
Il voyait, pâle, amer, l'horreur dans les narines,
Fondre sous lui sa gloire en allée aux latrines.
Il râlait ; et, hurlant, fétide, ensanglanté,
À deux pas de son champ de bataille, à côté
Du triomphe, englouti dans l'opprobre incurable,
Triste, horrible, il mourut. Je plains ce misérable.

Ici, spectre ! Viens là que je te parle. Oui,
Puisque dans le néant tu t'es évanoui
Sous l'œil mystérieux du Dieu que je contemple,
Puisque la mort a fait sur toi ce grand exemple,
Et que, traînant ton crime, abject, épouvanté,
Te voilà face à face avec l'éternité,
Puisque c'est du tombeau que la prière monte,
Que tu n'es plus qu'une ombre, et que Dieu sur la honte
De ton commencement met l'horreur de ta fin,
Quoique au-dessous du tigre esclave de la faim,
Tu me serres le cœur, bandit, et je t'avoue
Que je me sens un peu de pitié pour ta boue,
Que je frémis de voir comme mon Dieu te suit,
Et que, plusieurs ici, qui sommes dans la nuit,
Nous avons fait un signe avec notre front pâle,
Quand l'ange Châtiment, qui, penché sur ton râle,
Te gardait, et tenait sur toi ses yeux baissés,
S'est tourné vers nous, spectre, en disant : Est-ce assez ?

Jersey.
[17/10/1854]

XVII

ULTIMA VERBA [1]

La conscience humaine est morte ; dans l'orgie,
Sur elle il s'accroupit ; ce cadavre lui plaît ;
Par moments, gai, vainqueur, la prunelle rougie,
Il se retourne et donne à la morte un soufflet.

La prostitution du juge est la ressource.
Les prêtres font frémir l'honnête homme éperdu ;
Dans le champ du potier ils déterrent la bourse ; [2]
Sibour revend le Dieu que Judas a vendu.

Ils disent : – César règne, et le Dieu des armées
L'a fait son élu. Peuple, obéis, tu le dois ! –
Pendant qu'ils vont chantant, tenant leurs mains fermées,
On voit le sequin d'or qui passe entre leurs doigts.

Oh ! tant qu'on le verra trôner, ce gueux, ce prince,
Par le pape béni, monarque malandrin,
Dans une main le sceptre et dans l'autre la pince [3],
Charlemagne taillé par Satan dans Mandrin• ;

Tant qu'il se vautrera, broyant dans ses mâchoires
Le serment, la vertu, l'honneur religieux,
Ivre, affreux, vomissant sa honte sur nos gloires ;
Tant qu'on verra cela sous le soleil des cieux ;

Quand même grandirait l'abjection publique
À ce point d'adorer l'exécrable trompeur ;
Quand même l'Angleterre et même l'Amérique
Diraient à l'exilé : – Va-t'en ! nous avons peur !

---

1. ULTIMA VERBA : littéralement, « dernières paroles ».
2. *Dans le champ du potier ils déterrent la bourse* : pris de remord parce qu'il avait vendu Jésus, Judas avait jeté dans le Temple les trente deniers, prix de sa trahison, puis était allé se pendre. Les prêtres achetèrent avec cet argent le « champ du potier » dont ils firent un cimetière pour les étrangers.
3. *la pince* : la pince-monseigneur.

Quand même nous serions comme la feuille morte ;
Quand, pour plaire à César, on nous renîrait tous ;
Quand le proscrit devrait s'enfuir de porte en porte,
Aux hommes déchirés comme un haillon aux clous ;

Quand le désert, où Dieu contre l'homme proteste,
Bannirait les bannis, chasserait les chassés ;
Quand même, infâme aussi, lâche comme le reste,
Le tombeau jetterait dehors les trépassés ;

Je ne fléchirai pas ! Sans plainte dans la bouche,
Calme, le deuil au cœur, dédaignant le troupeau,
Je vous embrasserai dans mon exil farouche,
Patrie, ô mon autel ! liberté, mon drapeau !

Mes nobles compagnons, je garde votre culte ;
Bannis, la République est là qui nous unit.
J'attacherai la gloire à tout ce qu'on insulte ;
Je jetterai l'opprobre à tout ce qu'on bénit !

Je serai, sous le sac de cendre[1] qui me couvre,
La voix qui dit : malheur ! la bouche qui dit : non !
Tandis que tes valets te montreront ton Louvre,
Moi, je te montrerai, César, ton cabanon[2].

Devant les trahisons et les têtes courbées,
Je croiserai les bras, indigné, mais serein.
Sombre fidélité pour les choses tombées,
Sois ma force et ma joie et mon pilier d'airain !

Oui, tant qu'il sera là, qu'on cède ou qu'on persiste,
Ô France ! France aimée et qu'on pleure toujours,
Je ne reverrai pas ta terre douce et triste,
Tombeau de mes aïeux et nid de mes amours !

Je ne reverrai pas ta rive qui nous tente,
France ! hors le devoir, hélas ! j'oublîrai tout.
Parmi les éprouvés je planterai ma tente :
Je resterai proscrit, voulant rester debout.

1. *le sac de cendre* : dans la Bible, insigne de la fonction prophétique.
2. *cabanon* : là où sont enfermés les déments.

J'accepte l'âpre exil, n'eût-il ni fin ni terme ;
Sans chercher à savoir et sans considérer
Si quelqu'un a plié qu'on aurait cru plus ferme,
Et si plusieurs s'en vont qui devraient demeurer.

Si l'on n'est plus que mille, eh bien, j'en suis ! Si même
Ils ne sont plus que cent, je brave encor Sylla ;
S'il en demeure dix, je serai le dixième ;
Et s'il n'en reste qu'un, je serai celui-là !

Jersey. 2 décembre 1852.
[14/12/1852]

Questions

Compréhension

1. *Poème* XIII. *Établissez le plan de ce poème.*

2. *Poème* XIII. *Quels sont les principaux progrès techniques évoqués par Hugo ? En quoi ont-ils libéré l'homme ? Repérez et analysez les passages où ils sont décrits avec lyrisme.*

3. *Poème* XIII. *Montrez le lien entre la libération matérielle, le savoir et le progrès humains. Relevez les expressions les plus caractéristiques et analysez-les.*

4. *Poème* XIII. *Quelle est la place de la poésie dans toute cette évocation ?*

5. *Poème* XIII. *Montrez comment le rêve peut ici conduire à la mort.*

6. *Poème* XVI. *Pourquoi cette résurgence de la figure de Saint-Arnaud à la fin du livre ?*

7. *Poème* XVII. *Analysez le sens du titre.*

8. *Poème* XVII. *Quelles sont les forces en présence dans ce poème ?*

9. *Poème* XVII. *Quel est l'effet produit par l'emploi de* « celui-là » *au dernier vers ? quel en est le sens ?*

10. *Poème* XVII. *Relevez tous les noms qui servent à désigner Napoléon III et analysez-en la signification.*

11. *Poème* XVII. *Quelle image du poète s'est élaborée ici ?*

Écriture

12. *Poème* XIII. *Repérez la fin de la première phrase ; quel effet sa longueur produit-elle ?*

13. *Poème* XVII. *Étudiez l'emploi des pronoms :* a) *relevez les emplois de la troisième personne dans les huit premiers quatrains ; qui désigne-t-elle ? ;* b) *pourquoi la première personne est-elle absente de ces mêmes quatrains ? ;* c) *pourquoi, dans la seconde partie du texte, le* « je » *s'efface-t-il au profit d'un* « nous » *?*

14. *Poème* XVII. *Que représente la deuxième personne du singulier à la fin du poème ? à qui s'oppose-t-elle ?*

15. *Poème* XVII. *Étudiez les procédés qui concourent à la montée conjointe de l'émotion et de la conviction.*

Bilan

• Ce que nous savons

Le dernier livre, Les sauveurs se sauveront, *promet, dans un jeu de mots, la fuite des prétendus bienfaiteurs de la France et la fin de l'oppression. La victoire est annoncée dès le premier poème avec la chute des murailles de Jéricho. Plusieurs textes du livre viennent d'ailleurs confirmer cette nouvelle vers laquelle nous acheminait toute l'œuvre :* Châtiments *s'achève sur la débâcle du Second Empire.*

Mais dans ce livre tout prend une nouvelle dimension. Ainsi, si L'égout de Rome *nous montre bien ce que cachait de pourriture inconcevable le régime impérial qui étalait en surface son clinquant, la métaphore élargit l'évocation à celle d'un* « cloaque universel » *où échoue* « toute l'impureté de la création » (cf. *Pierre Albouy). Hanté par le problème du Mal, Hugo nous dévoile non seulement la culpabilité des hommes qui usent de la guillotine, mais aussi celle de la Nature qui permet à l'Océan d'engloutir les marins (poème* IX*). Taraudé par l'inquiétude, le poète en vient même, sinon à douter, du moins à mettre en cause la cruauté divine et à l'interroger.*

Dans le long poème XIII, Force des choses, *Victor Hugo nous présente les solutions que Dieu et la Nature ont mises à la portée de l'Homme pour qu'il puisse affronter* « Satan, père du mal, Caïn, père du crime ». *C'est par le travail, la Science et le Progrès que l'Humanité se sauvera ; en découvrant les lois de l'univers, en obéissant au mot d'ordre* « Cherchez ! », *elle verra* « Par degrés *[...]* la liberté sortir de l'herbe de la plaine », *et ainsi rendra-t-elle* « le monde impossible aux tyrans ». *L'écroulement du Second Empire apparaît alors comme pris dans une logique qui est celle de l'avenir en marche, de l'accession définitive de l'homme à son humanité. Le poète désigne ceux qui vont s'atteler à cette tâche de libération, ceux qui seront les vainqueurs. Il s'agit du peuple qui, puissant comme l'océan et le lion, va enfin se réveiller (poème* VIII*) et de tous ceux, perturbateurs ou proscrits, qui ont gardé vivante la capacité de répondre aux* « conservateurs » *qui les condamnent aujourd'hui, comme en d'autres temps ils ont condamné Jésus (poème* XII*). Enfin et surtout, il s'agit du poète dont la figure préside à l'ouverture comme à la clôture du livre. Héros mythique, prophète sous les traits de Josué (poème* I*) puis du* « Chasseur Noir » *qui devient* « l'Ange blanc » *(poème* III*), il s'affirme dans toute la plénitude de son « moi » avec* Ultima verba, *lorsqu'il se dresse seul, armé de son art et de ses certitudes.*

Élaborée pour cuire sur l'autre face l'empereur que le pamphlet Napoléon-le-Petit *n'avait grillé que d'un côté, l'œuvre en atteignant son but le dépasse. Et nous voyons s'y construire, au-delà de l'inspiration politique, une dimension cosmique qui donne à la poésie non seulement la puissance d'un acte, mais fait d'elle le creuset du Bien et du Vrai. La poésie est devenue messianique et l'Histoire a donné raison au poète.*

LUX[1]

I

Temps futurs ! vision sublime !
Les peuples sont hors de l'abîme.
Le désert morne est traversé.
Après les sables, la pelouse ;
Et la terre est comme une épouse,
Et l'homme est comme un fiancé !

Dès à présent l'œil qui s'élève
Voit distinctement ce beau rêve
Qui sera le réel un jour ;
Car Dieu dénoûra toute chaîne,
Car le passé s'appelle haine
Et l'avenir se nomme amour !

Dès à présent dans nos misères
Germe l'hymen des peuples frères ;
Volant sur nos sombres rameaux,
Comme un frelon que l'aube éveille,
Le progrès, ténébreuse abeille,
Fait du bonheur avec nos maux.

Oh ! voyez ! la nuit se dissipe ;
Sur le monde qui s'émancipe,
Oubliant Césars et Capets,
Et sur les nations nubiles,
S'ouvrent dans l'azur, immobiles,
Les vastes ailes de la paix !

Ô libre France enfin surgie !
Ô robe blanche après l'orgie !
Ô triomphe après les douleurs !
Le travail bruit dans les forges,
Le ciel rit, et les rouges-gorges
Chantent dans l'aubépine en fleurs !

1. *LUX* : « la lumière » en latin.

La rouille mord les hallebardes.
De vos canons, de vos bombardes
Il ne reste pas un morceau
Qui soit assez grand, capitaines,
Pour qu'on puisse prendre aux fontaines
De quoi faire boire un oiseau.

Les rancunes sont effacées ;
Tous les cœurs, toutes les pensées,
Qu'anime le même dessein,
Ne font plus qu'un faisceau superbe ;
Dieu prend pour lier cette gerbe
La vieille corde du tocsin.

Au fond des cieux un point scintille.
Regardez, il grandit, il brille,
Il approche, énorme et vermeil.
Ô République universelle,
Tu n'es encor que l'étincelle,
Demain tu seras le soleil ! [1]

II

Fêtes dans les cités, fêtes dans les campagnes !
Les cieux n'ont plus d'enfers, les lois n'ont plus de bagnes.
Où donc est l'échafaud ? ce monstre a disparu.
Tout renaît. Le bonheur de chacun est accru
De la félicité des nations entières.
Plus de soldats l'épée au poing, plus de frontières,
Plus de fisc, plus de glaive ayant forme de croix.
L'Europe en rougissant dit : – Quoi ! j'avais des rois !
Et l'Amérique dit : – Quoi ! j'avais des esclaves ! [2]
Science, art, poésie, ont dissous les entraves
De tout le genre humain. Où sont les maux soufferts ?
Les libres pieds de l'homme ont oublié les fers.

1. *Demain tu seras le soleil !* : dernière étape du cheminement vers la lumière.
2. *Et l'Amérique dit : – Quoi ! j'avais des esclaves !* : *cf. Force des choses* (VII, XIII), vers 110.

Tout l'univers n'est plus qu'une famille unie.
Le saint labeur de tous se fond en harmonie ;
Et la Société, qui d'hymnes retentit,
Accueille avec transport l'effort du plus petit ;
L'ouvrage du plus humble au fond de sa chaumière
Émeut l'immense peuple heureux dans la lumière ;
Toute l'humanité dans sa splendide ampleur
Sent le don que lui fait le moindre travailleur ;
Ainsi les verts sapins, vainqueurs des avalanches,
Les grands chênes, remplis de feuilles et de branches,
Les vieux cèdres touffus, plus durs que le granit,
Quand la fauvette en mai vient y faire son nid,
Tressaillent dans leur force et leur hauteur superbe,
Tout joyeux qu'un oiseau leur apporte un brin d'herbe.

Radieux avenir ! Essor universel !
Épanouissement de l'homme sous le ciel !

III

Ô proscrits ! hommes de l'épreuve,
Mes compagnons vaillants et doux,
Bien des fois, assis près du fleuve,
J'ai chanté ce chant parmi vous ;

Bien des fois, quand vous m'entendîtes,
Plusieurs m'ont dit : « Perds ton espoir,
Nous serions des races maudites,
Le ciel ne serait pas plus noir !

« Que veut dire cette inclémence ?
Quoi ! le juste a le châtiment !
La vertu s'étonne et commence
À regarder Dieu fixement.

« Dieu se dérobe et nous échappe.
Quoi donc ! l'iniquité prévaut !
Le crime, voyant où Dieu frappe,
Rit d'un rire impie et dévot.

« Nous ne comprenons pas ses voies.

Comment ce Dieu des nations
Fera-t-il sortir tant de joies
De tant de désolations ?

« Ses desseins nous semblent contraires
À l'espoir qui luit dans tes yeux... »
– Mais qui donc, ô proscrits, mes frères,
Comprend le grand mystérieux ?

Qui donc a traversé l'espace,
La terre, l'eau, l'air et le feu,
Et l'étendue où l'esprit passe ?
Qui donc peut dire : « J'ai vu Dieu ![1]

« J'ai vu Jéhova ! je le nomme !
Tout à l'heure il me réchauffait.
Je sais comment il a fait l'homme,
Comment il fait tout ce qu'il fait !

« J'ai vu cette main inconnue
Qui lâche en s'ouvrant l'âpre hiver,
Et les tonnerres dans la nue,
Et les tempêtes sur la mer,

« Tendre et ployer la nuit livide ;
Mettre une âme dans l'embryon ;
Appuyer dans l'ombre du vide
Le pôle du septentrion ;[2]

« Amener l'heure où tout arrive ;
Faire au banquet du roi fêté
Entrer la mort, ce noir convive
Qui vient sans qu'on l'ait invité ;

« Créer l'araignée et sa toile,
Peindre la fleur, mûrir le fruit,
Et, sans perdre une seule étoile,
Mener tous les astres la nuit ;

1. Tout le développement qui suit provient du *Livre de Job*.
2. *Le pôle du septentrion* : le pôle Nord. *« C'est Lui qui a fait reposer le pôle du Septentrion sur le vide »* (*Livre de Job* XXXVI, 7).

« Arrêter la vague à la rive ;
Parfumer de roses l'été ;
Verser le temps comme une eau vive
Des urnes de l'éternité ;

« D'un souffle, avec ses feux sans nombre,
Faire, dans toute sa hauteur,
Frissonner le firmament sombre
Comme la tente d'un pasteur ;

« Attacher les globes aux sphères
Par mille invisibles liens…
Toutes ces choses sont très claires.
Je sais comment il fait ! j'en viens ! »

Qui peut dire cela ? personne.
Nuit sur nos cœurs ! nuit sur nos yeux !
L'homme est un vain clairon qui sonne.
Dieu seul parle aux axes des cieux.

IV

Ne doutons pas ! croyons ! la fin, c'est le mystère,
Attendons. Des Nérons comme de la panthère,
Dieu sait briser la dent[1].
Dieu nous essaie, amis. Ayons foi, soyons calmes,
Et marchons. Ô désert ! s'il fait croître des palmes,
C'est dans ton sable ardent !

Parce qu'il ne fait pas son œuvre tout de suite,
Qu'il livre Rome au prêtre et Jésus au jésuite,
Et les bons au méchant,
Nous désespérerions ! de lui ! du juste immense !
Non ! non ! lui seul connaît le nom de la semence
Qui germe dans son champ.

Ne possède-t-il pas toute la certitude ?
Dieu ne remplit-il pas ce monde, notre étude,

1. *briser la dent* : *cf.* Ancien Testament, Psaumes LVII, 6 §, *« Dieu brisera leurs dents dans leur bouche ; Il mettra en poudre les molaires du lion. »*

Du Nadir au Zénith ?[1]
Notre sagesse auprès de la sienne est démence.
Et n'est-ce pas à lui que la clarté commence,
Et que l'ombre finit ?

Ne voit-il pas ramper les hydres sur leurs ventres ?
Ne regarde-t-il pas jusqu'au fond de leurs antres
Atlas et Pélion[2] ?
Ne connaît-il pas l'heure où la cigogne émigre ?
Sait-il pas ton entrée et ta sortie, ô tigre,
Et ton antre, ô lion ?

Hirondelle, réponds, aigle à l'aile sonore,
Parle, avez-vous des nids que l'Éternel ignore ?
Ô cerf, quand l'as-tu fui ?
Renard, ne vois-tu pas ses yeux dans la broussaille ?
Loup, quand tu sens la nuit une herbe qui tressaille,
Ne dis-tu pas : C'est lui !

Puisqu'il sait tout cela, puisqu'il peut toute chose,
Que ses doigts font jaillir les effets de la cause
Comme un noyau d'un fruit,
Puisqu'il peut mettre un ver dans les pommes de l'arbre,
Et faire disperser les colonnes de marbre
Par le vent de la nuit ;

Puisqu'il bat l'océan pareil au bœuf qui beugle,
Puisqu'il est le voyant et que l'homme est l'aveugle,
Puisqu'il est le milieu,
Puisque son bras nous porte, et puisqu'à son passage
La comète frissonne ainsi qu'en une cage
Tremble une étoupe en feu ;

Puisque l'obscure nuit le connaît, puisque l'ombre
Le voit, quand il lui plaît, sauver la nef qui sombre,
Comment douterions-nous,
Nous qui, fermes et purs, fiers dans nos agonies,

1. *Du Nadir au Zénith* : points imaginaires de la sphère céleste. Le premier est le plus bas, le second le plus haut, si l'on trace une verticale à partir de l'observateur.
2. *Cf.* note 1, p. 288.

Sommes debout devant toutes les tyrannies,
Pour lui seul à genoux !

D'ailleurs, pensons. Nos jours sont des jours d'amertume,
Mais quand nous étendons les bras dans cette brume,
Nous sentons une main ;
Quand nous marchons, courbés, dans l'ombre du martyre,
Nous entendons quelqu'un derrière nous nous dire :
C'est ici le chemin.

Ô proscrits, l'avenir est aux peuples ! Paix, gloire,
Liberté, reviendront sur des chars de victoire
Aux foudroyants essieux ;
Ce crime qui triomphe est fumée et mensonge ;
Voilà ce que je puis affirmer, moi qui songe
L'œil fixé sur les cieux !

Les césars sont plus fiers que les vagues marines,
Mais Dieu dit : « Je mettrai ma boucle en leurs narines,
Et dans leur bouche un mors,
Et je les traînerai, qu'on cède ou bien qu'on lutte,
Eux et leurs histrions et leurs joueurs de flûte,
Dans l'ombre où sont les morts. »

Dieu dit ; et le granit que foulait leur semelle
S'écroule, et les voilà disparus pêle-mêle
Dans leurs prospérités !
Aquilon ! aquilon[1] ! qui viens battre nos portes,
Oh ! dis-nous, si c'est toi, souffle, qui les emportes,
Où les as-tu jetés ?

V

Bannis ! bannis ! bannis ! c'est là la destinée.
Ce qu'apporte le flux sera dans la journée
Repris par le reflux,
Les jours mauvais fuiront sans qu'on sache leur nombre,
Et les peuples joyeux et se penchant sur l'ombre

1. *aquilon* : vent du Nord.

Diront : Cela n'est plus !

Les temps heureux luiront, non pour la seule France,
Mais pour tous. On verra dans cette délivrance,
Funeste au seul passé,
Toute l'humanité chanter, de fleurs couverte,
Comme un maître qui rentre en sa maison déserte
Dont on l'avait chassé.

Les tyrans s'éteindront comme des météores.
Et, comme s'il naissait de la nuit deux aurores
Dans le même ciel bleu,
Nous vous verrons sortir de ce gouffre où nous sommes,
Mêlant vos deux rayons, fraternité des hommes,
Paternité de Dieu !

Oui, je vous le déclare, oui, je vous le répète,
Car le clairon redit ce que dit la trompette,
Tout sera paix et jour !
Liberté ! plus de serf et plus de prolétaire !
Ô sourire d'en haut ! ô du ciel pour la terre
Majestueux amour !

L'arbre saint du Progrès, autrefois chimérique,
Croîtra, couvrant l'Europe et couvrant l'Amérique,
Sur le passé détruit,
Et, laissant l'éther pur luire à travers ses branches,
Le jour, apparaîtra plein de colombes blanches,
Plein d'étoiles, la nuit.

Et nous qui serons morts, morts dans l'exil peut-être,
Martyrs saignants, pendant que les hommes, sans maître,
Vivront, plus fiers, plus beaux,
Sous ce grand arbre, amour des cieux qu'il avoisine,
Nous nous réveillerons pour baiser sa racine
Au fond de nos tombeaux !

Jersey. Septembre 1853.
[16-20/12/1852]

Questions

Compréhension

1. *Section I. Qu'apporte à la vision l'exclamation du vers 19 ?*

2. *Section II. Étudiez le plan de ce passage et justifiez-le.*

3. *Section III. Sur quoi Hugo compte-t-il pour convaincre ses compagnons d'exil ?*

4. *Section IV. Qui a, selon Hugo, un rapport privilégié au divin ? pourquoi ?*

5. *Section V. Pourquoi cette apostrophe au début de la section ?*

6. *Section V. Quelles sont les limites des promesses faites par Hugo à ses compagnons d'exil ?*

Écriture

7. *Section I. Étudiez la répartition des rimes dans chaque strophe ; à quoi correspond-elle ?*

8. *Section I. Observez les rimes de la dernière strophe ; en quoi se distinguent-elles de celles des sixains précédents ? pourquoi ?*

9. *Section III. Pourquoi Hugo revient-il ici à l'octosyllabe ?*

Bilan

• Ce que nous savons

Le 13 juillet 1852, Hugo, écrivant à son épouse Adèle, note à propos de Napoléon-le-Petit *:* « C'est le tableau complet de l'homme et de la situation avec un petit coup d'œil sur le lendemain. » *Il s'agit bien entendu d'un euphémisme :* Lux *est justement ce* « coup d'œil sur le lendemain » *qui va constituer le véritable aboutissement de l'œuvre. Puisque, au début de l'ouvrage, le poète nous avait plongés dans la nuit du Second Empire, il se devait de nous conduire jusqu'à la lumière ; c'est la fonction du poème* Lux *qui répond à* Nox. *En rester à la pure notion de « châtiment » eût fait de l'œuvre une entreprise de destruction légitime fondée sur le droit et la justice, mais aussi un livre de haine. Or,* Lux, *dans le prolongement de l'idée que l'Empire est passé à la trappe, constitue une ouverture qui oriente toute l'entreprise vers la construction, l'élaboration, l'élan.*
Plus court et moins varié que Nox, Lux *est remarquable par son unité. Celle-ci repose sur le souffle lyrique qui traverse toute cette fin de l'œuvre, mais aussi sur le caractère messianique, prophétique du propos, inspiré du modèle biblique* (Livre de Job, Ézéchiel, Psaumes). *Les premiers mots de la section 1 nous transmettent une véritable vision qui, prenant acte de la fin des souffrances du monde (*« Les peuples sont hors de l'abîme »*), nous conduit en crescendo vers la* « République universelle »*, jusqu'à l'évocation du soleil. À cette vision succède une section consacrée à la jubilation de l'homme, enfin en harmonie avec le monde et susceptible d'en jouir. Puis le poète répond aux dernières objections du proscrit qui doute (section III), en lui montrant qu'il deviendra l'élu dans une* « fraternité des hommes » *fondée sur la* « Paternité de Dieu » *(section V). L'œuvre peut alors s'achever sur l'image vitaliste de* « L'arbre saint du Progrès » *qui, s'étendant sur l'univers, abritera vivants et morts.*

• À quoi nous attendre ?

1. *Deux images essentielles chez Victor Hugo cohabitent dans cette fin d'œuvre ; lesquelles ?*

2. *Dans* Les Châtiments, *la place des animaux est très importante. Observez les transformations du rôle et de la signification du bestiaire dans* Lux.

NOTES

NOTE PREMIÈRE

ÉCRIT EN DESCENDANT DE LA TRIBUNE LE 17 JUILLET 1851

Livre IV, page 152.

Le 17 juillet 1851, on débattait à l'Assemblée nationale la révision de la Constitution. Il est bon de jeter aujourd'hui un coup d'œil rétrospectif sur cette lutte. L'auteur de ce livre resta quatre heures à la tribune. Son discours remplit la séance. On peut le lire tout entier dans le recueil complet de ses discours, publié en deux volumes à Bruxelles, sous ce titre : *Œuvres oratoires* de Victor Hugo. Nous en extrayons, pour l'enseignement et la méditation du lecteur, ce qui suit :

....

....

« Mais des publicistes d'une autre couleur, des journaux d'une autre nuance, qui expriment bien incontestablement la pensée du gouvernement, car ils sont vendus dans les rues avec privilège et à l'exclusion de tous les autres, ces journaux nous crient : « Vous avez raison ; la légitimité est impossible, la monarchie de droit divin et de principe est morte ; mais l'autre, la monarchie de gloire, l'empire, celle-là est non-seulement possible, mais nécessaire. »

« Voilà le langage qu'on nous tient.

« Ceci est l'autre côté de la question monarchie. Examinons.

« Et d'abord, la monarchie de gloire, dites-vous ! Tiens ! vous avez de la gloire ? Montrez-nous-la ! *(Hilarité.)* Je serais curieux de voir de la gloire sous ce gouvernement-ci ! *(Rires et applaudissements à gauche)* de la gloire qui soit à vous !

« Voyons ! votre gloire, où est-elle ? Je la cherche. Je regarde autour de moi ; de quoi se compose-t-elle ?

« M. LEPIC. – Demandez à votre père !

« M. VICTOR HUGO. – Quels en sont les éléments ? Qu'est-ce que j'ai devant moi ? Qu'est-ce que nous avons devant les yeux ? Toutes nos libertés prises au piège l'une après l'autre et garrottées ; le suffrage universel trahi, livré, mutilé ; les programmes socialistes aboutissant à une politique jésuite ; pour gouvernement, une immense intrigue *(Mouvement)*, l'histoire dira peut-être un complot *(Vive sensation)* ; je ne sais quel sous-entendu inouï qui donne à la République l'empire pour but, et qui fait de cinq cent mille fonctionnaires une sorte de franc-maçonnerie bonapartiste au milieu de la nation ! toute réforme ajournée ou bafouée, les impôts improportionnels et onéreux au peuple maintenus ou rétablis, l'état de siège pesant sur cinq départements, Paris et Lyon mis en surveillance, l'amnistie refusée, la transportation aggravée, la déportation votée, des gémissements à la kasbah de Bône, des tortures à Belle-Isle, des casemates où l'on ne veut pas laisser pourrir des matelas, mais où on laisse pourrir des hommes ! *(Sensation)*... la presse traquée, le jury trié, pas assez de justice et beaucoup trop de police ; la misère en bas, l'anarchie en haut ; l'arbitraire, la compression, l'iniquité ! Au dehors, le cadavre de la république romaine. *(Bravos à gauche.)*

« VOIX À DROITE. – C'est le bilan de la République.

« M. LE PRÉSIDENT. – Laissez donc ; n'interrompez pas. Cela constate que la tribune est libre. Continuez. *(Très-bien ! très-bien ! à gauche.)*

« M. CHARRAS. – Malgré vous.

« M. VICTOR HUGO. – ... La potence, c'est-à-dire l'Autriche *(Mouvement)*, debout sur la Hongrie, sur la Lombardie, sur Milan, sur Venise ; la Sicile livrée aux fusillades ; l'espoir des nationalités dans la France détruit ; le lien intime des peuples rompu ; partout le droit foulé aux pieds, au nord comme au midi, à Cassel comme à Palerme ; une coalition de rois latente et qui n'attend que l'occasion ; notre diplomatie muette, je ne veux pas dire complice ; quelqu'un qui est toujours lâche devant quelqu'un qui est toujours insolent ; la Turquie laissée sans appui contre le czar et forcée d'abandonner les proscrits ; Kossuth agonisant dans un cachot de l'Asie Mineure ; voilà où nous en sommes ! La France baisse la tête, Napoléon tressaille de honte dans sa tombe, et cinq ou six mille coquins crient : *Vive l'Empereur !* Est-ce tout cela que vous appelez votre gloire, par hasard ? *(Profonde agitation.)*

« M. DE LADEVANSAYE. – C'est la République qui nous a donné tout cela !

« M. LE PRÉSIDENT. – C'est aussi au gouvernement de la République qu'on reproche tout cela.
« M. VICTOR HUGO. – Maintenant, votre empire, causons-en, je le veux bien. *(Rires à gauche.)*
« M. VIEILLARD*. – Personne n'y songe, vous le savez bien !
« M. VICTOR HUGO. – Messieurs, des murmures tant que vous voudrez, mais pas d'équivoques. On me crie : Personne ne songe à l'empire. J'ai pour habitude d'arracher les masques.
« Personne ne songe à l'empire, dites-vous ! Que signifient donc ces cris payés de : Vive l'empereur ! Une simple question : Qui les paye ?
« Personne ne songe à l'empire, vous venez de l'entendre ! Que signifient donc ces paroles du général Changarnier, ces allusions aux prétoriens en débauche applaudies par vous ? Que signifient ces paroles de M. Thiers, également applaudies par vous : L'empire est fait ?
« Que signifie ce pétitionnement ridicule et mendié pour la prolongation des pouvoirs ?
« Qu'est-ce que la prolongation, s'il vous plaît ? C'est le consulat à vie. Où mène le consulat à vie ? À l'empire. Messieurs, il y a là une intrigue ! Une intrigue ! vous dis-je. J'ai le droit de la fouiller. Je la fouille ! Allons ! le grand jour sur tout cela !
« Il ne faut pas que la France soit prise par surprise et se trouve, un beau matin, avoir un empereur sans savoir pourquoi ! *(Applaudissements.)*
« Un empereur ! Discutons un peu la prétention.
« Quoi ! parce qu'il y a eu un homme qui a gagné la bataille de Marengo, et qui a régné, vous voulez régner, vous qui n'avez gagné que la bataille de Satory ! *(Rires.)*
« M. FERDINAND BARROT*. – Il y a trois ans qu'il gagne une bataille : celle de l'ordre contre l'anarchie.
« M. VICTOR HUGO. – Quoi ! parce que, il y a dix siècles de cela, Charlemagne, après quarante années de gloire, a laissé tomber sur la face du globe un sceptre et une épée tellement démesurés que personne ensuite n'a pu et n'a osé y toucher, – et pourtant il y a eu dans l'intervalle des hommes qui se sont appelés Philippe-Auguste, François Ier, Henri IV, Louis XIV ! – Quoi ! parce que mille ans après, car il ne faut pas moins d'une gestation de mille années à l'humanité pour reproduire de pareils hommes, parce que, mille ans après, un autre génie est

* Aujourd'hui sénateur. 30 000 francs par an.

venu qui a ramassé ce glaive et ce sceptre, et qui s'est dressé debout sur le continent, qui a fait l'histoire gigantesque dont l'éblouissement dure encore, qui a enchaîné la Révolution en France et qui l'a déchaînée en Europe, qui a donné à son nom, pour synonymes éclatants, Rivoli, Iéna, Essling, Friedland, Montmirail ! quoi ! parce que, après dix ans d'une gloire immense, d'une gloire presque fabuleuse à force de grandeur, il a, à son tour, laissé tomber d'épuisement ce sceptre et ce glaive qui avaient accompli tant de choses colossales, vous venez, vous, vous voulez, vous, les ramasser après lui, comme il les a ramassés, lui, Napoléon, après Charlemagne, et prendre dans vos petites mains ce sceptre des titans, cette épée des géants ! Pourquoi faire ? *(Longs applaudissements.)* Quoi ! après Auguste, Augustule ! Quoi ! parce que nous avons eu Napoléon le Grand, il faut que nous ayons Napoléon le Petit. *(La gauche applaudit, la droite crie. La séance est interrompue pendant plusieurs minutes. Tumulte inexprimable.)*

« À GAUCHE. – Monsieur le président, nous avons écouté M. Berryer ; la droite doit écouter M. Victor Hugo. Faites taire la majorité.

« M. SAVATIER-LAROCHE. – On doit le respect aux grands orateurs. *(À gauche : Très-bien !)*

« M. DE LA MOSKOWA*. – M. le président devrait faire respecter le gouvernement de la République dans la personne du président de la République.

« M. LEPIC**. – On déshonore la République !

« M. DE LA MOSKOWA. – Ces messieurs crient : *Vive la République !* et insultent le président.

« M. ERNEST DE GIRARDIN. – Napoléon Bonaparte a eu six millions de suffrages ; vous insultez l'élu du peuple ! *(Vive agitation au banc des ministres. – M. le président essaye en vain de se faire entendre au milieu du bruit.)*

« M. DE LA MOSKOWA. – Et, sur les bancs des ministres, pas un mot d'indignation n'éclate à de pareilles paroles !

« M. BAROCHE, *ministre des affaires étrangères***. – Discutez, mais n'insultez pas.

« M. LE PRÉSIDENT. – Vous avez le droit de contester l'abrogation de l'article 45 en termes de droit, mais vous n'avez pas

---

* Aujourd'hui sénateur. 30 000 francs par an.

** Aujourd'hui aide de camp de l'empereur.

*** Aujourd'hui président du conseil d'État de l'empire. 150 000 francs par an.

le droit d'insulter ! *(Les applaudissements de l'extrême gauche redoublent et couvrent la voix de M. le président.)*
« M. LE MINISTRE DES AFFAIRES ÉTRANGÈRES. – Vous discutez des projets qu'on n'a pas, et vous insultez ! *(Les applaudissements de l'extrême gauche continuent.)*
« UN MEMBRE DE L'EXTRÊME GAUCHE. – Il fallait défendre la République hier quand on l'attaquait !
« M. LE PRÉSIDENT. – L'opposition a affecté de couvrir d'applaudissements et mon observation et celle de M. le ministre, que la mienne avait précédée.
« Je disais à M. Victor Hugo qu'il a parfaitement le droit de contester la convenance de demander la révision de l'article 45 en termes de droit, mais qu'il n'a pas le droit de discuter, sous une forme insultante, une candidature personnelle qui n'est pas en jeu.
« VOIX À L'EXTRÊME GAUCHE. – Mais si, elle est en jeu.
« M. CHARRAS. – Vous l'avez vu vous-même, à Dijon, face à face.
« M. LE PRÉSIDENT. – Je vous rappelle à l'ordre ici, parce que je suis président ; à Dijon, je respectais les convenances, et je me suis tu.
« M. CHARRAS. – On ne les a pas respectées envers vous.
« M. VICTOR HUGO. – Je réponds à M. le ministre et à M. le président, qui m'accusent d'offenser M. le président de la République, qu'ayant le droit constitutionnel d'accuser M. le président de la République, j'en userai le jour où je le jugerai convenable, et je ne perdrai pas mon temps à l'offenser ; mais ce n'est pas l'offenser que de dire qu'il n'est pas un grand homme. *(Vives réclamations sur quelques bancs de la droite.)*
« M. BRIFFAUT. – Vos insultes ne peuvent aller jusqu'à lui.
« M. DE CAULAINCOURT. – Il y a des injures qui ne peuvent l'atteindre, sachez-le bien !
« M. LE PRÉSIDENT. – Si vous continuez après mon avertissement, je vous rappellerai à l'ordre.
« M. VICTOR HUGO. – Voici ce que j'ai à dire, et M. le président ne m'empêchera pas de compléter mon explication. *(Vive agitation.)*
« Ce que nous demandons à M. le président responsable de la République, ce que nous attendons de lui, ce que nous avons le droit d'attendre fermement de lui, ce n'est pas qu'il tienne le pouvoir en grand homme, c'est qu'il le quitte en honnête homme.
« À GAUCHE. – Très-bien ! très-bien !

« M. CLARY*. – Ne le calomniez pas en attendant.
« M. VICTOR HUGO. – Ceux qui l'offensent, ce sont ceux de ses amis qui laissent entendre que le deuxième dimanche de mai il ne quittera pas le pouvoir purement et simplement, comme il le doit, à moins d'être un séditieux.
« VOIX À GAUCHE. – Et un parjure !
« M. VIEILLARD**. – Ce sont là des calomnies ; M. Victor Hugo le sait bien.
« M. VICTOR HUGO. – Messieurs de la majorité, vous avez supprimé la liberté de la presse ; voulez-vous supprimer la liberté de la tribune ? *(Mouvement.)* Je ne viens pas demander de la faveur, je viens demander de la franchise. Le soldat qu'on empêche de faire son devoir brise son épée ; si la liberté de la tribune est morte, dites-le-moi, afin que je brise mon mandat. Le jour où la tribune ne sera plus libre, j'en descendrai pour n'y plus remonter. *(À droite : Le beau malheur !)* La tribune sans liberté n'est acceptable que pour l'orateur sans dignité. *(Profonde sensation.)*
« Eh bien, si la tribune est respectée, je vais voir. Je continue. Non ! après Napoléon le Grand, je ne veux pas de Napoléon le Petit !
« Allons, respectez les grandes choses. Trêve aux parodies ! Pour qu'on puisse mettre un aigle sur les drapeaux, il faut d'abord avoir un aigle aux Tuileries ! Où est l'aigle ? *(Longs applaudissements.)*
« M. LÉON FAUCHER. – L'orateur insulte le président de la République. *(Oui, oui ! à droite.)*
« M. LE PRÉSIDENT. – Vous offensez le président de la République. *(Oui ! oui ! à droite. – M. Abatuci*** gesticule vivement.)*
« M. VICTOR HUGO. – Je reprends :
« Messieurs, comme tout le monde, comme vous tous, j'ai tenu dans mes mains ces journaux, ces brochures, ces pamphlets impérialistes ou césaristes, comme on dit aujourd'hui. Une idée me frappe, et il m'est impossible de ne pas la communiquer à l'assemblée. *(Immense agitation, l'orateur poursuit :)* Oui, il m'est impossible de ne pas la laisser déborder devant cette assemblée. Que dirait ce soldat, ce grand soldat de la France,

* Aujourd'hui sénateur. 30 000 francs par an.
** Sénateur. 30 000 francs par an.
*** Aujourd'hui ministre de la justice de l'empire. 120 000 francs par an.

qui est couché là, aux Invalides, et à l'ombre duquel on s'abrite, et dont on invoque si souvent et si étrangement le nom, que dirait ce Napoléon, qui, parmi tant de combats prodigieux, est allé, à huit cents lieues de Paris, provoquer la vieille barbarie moscovite à ce grand duel de 1812 ; que dirait ce sublime esprit, qui n'entrevoyait qu'avec horreur la possibilité d'une Europe cosaque, et qui, certes, quels que fussent ses instincts d'autorité, lui préférait l'Europe républicaine, que dirait-il, lui ! si, du fond de son tombeau, il pouvait voir que son empire, son glorieux et belliqueux empire, a aujourd'hui pour panégyristes, pour apologistes, pour théoriciens et pour reconstructeurs, qui ? des hommes qui, dans notre époque rayonnante et libre, se tournent vers le Nord avec un désespoir qui serait risible, s'il n'était monstrueux ! des hommes qui, chaque fois qu'ils nous entendent prononcer les mots démocratie, liberté, humanité, progrès, se couchent à plat ventre avec terreur et se collent l'oreille contre terre pour écouter s'ils n'entendront pas enfin venir le canon russe !
« *(Longs applaudissements à gauche. Clameurs à droite. – Toute la droite se lève et couvre de ses cris les dernières paroles de l'orateur : – À l'ordre ! à l'ordre ! à l'ordre !)*
« *(Plusieurs ministres se lèvent sur leurs bancs et protestent avec vivacité contre les paroles de l'orateur. – Le tumulte va croissant. – Des apostrophes violentes sont lancées à l'orateur par un grand nombre de membres. – MM. Bineau*, le général Gourgaud et plusieurs autres représentants siégeant sur les premiers bancs de la droite se font remarquer par leur animation.)*
« M. LE MINISTRE DES AFFAIRES ÉTRANGÈRES**. – Vous savez bien que cela n'est pas vrai ! Au nom de la France, nous protestons.
« M. DE RANCÉ***. – Nous demandons le rappel à l'ordre.
« M. DE CROUSEILLES, *ministre de l'instruction publique*****. – Faites une application personnelle de vos paroles ! À qui les appliquez-vous ? Nommez ! nommez !
« M. LE PRÉSIDENT. – Je vous rappelle à l'ordre, monsieur Victor Hugo, parce que, malgré mes avertissements, vous ne cessez pas d'insulter.

* Aujourd'hui sénateur, 30 000 francs et ministre des finances de l'empire, 120 000 francs ; total, 150 000 francs par an.
** Le même Baroche.
*** Aujourd'hui commissaire général de police. 40 000 francs par an.
**** Aujourd'hui sénateur. 30 000 francs par an.

« QUELQUES VOIX À DROITE. – C'est un insulteur à gages !
« M. CHAPOT. – Que l'orateur nous dise à qui il s'adresse.
« M. DE STAPLANDE. – Nommez ceux que vous accusez, si vous en avez le courage ! *(Agitation tumultueuse.)*
« VOIX DIVERSES À DROITE. – Vous êtes un infâme calomniateur. – C'est une lâcheté et une insolence. *(À l'ordre ! à l'ordre !)*
« M. LE PRÉSIDENT. – Avec le bruit que vous faites, vous avez empêché d'entendre le rappel à l'ordre que j'ai prononcé.
« M. VICTOR HUGO. – Je demande à m'expliquer. *(Murmures bruyants et prolongés.)*
« M. DE HEECKEREN*. – Laissez, laissez-le jouer sa pièce.
« M. LÉON FAUCHER, ministre de l'intérieur. – L'orateur... *(Interruption à gauche.)* L'orateur...
« À GAUCHE. – Vous n'avez pas la parole !
« M. LE PRÉSIDENT. – Laissez M. Victor Hugo s'expliquer. Il est rappelé à l'ordre.
« M. LE MINISTRE DE L'INTÉRIEUR. – Comment, messieurs, un orateur pourra insulter ici le président de la République... *(Bruyante interruption à gauche.)*
« M. VICTOR HUGO. – Laissez-moi m'expliquer ! je ne vous cède pas la parole.
« M. LE PRÉSIDENT. – Vous n'avez pas la parole. Ce n'est pas à vous à faire la police de l'Assemblée. M. Victor Hugo est rappelé à l'ordre ; il demande à s'expliquer ; je lui donne la parole, et vous rendrez la police impossible si vous voulez usurper mes fonctions.
« M. VICTOR HUGO. – Messieurs, vous allez voir le danger des interruptions précipitées. *(Plus haut ! plus haut !)* J'ai été rappelé à l'ordre, et un honorable membre que je n'ai pas l'honneur de connaître...
« M. BOURBOUSSON. – C'est moi, M. Bourbousson.
« M. VICTOR HUGO. – ... Dit qu'il faudrait m'infliger la censure.
« VOIX À DROITE. – Oui ! oui !
« M. VICTOR HUGO. – Pourquoi ? Pour avoir qualifié, comme c'est mon droit... *(Dénégation à droite.)* Pour avoir qualifié les auteurs des pamphlets césaristes. *(Réclamations à droite. – M. Victor Hugo se penche vers le sténographe du*

* Sénateur. 30 000 francs par an.

Moniteur *et lui demande communication immédiate de la phrase de son discours qui a provoqué l'émotion de l'Assemblée.)*
« VOIX À DROITE. – M. Victor Hugo n'a pas le droit de faire changer la phrase au *Moniteur.*
« M. LE PRÉSIDENT. – L'Assemblée s'est soulevée contre les paroles qui ont dû être recueillies par le sténographe du *Moniteur.* Le rappel à l'ordre s'applique à ces paroles, telles que vous les avez prononcées, et qu'elles resteront certainement. Maintenant, en vous expliquant, si vous les changez, l'Assemblée sera juge.
« M. VICTOR HUGO. – Comme le sténographe du *Moniteur* les a recueillies de ma bouche... *(Interruptions diverses.)*
« PLUSIEURS MEMBRES. – Vous les avez changées ! – Vous avez parlé au sténographe. *(Bruits confus.)*
« M. DE PANAT ET AUTRES MEMBRES. – Vous n'avez rien à craindre. Les paroles paraîtront au *Moniteur* comme elles sont sorties de la bouche de l'orateur.
« M. VICTOR HUGO. – Messieurs, demain, quand vous lirez le *Moniteur... (Rumeurs à droite)*, quand vous y lirez cette phrase, que vous avez interrompue et que vous n'avez pas entendue, cette phrase dans laquelle je dis que Napoléon s'étonnerait, s'indignerait de voir que son empire, son glorieux empire, a aujourd'hui pour théoriciens et pour reconstructeurs, qui ? des hommes qui, chaque fois que nous prononçons les mots *démocratie, liberté, humanité, progrès*, se couchent à plat ventre avec terreur, et se collent l'oreille contre terre pour écouter s'ils n'entendront pas enfin venir le canon russe...
« VOIX À DROITE. – À qui appliquez-vous cela ?
« VOIX À GAUCHE. – À Romieu ! au *Spectre rouge* !
« M. VICTOR HUGO. – J'ai été rappelé à l'ordre pour cela !
« M. LE PRÉSIDENT, *à M. Victor Hugo.* – Vous ne pouvez pas isoler une phrase de votre discours entier. Et tout cela est venu à la suite d'une comparaison insultante entre l'empereur qui n'est plus, et le président de la République qui existe. *(Agitation prolongée. – Un grand nombre de membres descendent dans l'hémicycle ; ce n'est qu'avec peine que, sur l'ordre de M. le président, les huissiers font reprendre les places et ramènent un peu de silence.)*
« M. VICTOR HUGO. – Vous reconnaîtrez demain la vérité de mes paroles.
« VOIX À DROITE. – Vous avez dit : *Vous.*
« M. VICTOR HUGO. – Jamais, et je le dis du haut de cette tribune, jamais il n'est entré dans mon esprit un seul instant de

les adresser à qui que ce soit dans l'Assemblée. *(Réclamations et rires bruyants à droite.)*
« M. LE PRÉSIDENT. – Alors l'insulte reste tout entière pour M. le président de la République.
« M. DE HEECKEREN*. – S'il ne s'agit pas de nous, pourquoi nous le dire, et ne pas réserver la chose pour l'*Événement* ?
« M. VICTOR HUGO, *se tournant vers M. le président*. – Ce n'est pas du président de la République qu'il s'agit maintenant.
« M. LE PRÉSIDENT. – Vous l'avez traîné aussi bas que possible...
« M. VICTOR HUGO. – Ce n'est pas là la question !
« M. LE PRÉSIDENT. – Dites que vous n'avez pas voulu insulter M. le président de la République dans votre parallèle, à la bonne heure ! *(L'agitation continue ; des apostrophes d'une extrême violence sont adressées à l'orateur et échangées entre plusieurs membres de droite et de gauche.)*
(M. Lefebvre-Duruflé, s'approchant de la tribune, remet à l'orateur une feuille de papier qu'il le prie de lire.)
« M. VICTOR HUGO, *après avoir lu*. – On me transmet l'observation que voici, et à laquelle je vais donner immédiatement satisfaction. Voici :
« Ce qui a révolté l'Assemblée, c'est que vous avez dit *vous*, et que vous n'avez pas parlé indirectement.
« L'auteur de cette observation reconnaîtra demain, en lisant le *Moniteur*, que je n'ai pas dit *vous*, que j'ai parlé indirectement, que je ne me suis adressé à personne directement dans l'Assemblée, et je répète que je ne m'adresse à personne.
« Faisons cesser ce malentendu.
« VOIX À DROITE. – Bien ! bien ! Passez outre !
« M. LE PRÉSIDENT. – Faites sortir l'Assemblée de l'état où vous l'avez mise.
« Messieurs, veuillez faire silence.
« M. VICTOR HUGO. – Vous lirez demain le *Moniteur* qui a recueilli mes paroles, et vous regretterez votre précipitation. Jamais je n'ai songé un seul instant à un seul membre de cette Assemblée, je le déclare, et je laisse mon rappel à l'ordre sur la conscience de M. le président *(Mouvement. – Très-bien ! Très-bien !)*
« Encore un instant, et je descends de la tribune.

* Sénateur.

« *(Le silence se rétablit sur tous les bancs. L'orateur se tourne vers la droite.)*
« Monarchie légitime, monarchie impériale, qu'est-ce que vous nous voulez ? Nous sommes des hommes d'un autre âge. Pour nous, il n'y a de fleurs de lis qu'à Fontenoy, et il n'y a d'aigle qu'à Eylau et à Wagram.
« Je vous l'ai déjà dit, vous êtes le passé. De quel droit mettez-vous le présent en question ? qu'y a-t-il de commun entre vous et lui ? Contre qui et pour qui vous coalisez-vous ? Et puis, que signifie cette coalition ? Qu'est-ce que c'est que cette alliance ? Qu'est-ce que c'est que cette main de l'empire que je vois dans la main de la légitimité ? Légitimistes, l'empire a tué le duc d'Enghien ! Impérialistes, la légitimité a fusillé Murat ! *(Vive impression.)*
« Vous vous touchez les mains ; prenez garde, vous mêlez des taches de sang ! *(Sensation.)*
« Et puis, qu'espérez-vous ? détruire la République ? Vous entreprenez là une besogne rude. Y avez-vous bien songé ? Quand un ouvrier a travaillé dix-huit heures, quand un peuple a travaillé dix-huit siècles, et qu'ils ont enfin l'un et l'autre reçu leur payement, allez donc essayer d'arracher à cet ouvrier son salaire et à ce peuple sa république ? *(Applaudissements.)*
« Savez-vous ce qui fait la République forte ? savez-vous ce qui la fait invincible ? savez-vous ce qui la fait indestructible ? Je vous l'ai dit en commençant, et en terminant je vous le répète, c'est qu'elle est la somme du labeur des générations, c'est qu'elle est le produit accumulé des efforts antérieurs, c'est qu'elle est un résultat historique autant qu'un fait politique, c'est qu'elle fait pour ainsi dire partie du climat actuel de la civilisation ; c'est qu'elle est la forme absolue, suprême, nécessaire, du temps où nous vivons ; c'est qu'elle est l'air que nous respirons, et qu'une fois que les nations ont respiré cet air-là, prenez-en votre parti, elles ne peuvent plus en respirer d'autre ! Oui, savez-vous ce qui fait que la République est impérissable ? C'est qu'elle s'identifie d'un côté avec le siècle, et de l'autre avec le peuple ! Elle est l'idée de l'un et la couronne de l'autre ! *(Bravo ! bravo !)*
« Messieurs les révisionnistes, je vous ai demandé ce que vous vouliez. Ce que je veux, moi, je vais vous le dire. Toute ma politique, la voici en deux mots : il faut supprimer dans l'ordre social un certain degré de misère, et dans l'ordre politique une certaine nature d'ambition. Plus de paupérisme et plus de monarchisme. La France ne sera tranquille que lorsque, par la

puissance des institutions qui donneront du travail et du pain aux uns et qui ôteront l'espérance aux autres, nous aurons vu disparaître du milieu de nous tous ceux qui tendent la main, depuis les mendiants jusqu'aux prétendants. *(Explosion d'applaudissements. – Cris et murmures à droite.)* »

....

NOTE II

Ce somnambule obscur, brusquement frénétique,
Que Schœlcher a nommé le président Obus.
Livre VI, page 227.
Éblouissements.

Le représentant Schœlcher, un de ceux qui ont le plus contribué à imprimer un cachet d'héroïsme aux luttes armées de la gauche contre le coup d'État dans les rues de Paris, était, on le sait, membre du comité des Sept qui, pendant quatre jours, dirigea le combat. Le représentant Schœlcher a continué dans l'exil sa vaillante et généreuse guerre au crime et à l'usurpation. Il a raconté en détail toutes les scélératesses du coup d'État et du gouvernement engendré par le coup d'État, dans les deux livres excellents intitulés : *les Crimes du Deux Décembre*, Londres, 1852 ; – *le Gouvernement du Deux Décembre*, Londres, 1853.

NOTE III

Oui, nous appellerons jusqu'au dernier soupir,
Au secours de la France aux fers et presque éteinte,
Comme nos grands aïeux, l'insurrection sainte.
Livre VI, page 248,
le Parti du crime.

M. Bonaparte ayant jugé utile à ses intérêts de publier dans son *Moniteur* la déclaration des proscrits républicains de Jersey au sujet du vote à l'empire, nous lui rendons le service de la reproduire ici :

« AU PEUPLE

« Citoyens,

« L'empire va se faire. Faut-il voter ? Faut-il continuer de s'abstenir ? Telle est la question qu'on nous adresse.

« Dans le département de la Seine, un certain nombre de républicains, de ceux qui, jusqu'à ce jour, se sont abstenus, comme ils le devaient, de prendre part, sous quelque forme que ce fût, aux actes du gouvernement de M. Bonaparte, sembleraient aujourd'hui ne pas être éloignés de penser qu'à l'occasion de l'empire une manifestation opposante de la ville de Paris, par la voie du scrutin, pourrait être utile, et que le moment serait peut-être venu d'intervenir dans le vote. Ils ajoutent que, dans tous les cas, le vote pourrait être un moyen de recensement pour le parti républicain ; grâce au vote, on se compterait.

« Ils nous demandent conseil.

« Notre réponse sera simple, et ce que nous dirons pour la ville de Paris peut être dit pour tous les départements.

« Nous ne nous arrêterons point à faire remarquer que M. Bonaparte ne s'est pas décidé à se déclarer empereur sans avoir au préalable arrêté avec ses complices le nombre de voix dont il lui convient de dépasser les 7 500 000 de son 20 décembre. À l'heure qu'il est, huit millions, neuf millions, dix millions, son chiffre est fait. Le scrutin n'y changera rien. Nous ne prendrons pas la peine de vous rappeler ce que c'est que le "suffrage universel" de M. Bonaparte, ce que c'est que les scrutins de M. Bonaparte. Manifestation de la ville de Paris ou de la ville de Lyon, recensement du parti républicain, est-ce que cela est possible ? Où sont les garanties du scrutin ? où est le contrôle ? où sont les scrutateurs ? où est la liberté ? Songez à toutes ces dérisions. Qu'est-ce qui sort de l'urne ? La volonté de M. Bonaparte. Pas autre chose. M. Bonaparte a les clefs des boîtes dans sa main, les Oui et les Non dans sa main, le vote dans sa main. Après le travail des préfets et des maires terminé, ce gouvernement de grands chemins s'enferme tête à tête avec le scrutin, et le dépouille. Pour lui, ajouter ou retrancher des voix, altérer un procès-verbal, inventer un total, fabriquer un chiffre, qu'est-ce que c'est ? Un mensonge, c'est-à-dire peu de chose ; un faux, c'est-à-dire rien.

« Restons dans les principes, citoyens. Ce que nous avons à vous dire, le voici :

« M. Bonaparte trouve que l'instant est venu de s'appeler majesté. Il n'a pas restauré un pape pour le laisser à rien faire ; il entend être sacré et couronné. Depuis le 2 décembre, il a le fait, le despotisme ; maintenant il veut le mot, l'empire. Soit.

« Nous, républicains, quelle est notre fonction ? quelle doit être notre attitude ?

« Citoyens, Louis Bonaparte est hors la Loi ; Louis Bonaparte est hors l'Humanité. Depuis dix mois que ce malfaiteur règne, le droit à l'insurrection est en permanence et domine toute la situation. À l'heure où nous sommes, un perpétuel appel aux armes est au fond des consciences. Or, soyons tranquilles, ce qui se révolte dans toutes les consciences arrive bien vite à armer tous les bras.

« Amis et Frères ! en présence de ce gouvernement infâme, négation de toute morale, obstacle à tout progrès social, en présence de ce gouvernement meurtrier du peuple, assassin de la République et violateur des lois, de ce gouvernement né de la force et qui doit périr par la force, de ce gouvernement élevé par le crime et qui doit être terrassé par le droit, le Français, digne du nom de citoyen, ne sait pas, ne veut pas savoir s'il y a quelque part des semblants de scrutin, des comédies de suffrage universel et des parodies d'appel à la nation ; il ne s'informe pas s'il y a des hommes qui votent et des hommes qui font voter, s'il y a un troupeau qu'on appelle le sénat et qui délibère, et un autre troupeau qu'on appelle le peuple et qui obéit ; il ne s'informe pas si le pape va sacrer au maître-autel de Notre-Dame l'homme qui – n'en doutez pas, ceci est l'avenir inévitable – sera ferré au poteau par le bourreau ; – en présence de M. Bonaparte et de son gouvernement, le citoyen, digne de ce nom, ne fait qu'une chose et n'a qu'une chose à faire : charger son fusil et attendre l'heure.

« VIVE LA RÉPUBLIQUE !

« Les Proscrits démocrates socialistes de France, résidant à Jersey et réunis en assemblée générale, le 31 octobre 1852.

« Pour copie conforme :
« La commission :
« VICTOR HUGO, FOMBERTAUX, PHILIPPE FAURE. »

NOTE IV

PATRIA : *Musique de Beethoven.*
Livre VII, page 289.

Ce chant, en l'honneur de la France, a deux auteurs : l'un, français, pour les paroles ; l'autre, allemand, pour la musique ; symbole de cette sainte fraternité de la France et de l'Allemagne que les rois ne parviendront point à détruire. Voici l'admirable musique de Beethoven :

NOTE V

On ne peut pas vivre sans pain ;
On ne peut pas non plus vivre sans la patrie.
Livre VII, p. 314. *Chanson.*

Nous croyons utile de reproduire ici les deux discours de l'auteur de ce livre, au nom de la proscription de Jersey, sur la tombe des deux derniers proscrits morts à Jersey. (Nous écrivons cette note le 1er octobre 1853.) Voici les discours :

I

(23 AVRIL 1853. – AU CIMETIÈRE DE SAINT-JEAN.)

« Citoyens,

« L'homme auquel nous sommes venus dire l'adieu suprême, JEAN BOUSQUET (de Tarn-et-Garonne), fut un énergique soldat de la démocratie. Nous l'avons vu, proscrit inflexible, dépérir douloureusement au milieu de nous. Le mal du pays le rongeait ; il se sentait lentement empoisonné par le souvenir de tout ce qu'on laisse derrière soi ; il pouvait revoir les êtres absents, les lieux aimés, sa ville, sa maison ; il pouvait revoir la France, il n'avait qu'un mot à dire, cette humiliation exécrable que M. Bonaparte appelle amnistie ou grâce s'offrait à lui, il l'a chastement repoussée, et il est mort. Il avait trente-quatre ans. Maintenant le voilà ! *(L'orateur montre la fosse.)*
« Je n'ajouterai pas un éloge à cette simple vie, à cette grande mort. Qu'il repose en paix, dans cette fosse obscure où la terre va le couvrir et où son âme est allée retrouver les éternelles espérances du tombeau !
« Qu'il dorme ici, ce républicain, et que le peuple sache qu'il y a encore des cœurs fiers et purs, dévoués à sa cause ! Que la République sache qu'on meurt plutôt que de l'abandonner ! Que la France sache qu'on meurt parce qu'on ne la voit plus !
« Qu'il dorme, ce patriote, au pays de l'étranger ! Et nous, ses compagnons de lutte et d'adversité, nous qui lui avons fermé

les yeux, à sa ville natale, à sa famille, à ses amis, s'ils nous demandent : Où est-il ? nous répondrons : Mort dans l'exil ! comme les soldats répondaient au nom de Latour-d'Auvergne : Mort au champ d'honneur !

« Citoyens ! aujourd'hui, en France, les apostasies sont en joie. La vieille terre du 14 juillet et du 10 août assiste à l'épanouissement hideux des trahisons et à la marche triomphale des traîtres. Pas une indignité qui ne reçoive immédiatement une récompense. Ce maire a violé la loi : on le fait préfet ; ce soldat a déshonoré le drapeau : on le fait général ; ce prêtre a vendu la religion : on le fait évêque ; ce juge a prostitué la justice : on le fait sénateur ; cet aventurier, ce prince a commis tous les crimes, depuis les turpitudes devant lesquelles reculerait un filou jusqu'aux horreurs devant lesquelles reculerait un assassin : il passe empereur. Autour de ces hommes, tout est fanfares, banquets, danses, harangues, applaudissements, génuflexions. Les servilités viennent féliciter les ignominies. Citoyens, ces hommes ont leurs fêtes ; eh bien ! nous aussi nous avons les nôtres. Quand un de nos compagnons de bannissement, dévoré par la nostalgie, épuisé par la fièvre lente des habitudes rompues et des affections brisées, après avoir bu jusqu'à la lie toutes les agonies de la proscription, succombe enfin et meurt, nous suivons sa bière couverte d'un drap noir ; nous venons au bord de la fosse ; nous nous mettons à genoux, nous aussi, non devant le succès, mais devant le tombeau ; nous nous penchons sur notre frère enseveli et nous lui disons : – Ami ! nous te félicitons d'avoir été vaillant, nous te félicitons d'avoir été généreux et intrépide, nous te félicitons d'avoir été fidèle, nous te félicitons d'avoir donné à ta foi républicaine jusqu'au dernier souffle de ta bouche, jusqu'au dernier battement de ton cœur, nous te félicitons d'avoir souffert, nous te félicitons d'être mort ! – Puis nous relevons la tête, et nous nous en allons, le cœur plein d'une sombre joie. Ce sont là les fêtes de l'exil.

« Telle est la pensée austère et sereine qui est au fond de toutes nos âmes : et devant ce sépulcre, devant ce gouffre où il semble que l'homme s'engloutit, devant cette sinistre apparence du néant, nous nous sentons consolidés dans nos principes et dans nos certitudes ; l'homme convaincu n'a jamais le pied plus ferme que sur la terre mouvante du tombeau ; et l'œil fixé sur ce mort, sur cet être évanoui, sur cette ombre qui a passé, croyants inébranlables, nous glorifions celle qui est immortelle et celui qui est éternel, la Liberté et Dieu !

« Oui, Dieu ! jamais une tombe ne doit se fermer sans que ce grand mot, sans que ce mot vivant y soit tombé. Les morts le réclament, et ce n'est pas nous qui le leur refuserons. Que le peuple religieux et libre au milieu duquel nous vivons le comprenne bien, les hommes du progrès, les hommes de la démocratie, les hommes de la révolution savent que la destinée de l'âme est double, et l'abnégation qu'ils montrent dans cette vie prouve combien ils comptent profondément sur l'autre. Leur foi dans ce grand et mystérieux avenir résiste même au spectacle repoussant que nous donne depuis le 2 décembre le clergé catholique asservi. Le papisme romain en ce moment épouvante la conscience humaine. Ah ! je le dis, et j'ai le cœur plein d'amertume en songeant à tant d'abjection et de honte, ces prêtres qui, pour de l'argent, pour des palais, pour des mitres et des crosses, pour l'amour des biens temporels, bénissent et glorifient le parjure, le meurtre et la trahison, ces églises où l'on chante *Te Deum* au crime couronné, oui, ces églises, oui, ces prêtres suffiraient pour ébranler les plus fermes convictions dans les âmes les plus profondes, si l'on n'apercevait, au-dessus de l'église, le ciel, et, au-dessus du prêtre, Dieu !

« Et ici, citoyens, sur le seuil de cette tombe ouverte, au milieu de la foule recueillie qui environne cette fosse, le moment est venu de semer, pour qu'elle germe dans toutes les consciences, une grave et solennelle parole.

« Citoyens, à l'heure où nous sommes, heure fatale et qui sera comptée dans les siècles, le principe absolutiste, le vieux principe du passé, triomphe par toute l'Europe ; il triomphe comme il lui convient de triompher, par le glaive, par la hache, par la corde et le billot, par les massacres, par les fusillades, par les tortures, par les supplices. Le despotisme, ce Moloch entouré d'ossements, célèbre à la face du soleil ses effroyables mystères sous le pontificat sanglant des Haynau, des Bonaparte et des Radetzky. Potences en Hongrie, potences en Lombardie, potences en Sicile ; en France, la guillotine, la déportation et l'exil. Rien que dans les États du pape, et je cite le pape qui s'intitule *le roi de douceur*, rien que dans les États du pape, dis-je, depuis trois ans, seize cent quarante-quatre patriotes, le chiffre est authentique, sont morts fusillés ou pendus, sans compter les innombrables morts ensevelis vivants dans les cachots et les oubliettes. Au moment où je parle, le continent, comme aux plus mauvais temps de l'histoire, est encombré d'échafauds et de cadavres, et le jour où la Révolution voudrait se faire un drapeau des linceuls de toutes

les victimes, l'ombre de ce drapeau noir couvrirait l'Europe.
« Ce sang, tout ce sang qui coule de toutes parts, à ruisseaux, à torrents, démocrates, c'est le vôtre.
« Eh bien ! citoyens, en présence de cette saturnale de massacre et de meurtre, en présence de ces infâmes tribunaux où siègent des assassins en robes de juges, en présence de tous ces cadavres chers et sacrés, en présence de cette lugubre et féroce victoire des réactions, je le déclare solennellement, au nom des proscrits de Jersey qui m'en ont donné le mandat, et j'ajoute au nom de tous les proscrits républicains, car pas une voix de vrai républicain ayant quelque autorité ne me démentira, je le déclare devant ce cercueil d'un proscrit, le deuxième que nous descendons dans la fosse depuis dix jours, nous les exilés, nous les victimes, nous abjurons, au jour inévitable et prochain du grand dénoûment révolutionnaire, nous abjurons toute volonté, tout sentiment, toute idée de représailles sanglantes !
« Les coupables seront châtiés, certes, tous les coupables, et châtiés sévèrement, il le faut ; mais pas une tête ne tombera ; pas une goutte de sang, pas une éclaboussure d'échafaud ne tachera la robe immaculée de la République de Février. La tête même du brigand de décembre sera respectée avec horreur par le progrès. La Révolution fera de cet homme un plus grand exemple en remplaçant sa pourpre d'empereur par la casaque du forçat. Non, nous ne répliquerons pas à l'échafaud par l'échafaud. Nous répudions la vieille et inepte loi du talion. Comme la monarchie, le talion fait partie du passé ; nous répudions le passé. La peine de mort, glorieusement abolie par la République en 1848, odieusement rétablie par Louis Bonaparte, reste abolie pour nous, abolie à jamais. Nous avons emporté dans l'exil le dépôt sacré du progrès ; nous le rapporterons à la France fidèlement. Ce que nous demandons à l'avenir, ce que nous voulons de lui, c'est la justice, ce n'est pas la vengeance. D'ailleurs de même que, pour avoir à jamais le dégoût des orgies, il suffisait aux Spartiates d'avoir vu des esclaves ivres de vin, à nous républicains, pour avoir à jamais horreur des échafauds, il suffit de voir les rois ivres de sang.
« Oui, nous le déclarons, et nous attestons cette mer qui lie Jersey à la France, ces champs, cette calme nature qui nous entoure, cette libre Angleterre qui nous écoute, les hommes de la Révolution, quoi qu'en disent les abominables calomnies bonapartistes, rentreront en France, non comme des exterminateurs, mais comme des frères ! Nous prenons à témoin de

nos paroles ce ciel sacré qui rayonne au-dessus de nos têtes et qui ne verse dans nos âmes que des pensées de concorde et de paix ! nous attestons ce mort qui est là dans cette fosse et qui, pendant que je parle, murmure à voix basse dans son suaire : Oui, frères, repoussez la mort ! je l'ai acceptée pour moi, je n'en veux pas pour autrui !

« La République, c'est l'union, l'unité, l'harmonie, la lumière, le travail créant le bien-être, la suppression des conflits d'homme à homme et de nation à nation, la fin des exploitations inhumaines, l'abolition de la loi de mort et l'établissement de la loi de vie.

« Citoyens, cette pensée est dans vos esprits, et je n'en suis que l'interprète ; le temps des sanglantes et terribles nécessités révolutionnaires est passé ; pour ce qui reste à faire, l'indomptable loi du progrès suffit ; d'ailleurs soyons tranquilles, tout combat avec nous dans les grandes batailles qui nous restent à livrer, batailles dont l'évidente nécessité n'altère pas la sérénité des penseurs ; batailles dans lesquelles l'énergie révolutionnaire égalera l'acharnement monarchique ; batailles dans lesquelles la force unie au droit terrassera la violence alliée à l'usurpation ; batailles superbes, glorieuses, enthousiastes, décisives, dont l'issue n'est pas douteuse, et qui seront les Tolbiac, les Hastings et les Austerlitz de la démocratie. Citoyens, l'époque de la dissolution du vieux monde est arrivée. Les antiques despotismes sont condamnés par la loi providentielle ; le temps, ce fossoyeur courbé dans l'ombre, les ensevelit ; chaque jour qui tombe les enfouit plus avant dans le néant. Dieu jette les années sur les trônes comme nous jetons les pelletées de terre sur les cercueils.

« Et maintenant, frères, au moment de nous séparer, poussons le cri de triomphe, poussons le cri de réveil ; c'est sur les tombes qu'il faut parler de résurrection. Certes, l'avenir, un avenir prochain, je le répète, nous promet en France la victoire de l'idée démocratique, l'avenir nous promet la victoire de l'idée sociale, mais il nous promet plus encore, il nous promet sous tous les climats, sous tous les soleils, dans tous les continents, en Amérique aussi bien qu'en Europe, la fin de toutes les oppressions et de tous les esclavages. Après les dures épreuves que nous subissons, ce qu'il nous faut, ce n'est pas seulement l'émancipation de telle ou telle classe qui a souffert trop longtemps, l'abolition de tel ou tel privilège, la consécration de tel ou tel droit ; cela, nous l'aurons ; mais cela ne nous suffit pas ; ce qu'il nous faut, ce que nous obtiendrons, n'en doutez pas, ce que pour ma part, du fond de cette nuit sombre de l'exil, je contemple d'avance avec l'éblouissement de la joie, citoyens, c'est la délivrance de tous les peuples, c'est l'affranchissement de tous les hommes ! Amis, nos souffrances engagent Dieu. Il nous en doit le prix. Il est débiteur fidèle, il s'acquittera. Ayons donc une foi virile et faisons avec transport notre sacrifice. Opprimés de toutes les nations, offrez vos plaies, Polonais, offrez vos misères, Hongrois, offrez votre gibet, Italiens, offrez votre croix, héroïques déportés de Cayenne et d'Afrique, nos frères, offrez votre chaîne ; proscrits, offrez votre proscription, et toi, martyr, offre ta mort à la liberté du genre humain.

« Vive la République universelle ! »

II

(26 JUILLET 1853. – AU CIMETIÈRE DE SAINT-JEAN.)

« Citoyens,

« Trois cercueils en quatre mois.

« La mort se hâte et Dieu nous délivre un à un.

« Nous ne t'accusons pas, nous te remercions, Dieu puissant qui nous rouvres, à nous exilés, les portes de la patrie éternelle !

« Cette fois l'être inanimé et cher que nous apportons à la tombe, c'est une femme.

« Le 21 janvier dernier, une femme fut arrêtée chez elle par le sieur Boudrot, commissaire de police à Paris. Cette femme, jeune encore, elle avait trente-cinq ans, mais estropiée et infirme, fut envoyée à la préfecture et enfermée dans la cellule n° 1, dite *cellule d'essai*. Cette cellule, sorte de cage de sept à huit pieds carrés à peu près, sans air et sans jour, la malheureuse prisonnière l'a peinte d'un mot ; elle l'appelle : *cellule-tombeau* ; elle dit, je cite ses propres paroles : "C'est dans cette cellule-tombeau qu'estropiée, malade, j'ai passé vingt et un jours, collant mes lèvres d'heure en heure contre le treillage, pour aspirer un peu d'air vital et ne pas mourir*." – Au bout de ces vingt et un jours, le 14 février, le gouvernement de décembre mit cette femme dehors et l'expulsa. Il la jeta à la fois hors de la prison et hors de la patrie. La proscrite sortait du cachot d'essai avec les germes de la phthisie. Elle quitta la France et gagna la Belgique. Le dénûment la força de voyager, toussant, crachant le sang, les poumons malades, en plein hiver, dans le Nord, sous la pluie et la neige, dans ces affreux wagons découverts qui déshonorent les riches entreprises des chemins de fer. Elle arriva à Ostende ; elle était chassée de France, la Belgique la chassa. Elle passa en Angleterre. À peine débarquée à Londres, elle se mit au lit. La maladie contractée dans le cachot, aggravée par le voyage forcé de l'exil, était devenue menaçante. La proscrite, je devrais dire la condamnée à mort, resta gisante deux mois et demi. Puis, espérant un peu de printemps et de soleil, elle vint à Jersey. On se souvient encore de l'y avoir vue arriver par une froide matinée pluvieuse, à travers les brumes de la mer, râlant et grelottant sous sa pauvre robe de toile, toute mouillée. Peu de jours après son arrivée, elle se coucha ; elle ne s'est plus relevée.

« Il y a trois jours, elle est morte.

« Vous me demanderez ce qu'était cette femme et ce qu'elle avait fait pour être traitée ainsi ; je vais vous le dire.

« Cette femme, par des chansons patriotiques, par de sympathiques et cordiales paroles, par de bonnes et civiques actions, avait rendu célèbre, dans les faubourgs de Paris, le nom de Louise Julien, sous lequel le peuple la connaissait et la saluait. Ouvrière, elle avait nourri sa mère malade ; elle l'avait soignée et soutenue dix ans. Dans les jours de lutte civile, elle faisait de la charpie ; et boiteuse et se traînant, elle allait dans les ambulances et secourait les blessés de tous les partis. Cette femme du peuple était un poëte, cette femme du peuple était un esprit ; elle chantait la République, elle aimait la liberté, elle appelait ardemment l'avenir fraternel de toutes les nations et de tous les hommes ; elle croyait à Dieu, au peuple, au progrès, à la France ; elle versait autour d'elle, comme un vase, dans les esprits des prolétaires, son grand cœur plein d'amour et de foi. Voilà ce que faisait cette femme. M. Bonaparte l'a tuée.

« Ah ! une telle tombe n'est pas muette : elle est pleine de sanglots, de gémissements et de clameurs.

---

* Voir *Les Bagnes d'Afrique et la Transportation de Décembre*, par Ch. Ribeyrolles, page 199.

« Citoyens, les peuples, dans le légitime orgueil de leur toute-puissance et de leur droit, construisent avec le granit et le marbre des édifices sonores, des enceintes majestueuses, des estrades sublimes, du haut desquelles parle leur génie, du haut desquelles se répandent à flots dans les âmes les éloquences saintes du patriotisme, du progrès et de la liberté ; les peuples, s'imaginant qu'il suffit d'être souverains pour être invincibles, croient inaccessibles et imprenables ces citadelles de la parole, ces forteresses sacrées de l'intelligence humaine et de la civilisation, et ils disent : la tribune est indestructible. Ils se trompent : ces tribunes-là peuvent être renversées. Un traître vient, des soldats arrivent, une bande de brigands se concerte, se démasque, fait feu, et le sanctuaire est envahi, et la pierre et le marbre sont dispersés, et le palais, et le temple où la grande nation parlait au monde s'écroule et l'immonde tyran vainqueur s'applaudit, bat des mains et dit : c'est fini. Personne ne parlera plus. Pas une voix ne s'élèvera désormais. Le silence est fait.
– Citoyens ! à son tour le tyran se trompe. Dieu ne veut pas que le silence se fasse ; Dieu ne veut pas que la liberté, qui est son verbe, se taise ; citoyens ! au moment où les despotes triomphants croient la leur avoir ôtée à jamais, Dieu redonne la parole aux idées. Cette tribune détruite, il la reconstruit. Non au milieu de la place publique, non avec le granit et le marbre, il n'en a pas besoin. Il la reconstruit dans la solitude ; il la reconstruit avec l'herbe du cimetière, avec l'ombre des cyprès, avec le monticule sinistre que font les cercueils cachés sous terre ; et de cette solitude, de cette herbe, de ces cyprès, de ces cercueils disparus, savez-vous ce qui sort, citoyens ? Il en sort le cri déchirant de l'humanité, il en sort la dénonciation et le témoignage, il en sort l'accusation inexorable qui fait pâlir l'accusé couronné, il en sort la formidable protestation des morts ! Il en sort la voix vengeresse, la voix inextinguible, la voix qu'on n'étouffe pas, la voix qu'on ne bâillonne pas !
– Ah ! M. Bonaparte a fait taire la tribune ; c'est bien ; maintenant qu'il fasse donc taire le tombeau !
« Lui et ses pareils n'auront rien fait tant qu'on entendra sortir un soupir d'une tombe, et tant qu'on verra rouler une larme dans les yeux augustes de la pitié.
« Pitié !... ce mot que je viens de prononcer, il a jailli du plus profond de mes entrailles devant ce cercueil, cercueil d'une femme, cercueil d'une sœur, cercueil d'une martyre ! Pauline Roland en Afrique, Louise Julien à Jersey, Francesca

Maderspach à Temeswar, Bianca Téléki à Pesth, tant d'autres, Rosalie Gobert, Eugénie Guillemot, Augustine Péan, Blanche Clouart, Joséphine Prabeil, Élisabeth Parlès, Marie Reviel, Claudine Hibruit, Anne Sangla, veuve Combescure, Armantine Huet, et tant d'autres encore, sœurs, mères, filles, épouses, proscrites, exilées, transportées, torturées, suppliciées, crucifiées, ô pauvres femmes ! Oh ! quel sujet de larmes profondes et d'inexprimables attendrissements ! Faibles, souffrantes, malades, arrachées à leur famille, à leurs maris, à leurs parents, à leurs soutiens, vieilles quelquefois et brisées par l'âge, toutes ont été des héroïnes, plusieurs ont été des héros ! Oh ! ma pensée en ce moment se précipite dans ce sépulcre et baise les pieds froids de cette morte dans son cercueil ! Ce n'est pas une femme que je vénère dans Louise Julien, c'est la femme ; la femme de nos jours, la femme digne de devenir citoyenne ; la femme telle que nous la voyons autour de nous, dans tout son dévouement, dans toute sa douceur, dans tout son sacrifice, dans toute sa majesté ! Amis, dans les temps futurs, dans cette belle, et paisible, et tendre, et fraternelle République sociale de l'avenir, le rôle de la femme sera grand ; mais quel magnifique prélude à ce rôle que de tels martyres si vaillamment endurés ! Hommes et citoyens, nous avons dit plus d'une fois dans notre orgueil : le XVIIIe siècle a proclamé le droit de l'homme ; le XIXe proclamera le droit de la femme ; – mais il faut l'avouer, citoyens, nous ne nous sommes point hâtés ; beaucoup de considérations, qui étaient graves, j'en conviens, et qui voulaient être mûrement examinées, nous ont arrêtés ; et à l'instant où je parle, au point même où le progrès est parvenu, parmi les meilleurs républicains, parmi les démocrates les plus vrais et les plus purs, bien des esprits excellents hésitent encore à admettre dans l'homme et dans la femme l'égalité de l'âme humaine, et par conséquent l'assimilation, sinon l'identité complète des droits civiques. Disons-le bien haut, citoyens, tant que la prospérité a duré, tant que la République a été debout, les femmes, oubliées par nous, se sont oubliées elles-mêmes ; elles se sont bornées à rayonner comme la lumière, à échauffer les esprits, à attendrir les cœurs, à éveiller les enthousiasmes, à montrer du doigt à tous le bon, le juste, le grand et le vrai. Elles n'ont rien ambitionné au-delà. Elles qui, par moments, sont l'image de la patrie vivante, elles qui pouvaient être l'âme de la cité, elles ont été simplement l'âme de la famille. À l'heure de l'adversité, leur attitude a changé : elles ont cessé d'être modestes ; à l'heure de l'adversité, elles nous ont dit : – Nous ne savons pas si nous avons droit à votre puissance, à votre liberté, à votre grandeur ; mais ce que nous savons, c'est que nous avons droit à votre misère. Partager vos souffrances, vos accablements, vos dénûments, vos détresses, vos renoncements, vos exils, votre abandon si vous êtes sans asile, votre faim si vous êtes sans pain, c'est là le droit de la femme, et nous le réclamons. – Ô mes frères ! et les voilà qui nous suivent dans le combat, qui nous accompagnent dans la proscription, et qui nous devancent dans le tombeau !

« Citoyens, puisque cette fois encore vous avez voulu que je parlasse en votre nom, puisque votre mandat donne à ma voix l'autorité qui manquerait à une parole isolée ; sur la tombe de Louise Julien, comme il y a trois mois sur la tombe de Jean Bousquet, le dernier cri que je veux jeter, c'est le cri de courage, d'insurrection et d'espérance !

« Oui, des cercueils comme celui de cette noble femme qui est là signifient et président la chute prochaine des bourreaux, l'inévitable écroulement des despotismes et des despotes. Les proscrits meurent l'un après l'autre, le tyran creuse leur fosse ; mais à un jour venu, citoyens, la fosse tout à coup attire et engloutit le fossoyeur.

« Ô morts qui m'entourez et qui m'écoutez, malédiction à Louis Bonaparte ! Ô morts, exécration à cet homme ! Pas d'échafauds quand viendra la victoire, mais longue et infamante expiation à ce misérable ! Malédiction sous tous les cieux, sous tous les climats, en France, en Autriche, en Lombardie, en Sicile, à Rome, en Pologne, en Hongrie, malédiction aux violateurs du droit humain et de la loi divine ! Malédiction aux pourvoyeurs des pontons, aux dresseurs de gibets, aux destructeurs des familles, aux tourmenteurs des peuples ! Malédiction aux proscripteurs des pères, des mères et des enfants ! Malédiction aux fouetteurs de femmes ! Proscrits ! soyons implacables dans ces solennelles et religieuses revendications du droit et de l'humanité. Le genre humain a besoin de ces cris terribles ; la conscience universelle a besoin de ces saintes indignations de la pitié. Exécrer les bourreaux, c'est consoler les victimes. Maudire les tyrans, c'est bénir les nations !

« Vive la République universelle ! »

LA FIN[1]

JERSEY, 9 OCTOBRE 1853

Comme j'allais fermer ces pages inflexibles,
Sur les trônes croulants, perdus par leur sauveur,
La guerre s'est dressée, et j'ai vu, moi rêveur[2],
Passer dans un éclair sa face aux cris terribles.

Et j'ai vu frissonner l'homme de grand chemin !
Cette foudre subite éblouit ses prunelles.
Il frémit, effaré, devant les Dardanelles[3],
Ô lâche ! Et peut-être demain,

Grâce aux soldats nos fils, vaillants, quoique infidèles,
Demain sur ce front vil, sur cet abject cimier[4],
Comme un aigle parfois s'abat sur un fumier,
Quelque victoire aveugle ira poser ses ailes !

Malgré ta couardise, il faut combattre, allons !
Bats-toi, bandit ! c'est dur ; il le faut. Dieu t'opprime.
Toi qui, le front levé, te ruas dans le crime,
Marche à la gloire à reculons ![5]

Quoi ! même en se traînant comme un chien qui se couche,
Quoi ! même en criant grâce, en demandant pardon,
Même en léchant les pieds des cosaques du Don,
On ne peut éviter Austerlitz ? Non, Cartouche.

---

1. Hugo anticipe la fin prochaine du régime impérial. La déclaration de guerre entre la Russie et la Turquie (cette dernière alliée à la France et à l'Angleterre) n'interviendra que le 27 mars 1854 : il fait donc une erreur de quelque seize ans, mais on peut toutefois rapprocher ce texte de *La reculade* (VII, II) et du poème de 1870, *Au moment de rentrer en France*, p. 13.
2. *moi rêveur* : tournure latine.
3. *Dardanelles* : détroit entre la Turquie d'Europe et la Turquie d'Asie qui sépare la mer Égée de la mer de Marmara.
4. *cimier* : ornement du sommet d'un casque.
5. *Marche à la gloire à reculons* : *cf. La reculade* (VII, II) ; en vérité, Napoléon III souhaite la guerre.

Nul moyen de sortir de la peau de César !
En guerre, faux lion[1] ! ta crinière l'exige.
Voici le Rhin, voici l'Elster, voici l'Adige,
Voici la fosse auprès du char !

La guerre, c'est la fin. Ô peuples, nous y sommes.
Pour t'entendre sonner, je monte sur ma tour,
Formidable angelus de ce grand point du jour,
Dernière heure des rois, première heure des hommes !

Droits, progrès, qu'on croyait éclipsés pour jamais,
Liberté, qu'invoquaient nos voix exténuées,
Vous surgissez ! voici qu'à travers les nuées
Reparaissent les grands sommets !

Des révolutions nous revoyons les cimes.
Vieux monde du passé, marche, allons ! c'est la loi.
L'ange au glaive de feu, debout derrière toi,
Te met l'épée aux reins et te pousse aux abîmes !

[9/10/1853]

1. *faux lion* : *cf. Fable ou Histoire* (III, III), « *Un singe d'une peau de tigre se vêtit* ».

DATES	ÉVÉNEMENTS HISTORIQUES	ÉVÉNEMENTS CULTURELS
1802	Bonaparte, Consul à vie.	Chateaubriand, *René*, *Le Génie du christianisme*.
1803		
1804	Parution du Code civil des Français. Napoléon Ier, Empereur des Français. 2 décembre, sacre de Napoléon à Notre-Dame.	Beethoven, *Symphonie héroïque*.
1805	2 décembre, victoire d'Austerlitz.	
1806	Joseph Bonaparte, roi de Naples ; Léopold Hugo le suit en Italie. Victoire d'Iéna.	
1807	Victoires d'Eylau et de Friedland.	
1808	Naissance de Louis Napoléon Bonaparte. Joseph, roi d'Espagne ; Léopold Hugo le suit en Espagne.	
1809	Victoires d'Essling et de Wagram.	
1812	Campagne de Russie. Victoire de la Moskova. Octobre-novembre : retraite de Russie. 27-29 novembre : passage de la Berezina.	
1814	Abdication de Napoléon, départ pour l'île d'Elbe. Louis XVIII revient d'exil.	
1815	Napoléon revient de l'île d'Elbe. Les « Cent-Jours ». Défaite de Waterloo. Restauration : Louis XVIII. Napoléon part pour Sainte-Hélène.	Géricault, *Le Radeau de « La Méduse »*.
1816	Abolition du divorce.	
1817		
1819		Première édition des œuvres de Chénier.
1820	Assassinat du duc de Berry.	Lamartine, *Méditations poétiques*.
1821	Mort de Napoléon.	
1822		
1823		
1824	Mort de Louis XVIII ; son frère Charles X lui succède.	
1825	Sacre de Charles X à Reims.	
1826		Vigny, *Poèmes antiques et modernes*.
1827		
1828		
1829		Balzac, *Les Chouans*. Alexandre Dumas, *Henri III et sa Cour* (drame).
1830	Révolution de Juillet. Abdication de Charles X qui part pour l'exil.	Stendhal, *Le Rouge et le Noir* (roman). Berlioz, *La Symphonie fantastique*.
1831	Monarchie de Juillet : Louis-Philippe Ier, roi des Français.	Balzac, *La Peau de chagrin* (roman).

VIE ET ŒUVRE DE HUGO	DATES
26 février : naissance de Victor-Marie Hugo à Besançon où son père Léopold Hugo est en garnison. La famille comprend déjà deux fils, Abel et Eugène.	1802
Naissance d'Adèle Foucher, amie d'enfance puis épouse de Victor.	1803
Sophie Hugo vit à Paris avec ses enfants, puis après la mésentente et la séparation des époux Hugo, les fils sont mis en pension.	1804
	1805
Naissance à Fougères de Juliette Gauvain qui deviendra Juliette Drouet.	1806
Sophie et ses fils rejoignent Léopold à Naples pour quelques mois.	1807
	1808
Mme Hugo et ses fils s'installent aux *Feuillantines*. Adèle Foucher est la camarade de jeux des enfants. Léopold Hugo est nommé général et gouverneur en Espagne.	1809
Séjour à Madrid. Léopold place Victor et Eugène au « Collège des nobles » de Madrid.	1811
Retour aux *Feuillantines*. Premiers vers de Victor Hugo.	
	1812
Léopold défend Thionville. Il entame une procédure de divorce. Les fils Hugo sont faits « chevaliers du Lys » par Louis XVIII.	1814
Léopold met Eugène et Victor à la pension Cordier, à Paris. Création littéraire précoce et abondante (poésie, théâtre).	1815
	1816
Victor Hugo obtient une mention au concours de poésie de l'Académie française.	1817
La séparation est prononcée, les enfants quittent la pension et rejoignent leur mère.	1818
« Fiançailles » secrètes d'Adèle et de Victor. Il obtient le Lys d'or au Jeux floraux de Toulouse. Il fonde avec ses frères *Le Conservateur littéraire*.	1819
Hugo pénètre dans les cercles littéraires contemporains. Il publie *Bug-Jargal* (nouvelle), première version.	1820
Mort de Sophie Hugo. Léopold se remarie avec Catherine Thomas.	1821
Hugo reçoit une pension royale. Il épouse Adèle. Crise de folie d'Eugène. Publication du recueil *Odes et Poésies diverses*.	1822
Naissance et mort du premier enfant : Léopold. Hugo publie *Han d'Islande* (roman).	1823
Naissance de Léopoldine. *Nouvelles Odes* (poésie).	1824
	1825
Naissance de Charles. *Odes et Ballades* (poésie) et *Bug-Jargal* (seconde version, plus longue).	1826
Sainte-Beuve devient l'ami du couple. *Cromwell* (drame) et sa *Préface*, manifeste du théâtre romantique.	1827
Mort de Léopold Hugo. Naissance de François-Victor.	1828
Les Orientales (poésie), *Marion de Lorme* (drame) et *Le Dernier Jour d'un condamné* (roman). Interdiction de *Marion de Lorme*.	1829
Naissance d'Adèle. Début de la liaison entre l'épouse de Hugo et Sainte-Beuve. 25 février : première d'*Hernani*.	1830
Hugo publie *Notre-Dame de Paris* (roman) et *Les Feuilles d'automne* (poésie).	1831

DATES	ÉVÉNEMENTS HISTORIQUES	ÉVÉNEMENTS CULTURELS
1832	Épidémie de choléra. Émeutes à Paris après l'enterrement du général Lamarque.	
1833		Balzac, *Eugénie Grandet* (roman).
1834		Musset, *Lorenzaccio* (drame). Sainte-Beuve, *Volupté* (roman).
1835	Attentat contre Louis-Philippe.	Vigny, *Chatterton* (drame). Balzac, *Le Père Goriot* (roman).
1836	Première tentative de soulèvement de Louis Napoléon à Strasbourg.	
1837		
1838		
1839		Stendhal, *La Chartreuse de Parme* (roman).
1840	Seconde tentative de soulèvement de Louis Napoléon, à Boulogne. Arrestation, incarcération au fort de Ham. Retour des cendres de Napoléon, cérémonie aux Invalides.	
1841	Première loi sur le travail des enfants.	
1843		Wagner, *Le Vaisseau fantôme* (opéra).
1844		
1845		Louis Napoléon Bonaparte, *L'Extinction du paupérisme* (essai). Dumas, *Les Trois Mousquetaires*, *Le Comte de Monte-Cristo* (romans).
1846	Louis Napoléon s'échappe de Ham.	
1847	Abd el-Kader se rend.	Lamartine, *Histoire des girondins*. Michelet *Histoire de la Révolution française*.
1848	22-24 février : révolution ; abdication de Louis-Philippe. IIe République. Avril : élection des députés au suffrage universel. Juin : écrasement du soulèvement populaire. Décembre : élection de Louis Napoléon Bonaparte à la présidence de la République.	Marx et Engels, *Manifeste du Parti communiste* (essai). Mort de Chateaubriand, début de la publication des *Mémoires d'outre-tombe*.
1849	La France a prêté la main à l'écrasement de la République romaine, le pape est rétabli dans ses États.	
1850		Mort de Balzac.
1851	2 décembre : coup d'État de Louis Napoléon Bonaparte. 4 décembre : massacre des boulevards. Fin décembre : ratification du coup d'État par plébiscite.	Verdi, *Rigoletto* (opéra).
1852	Plébiscite : l'Empire est rétabli. Louis Napoléon devient Napoléon III. L'histoire et la philosophie sont supprimées des programmes scolaires.	Théophile Gautier, *Émaux et Camées* (poésie). Leconte de Lisle, *Poèmes antiques* (poésie).
1853	Mariage de Napoléon III et d'Eugénie de Montijo.	Nerval, *Sylvie* (poésie en prose). Michelet achève son *Histoire de la Révolution française*.
1854	Guerre de Crimée.	

VIE ET ŒUVRE DE HUGO	DATES
Installation place Royale. Charles a le choléra. Unique représentation du *Roi s'amuse*, censuré. Hugo plaide contre la censure.	1832
Premières de *Lucrèce Borgia* et de *Marie Tudor*. Hugo tombe amoureux d'une des interprètes : Juliette Drouet. Leur liaison durera jusqu'à la mort de Juliette (1883).	1833
Il publie *Claude Gueux* (roman).	1834
Rupture entre Hugo et Sainte-Beuve. Première d'*Angelo, tyran de Padoue*. Publication des *Chants du crépuscule* (poésie).	1835
	1836
Hugo, vicomte, officier de la Légion d'honneur. Voyage en Belgique avec Juliette. Publie *Les Voix intérieures* (poésie).	1837
Première de *Ruy Blas*.	1838
	1839
Hugo assiste au retour des cendres à la tribune officielle. Voyage avec Juliette : Rhin et Forêt-Noire. Publie *Les Rayons et les Ombres* (poésie).	1840
Élu à l'Académie française.	1841
Hugo publie *Le Rhin*.	1842
Mariage de Léopoldine avec Charles Vacquerie. Mort de Léopoldine et de son mari, noyés à Villequier. Échec des *Burgraves* (drame).	1843
	1844
Hugo est nommé pair de France. Il est surpris en flagrant délit d'adultère avec Léonie Biard par le commissaire de police. Commence à écrire les futurs *Misérables*.	1845
Mort de Claire Pradier, fille de Juliette.	1846
	1847
Refuse le ministère de l'Instruction publique. Élu député de droite, vote à gauche et soutient Louis Napoléon. Ses fils fondent *L'Événement* (journal).	1848
Élu à l'Assemblée législative. Discours *Sur la misère*.	1849
Discours *Sur la liberté de l'enseignement*.	1850
Visite des caves de Lille. Les fils sont emprisonnés pour délit de presse. Opposé au coup d'État, Hugo part clandestinement en Belgique.	1851
Publie *Napoléon-le-Petit* (pamphlet).	1852
Installation à Jersey. Publie *Châtiments* (poésie). Séances de spiritisme.	1853
	1854
Expulsé de Jersey, s'installe à Guernesey. Achève *Les Contemplations*.	1855

DATES	ÉVÉNEMENTS HISTORIQUES	ÉVÉNEMENTS CULTURELS
1856	Fin de la guerre de Crimée.	Pasteur combat la théorie de la « génération spontanée ». Flaubert, *Madame Bovary* (roman).
1857		Baudelaire, *Les Fleurs du mal* (poésie). Mort de Musset. Procès des *Fleurs du mal* et de *Madame Bovary*.
1858		Offenbach, *Orphée aux Enfers*.
1859	Loi d'amnistie des condamnés politiques.	Darwin, *De l'origine des espèces*. Gounod, *Faust*.
1860	Début de l'unité italienne, débarquement de Garibaldi en Sicile.	
1861	États-Unis : début de la guerre de Sécession.	
1862	Prusse : Bismarck Premier ministre.	Leconte de Lisle, *Poésies barbares*. Flaubert, *Salammbô*.
1864	Création à Londres de la Ire Internationale des travailleurs autour de Marx.	Edison invente le téléphone duplex. Offenbach, *La Belle Hélène*.
1865	États-Unis : fin de la guerre de Sécession, abolition de l'esclavage.	
1866		Verlaine, *Poèmes saturniens*. Offenbach, *La Vie parisienne*.
1867	L'Empire devient « libéral ». Exposition Universelle. Arrestation de Garibaldi en Italie.	Mort de Baudelaire.
1868		
1869	Inauguration du canal de Suez.	Mort de Lamartine. Mort de Sainte-Beuve. Flaubert, *L'Éducation sentimentale* (roman). Verlaine, *Les Fêtes galantes* (poésie).
1870	Napoléon III, plébiscité, déclare la guerre à la Prusse. Défaite de Sedan. Fin du Second Empire. Début de la IIIe République. Siège de Paris.	
1871	L'Assemblée siège à Bordeaux. Gouvernement de Thiers. 18 mars-20 mai : Commune de Paris. Semaine sanglante.	Zola, premier volume des *Rougon-Macquart* (romans naturalistes). Rimbaud, *Le Bateau ivre* (poésie).
1872		
1873	Gouvernement de Mac-Mahon, « ordre moral ».	
1874		Monet, *Impression, soleil levant* (peinture dont le nom servira à baptiser l'« impressionnisme »). Flaubert, *La Tentation de saint Antoine* (théâtre). Verlaine, *Romances sans paroles* (poésie). Rimbaud, *Les Illuminations* (poésie).
1875	Constitution de la IIIe République.	
1876		Mort de George Sand.
1877		Zola, *L'Assommoir* (roman).
1880	Jules Ferry, président du Conseil. Vote de la loi d'amnistie.	
1881		
1882	Grandes lois républicaines sur l'école laïque et les libertés.	
1883		
1885		

VIE ET ŒUVRE DE HUGO	DATES
Publie *Les Contemplations* (poésie).	1856
	1857
	1858
Refuse l'amnistie. Publie *La Légende des siècles*.	1859
Reprend le manuscrit des *Misérables*.	1860
	1861
Publie *Les Misérables*.	1862
Publie *William Shakespeare* (essai).	1864
Solitude de Hugo ; Adèle et ses fils s'installent définitivement à Bruxelles. Publie *Les Chansons des rues et des bois* (poésie).	1865
Publie *Les Travailleurs de la mer* (roman).	1866
	1867
Mort d'Adèle.	1868
Publie *L'Homme qui rit*.	1869
Retour triomphal à Paris. Première édition française des *Châtiments*.	1870
Mort de Charles. Élu député, il condamne les violences de la Commune mais donne asile à des révolutionnaires fugitifs.	1871
Publie *L'Année terrible*.	1872
Mort de François-Victor. Hugo, sa belle-fille, ses petits-enfants et Juliette s'installent rue de Clichy. Publie *Quatrevingt-treize* et *Mes fils*.	1873
	1874
Il publie *Actes et Paroles* (écrits politiques).	1875
Élu sénateur.	1876
La Légende des siècles (2e série), *L'Art d'être grand-père* (poésie) et *Histoire d'un crime* (pamphlet).	1877
	1880
Les Quatre Vents de l'esprit (poésie). *Torquemada* (drame).	1881
	1882
Mort de Juliette Drouet.	1883
Mort de Victor Hugo.	1885

Écrits pour agir sur les événements et pour stigmatiser l'histoire contemporaine, *Châtiments* est une œuvre qui s'inscrit résolument dans l'action politique et l'histoire de son temps. Son sens ne peut apparaître qu'avec une vision claire du contexte historique qui a conduit l'auteur à s'engager dans un combat contre le Second Empire avec des positions que son passé personnel ne laissait pas attendre. En effet, le Victor Hugo qui publie *Châtiments* en 1853 n'a pas grand-chose à voir avec l'écrivain qui, depuis les années 1820, avait réussi à s'imposer comme l'une des principales figures de la littérature romantique tout en bénéficiant de la protection du pouvoir en place, sous tous les régimes, de la Restauration aux dernières années de la monarchie de Juillet.

SOUS LA RESTAURATION (1815-1830)

La Restauration avait renoué avec l'Ancien Régime, avec un roi de la branche « légitime », une religion catholique toute-puissante qui est religion d'État et le drapeau blanc à fleurs de lys. Hugo, fils d'un militaire impérial, cherche sa voie dans ce contexte de forte réaction à la Révolution. Dès l'âge de vingt ans, il se fait connaître avec *Odes et Poésies diverses* (1822) et reçoit une pension royale de Louis XVIII. À la mort du souverain, en 1825, il est nommé chevalier de la Légion d'honneur et assiste au sacre de Charles X. Il est royaliste et légitimiste. En poésie avec *Odes et Ballades* (1826) et *Les Orientales* (1829), dans le roman avec *Bug-Jargal* (1826) et *Le Dernier Jour d'un condamné* (1829), et au théâtre avec *Cromwell* (1827), Hugo s'installe dans une position de jeune écrivain reconnu, proche du pouvoir. Mais la monarchie de Charles X s'use. En 1829, *Marion de Lorme* est interdite, et Hugo refuse la pension qui lui est offerte en compensation. La première d'*Hernani* a lieu le 25 février 1830 : la révolution littéraire qui affirme le drame romantique croise la révolution politique qui met fin à la Restauration et installe une monarchie plus conforme aux nouvelles réalités bourgeoises de la société française : la monarchie de Juillet. Hugo, pour près de vingt ans, entre dans une période de gloire littéraire quasiment officielle.

SOUS LA MONARCHIE DE JUILLET (1830-1848)

Porté au pouvoir par la révolution de 1830 (27-29 juillet), Louis-Philippe est un « roi bourgeois ». Le drapeau tricolore est rétabli ; la religion catholique n'est plus la religion de l'État mais celle de la majorité des Français ; la censure est abrogée et son rétablissement interdit ; en pratique elle restera vigilante. La Chambre des députés partage avec le roi l'initiative des lois et nomme elle-même son président. Par la loi électorale du 19 avril 1831, le nombre des électeurs passe de 90 000 sous la Restauration à 166 000, mais le pays légal se limite donc encore à la classe riche. La monarchie de Juillet s'oriente rapidement vers un gouvernement de réaction favorable à la haute bourgeoisie commerçante. Au cours de toute cette période, Victor Hugo est très proche du pouvoir : en 1837, il reçoit le titre de vicomte et est fait officier de la Légion d'honneur. Il devient l'ami personnel du duc d'Orléans. Malgré quelques démêlés initiaux avec la censure (1832 : *Le Roi s'amuse*, interdit après la première représentation), Hugo est reconnu comme dramaturge (*Lucrèce Borgia* et *Marie Tudor*, 1833 ; *Angelo, tyran de Padoue*, 1835 ; *Ruy Blas*, 1837) et s'affirme comme romancier (*Notre-Dame de Paris*, 1831 ; *Claude Gueux*, 1834). Mais sa stature est avant tout celle du poète (*Les Feuilles d'automne*, 1831 ; *Chants du crépuscule*, 1835 ; *Les Voix intérieures*, 1837 ; *les Rayons et les Ombres*, 1840). Après plusieurs tentatives infructueuses (1836, 1839, 1840), Hugo est élu à l'Académie française en février 1841. En 1844, il devient le familier de Louis-Philippe et, l'année suivante, il est nommé pair de France par le roi. Le poète anobli devient un responsable politique. La révolution de Février 1848 balaye en quelques jours le régime.

SOUS LA IIe RÉPUBLIQUE

Le 24 février, vers trois heures de l'après-midi, la Chambre des députés, envahie par les insurgés, doit acclamer, sur la proposition de Ledru-Rollin et de Lamartine, la formation d'un « gouvernement provisoire » constitué de députés républicains ; la République est proclamée le 25 février. Le gouvernement provisoire établit la liberté de réunion, supprime la peine de mort en matière de crime politique, institue le suffrage universel pour tous les citoyens âgés de plus de 21 ans, supprime toute restriction à la liberté de la presse, abolit l'esclavage aux colonies. Pour sa part, Victor Hugo, qui avait été sollicité pour le portefeuille ministériel de l'Instruction publique, préfère refuser de participer au gouvernement provisoire. Aux élections à l'Assemblée constituante, le 23 avril 1848, le corps électoral (souvent encadré par le clergé dans les campagnes) vote massivement (85 %) pour désavouer les « démocrates sociaux » : sur 900 élus, 187 députés de la monarchie de Juillet retrouvent leur siège, et l'Assemblée compte 500 républicains (modérés) et 300 royalistes, avec 80 élus seulement chez les démocrates sociaux. Victor Hugo, quant à lui, est élu député, mais sous une candidature de droite. Il assiste impuissant aux terribles journées de juin et à la répression qui va suivre, aussi terrible que les combats : 1 500 fusillés, 11 000 déportés sur 25 000 prisonniers. Le mouvement ouvrier est anéanti. Ceux qui n'avaient pas participé aux journées de juin se détachent d'une république qui refuse le socialisme. Débarrassée des risques de la rue, l'Assemblée entreprend, sous la protection de Cavaignac (qui est sincèrement républicain) la construction de la République libérale. La Constitution de 1848 est votée le 4 novembre : elle confie le pouvoir exécutif à un président de la République élu au suffrage universel pour quatre ans et non rééligible. L'élection présidentielle est fixée au 10 décembre 1848.

DE L'ÉLECTION PRÉSIDENTIELLE AU COUP D'ÉTAT (DÉC. 1848-DÉC. 1851)

Cinq candidats sont en présence : Cavaignac qui peut compter sur les voix des républicains libéraux ; Lamartine qui cherche à les lui disputer ; Ledru-Rollin qui représente les radicaux ; Raspail, candidat des socialistes ; et Louis Napoléon Bonaparte. Ce dernier siège à la Constituante depuis le 17 septembre ; il n'a pas derrière lui de véritable parti, mais compte sur son nom, le seul connu par les électeurs du suffrage universel. Un comité de soutien s'est constitué en sa faveur : on y trouve tous les conservateurs, grands bourgeois capitalistes, propriétaires fonciers, ecclésiastiques, etc. qui voient dans cette candidature un moyen de rétablir, à brève échéance, la monarchie et d'en finir avec la subversion. C'est le noyau du futur *« parti de l'Ordre »*. Parmi les chefs de ce comité, Thiers est convaincu (avec raison) que ce Bonaparte est le seul à avoir ses chances au suffrage universel, et estime (à tort) qu'il s'agit d'un fantoche facile à manier : *« Un crétin, un paltoquet, nous en ferons ce que nous voudrons. »* Plus sincèrement, Victor Hugo croit dans la candidature de Louis Napoléon Bonaparte qui, dans ses discours, parle de liberté et de démocratie : le journal *L'Événement* créé en juillet 1848 par les fils de Hugo, Charles et François-Victor, fait une campagne enthousiaste en sa faveur. Le 10 décembre, sur 7 300 000 votants, Louis Napoléon obtient 5 434 000 suffrages (74 % des voix). Le prince-président confie la présidence du Conseil à Odilon Barrot ; le parti de l'Ordre peut agir. À l'élection du 13 mai 1849, après une intense campagne de propagande fondée sur la peur des « rouges » et sur les atrocités imaginaires qu'auraient commises les insurgés de juin (gardes mobiles sciés vivants entre des planches, jeunes bourgeoises violées, etc.), les candidats du parti de l'Ordre, soutenus par les notables et le clergé, enlèvent 450 des 750 sièges. Les 300 autres sièges se répartissent entre les démocrates-socialistes, qui en remportent 200, et les républicains modérés qui sont les grands perdants avec seulement 100 élus. Victor Hugo est élu par le parti de l'Ordre et siège à droite.

Le premier souci des vainqueurs est de se débarrasser des démocrates-socialistes qui, malgré l'hécatombe de juin, viennent de prouver leur force : 2 360 000 suffrages, c'est-à-dire 900 000 voix seulement de moins que le parti de l'Ordre. L'expédition d'Italie (intervention française pour protéger le pape contre l'offensive républicaine à Rome) va leur en donner l'occasion. Une manifestation de soutien aux républicains italiens, organisée à Paris par Ledru-Rollin le 13 juin 1849, connaît un succès national. La troupe est envoyée contre les manifestants ; le gouvernement parle de tentative de révolution. La Garde nationale est épurée, la Garde mobile dissoute, 34 députés sont traduits en Haute Cour et déchus de leur mandat, la liberté d'association est suspendue, la vente des journaux réglementée, l'état de siège proclamé. Le prince-président explique : *« Il est temps que les bons se rassurent et que les méchants tremblent. »* Trois lois de réaction complètent le dispositif : la loi Falloux qui accorde au clergé, pour prix de son soutien électoral un pouvoir quasi discrétionnaire sur l'enseignement ; la loi électorale qui élimine du corps électoral *« la vile multitude »* (Thiers), c'est-à-dire 2 800 000 pauvres qui ne peuvent justifier d'un domicile fixe depuis trois ans ; la loi sur la presse qui officialise le cautionnement et le droit de timbre.

Depuis le printemps 1849, Hugo ne se fait plus d'illusions sur la véritable nature de ce *« parti de l'Ordre »* dans les rangs duquel il siège : une coalition brutale, obscurantiste et cléricale, préoccupée par ses intérêts matériels et ennemie des libertés. Le 9 juillet 1849, il fait volte-face en pleine Assemblée et accuse les députés de vouloir étouffer le problème de la pauvreté : sa formule *« on peut détruire la misère »* ne rencontre que rires et sarcasmes chez ses alliés politiques. En quelques mois, Hugo opère un virage politique spectaculaire : *« de droite à gauche »*. Le 15 janvier 1850, il prononce un discours contre la loi Falloux et proclame le « droit de l'enfant » à une instruction primaire, obligatoire et gratuite : une instruction donnée par un *« État laïc, purement laïc, exclusivement laïc »*. Contre l'assujettissement de l'École à l'Église, il lance le mot d'ordre : *« L'Église chez elle, l'État chez lui. »* Son discours, applaudi par la gauche, se termine sous les huées de la droite. Hugo a choisi son camp. Il vient de rompre définitivement avec la droite.

Un conflit latent entre le président et l'Assemblée commence à devenir visible au milieu de l'année 1850. Louis Napoléon n'a pas de parti derrière lui, seulement quelques compagnons qui ont parié sur son succès, comme son demi-frère de Morny. Avant d'entreprendre quoi que ce soit, il lui faut ressusciter en France un courant d'opinion favorable à l'Empire. L'opération, menée à grande échelle, commence au cours de l'été 1850 par une tournée présidentielle dans l'Est puis en Normandie. Le prince-président accuse ouvertement l'Assemblée d'être incapable de sortir le pays de la crise. À l'automne, Louis Napoléon organise de grandes revues militaires précédées, dans les garnisons, par des distributions de vin et de vivres dont les soldats le remercient aux cris de : *« Vive Napoléon ! Vive l'Empereur ! »* Un réseau de propagandistes travaille à réveiller la légende napoléonienne dans les milieux populaires des villes, dans les campagnes et dans l'armée. Des journaux soutiennent cette action : *Le Napoléon, Le Pouvoir.*

On commence à craindre sérieusement le coup d'État. Le général Changarnier, député orléaniste, commandant de la Garde nationale et de la 1re division militaire (Paris), se porte garant de l'armée et se présente comme le rempart du pouvoir légal. Il fait interdire aux soldats de manifester sous les armes. Le président le destitue. Thiers déclare : « *l'Empire est fait.* » En fait, Louis Napoléon hésite encore avant d'entreprendre l'épreuve de force. Il préférerait obtenir un renouvellement de son mandat présidentiel pour amener doucement l'opinion à accepter l'Empire. Mais il faut pour cela réviser la Constitution qui exclut la réélection. En rejetant cette révision le 19 juillet 1851, l'Assemblée ne laisse au prince-président aucune autre solution que le coup de force. Mais depuis plusieurs mois déjà, le pouvoir préparait le terrain en se débarrassant de toutes les oppositions gênantes : en juin, Charles, le fils de Victor Hugo, est condamné à six mois de prison ferme pour avoir publié un article contre la peine de mort dans *L'Événement*, et en septembre, ce sont les trois autres responsables du journal, François-Victor Hugo, Paul Meurice et Auguste Vacquerie, qui sont à leur tour emprisonnés. Une fois les rédacteurs sous les verrous, le journal est suspendu puis saisi.

LE COUP D'ÉTAT (OCT.-DÉC.1851)

Le gang de l'Élysée

•

De Morny, qui était partisan d'une action décisive, fut chargé de la préparer. Le général Magnan, compromis dans l'équipée de Boulogne, fut nommé au commandement des troupes de Paris. Le général Saint-Arnaud, un « colonial » qui, après toutes sortes d'affaires scabreuses, venait de conquérir sauvagement la Kabylie, fut nommé ministre de la Guerre ; il fit nommer dans toutes les garnisons de la région parisienne des officiers rappelés d'Algérie, des « Africains », spécialistes comme lui de la guerre coloniale. Le préfet de la Haute-Garonne, Maupas, menacé d'un procès pour détournement de fonds, fut placé au poste de préfet de police. Le banquier Fould finançait l'opération.

L'opération militaire

•

Avant de passer à l'action, Louis Napoléon parachève son dispositif politique. Pour discréditer l'Assemblée, il fait présenter, le 4 octobre 1851, une proposition de loi abrogeant la loi électorale du 31 mai 1850 et rétablissant le suffrage universel. Elle est repoussée par 355 voix contre 348, et, aux yeux de l'opinion publique, le prince-président se présente comme le champion de la démocratie devant une Assemblée réactionnaire qui veut exclure le peuple de la vie politique. Enfin, la date de l'opération est fixée à la nuit du 1er au 2 décembre 1851. Tandis qu'une réception se déroule à l'Élysée en l'honneur de la victoire d'Austerlitz, plusieurs députés en vue sont arrêtés à leur domicile (Thiers, Changarnier, Cavaignac, etc.) ; la Chambre des députés est occupée militairement ; et trois affiches sont placardées sur les murs de Paris : un décret présidentiel dissolvant l'Assemblée (c'est l'acte anticonstitutionnel du coup d'État) et rétablissant le suffrage universel intégral, un appel au peuple qui est invité à approuver l'action du président par plébiscite et à se prononcer sur le texte d'une nouvelle Constitution qui lui sera soumis ; enfin une proclamation aux soldats magnifiant leur loyalisme et la grandeur de leur mission.

L'acceptation du coup d'État

•

Le coup d'État rallia l'immense majorité des Français. Les milieux conservateurs vivaient depuis des mois dans la hantise de la double élection législative et présidentielle qui devait avoir lieu en mai 1852. On craignait un raz de marée démocrate-socialiste, notamment dans les campagnes où la propagande de gauche avait su se doter d'une image forte et rassurante ; les affaires en étaient paralysées. Or, on ne pouvait rien espérer de l'Assemblée, divisée et légaliste. Le président, avec son coup d'État, incarnait en fait la seule force capable de résister aux menaces de déstabilisation de la société. Mais Louis Napoléon avait aussi derrière lui nombre de paysans et de soldats sensibles à la légende impériale, et même une certaine partie du prolétariat, pour qui il était le restaurateur du suffrage universel.

La résistance au coup d'État

•

Les ébauches de résistance au coup d'État restèrent limitées : des députés monarchistes, réunis chez Odilon Barrot puis à la mairie du Xe arrondissement, se dispersèrent sur la demande d'un officier. Quelques députés républicains appelèrent le peuple aux armes ; des barricades furent levées dans les quartiers du centre et une foule nerveuse manifesta spontanément sur les boulevards, sans réelle organisation ni mot d'ordre. Devant le café *Tortoni*, sous le commandement de Saint-Arnaud, une compagnie de dragons chargea les manifestants qui n'étaient pas armés et, après un petit massacre, la troupe égorgea aussi quelques habitants des demeures bourgeoises du boulevard des Italiens, pour faire un exemple (comme en Kabylie). En fin de soirée, l'armée enleva des barricades presque désertes sur lesquelles un député, Baudin, se fit tuer. À Paris, le peuple des faubourgs, massacré en juin 1848, dégoûté par une république réactionnaire qui le haïssait, n'était pas au rendez-vous. Des mouvements de résistance plus sérieux se développèrent en province, dans les départements républicains : dans le Centre, dans le Sud-Est, dans l'Hérault, des paysans et des artisans, plus que des ouvriers, prirent les armes, occupèrent des mairies, des sous-préfectures (Clamecy, Brignoles) ; mais l'armée mit moins d'une semaine pour en venir à bout, au prix d'interventions souvent sanglantes (*cf.* *La Fortune des Rougon*, d'Émile Zola). Ces ébauches d'opposition permirent cependant au Nouveau Régime de traduire devant les tribunaux environ 27 000 personnes, de prononcer 9 530 peines de déportations, et 239 peines de travaux forcés à Cayenne, bref : de se débarrasser des derniers cadres républicains. Les conservateurs applaudirent des deux mains. L'ordre, favorable aux « affaires », allait régner sur la France pendant une vingtaine d'années.

LE TEMPS DE L'EXIL

Avec quelques députés d'extrême gauche, Victor Hugo, dès la nuit du 2 décembre, était entré dans la clandestinité en cherchant à organiser une résistance armée. Mais, dès le 3 décembre, ses contacts avec les ouvriers du faubourg Saint-Antoine le persuadent que le quartier de la Bastille ne bougera pas, et le lendemain, la troupe, qui quadrille Paris, écrase dans le sang toute vélléité d'opposition. Tous ses amis sont en prison ou en fuite. Le 6 décembre, Hugo, complètement isolé, ne sait plus où se réfugier. C'est sa maîtresse, Juliette, qui le sauve en lui trouvant une cachette où il reste à l'abri de la police quelques jours : le temps qu'il faut à Juliette pour lui procurer les faux papiers indispensables à sa fuite. Le 11 décembre 1851, sous le nom de Jacques Firmin Lanvin, ouvrier typographe, il quitte Paris par le train de huit heures du soir, à destination de Bruxelles. Hugo quitte son pays pour vingt ans.

Arrivé le 12 décembre à Bruxelles comme simple réfugié politique, Victor Hugo se trouve dès le 9 janvier, avec soixante-cinq autres députés, condamné à *« l'expulsion »* de France par une décision de Louis Napoléon Bonaparte. Il reçoit cette condamnation comme une dignité : celle d'appartenir à une patrie idéale qu'il va lui falloir inventer, hors du pays, pour y construire l'honneur de la France. Le 22 janvier, il note dans son carnet : *« J'aime la proscription, j'aime l'exil. »* Juliette le retrouve à Bruxelles ; elle a réussi à sortir de France les biens les plus précieux de Hugo : sa *« malle aux manuscrits »* où se trouvent toutes les œuvres autographes. Il se met au travail, et dans sa petite chambre sans chauffage, avec le témoignage des républicains français exilés comme lui à Bruxelles, il rédige le récit circonstancié du coup d'État : *L'Histoire d'un crime*. De jour en jour, le dossier s'alourdit, le texte se dilate, devient un véritable réquisitoire contre Louis Napoléon. Fin mai, Hugo fait le point : le texte est trop long ; or, il faut publier vite un texte incisif et frapper fort. Plutôt que d'instruire le procès du crime, mieux vaut faire le portrait accablant de l'assassin et de ses comparses : le *« tyran pigmée »*, le gang de l'Élysée et cette majorité silencieuse qui a courbé l'échine devant la dictature. Sous le titre *Napoléon-le-Petit*, Hugo écrit en trois semaines un pamphlet d'une rare violence contre Louis Bonaparte (ce Napoléon-là est si petit que le nom disparait) présenté comme un escroc de bas étage, une sorte d'imposture qui ne serait qu'une triste parodie dégénérée de la légende impériale. Entouré d'une troupe de banquiers débauchés, de fonctionnaires parjures, de prêtres pervers et de prostituées officielles, Louis Napoléon n'est même pas un tyran, mais une sorte de chef de bande, lâche et grotesque, qui, en s'emparant du pouvoir, a fait basculer l'Histoire dans le non-sens et la farce. Ce régime n'est pas seulement monstrueux, il est factice : c'est une erreur, une espèce de mauvais rêve, encore plus irréel qu'infâme. Après la publication de *Napoléon-le-Petit* en août 1852, Hugo sait bien que ses jours en Belgique sont comptés : sous la pression du gouvernement français, la Belgique est contrainte d'interdire toute nouvelle attaque contre un *« souverain étranger »*. L'écrivain n'attend pas : dès le 5 août, il quitte Bruxelles pour l'île de Jersey où il s'installe pour trois ans avec toute sa famille, avant d'en être de nouveau expulsé par les autorités anglaises et d'aller chercher refuge en l'île de Guernesey, pour un séjour de seize années qui ne prendra fin qu'avec la chute de l'Empire. À Jersey, il apprend que son texte *Napoléon-le-Petit* connaît un grand succès : malgré les difficultés de diffusion et la police du prince-président, les exemplaires pénètrent en France, et à la fin de l'année, plus de 40 000 livres circulent clandestinement. Mais Hugo apprend aussi les nouvelles ambitions de Louis Napoléon : se faire empereur. *Châtiments* sera la réponse à ce que le poète considère comme le comble de la provocation.

Conçu dans le prolongement immédiat de *Napoléon-le-Petit*, et faute d'avoir pu aboutir à la rédaction d'*Histoire d'un crime*, le projet de *Châtiments* prend naissance dans la seconde moitié de l'année 1852, à un moment où Victor Hugo a quitté Bruxelles pour Jersey. L'armature générale de l'œuvre est construite sur la conception de trois poèmes majeurs : *Nox* (16-22 novembre), *L'expiation* (25-30 novembre), *Lux* (16-20 décembre 1852). En terminant *Lux*, Hugo imaginait, le 21 décembre, que *Châtiments* totaliseraient 3 000 vers. Le recueil, sous sa forme finale, en comprendra 6 200. L'année 1853 a donc été, selon l'expression de Pierre Albouy *« l'année du remplissage de la structure édifiée à la fin de 1852, l'année de la réitération des colères »* : *« Le livre y a gagné sa puissante abondance et sa variété dans la répétition même. L'imagination se donne libre carrière, même si, ensuite, le soucis de la construction et de l'équilibre exclut du recueil certaines pièces jaillies de cette source qui vient de s'ouvrir. »* En effet, en février 1853, pour répondre à l'épopée guerrière de *L'expiation*, Hugo imagine et compose l'épopée apocalyptique de *La vision de Dante*. Cette pièce ne sera finalement pas intégrée à *Châtiments* et ne paraîtra que trente ans plus tard, en 1883, mais elle marque la naissance, dans la rédaction du recueil, d'une nouvelle inspiration d'où sortira *La Légende des siècles* (publiée en 1859). Le travail d'écriture de *Châtiments*, à peu près terminé en juin, mais qui s'est poursuivi localement jusqu'à la publication de l'œuvre les 23 et 24 novembre 1853, doit donc être compris non seulement comme l'élaboration du recueil lui-même, mais comme la mise en chantier de plusieurs chefs-d'œuvre de la période de l'exil : *La Légende*, *Contemplations*, *Ce que dit la bouche d'ombre*. C'est la genèse de l'œuvre politique qui a créé les conditions mentales et esthétiques de rupture par laquelle Victor Hugo renouvelle entièrement son inspiration poétique. Mais, réciproquement, c'est cet immense chantier de nouvelles œuvres qui, par un effet en retour, explique comment, dans *Châtiments*, l'inspiration politique et polémique s'exhausse en vision métaphysique qui dépasse le simple combat contre le régime de Napoléon III et se transfigure en une lutte contre le néant et le non-sens.

Caricature contre Napoléon III.

Il serait vain d'essayer de dégager une architecture narrative du recueil ou de mettre en évidence la cohérence thématique de chaque livre. Hugo procède en fait par répétitions et variations sur les mêmes thèmes qui réapparaissent de livre en livre. Ce qui est très clair, en revanche, c'est le mouvement qui conduit progressivement de la nuit à la lumière.

THÈMES	POÈMES IMPORTANTS
NOX Annonce tous les thèmes principaux.	Un seul long poème divisé en sections.
LIVRE I La place du poète. Napoléon III, bagnard en puissance. Les morts du coup d'État. Rôle de l'Église.	I et IX. *L'art et le peuple* : puissance de la parole poétique, le peuple se réveillera. II. *Toulon* : parallèle entre l'oncle et le neveu. IV. *Aux morts du 4 décembre* : sur quoi se fonde la *« paix »* impériale. VI. *Le* Te Deum *du 1er janvier 1852* : l'Église bénit le coup d'État.
LIVRE II Le sommeil du peuple. Les massacres. Valeur de l'exil. L'armée.	II. *Au peuple* : le peuple semble mort ; comme Lazare, il doit s'éveiller. III. *Souvenir de la nuit du 4* : l'enfant mort de la rue Tiquetone. V. Si la France est avilie, l'exil est aimable. VII. *À l'obéissance passive* : les soldats d'aujourd'hui ont perdu l'esprit de l'an II.
LIVRE III Le règne du grotesque. La misère et l'orgie. Refus de la peine capitale.	VIII. *Splendeurs* : généralisé et agrandi, le grotesque des gouvernants confine à l'épique. IX. *Joyeuse vie* : juxtaposition violente des scènes de gaspillage des puissants et du dénuement du peuple. XVI. *Non* : admettre la peine de mort serait régresser.
LIVRE IV Dévots et presse cléricale. La clarté point. Les brigands.	IV. *À des journalistes de robe courte* : Veuillot et les siens distillent du venin. X. *Aube* : on entrevoit la lumière. XII. *On loge à la nuit* : l'Élysée, auberge borgne ; scènes d'orgie.

THÈMES	POÈMES IMPORTANTS
LIVRE V Napoléon III, aventurier et assassin. Les femmes. Épopée / contre-épopée.	I. *Le sacre* : couronner Napoléon III, c'est couronner tous les criminels à la fois. XI. *Pauline Roland* : une figure de martyre, l'héroïsme sublime. XIII. *L'expiation* : punition de Napoléon Ier pour le 18 Brumaire, Dieu châtie les crimes anciens.
LIVRE VI Les assassins face au poète. La satire. L'étoile se lève. Misère féconde.	XI. *Le parti du crime* : appel à l'insurrection. XIII. *À Juvénal* : renoue avec *Nox*, IX. Le système impérial fait l'objet d'une raillerie grinçante et sans commentaire. XV. *Stella* : avec la lueur naît la promesse de la lumière. XVI. *Applaudissement* : de la boue impériale renaîtra une France radieuse et transfigurée.
LIVRE VII La fin de l'Empire. Le cloaque. Réveil du peuple. L'avenir. Le « moi » Hugo.	I. Chute des murailles de Jéricho, victoire de l'obstination et du droit. IV. *L'égout de Rome* : pourriture foncière de l'Empire ; elle est cachée mais présente partout. VIII. *La caravane* : le peuple s'est éveillé et agit. XIII. *Force des choses* : la Nature, support de la Science et du Progrès, vaincra le Mal. XVIII. *Ultima verba* : promesse de ne rentrer qu'après la chute de l'Empire.
LUX Victoire de la lumière.	Un seul poème en plusieurs sections, consacré à la victoire du Jour, du Progrès, de la Fraternité. Ouverture sur l'Avenir.

Témoignage de l'ami et de l'éditeur qui a suivi pas à pas la genèse du texte.
Le texte étant interdit, il existe peu de critiques exactement contemporaines de la première publication de Hugo.

> *« Votre plan est superbe. C'est une charpente, un squelette splendide. Quand la chair, les os, la peau et "la peau...ésie" y seront, que sera-ce donc ? 6 200 vers ? Ce sera le seul poème épique qu'on ait fait en France. Quelle chance qu'il soit fait pour la république, pour la liberté, contre un Bonaparte. »*

Lettre de Hetzel, 24 juin 1853.

Faisant appel à ses souvenirs d'admiration, Baudelaire fait revivre les publications du proscrit.

> *« Depuis bien des années déjà Victor Hugo n'est plus parmi nous. Je me souviens d'un temps où sa figure était une des plus rencontrées parmi la foule ; et bien des fois je me suis demandé, en le voyant si souvent apparaître dans la turbulence des fêtes ou dans le silence des lieux solitaires, comment il pouvait concilier les nécessités de son travail assidu avec ce goût sublime, mais dangereux, des promenades et des rêveries. Cette apparente conrtradiction est évidemment le résultat d'une existence bien réglée et d'une forte constitution spirituelle qui lui permet de travailler en marchant, ou plutôt de ne pouvoir marcher qu'en travaillant. Sans cesse, en tous lieux, sous la lumière du soleil, dans les flots de la foule, dans les sanctuaires de l'art, le long des bibliothèques poudreuses exposées au vent, Victor Hugo, pensif et calme, avait l'air de dire à la nature extérieure : "Entre bien dans mes yeux pour que je me souvienne de toi."* [...]
> *Quand aujourd'hui nous parcourons les poésies récentes de Victor Hugo, nous voyons que tel y était, tel y est resté, un promeneur pensif, un homme solitaire mais enthousiaste de la vie, un esprit rêveur et interrogateur. Mais ce n'est plus dans les environs boisés et fleuris de la grande ville, sur les quais accidentés de la Seine, dans les promenades fourmillantes d'enfants, qu'il fait errer ses pieds et ses yeux. Comme Démosthène, il converse avec les flots et le vent ; autrefois, il rôdait solitaire dans les lieux bouillonnant de vie humaine ; aujourd'hui il marche dans des solitudes peuplées par sa pensée. Ainsi est-il peut-être encore plus grand et plus singulier. Les couleurs de ses rêveries se sont teintées en solennité, et sa voix s'est approfondie en rivalisant avec celle de l'Océan. Mais là-bas comme ici, toujours il nous apparaît comme la statue de la Méditation qui marche. »*

Charles Baudelaire, « Réflexions sur quelques-uns de mes contemporains : Victor Hugo », 1861, *in Baudelaire : art romantique, Critique littéraire*, « Cercle du Bibliophile », Genève.

Mallarmé prend ici acte du fait qu'avec Hugo naquit la poésie moderne.

> *« Un lecteur français, ses habitudes interrompues à la mort de Victor Hugo, ne peut se déconcerter. Hugo, dans sa tâche mystérieuse, rabattit toute la prose, philosophie, éloquence, histoire, au vers, et, comme il était le vers personnellement, il confisqua chez qui pense, discourt ou narre, presque le droit à s'énoncer. Monument en ce désert, avec le silence loin ; dans une crypte la divinité ainsi d'une majestueuse idée inconsciente, à savoir que la forme appelée vers est simplement elle même la littérature ; que vers il y a sitôt que s'accentue la diction, rythme dès que style. Le vers, je crois, avec respect attendit que le géant qui l'identifiait à sa main tenace et plus ferme toujours de forgeron, vînt à manquer ; pour, lui, se rompre. Toute la langue,*

ajustée à la métrique, y recouvrant ses coupes vitales, s'évade, selon une libre disjonction aux mille éléments simples ; et, je l'indiquerai, pas sans similitude avec des cris d'une orchestration, qui reste verbale.

La variation date de là… »

S. Mallarmé, *Crise de vers*, 1892, Œuvre complète, « La Pléiade », Gallimard, 1945.

Léon Daudet qui avait épousé Jeanne, petite-fille du poète, n'avait que peu d'admiration pour Hugo. *Les Châtiments* trouvent toutefois grâce à ses yeux.

« C'est son ouvrage le plus naturel dans la colère et la pitié, le plus libre, le plus aisé, où se livre le mieux sa forte et impétueuse personnalité […]. Sa virulence, fréquemment injuste, parbleu, est de bon aloi et de tradition française […]. Hugo, dans les Châtiments, *use à la fois de toutes les cordes et de tous les rythmes. Il est en effet, avec Ronsard et Mistral, le trouveur de cadences innombrables, rendant à merveille les mouvements irrités ou apaisés de l'âme, et prêtant au paysage intérieur des aspects sans cesse renouvelés. Alors que dans les* Tragiques *de d'Aubigné une certaine lassitude résulte (en dépit de beaux élans) de la monotonie du nombre et de la césure, le flux et le reflux orageux des* Châtiments *sont aussi variés que ceux de l'océan pendant les tempêtes d'équinoxe. Il possédait une oreille admirable, et aussi par elle une adaptation secrète aux grands rythmes de la nature : le feu de la foudre, le vent, l'eau en pluie et bourrasque, le déferlement combiné des éléments ; on peut dire de lui, comme de Milton, qu'il trempait son pinceau dans le tremblement de terre de l'éclipse. »*

Léon Daudet, *Fantômes et vivants*, 1914.

Parmi les qualités du vers hugolien, Péguy est particulièrement attaché à leur rythme.

« […] quand de tels vers, si impérieux, si commandeurs, si puissants, remontent à la surface, envahissent la mémoire, le chemin est tout fait pour qu'ils remontent jusqu'aux lèvres ; il faut donc obéir à la poussée intérieure, militaire mécanique, de la mémoire ; il faut réciter ces vers qui montent, ces couplets qui viennent, ces strophes qui reviennent, tout ce Hugo militaire, somptuaire, cérémoniel et triomphal qui remonte. »

Péguy, *Notre Patrie*, 1905, « La Pléiade », Gallimard.

À propos du poème v, du livre V.

« […] de toutes ces batailles, c'est précisément une que Hugo prend dans Les Châtiments *contre toutes les autres, entre toutes les autres pour symboliser, pour nous représenter, pour nous signifier la bataille française, la victoire française, l'honneur militaire, l'honneur français (contre le Deuxième Empire, je n'ai pas besoin de vous le dire, et contre le troisième Napoléon), et c'est précisément la bataille de Wagram. Et dans cette bataille ce qu'il prend, c'est précisément le drapeau. Il en fait le drapeau même, comme symbolique, comme représentatif, comme significatif, de la France même, de la France militaire, de l'honneur de la France, de l'histoire militaire de la France. Une sorte de drapeau central et culminant : "Ô drapeau de Wagram ! ô pays de Voltaire !" Vous me direz que ça faisait bien le vers. Je le crois aussi. Ce n'est qu'un hasard. Mais avouez qu'il est merveilleux. Et encore. Nous disons que ce n'est qu'un hasard. Nous n'en savons rien. »*

Péguy, *Victor-Marie comte Hugo*, 1911, Gallimard, N.R.F., 1934.

Il y a bien chez Hugo un élan poétique qui dépasse l'histoire et transcende le mythe. Autrement dit, la poésie hugolienne est « de l'art ».

> *« La distorsion que Hugo a tenté de faire subir à l'alexandrin, qui est le plus relationnel de tous les mètres, contient déjà tout l'avenir de la poésie moderne, puisqu'il s'agit d'anéantir une intention de rapports pour lui substituer une explosion de mots. La poésie moderne, en effet [...], détruit la nature spontanément fonctionnelle du langage et n'en laisse subsister que les assises lexicales. Elle ne garde des rapports que leurs mouvements, leur musique, non leur vérité. Le Mot éclate au-dessus d'une ligne de rapports. »*

Roland Barthes, *Le Degré zéro de l'écriture*, Le Seuil, 1953.

L'école ayant souvent imposé l'apprentissage d'une conception figée de la poésie de Hugo, il fallut lui rendre sa liberté.

> *« Dans la résistance que bien des lecteurs même sensibles et cultivés opposent à l'exploration de Hugo, il y a certes des traces de l'énorme jalousie qu'il a provoquée de son temps, tenant tant de place, envahissant peu à peu tous les recoins dans lesquels on se croyait tranquille, et toujours avec tant de bruit, d'où cette espèce d'acrimonie, de mesquinerie à son égard, cette volonté de le dégonfler, "Victor Hugo hélas...", etc., qui désormais sont d'un autre âge, mais il y a aussi plus sérieux, je crois, un malentendu sur sa diction et sa prosodie. Toute son œuvre s'inscrit dans le processus de désagrégation du vers classique ; si l'on ne perçoit pas ce défaire, si l'on ne souffre pas de la contradiction dans laquelle il se tient, on ne peut entendre son véritable accent. Après ce gigantesque effort pour faire survivre les règles classiques comme obstacle contre lequel le flot de la parole se bat, malgré toutes les tentatives de réanimation, de retour, on sera obligé de partir en quête d'autres principes. »*

Michel Butor, « Babel en creux », *Répertoire II*, coll. « Critique », éd. de Minuit, 1964.

Remise en perspective de *Châtiments* parmi les publications qui lui sont contemporaines.

> *« Ainsi, le recueil de* Châtiments *est un phénomène important dans l'histoire de notre littérature et dans celle de la poésie hugolienne. À cette date, il constitue un bloc poétique d'une nature inconnue jeté au milieu de la publication contemporaine. Un an après les* Émaux et Camées *de Théophile Gautier et les* Poèmes antiques *de Leconte de Lisle, c'est un défi du "romantisme pas mort" au réalisme, au fantaisisme, à l'art pour l'art. »*

J.B. Barrère, *Victor Hugo*, nouvelle édition revue et mise à jour, « Connaissance des Lettres », Hatier, 1968.

Albouy définit ici le poète qui se constitue, se construit en élaborant son œuvre.

> *« Cette puissance du Poète, Hugo est amené à l'affirmer d'autant plus fort que les apparences donnent à ses ennemis le droit d'en douter. C'est ce que signifie l'espèce de boutade qui termine* Joyeuse vie *: le poète indigné menace les "brigands" de "la parole qui tue" ; mais une telle menace les effraie peu : "Bah ! le poëte ! il est dans les nuages !" Et Hugo de répliquer : "Soit. Le tonnerre aussi." Il faut prendre au sérieux cette rodomontade-là. Elle établit comme une identité de nature, ou une égalité de puissance, entre le*

verbe poétique et les forces cosmiques : cette "parole qui tue", comme la foudre, est mystérieuse et, jusqu'à ce qu'elle éclate, cachée ; autant que la foudre, elle est redoutable et l'on doit en vénérer le caractère sacré : elle sort "des cieux profonds". Avec les Châtiments, *le* Je *hugolien s'est fait "un autre" – un autre Olympio. Une puissance lui est venue, dont il s'étonne, à la fin du poème* À l'obéissance passive *: "moi qui ne suis rien", s'écrie-t-il, voici que, revêtu de la "force" du "Dieu vivant", je suis tout à coup ce géant capable d'écraser "du pied" "l'empire et l'empereur". L'exilé a récupéré une personnalité énorme, de dimensions cosmiques et de nature divine.* »

Pierre Albouy, *Introduction à « Châtiments »*,
Gallimard, « La Pléiade », 1967.

Pierre Barbéris insiste sur l'aspect relativement banal de l'idéologie véhiculée par *Châtiments* et oriente la lecture vers une autre voie.

« *Une conscience vaut un empire et pèse aussi lourd. Un moi qui dit non vaut un peuple qui vote oui. Faute de poser les problèmes en termes scientifiques, la seule opposition possible au mal est une opposition morale. Comment l'École de la nouvelle société n'aurait-elle pas exploité ce thème ? Nous voici aux portes de la république bourgeoise et de sa belle époque. Il n'y a plus de classes sociales. Il n'y a plus de problèmes de la société en train de s'industrialiser. La grande conscience universelle garantit l'Ordre. Les menaces ne sauraient venir que des moyen-âges toujours prêts à renaître.* [...] *Son idéologie, celle que, subtilement, charriait sa poésie, ne s'exposait guère à ce risque. On nous l'a fait bien voir. Dès lors s'impose une conclusion : l'intérêt, l'efficacité véritables des* Châtiments *résident sans doute ailleurs que dans leur idéologie. C'est ainsi qu'un livre devient un texte et que la lecture devient chose sérieuse.* »

Pierre Barbéris, « À propos de *Lux* : la vraie force des choses »,
in Littérature n° 1, février 1971, Larousse.

Parole de poète, l'analyse d'Aragon fait de Hugo un partisan autant qu'un homme du verbe.

« *Hugo avait quarante-neuf ans quand le 2 décembre amena enfin à maturité cette voix formidable, cette poésie grandiose. Ici, Hugo est devenu l'homme non plus d'idées élevées mais lointaines, mais d'une œuvre qui implique l'action, et l'ordonnement de l'action. Cela s'appelle d'un nom : il est devenu l'homme d'un parti. L'ancien monarchiste, le pair de France, l'histoire en a fait le républicain conséquent, le plus convaincu, le plus efficace. Elle a uni l'action au chant, l'idée et la pratique, elle a transformé celui qui se cramponnait à la berge des événements en capitaine dans la tempête. Il est monté sur le navire, il ne regarde plus en arrière. Et maintenant, va, grandis, poète ! le flot t'emporte, mais c'est vers l'azur.* »

Aragon, *Avez-vous lu Victor Hugo ?*, Stock, Paris, 1997.

LE POUVOIR

Châtiments paraît en 1853, c'est-à-dire dans la période la plus dure du nouveau régime institué par le coup d'État : l'Empire autoritaire (qui durera jusqu'en 1860 et sera suivi par une seconde période plus libérale : 1860-1870). L'Empereur, Louis Napoléon Bonaparte, exerce le pouvoir sans partage, s'appuyant sur un suffrage universel qui lui fournit des majorités écrasantes mais dont l'orientation est faussée par le dispositif des candidatures officielles et l'intimidation policière. En fait, le régime est soutenu par l'ancienne bourgeoisie orléaniste qui y voit un rempart contre la menace révolutionnaire, par les catholiques qui considèrent l'Empire comme un garde-fou contre l'athéisme, et par les milieux d'affaires qui tiennent à tirer les profits de la révolution industrielle et des chantiers immobiliers.

LA JUSTICE

La magistrature est aux ordres du régime. Après avoir condamné à la déportation un millier de républicains, elle est chargée de traduire devant les tribunaux toute personne soupçonnée d'opposition à l'Empire. Le délit d'opinion est rétabli et les milieux intellectuels sont particulièrement surveillés (procès de *Madame Bovary* de Flaubert et des *Fleurs du mal* de Baudelaire, en 1857). Les fonctionnaires sont contraints de prêter serment de fidélité à l'Empereur ; la surveillance policière est permanente et la puissance des préfets est quasiment illimitée.

L'ÉGLISE

Effrayée par le christianisme révolutionnaire et social de 1848, l'Église a salué avec soulagement le coup d'État et s'est rangée à peu près unanimement derrière le pouvoir qui, jusqu'en 1860, suit une politique favorable au Saint-Siège et bénéficie du soutien inconditionnel de la presse ultramontaine (Veuillot et son journal *L'Univers*). La hiérarchie catholique a sanctifié l'Empire par la noce de Napoléon III, célébrée à Notre-Dame, deux mois après le plébiscite du 2 décembre 1852.

L'UNIVERSITÉ

L'Université est mise au pas : après la révocation des professeurs républicains, comme Michelet et Quinet, le régime contrôle les programmes scolaires et supprime les agrégations d'histoire et de philosophie, matières jugées suspectes.

LA PRESSE

La presse est bâillonnée par « l'autorisation préalable » qui assujettit tout projet de périodique à un contrôle politique, par un droit de timbre très élevé qui interdit tout journal bon marché accessible à la classe populaire, et surtout par le système des « avertissements » qui permet légalement au pouvoir d'interdire un journal dont le contenu ne lui conviendrait pas : le troisième avertissement entraîne la suppression du périodique.

LA FÊTE IMPÉRIALE

Pour faire oublier au pays le goût de la liberté, le régime multiplie les fastes, les commémorations glorieuses et les défilés militaires, tout en étalant les signes de la prospérité économique. Vu de l'extérieur, l'Empire semble se dérouler au rythme endiablé d'une fête permanente qu'accompagne la musique d'Offenbach : c'est l'époque des grands bals des Tuileries et de Compiègne, de la « noce » parisienne où les parvenus viennent prendre du bon temps avec les actrices et les demi-mondaines, de l'apogée des théâtres de boulevard, de la première grande vogue des stations balnéaires et des casinos (Deauville, Monte-Carlo).

LA BOURGEOISIE

La bourgeoisie est indispensable à la bonne marche des « affaires ». L'ordre, rétabli par l'Empire, lui permet d'entreprendre une restructuration complète de l'économie à son profit ; c'est le moment où se créent les « grands magasins » (le Bon Marché, le Printemps, la Samaritaine, etc.), les banques privées (Crédit foncier, Crédit industriel et commercial, Crédit Lyonnais, Société générale), tandis que s'accumulent les énormes bénéfices des spéculations boursières et immobilières (grands travaux d'Haussmann à Paris). Le commerce prospère, les usines se multiplient, les nouveaux riches affichent leur satisfaction.

LE PEUPLE

Le régime rétablit l'impopulaire « livret ouvrier » sur lequel sont mentionnés les fautes professionnelles et les manquements à la discipline ; la grève est rigoureusement interdite et tout signe de contestation populaire suscite l'intervention immédiate de la police ou de la troupe. Mais, grâce aux bénéfices de l'industrialisation et de la modernisation (grands travaux, développement des chemins de fer, production de houille, etc.), le chômage diminue et les salaires augmentent. Tout en passant de l'âge artisanal à l'ère des cadences industrielles, le prolétariat bénéficie du paternalisme impérial qui crée quelques œuvres d'assistance et des cités ouvrières.

Un des thèmes forts des *Châtiments*, qui traverse l'œuvre avec une remarquable constance, est l'évocation des vainqueurs comme « repus ». Ils connaissent la jouissance pendant que le peuple souffre de la faim, enterre ses morts, pleure les emprisonnés et les déportés. Hugo nous les montre célébrant le succès du coup d'État par des fêtes d'un luxe inouï où se pratique un gaspillage considérable de nourriture et d'argent, en même temps qu'une débauche effrénée.

LA FÊTE IMPÉRIALE

La fête impériale se traduit d'abord par l'investissement d'un certain nombre de lieux comme le Louvre. Hugo revient dans de nombreux poèmes sur les termes de *« châteaux »* et *« palais »* qui serviront de cadre aux festoiements de la victoire. Il semble qu'indifféremment tout ce qui est palais soit destiné à devenir scène de fête, qu'il s'agisse des palais de l'ancien pouvoir monarchique ou d'édifices pourvus de fonctions institutionnelles ; tout est transformé en salles de bal ou de banquet. Ainsi, Hugo nomme-t-il pêle-mêle le Louvre, Saint-Cloud, Compiègne, l'Hôtel de Ville ou le Luxembourg.
Tout y est luxe ; c'est ce qu'a permis l'Empire. À l'austérité républicaine de 1848 succède une débauche de matières coûteuses : *« damas »*, *« velours »*, *« linon »*, *« martre zibeline »*, *« mousseline »* (I, XIV). Avec le gaspillage de l'argent, on voit réapparaître les femmes entretenues : *« filles d'Opéra »*, les *« Jeannetons d'hier »* sortent de leur médiocrité pour devenir les *« Pamélas d'aujourd'hui »*. Ainsi apparaissent en foule celles que Hugo nomme *« donzelles », filles de petite vertu, dociles aux désirs des vainqueurs. Mais ce son*t aussi les courtisanes de haut vol, femmes de l'entourage de l'Empereur, maîtresses des puissants, qui jouent leur rôle dans ces fêtes : *« À Saint-Cloud, effeuillant jasmins et marguerites, / Quand s'ébat sous les fleurs l'essaim des favorites »* (III, IX) ; et même les maîtresses avérées de Napoléon III, familièrement nommées : *« La marquise Toinon, la duchesse Margot »* (IV, XIII).
C'est sur les champs de courses que l'on peut rencontrer ce monde satisfait, dans les bals, les spectacles et les fêtes qui semblent accompagner de leur euphorie ininterrompue les débuts du nouveau règne. Mais à dire vrai, si les manifestations festives se succèdent, ce qui reste le plus frappant, ce sur quoi Hugo insiste le plus, c'est la dimension alimentaire de la débauche. À travers les festins, les banquets et les orgies, les parvenus de l'Empire laissent apercevoir leur véritable nature.

L'ORGIE ALIMENTAIRE

Les nouveaux maîtres de la France gaspillent d'énormes sommes pour organiser de monstrueux repas où l'on mange et boit, au-delà de toute nécessité, au-delà même de tout plaisir. Il semble que la goinfrerie de l'Empereur et de ses comparses, insulte à la douleur de ceux qui ont faim, symbole de la voracité en tous domaines, soit un puits sans fond : Napoléon III est d'ailleurs appelé « *glouton* » (VI, IX). Cette voracité se déploie en tous lieux, aussi bien dans les festins officiels que dans l'auberge borgne qu'est l'Élysée, évoqué comme un repaire de brigands dans *On loge à la nuit* (IV, XIII). Et pour hausser cette gloutonnerie à la hauteur du mythe, Hugo fait appel aux grandes figures de la culture et de l'histoire, mêlant les goinfres antiques, comme le Trimalcion de Pétrone, au Grandgousier de Rabelais ou au Falstaff de Shakespeare, ou encore à des personnalités plus contemporaines comme Cambacérès. Il faut d'ailleurs constater que plus l'évocation de débordements alimentaires se déploie, plus les figures féminines s'estompent ; il est bien entendu que tout ceci est une affaire d'hommes. Même si l'on rencontre, au détour d'un vers, quelques « *maritornes* », ou quelques « *houris* », leur présence n'est qu'accessoire : tout au plus sont-elles là pour assouvir, à l'occasion, ce que la jouissance alimentaire n'aurait pas comblé. Enfin, l'évocation hugolienne va si loin qu'il est un moment où tout bascule hors de l'humanité, dans un univers qui est celui de la bestialité, du vampirisme et même du cannibalisme.

LA BESTIALITÉ

Souvent liée à l'image de la dévoration, l'image de la bestialité traverse l'œuvre comme une mise en garde et une dénonciation : ce que l'Empire remet en cause, ce qu'il cherche à dénaturer, c'est l'humain. L'Empereur est un loup rongeant le cadavre de la France, mais en même temps, dépourvu de grandeur, faux « *tigre* », il n'est qu'un « *singe* ». Il est entouré d'êtres qui ont perdu leur statut et qui s'agitent à la façon des bêtes, comme Dombidau qui « *gambade* ». Ils ont cessé d'être hommes pour devenir « *Hyènes loups, chacals, non prévus par Buffon* » (VI, V). Qu'ils soient devenus bêtes, ce n'était que déchoir, mais ils sont allés plus loin, jusqu'à la monstruosité, car c'est au vampirisme et au cannibalisme que les a conduits leur voracité.

VAMPIRISME ET CANNIBALISME

Dès le début de l'œuvre, le thème du « vin » et celui du « sang » sont étroitement mêlés. Dans la section II de *Nox*, les soldats, ivres, répandent le sang et en sont couverts. Le sang est « *partout !* », certaines images sont d'une violence extrême, comme celle des cléricaux emportant « [...] *un caillot / Tout fumant, pour servir d'écritoire à Veuillot.* »

Quelques lignes plus loin, ce sont les partisans de Louis Napoléon qui viennent lécher sur ses chaussures le sang dans lequel il a marché, tandis que d'autres ont les moustaches rougies par l'orgie. Les laïcs ne sont d'ailleurs pas les seuls à se livrer à cette infamie puisqu'à propos du « Te Deum *du 1er janvier* » Hugo écrit, en parlant de Sibour : « *Et ce n'est pas de vin que son ciboire est rouge.* » Ici, au vampirisme s'ajoute une inversion du mystère de l'eucharistie : de serviteur de Dieu,

l'archevêque est devenu tortionnaire du Christ. Comme la bête de l'Apocalypse, il se repaît du sang des saints. Mais la folie culmine avec l'évocation directe du cannibalisme : mettant à plat le symbole, Hugo nous présente « *Le bœuf Peuple rôti tout entier devant l'âtre* » (IV, XIII), et, image plus atroce peut-être encore, celle des femmes de la Cour qui, entretenues en toute inconscience par la souffrance des pauvres, se livrent dans la plus grande insouciance à un repas contre nature : « *Bras nus et gorge au vent, / Dans le festin qu'égaie un lustre à mille branches, / Chacune, en souriant, dans ses belles dents blanches / Mange un enfant vivant !* »
Si l'on y regarde de près, c'est de chair et de sang que les vainqueurs sont nourris. Le thème est donc construit sur un agrandissement épique qui va de l'évocation politique jusqu'au fantastique.

Titre du recueil sous sa forme plurielle, la notion de « châtiment » en est un des thèmes principaux et peut être considérée comme le principe même de son écriture. Cette notion de « châtiment » est ici particulièrement complexe : d'abord parce qu'elle vise des individus dont les responsabilités sont de différentes natures, d'autre part parce qu'il n'existe pas de peine réellement adaptée aux crimes qu'il s'agit de punir. Il n'est pas question, ici, d'en rester à la simple application d'une loi préexistante, mais d'ajuster la peine aux individus à qui elle doit être appliquée. Il s'agit surtout de définir un type de punition qui soit conforme à l'efficacité recherchée, mais aussi aux valeurs de celui qui assume le rôle de juge et d'exécuteur de la sentence, à savoir le poète, porte-parole du peuple et mandaté par la transcendance. *Châtiments* est donc tout autant un ouvrage qui punit qu'un texte où s'élabore et se fonde l'idée d'une force de coercition qui ne serait pas la violence, mais le recours à la puissance du verbe.

LE CHOIX DE LA PUNITION

Si l'on considère les crimes dans l'ordre chronologique, tout commence avec le coup d'État du 18 Brumaire où Napoléon Bonaparte trahit la Révolution de 1789 et confisque le pouvoir à son profit. C'est sous cet éclairage que Victor Hugo nous montre le Second Empire, lui aussi issu d'un coup d'État et d'une trahison. Punition posthume et divine de Napoléon Ier, Napoléon III et son Empire fantoche offrent une caricature sanglante de l'ancienne épopée. Cette déformation grotesque est, pour Napoléon Ier, pire que la retraite de Russie, Waterloo, Sainte-Hélène ou la mort. L'expiation de l'oncle ayant été réglée d'en haut, reste le châtiment des crimes d'aujourd'hui. Ce qui importe, pour Hugo, c'est de conduire le lecteur à une prise de conscience, par la représentation tantôt tragique, tantôt satirique, des réalités qui constituent le présent. Une fois la culpabilité établie (et elle ne se discute pas), le vrai problème est celui de la punition. Dans le système légal traditionnel, comme dans la loi du talion, il ne fait aucun doute que Napoléon III est passible de la peine de mort. C'est ce que confirme *« la Conscience »*, au poème XV du livre III, devant les accusations portées par *« la Terre »*, *« la Mer »*, *« la Loi »*, *« la Justice »*... : *« Tu peux tuer cet homme avec tranquillité. »*
Mais pour l'auteur du *Dernier Jour d'un condamné*, cette évidence ne va pas de soi. Si tout crime historique doit, à la manière du crime d'Œdipe, susciter longtemps après une autre sorte de peste historique qui en sera la punition, le monde ne peut aller que de cataclysme en cataclysme. Il faut donc trouver un châtiment qui sache mettre un terme à cette logique. En fait, selon Hugo, la peine capitale ne saurait être appliquée, pour deux raisons : l'une d'ordre métaphysique et l'autre d'ordre historique, qui restent profondément liées ; la seconde se déduisant de la première. Hugo rappelle d'abord à son lecteur un principe métaphysique : *« que la terre est à l'homme et que l'homme est*

à Dieu » (V, VIII), puis, en se fondant sur la mémoire d'événements récents, Hugo ravive le souvenir d'un symbole historique : la guillotine que « *Février avait prise et jetée à l'égout* ». Une fois ces deux principes formulés, il procède, à son habitude, par variations successives pour présenter tous les arguments qui s'opposent à la peine capitale. Parmi ceux-ci, trois sont déterminants. En premier lieu, mentionnant la Révolution française et la voie qu'elle avait ouverte vers l'Avenir et le Progrès, il prend une position plus critique pour parler de la Terreur, mal sans doute nécessaire mais que l'histoire humaine ne doit plus jamais connaître. La leçon apportée par le « *Titan quatrevingt-treize* » est non violente : « *Nous, grâce à toi, géant qui gagnas notre cause, / Fils de la liberté, nous savons autre chose* [...] */ Affirmons le progrès dans le châtiment même* » (*Nox*, VIII) ; « *la loi de mort est morte* » (VII, X). Le second argument concerne le mode d'exécution et sa valeur symbolique : l'échafaud, où sont montés Charlotte Corday, Mme Roland et Danton, s'est trouvé sanctifié par ces morts, on ne peut le souiller du sang des Magnan, Fould et Rouher qui ne sont que des bouffons. Enfin, le troisième argument est qu'il y a, selon Hugo, une certaine dignité à mourir sur l'échafaud, c'est une mort qui devient mémorable : « *L'échafaud est le lieu du triomphe sinistre,* [...] */ Qui fait tomber la tête et fait surgir le nom* » (VII, X). Or, ces coupables doivent d'abord être condamnés à l'oubli, à l'effacement. Montrés du doigt, flagellés par le verbe hugolien qui les expose au mépris, les comparses, acteurs d'une mascarade sinistre, devront retourner à leurs occupations anciennes : curateurs d'égout, ou cireurs de chaussures. L'important est qu'ils disparaissent, qu'ils fuient. Chassés à grands coups de bâton, ils regagneront leurs trous, s'y nourrissant de mépris et de honte, ou s'abîmeront dans les bagnes, boulet au pied, casaque sur le dos, soumis au fouet et à la chaîne.

LE POUVOIR DU VERBE

Le traitement réservé à l'Empereur est sensiblement différent et paraît d'ailleurs évoluer au fil du texte. Promis au carcan, au pilori, à la marque d'infamie au front et sur l'épaule, il doit rester vivant pour servir d'exemple : « *les piloris infâmes / Ont besoin d'être ornés parfois d'un empereur.* » Mais au fond, point n'est besoin d'une mise en œuvre physique du châtiment, car le poète est là : « *C'est un esprit vengeur qui passe, / Chassant devant lui les démons* » (I, XI). Son propos est un fouet, un pilori : « [...] *j'entrerai chez ce Corse / Et chez cet inhumain / Secouant mon vers sombre* [...] */ Et le fouet à la main* [...] */ J'écraserai du pied, l'antre et la bête fauve / L'empire et l'empereur* » (II, VII).
L'arme véritable est donc le verbe hugolien, c'est lui qui torture métaphoriquement (« *Je les tiens dans mon vers comme dans un étau* ») et qui, au sens propre, voue le criminel au sort de Caïn ou du Juif errant. Désigné par le texte à la vindicte de l'humanité, « *reconnu par les loups* », il est voué à l'errance solitaire, au remords qui torture, « *rejeté par la*

mort », « *il appartient à Dieu* ». Il ne faudrait toutefois pas se tromper et voir en Hugo un humanitariste bêlant. S'il rejette la peine de mort en matière de crime politique, il n'exclut nullement la perspective d'un soulèvement populaire. Il ne prétend pas s'y substituer et l'appelle au contraire de ses vœux lorsqu'il écrit : « *Prêts, quand Dieu fera signe à donner notre vie ;* [...] */ Oui, nous appellerons, jusqu'au dernier soupir,* [...] */ Comme nos grands aïeux, l'insurrection sainte* » (VI, XI).

UNE PEINE EXEMPLAIRE

Sans doute le sang coulera-t-il encore et le droit à l'insurrection, prévu par la Constitution de 1793, devra-t-il faire son œuvre. Mais, au-delà des événements, du point de vue de la seule Justice, le châtiment réservé ici à Napoléon III se veut précisément exemplaire. Il doit par sa nature même témoigner qu'il existe une espèce d'hommes absolument différente des brutes qui ont fait le coup d'État : une autre façon de vivre et de penser, qui n'a plus rien de commun avec les forces de mort et de mensonge qui ont usurpé l'autorité et conquis le pouvoir par le crime. Le refus d'administrer la peine capitale et l'idée d'un châtiment moral, exercé par la seule puissance du verbe poétique, sont à comprendre comme les premières expressions d'un retour au Progrès, le premier pas vers l'Avenir, la condition présupposée d'une réconciliation du genre humain avec lui-même.

Châtiments n'est pas seulement un texte qui exprime l'opposition résolue d'un homme (« *et s'il n'en reste qu'un je serai celui-là* »), c'est une œuvre qui se prête à une sorte d'appropriation de la parole vengeresse par tous. Elle contient des slogans, des formules, des chansons, dont la seule expression pourra, en devenant unanime, suffire à la sanction : c'est un cri de dénonciation par lequel le peuple et la nation pourront, le moment venu, tout à la fois se débarrasser de l'usurpateur et le punir de ses crimes. Dans sa forme lapidaire de *Châtiments*, le titre de l'œuvre, privé de son article, se présente comme l'affirmation d'un acte performatif.

LE COMPLOT

•

Le coup d'État, tel que Hugo le présente dans *Châtiments*, apparaît comme un complot. Ourdi de longue main, il aurait mûri depuis l'élection à la présidence de 1848. Comme tout complot, il met en jeu des éléments secrets, une mécanique, une date, des complices et des comparses. Dans le cas présent, Hugo va même jusqu'à affirmer que les victimes avaient été choisies à l'avance.

C'est dans le secret d'une relation avec ceux qui étaient ses plus proches collaborateurs, en particulier son demi-frère Morny, que Louis Napoléon a mis au point son projet. La date a été mûrement méditée : *« C'est la date choisie au fond de ta pensée »* (*Nox*, I). Le texte insiste en outre sur l'image de l'ombre qui dissimule les conspirateurs-bandits, d'autant que la nuit du guet-apens est une des plus longues de l'année, qu'elle est brumeuse. Les placards ont été posés sur les murs alors que la population, confiante, dormait. Donc celui qui se nomme lui-même « *Guet-apens* » (II, VII, 3) impose au matin un fait accompli : *« Éclairant leur affiche infâme au coin des rues / Et le lâche armement de ces filous hardis, / Le jour parut. La nuit complice des bandits / Prit la fuite* [...]. »

Cette tromperie, ce complot, cette traîtrise, Hugo les assimile à l'autre grande nuit tragique de notre histoire : celle de la Saint-Barthélemy où les protestants s'étaient rendus en foule à Paris, au mariage d'Henri de Navarre. Il s'agissait d'un leurre ; on les avait rassemblés pour les tuer en masse, pendant la nuit du 24 août 1572. Ainsi trouvons-nous dans le livre I, poème V : *« Les Saint-Barthélemy sont encore possibles. / Paris dort, comme au temps de Charles de Valois. »* Le complot de Louis Napoléon offre toutes les caractéristiques du genre, et Hugo le replace parmi les épisodes sanglants et honteux de l'histoire de France.

LES MASSACRES

•

• Dans l'œuvre : programmés avant le coup d'État, les massacres étaient destinés à anticiper sur toute velléité de résistance pour terrifier la population.

Les fusillades n'occupent que peu de place dans le texte ; elles sont rapidement évoquées dans *Nox* par une succession d'ordres exécutés immédiatement et non commentés : « *Frappez* », « *tuez* », « *soldats mitraillez-moi toute cette canaille !* », « *Feu ! feu !* », « *Que sur les boulevards le sang coule en rivières !* » Les massacres sont en outre caractérisés par l'absence de discernement des assassins. La troupe a tué à l'aveuglette, sans distinction d'âge ou de sexe (on tue d'ailleurs plutôt les femmes et les enfants d'abord), ni de classe sociale, le seul objectif étant de tuer en frappant tous les secteurs de la société : « *Tous, l'homme du faubourg qui jamais ne recule, / Le riche à la main blanche et le pauvre au bras fort* » (*Nox*, V). Surgit alors avec violence l'idée de

l'innocence des victimes qu'exprime avec une force particulière le propos de la grand-mère de l'enfant assassiné rue Tiquetone : *« Pourquoi l'a-t-on tué ? je veux qu'on me l'explique »* (II, III).
Il ressort de tout cela un sentiment de surprise absolue. Ces êtres ont été fauchés à l'improviste. Aussi, Hugo s'efforce-t-il de restituer des pans de vie de ces inconnus en nous les montrant vivants, absorbés dans des idées, des tâches ou des préoccupations quotidiennes : *« Vous alliez, vous veniez en foule dans les rues, / [...] / Tous, marchant au hasard, souffrant les mêmes peines, / [...] / Vous aimiez, vous aviez le cœur lié de chaînes »* (I, IV).
Parmi les évocations d'activités quotidiennes, il est un détail plus poignant que les autres dans sa simplicité, c'est celui qui concerne les activités ludiques de l'enfant de sept ans : *« Il avait dans sa poche une toupie en buis »* (II, III). Puis, et c'est là que l'art hugolien montre son efficacité dans la retenue, ce sont les images de cadavres qui se déploient en autant de visions d'horreur non commentées. D'abord celles des blessures : *« Les morts, sabrés, hachés, broyés par le canon, / [...] / Ils étaient là, sanglants, froids, la bouche entr'ouverte »* (*Nox*, V) ; *« On pouvait mettre un doigt dans les trous de ses plaies. / [...] Son crâne était ouvert comme un bois qui se fend »* (II, III). Enfin vient l'image des corps auxquels la mort a donné une dignité monstrueuse ou spectrale, comme ceux qui *« Étaient ensevelis la tête hors de terre »*, et qui côtoient *« La belle jeune fille aux lèvres violettes »* (*Nox*, V). En contrepoint, et pour ce d'autant plus ignoble, sont montrés les massacreurs, ivres de vin, de sang et d'honneurs qui ont pris plaisir à tout cela : *« Les vainqueurs en hurlant dansent sur les décombres. / [...] / Les généraux dorés galopent triomphant, / Regardés par les morts tombés à la renverse »* (*Nox*, II).
Le thème du « massacre » est donc particulièrement riche, au sens où il met en jeu morale et politique à travers des évocations fortement visuelles, largement chargées d'émotions.

• **Rapprochements** : c'est surtout dans les textes des écrivains du XVIe siècle évoquant les guerres de Religion et les guerres civiles que l'on rencontre une thématique du massacre se rapprochant de celle de Hugo ; d'une part dans les *Discours des misères de ce temps* de Ronsard (1562-1563), d'autre part dans *Les Tragiques* d'Agrippa d'Aubigné (1616). Ces scènes trouveront un écho dans *L'Année terrible* (1872) où Hugo évoque la guerre de 1870 et la Commune. Sans doute peut-on aussi sentir, dans certaines images tragiques, l'influence de scènes d'insurrection et de répression peintes par Goya (*Dos de Mayo*, *Tres de Mayo*, etc.) ? Dans le domaine des arts plastiques, certains poèmes des *Châtiments*, comme *Souvenir de la nuit du 4*, suscitèrent à leur tour des œuvres picturales chez des artistes comme Pierre Langlois, Henri Gerveix et Paul Robert dont les toiles furent exposées au Salon de 1880.

LA SOCIÉTÉ À L'ENVERS

•

Si le Second Empire est condamnable, c'est qu'il doit son existence à un coup de force, mais cette origine criminelle et perverse du pouvoir implique, au-delà de la violence physique, une inversion de toutes les normes de la société.

Dans le monde du Second Empire tout est faux, à commencer par l'Empereur, gueux et bâtard : il n'a aucun titre à hériter des monarques de l'Ancien Régime, mais rien ne l'autorise non plus à se proclamer héritier de l'Empire. Double usurpateur, il usurpe le droit divin et la légende, il fait entrer Robert Macaire au Panthéon. Ainsi, toutes valeurs renversées, l'Empereur s'entoure de malfrats et de monstres. L'évocation du personnel impérial tient de la tératologie : si l'Empereur est nain, ses ministres sortent de *« bocaux d'anatomie »*, sont obèses comme Falstaff ou diaboliques comme Vautrin. Le luxe n'est que paillettes et l'Empereur en ruolz. *Napoléon-le-Petit* joue l'épopée sur le mode bouffon. Mais pour peu qu'on veuille sortir du faux pour savoir le vrai, ce n'est ni le Louvre, ni Saint-Cloud qu'il faut visiter, mais l'égout, non le dessus mais le dessous. Le mensonge conduit à l'abjection, morale quand elle fait condamner dévouement et abnégation par les *« commissions mixtes »*, plus prosaïque lorsqu'elle permet aux courtisans de se vautrer dans l'orgie. Aux démocrates, à ceux qui cherchent le vérité, que reste-t-il comme seul refuge ? La prison ou l'exil.

Si tout est renversé, honte et chagrin deviennent les ultimes valeurs. Ainsi, le poète peut-il écrire à propos de ses deux fils emprisonnés : *« Mes fils, soyez contents, l'honneur est où vous êtes* [...]. *»* L'honneur et le bonheur sont ailleurs, ce qui permet à Hugo de dire : *« Je t'aime exil, douleur je t'aime* [...]. *»* Si le jour s'est inversé en nuit, le bien en mal et le vrai en faux, c'est à la faveur d'une éclipse du sens qui peut être longue mais qui ne sera pas éternelle. À l'écart de ce cataclysme, le poète reste garant des chances d'un renversement qui reconstituera un monde réconcilié où les vraies valeurs pourront s'affirmer plus hautement qu'auparavant.

LA RELIGION TRAHIE

•

• **Dans l'œuvre** : croyant, Hugo l'est sans aucun doute, et c'est probablement pour cette raison qu'il dénonce si violemment le rôle du clergé, des cléricaux et autres dévots dans la mise en place et la reconnaissance du régime impérial. Faisant fi du dogme et de la morale, l'Église et ses comparses dévoient la religion vers des fins temporelles et criminelles. Hugo désigne d'abord des personnalités : l'archevêque de Paris, Mgr Sibour, qui bénit le coup d'État lors du « Te Deum *du 1er janvier 1852* ». Cardinal de fraîche date, il nourrit d'autres ambitions et sera effectivement bientôt nommé sénateur. Il apparaît comme le

chef de file d'un clergé qui se vend en échange d'argent et de dignités. Ainsi, bénédictions, sacrements et offices constituent-ils autant de sacrilèges car, dévoyés, ils sont devenus la monnaie d'échange de ces nouveaux Judas : *« Pour boire du bon vin, assis près d'un bon feu, /* [...] */ Ils vendent Jésus-Christ ! ils vendent Jésus-Christ ! »* (I, VIII).
C'est le règne de la prévarication. Le sacrilège atteint d'ailleurs un point ultime lors de la célébration de cette messe où le sang des victimes emplit le ciboire et où Jésus est supplicié une nouvelle fois : *« Sur une croix dressée au fond du sanctuaire / Jésus avait été cloué pour qu'il restât »* (*Nox*, VI). Si la responsabilité de l'Église et sa faute sont les plus condamnables, d'autres individus sont stigmatisés par Hugo tels Louis Veuillot, journaliste clérical, converti pour faire carrière. Lâche, haineux, menteur et hypocrite, Hugo le désigne comme l'éternel Tartuffe, débauché dans l'ombre, saint homme au grand jour. Sa publication, comme celles de tous les *Journalistes de robe courte*, distille du venin en guise de bonne parole, pour la délectation des douairières et des dévots. Le poète les montre laids, répugnants, bruyants, querelleurs et têtes à claques (*« Dieu prédestine* [...] / [...] */ Vos faces aux larges soufflets »*, IV, IV), perdus dans les disputes byzantines dont leurs gazettes sont pleines. Certains opportunistes, croyant sentir le vent tourner, tentent, comme Montalembert, de prendre des distances par rapport au pouvoir, mais pour eux point d'excuse, ils resteront cloués au pilori. Plus dangereux, plus puissants, plus cachés, les pires ennemis sont, comme l'affirmait déjà Voltaire, les jésuites. Ils ont étendu leur main sur toute l'Europe, ont présidé à la chute de toutes les républiques ; leur objectif est de régner sur le monde de manière occulte. Chassés, ils parviennent toujours à revenir. Et tous ceux-là se disent membres de l'Église et gens de bien. Ces portraits au vitriol prennent un relief particulier à l'éclairage de quelques évocations sublimes telles que celle du missionnaire martyr (I, VIII), prêtre comme on doit l'être, qui a vécu la lettre de la Bible jusqu'au don total de soi. Hugo le dresse devant la trahison généralisée, non comme modèle mais comme reproche, comme figure de proue de la véritable Église que constituent ceux qui sont restés fidèles à eux-mêmes et à leur humanité, tels Pauline Roland, les prisonniers et les proscrits. La religion, au sens où l'entend Hugo, est dans les actes, la foi en l'homme, en l'Avenir et en Dieu.

• **Rapprochements** : c'est chez Voltaire, dans le *Dictionnaire philosophique* ou dans *Candide*, que l'on peut trouver une critique de l'Église montrée comme institution tournée vers le profit et mêlée de trop près à la politique. La dénonciation des jésuites est largement partagée par les deux auteurs. Il faut noter toutefois que l'anticléricalisme de Victor Hugo est moins radical, plus social que celui de Voltaire.

L'ÉGOUT

•

Dans son évocation du monde contemporain, Hugo montre de toutes les façons ce qu'est l'abjection du présent. Mais parmi les images employées, il en est une qui revêt un caractère obsédant, c'est celle de « l'égout », parce que l'égout est partout. Il existe à vrai dire deux univers qui se superposent : celui du dessous et celui du dessus. À l'exemple de la *Cloaca Maxima*, égout de Rome dont les ramifications s'étendaient sous toute la ville, l'égout hugolien *« s'étend dans tous les sens »*. Que la surface soit belle et pure ou hideuse et corrompue, c'est sur « l'égout » qu'elle repose ; il y a quelque chose de vertigineux dans cette conception de l'égout, support universel du monde. Le thème de l'égout est d'abord lié au Second Empire ; il en est la véritable image. C'est de lui que sont issus les acteurs et les idées, et c'est là qu'ils sont destinés à retourner, à moins que, comme Louis Napoléon, leur ignominie n'atteigne un degré tel qu'elle ne dépasse celui de l'égout. Envers du monde d'en haut, il voit voler les chauves-souris en lieu de colombes. Il est habité d'une faune qui se caractérise par le dégoût qu'elle inspire généralement à l'homme : crapauds, serpents, rats et araignées y pullulent, à côté d'êtres improbables et fantastiques tels les hydres, *« les hommes requins »* et *« les hommes pourceaux »*. Comme l'a montré Bachelard, dans l'imaginaire, le monde du visqueux, de la putréfaction humide provoque une répulsion plus forte que l'évocation de la saleté sèche, du détritus ou de la poussière. Et c'est bien dans un univers de décomposition organique que nous entraîne Hugo. Mais de même que l'horreur du Second Empire était présentée comme dépassant toutes les limites, l'égout est le lieu de l'innommable. Outre la complexité de ses réseaux, il est caractérisé par son obscurité, la toxicité de ses émanations et surtout le caractère *« informe »*, non identifiable des êtres et des objets qui s'y trouvent (*« chiens crevés ou Césars pourris »*). Comme une immense fosse commune, il est le lieu de l'oubli, les noms s'y perdent pour jamais. Non content de digérer les identités, il absorbe les formes, toutes les sortes de spécifications, en une indétermination monstrueuse qui suscite la peur et la répulsion. Il est aussi, à l'instar de l'Empire, le déversoir de toutes les déjections : celui du *« lavabo des pâles courtisanes »*, comme des vomissures de Trimalcion. Il assume donc une fonction de purgation. Ainsi, lorsque Hugo affirme à propos de l'Empire : *« L'histoire a pour égout des temps comme les nôtres »*, il semble qu'il évoque déjà un avenir possible. Maladie de l'histoire, l'Empire est un abcès de fixation. Résurgence de l'égout, il devrait finir par y entraîner avec lui toutes les horreurs du monde dans une sorte d'enfer nocturne qui se refermerait un jour définitivement, engloutissant l'abject pour laisser place au Progrès.

NAPOLÉON III, CARICATURE DE SON ONCLE

•

• **Dans l'œuvre** : chacun sait que Napoléon Ier était un homme petit mais un grand homme ; le neveu, lui, se contentait d'une taille moyenne mais pour le reste il en était de même : rien qui soit digne de rester dans l'histoire. Il se tailla donc une illustration mimétique et caricaturale : chat-huant quand l'oncle était aigle, il ne sut que contrefaire. Ainsi apparaît-il dans le texte comme *« singe »* ou *« perroquet »*. Nous retrouvons cette thématique dans la caricature de l'épopée de l'oncle par l'Empire, bouffon du neveu. L'idée récurrente est celle d'un *Napoléon-le-Grand* opposé à *Napoléon-le-Petit* (*cf.* le refrain : *« Petit, petit »*, VII, VI). Mais rien ne prête à rire dans ce renversement : en effet, le sublime devient ignoble, voire monstrueux.

• **Rapprochements** : parler de « caricature » à propos du rapport de Napoléon III à son oncle, force à constater que les inventions les plus riches furent spécifiquement hugoliennes, en particulier en ce qui concerne la fameuse formule *« Napoléon-le-Petit »*. Mais on peut toutefois ajouter qu'il y a interaction avec les œuvres de graphistes caricaturistes comme Daumier.

LES FEMMES

•

• **Dans l'œuvre** : elles sont absentes de l'évocation du coup d'État et de celle des massacres, sauf comme victimes ; tout juste peuvent-elles apparaître comme complices occasionnelles de la débauche et du gaspillage impérial. Dans l'ensemble, elles sont présentes comme figures éminemment positives. Mères et martyres (Pauline Roland), elles sont garantes d'un certain nombre de valeurs qui s'opposent à la barbarie, à l'intérêt brutal : courageuses devant les oppresseurs, elles savent aussi préserver la morale et la famille. Ainsi, pour épouvanter les tyrans, Hugo choisit-il d'interposer une figure qui est *« tantôt une vierge et tantôt une mère ! »*. Il y a donc dans *Les Châtiments* un féminisme latent ; les femmes y apparaissent du côté de la lumière et de la vie.

• **Rapprochements** : lorsque Hugo parle des femmes, il se réfère nommément à quelques grandes figures plus mythiques ou politiques que littéraires. Ses sources sont soit l'Ancien Testament pour des figures comme celles de Judith ou de la mère des Maccabées, soit le Nouveau Testament avec l'image de la Vierge (*Stella Matutina*). L'histoire romaine fournit aussi son lot d'héroïnes stoïques, de Cornélie, mère des Gracques, à Porcia ou Aria. Plus proches de nous, il évoque Jeanne d'Arc, puis les grandes figures martyres de la Révolution française : Charlotte Corday ou Mme Roland. De son temps, il retient le portrait de Pauline Roland et se constitue ainsi une sorte de Panthéon féminin.

LEXIQUE DES NOMS PROPRES

Aaron : frère de Moïse.

Abd el-Kader : émir d'Algérie (1807-1883) qui mena la guerre sainte contre les Français durant quinze ans (1832-1847) ; vaincu, il fut interné à Amboise. Louis Napoléon vint le voir en octobre 1852 pour lui annoncer sa libération.

Achille : héros d'Homère dans l'*Iliade*. Demi-dieu, fils de la Néréide Thétis et du roi des Myrmidons Pelée, d'une habileté au combat et d'un courage exceptionnels, il était invulnérable sauf au talon.

Agramant : chef des troupes qui assiègent Paris dans le *Roland furieux* de l'Arioste.

Aguesseau (comte d') : (1803-1889) ; descendant d'une illustre famille de juristes, avocat général en 1852.

Alaric : roi des Wisigoths (395-410), il pilla Rome en 410.

Alexandre VI : voir *Borgia*.

Alighieri : voir *Dante*.

Ali Pacha : tyran de Jannina (1740-1822) dont il est question dans *Les Orientales* de Victor Hugo. Sa mauvaise foi était notoire.

Amadis : dans les romans de chevalerie, modèle du parfait chevalier.

Ancône : ville italienne près de laquelle fut exécuté en 1852 Girolalmo Simoncelli. Il serait mort en criant « Vive l'Italie » et fut considéré par les libéraux comme un martyr de l'unité italienne.

Arad : ville où les forces autrichiennes et russes alliées écrasèrent la révolution hongroise en 1849. Voir *Sandor*.

Argout (comte d') : sénateur en 1852, son long nez inspira les caricaturistes, en particulier Daumier.

Aristide : général athénien (550-467 av. J.-C.) ; exilé en 482 av. J.-C. à l'instigation de son rival Thémistocle, rappelé lors de l'invasion perse, vainqueur de Platée en 479 av. J.-C.

Arria : elle se suicida devant son époux, un Romain dont la conspiration contre l'empereur Claude fut découverte, pour lui donner l'exemple.

Atropos : une des trois Parques dans la mythologie grecque.

Auguste : petit-neveu et fils adoptif de César (63 av. J.-C.-14 ap. J.-C.), connu d'abord sous le nom d'Octave. Fondateur de l'Empire, il réorganisa la société, les finances et le gouvernement. Les œuvres de Virgile, Horace, Ovide et Tite-Live illustrèrent son règne (ainsi parle-t-on du « siècle d'Auguste »).

Auriol : célèbre clown du cirque Franconi.

Babeuf (François Noël, dit Gracchus) : (1760-1797) ; publiciste communiste pendant la Révolution française.

Bancal : lieu de prostitution de Rodez où le magistrat d'Empire Antoine Fualdès fut assassiné en 1817.

Barabbas : agitateur politique gracié par Pilate à la place de Jésus, à la demande de la foule.

Baroche (Pierre) : après le coup d'État, vice-président de la Commission consultative puis président du Conseil d'État. Ennemi déclaré de Hugo – ce qui était parfaitement réciproque.

Basile : personnage d'ecclésiastique fourbe dans le théâtre de Beaumarchais.

Baskir : peuple de Russie orientale, fit partie des troupes qui occupèrent Paris en 1815.

Batteux : auteur d'un *Cours de belles-lettres* publié en 1750.

Batthyáni : homme politique hongrois (1806-1849), président du Conseil dans le premier ministère hongrois, en 1848, et fusillé par les Autrichiens.

Bauchard (Quentin-Bauchard) : député qui fit signer la déchéance de Louis Napoléon puis se rallia très rapidement et devint l'un des trois rapporteurs des Commissions mixtes.

Baudin (Victor) : médecin tué le 3 décembre 1851 sur la barricade du faubourg Saint-Antoine.

Bayard : (1475-1524) *Le chevalier sans peur et sans reproche*, compagnon de François Ier, modèle de droiture et de courage. Il mourut lors de la retraite de l'armée du Milanais.

Beauharnais (Hortense de) : reine de Hollande (1783-1837), fille de Joséphine de Beauharnais (première épouse de Napoléon Ier), elle fut contrainte à épouser Louis Bonaparte en 1802. Séparée de son mari, elle vivait au château de Saint-Leu où elle mit au monde le futur Napoléon III. Allusion à la bâtardise possible de Louis Napoléon.

Beauzée : auteur d'un *Dictionnaire de grammaire et de littérature* publié en 1789.

Berger : préfet de la Seine, il avait fêté le coup d'État de 1851 par un bal à l'Hôtel de Ville et offert un banquet aux officiers responsables de la fusillade des boulevards.

Bertrand : général de brigade chargé de réprimer la résistance au coup d'État de 1851, fils du général Henri-Gratien Bertrand, aide de camp de Napoléon Ier. Bertrand est aussi le nom du compagnon et complice de Robert Macaire ; Hugo joue parfois sur l'homonymie.

Béthulie : dans l'Ancien Testament, ville de Palestine que l'héroïne Judith délivra en tuant Holopherne, chef des assiégeants assyriens.

Billault : président de l'Assemblée en 1852, c'est lui qui présenta à Louis Napoléon les résultats du plébiscite rétablissant l'Empire.

Blidah (Blida) : ville d'Algérie où étaient envoyés les prisonniers déportés.

Blücher : maréchal prussien (1742-1819). Voir *Grouchy*.

Bobèche : pitre célèbre sous l'Empire et la Restauration.

Boissy d'Anglas (François, comte de) : (1756-1826) ; sous sa présidence, la Convention fut envahie par des émeutiers qui s'apaisèrent devant la dignité de son attitude.

Bomba : sobriquet de Ferdinand II (1830-1859), roi des Deux-Siciles, après qu'il eut fait bombarder Palerme et Messine en 1848.

Bône : ville d'Algérie où furent déportés certains prisonniers opposants au régime.

Borgia : pape sous le nom d'Alexandre VI, débauché. Il se débarrassait de ses ennemis en les empoisonnant.

Boustrapa : sobriquet donné à Napoléon III, obtenu en assemblant les premières syllabes de Boulogne, Strasbourg, Paris, lieux des trois tentatives de prise du pouvoir.

Bragance : famille régnante au Portugal.

Brébant : restaurant connu des Grands Boulevards.

Briarée : géant doté de cinquante têtes et de cent bras dans la mythologie grecque, fils du Ciel Ouranos et de la Terre Gaïa. Il fut puni pour s'être révolté contre les dieux.

Bridoison : juge ridicule dans *Le Mariage de Figaro* de Beaumarchais.

Brisse : le baron Brisse, gastronome fameux des années 1850-1860.

Brutus : l'histoire romaine fait mention de deux Brutus. Le premier, héros semi-légendaire, chassa les Tarquins, derniers monarques de Rome, et fonda la République (509 av. J.-C.). Le second, neveu de Caton d'Utique, prit part avec Cassius à la conspiration contre César, son père adoptif, et participa à l'assassinat de celui-ci en 44 av. J.-C.

Buol : ministre des Affaires étrangères autrichien (1852-1859), responsable de la répression en Italie et en Hongrie.

Caïphe : grand prêtre des Juifs qui présidait le sanhédrin lors de la condamnation à mort de Jésus.

Caïus (Caïus Caligula) : empereur romain du Ier siècle ap. J.-C., frère d'Agrippine, successeur de Tibère, tyran sanguinaire, il mourut assassiné.

Calliope : muse de la Poésie héroïque.

Cambyse : roi de Perse de 530 à 522 av. J.-C. Il fit écarteler un juge corrompu ; sa peau servit de siège et d'avertis-sement à son successeur.

Canidies : sorcières des *Satires* et *Épîtres* du poète latin Horace.

Canrobert : (1809-1895) ; général favorable à l'Empire mais dont le nom n'est cité ici qu'en raison du calembour qu'il permet : « *Can-Robert-Macaire* ».

Caprée : Capri, île du golfe de Naples où Tibère passa les dernières années de son règne.

Carlier : préfet de police de 1849 à 1851, conseiller d'État à partir de 1852.

Carrelet : général de division, il commandait les brigades responsables des massacres du 4 décembre 1851, du boulevard Poissonnière à la rue de la Paix.

Cartouche (Louis-Dominique Bourguignon, dit) : célèbre bandit parisien (1693-1721), roué vif en place de Grève en 1721.

Castaing : guillotiné en décembre 1823 pour un double crime crapuleux.

Caulaincourt : frère du duc de Vicence, tué à la bataille de la Moskowa.

Cayenne : bagne situé en Guyane française.

Chaldée : terme ancien désignant le pays de Sumer et la basse Mésopotamie.

Chambord (Henri de Bourbon, duc de Bordeaux, comte de) : (1820-1883) ; fils posthume du duc de Berry, petit-fils de Charles X, prétendant légitimiste au trône.

Chanaan : Canaan, la Terre promise des Hébreux.

Chapuys : voir *Montlaville-Chapuis*.

Changarnier : général légitimiste soupçonné de préparer une restauration ; expulsé lors du coup d'État de 1851.

Charles de Valois : Charles IX, roi de France au moment de la Saint-Barthélemy.

Charles IX : voir *Charles de Valois*.

Charlet : ouvrier de Bugey accusé du meurtre d'un douanier lors de la résistance au coup d'État de 1851 ; guillotiné en 1852.

Chénier (André) : poète français (1762-1794) ; partisan de la Révolution, il en condamna ensuite les excès ; arrêté, il fut guillotiné en 1794.

Chéréas : assassina l'empereur Caligula dans un souterrain du palais en 41 ap. J.-C.

Chevet : célèbre restaurateur du Palais Royal.

Chrysés : la sonorité de son nom évoque l'or en grec.

Cirasse : guillotiné en 1852 pour le meurtre d'un vieillard qui refusait de lui livrer des armes.

Clamar(t) : cimetière autrefois réservé aux condamnés à mort.

Claude : voir *Messaline*.

Clichy : prison de la région parisienne.

Cœur (Jacques) : (1395-1456) ; grand argentier (ministre des Finances) du roi Charles VII.

Commode : empereur romain, cruel et débauché, fils et successeur de Marc-Aurèle.

Contrafatto : prêtre injustement condamné aux travaux forcés ; son avocat réussit à le faire libérer.

Cornélie : mère des Gracques, héros nationaux et populaires à Rome au IIe siècle av. J.-C.

Coutras : à Coutras, Henri de Navarre défit les troupes catholiques du duc de Joyeuse en 1587.

Crispin : valet fourbe du théâtre comique.

Cucheval : journaliste qui s'était rangé du côté de l'Empire.

Cuisinier : guillotiné en 1852 pour le meurtre d'un gendarme.

Curtius : propriétaire d'un cabinet de figures de cire, installé au Palais-Royal puis sur les boulevards, qui s'appelait *La Caverne des Voleurs*.

Cyrus : roi de Perse au VIe siècle av. J.-C., il aurait conçu « *une monar-*

chie universelle doublée d'un syncrétisme religieux où tous les hommes seraient frères dans les limites d'une royauté paternaliste » (*cf.* J. Massin).

Damiette : ville d'Égypte conquise par Louis IX en 1249 ; fait prisonnier, il dut la restituer l'année suivante pour payer sa rançon.

Dampierre (marquis de) : commandant l'armée de Belgique, il fut tué devant Condé en 1793 et enterré non loin de là. La Convention lui avait accordé les honneurs du Panthéon, mais il ne fut exhumé qu'en 1836.

Dante (Alighieri) : grand poète italien (1265-1321), auteur de *La Divine Comédie*, proscrit comme Hugo pour des raisons politiques.

Daumier (Honoré) : caricaturiste célèbre (1808-1879).

Delangle : procureur général de la Cour de cassation en janvier 1852.

Desaix : officier d'Ancien Régime rallié à la Révolution puis à l'Empire.

Desrues : empoisonneur du XVIIIe siècle.

Deutz : traître qui livra la duchesse de Berry à la police en 1832.

Dombidau : ministre de l'Instruction publique en 1851.

Dracon : législateur athénien du VIIe siècle av. J.-C. Il édicta des lois qui ont une réputation d'excessive sévérité.

Drouyn (Drouyn de Lhuys) : ministre des Affaires étrangères depuis 1852, partisan de l'alliance autrichienne.

Ducos (Théodore) : ministre de la Marine en 1850 puis de 1851 à 1855, né à Bordeaux.

Dulac : général de brigade, il partage avec Reybell la responsabilité de la fusillade des boulevards du 4 décembre 1851.

Dupin : ancien avocat, défenseur du maréchal Ney et de Béranger ; président de l'Assemblée législative en 1848, il n'opposa pas de résistance au coup d'État.

Duroc : aide de camp de Bonaparte, nommé maréchal du palais en 1804, il mourut en 1813 à Mackersdorf et non à Reichenbach.

Dussoubs (Denis) : son frère, Gaston Dussoubs, député de Haute-Vienne, étant malade, il porta en son nom l'écharpe de représentant du peuple sur la barricade du Petit-Carreau ; il y fut tué dans la nuit du 4 au 5 décembre 1851.

Éaque : voir *Minos*.

Eglinton (Lord) : compagnon de plaisir de Louis Napoléon à Londres, amateur de chevaux.

Épicure : philosophe grec (341-270 av. J.-C.) auteur du traité *De la nature*.

Epsom : célèbre champ de courses anglais.

Escobar : casuiste jésuite connu pour avoir été pris à parti par Pascal dans *Les Provinciales*.

Espinasse : colonel chargé le 2 décembre 1851 du contrôle de l'Assemblée législative ; ultérieurement ministre de l'Intérieur.

Ettenheim : ville du grand-duché de Base où fut enlevé le duc d'Enghien. Hugo, à Bruxelles, craignait qu'on ne l'enlevât.

Ezzelin : famille gibeline de podestats italiens particulièrement tyranniques ; le plus terrible, Ezzelin IV, reçut le surnom de *Féroce*. La famille disparut, massacrée en 1260.

Faider : homme politique belge, connu pour la loi qui porte son nom. Promulguée en Belgique (déc. 1852), elle interdisait toute publication considérée comme insultante pour un chef d'État étranger.

Falstaff : capitaine anglais dont Shakespeare fait un personnage débauché, cynique et grotesque dans *Henri IV* et *Les Joyeuses Commères de Windsor*.

Faustin : voir *Soulouque*.

Fialin : homme de main de Louis Napoléon pour les tentatives de Strasbourg, de Boulogne et lors du coup d'État ; ministre de l'Intérieur en 1852.

Flicoteaux : petit restaurant d'étudiants situé place de la Sorbonne.

Florival : nom de théâtre de Saint-Arnaud dans sa jeunesse.

Forey (Élie) : il avait été nommé général de division en récompense de l'énergie qu'il avait dépensée lors des massacres de décembre 1851. Jeu de mots sur son nom : la forêt de Bondy était un repaire de brigands.

Fortoul (Hippolyte) : ministre de l'Instruction publique lors du coup d'État de 1851.

Foucault (vicomte de Foucault-Montalembert) : colonel de la gendarmerie royale de Paris, il fut chargé d'expulser de la Chambre l'orateur libéral Manuel au cours du débat sur la guerre d'Espagne en 1823.

Fould (Achille) : banquier, ministre des Finances en 1849 et, de façon presque continue, jusqu'à sa mort en 1867.

Franconi : célèbre écuyer fondateur de l'Hippodrome, il dressait les chevaux de l'écurie impériale.

Frélon : erreur typographique pour *Fréron*. Fréron était un critique littéraire, adversaire de Voltaire et des encyclopédistes.

Frochot (comte de) : (1761-1828) ; préfet de la Seine en 1800, comblé d'honneurs par Napoléon Ier, il passa ensuite au service des Bourbons. Son comportement fut comparable à celui de Berger.

Fulton (Robert) : il construisit en 1803 le premier navire à vapeur.

Galvani (Luigi) : médecin et physicien italien (1737-1798) connu pour ses découvertes dans le domaine de l'électricité.

Garat : Garat père, directeur de la Banque de 1800 à 1830, ou Garat fils, secrétaire du gouvernement de la Banque de 1830 à 1842 et secrétaire général de 1842 à 1848. Les grosses coupures de la Banque de France portaient leur signature.

Gessler : bailli, représentant de l'empereur d'Autriche. Voir *Guillaume Tell*.

Gil Blas : héros du roman picaresque de Lesage, *Histoire de Gil Blas de Santillane*.

Giulay : ministre de la Guerre autrichien en 1849-1850.

Gousset : archevêque de Reims, nommé cardinal en 1851.

Grand-Combe : mine de houille et de fer dans le Gard dont les actions montaient comme celles de la mine de zinc de la Vieille Montagne.

Grouchy : (1766-1847) ; maréchal de France, général de Napoléon Ier ; chargé à la bataille de Waterloo de poursuivre les Prussiens de Blücher, il ne sut pas les empêcher de rejoindre les Anglais de Wellington – ce qui détermina probablement la défaite.

Guelma : ville d'Algérie orientale, lieu de déportation des prisonniers.

Guillaume Tell : héros (fin du XIIIe siècle) de l'indépendance suisse, il finit par tuer le bailli habsbourgeois Gessler qui l'avait contraint à tirer sur une pomme placée sur la tête de son propre fils.

Guyane : voir *Cayenne*.

Ham : forteresse où Louis Napoléon avait été incarcéré après sa tentative de débarquement à Boulogne ; il s'en était évadé en mai 1846.

Harmodius : meurtrier avec Aristogiton du tyran athénien Hipparque, fils de Pisistrate, au VIe siècle av. J.-C.

Hautpoul (Henri d') : (1789-1865) ; général, dignitaire de l'Empire, obèse.

Haynau : chef d'état-major de Radetzky, il réprima durement l'insurrection piémontaise de 1848.

Héliogabale : (204-222) ; empereur romain, grand prêtre du Soleil, célèbre pour ses innombrables vices.

Henri VIII : il fit décapiter son grand chancelier Thomas More, lorsque celui-ci refusa de lui obéir après son abjuration du catholicisme.

Hoche (Lazare) : général français (1768-1797) ; commandant de l'armée de Moselle en 1793, pacificateur de la Vendée en 1794-1796, il commanda l'armée de Sambre et Meuse. Il meurt en 1797.

Hoffmann (Ernst Theodor Wilhelm) : écrivain et compositeur romantique allemand (1776-1822). Dans son imaginaire, le Diable occupe une place importante (voir son roman *Les Élixirs du Diable*).

Horeb : autre nom du Sinaï.

Hortense : voir *Beauharnais*.

Houdin : prestidigitateur.

Hudson Lowe (sir) : (1769-1844) ; général britannique, gouverneur de Sainte-Hélène et geôlier de Napoléon Ier après sa chute.

Hullin : en fait, Hulin (Pierre, comte) ; général français (1758-1841), il dispersa les membres du Conseil des Cinq-Cents au 18 Brumaire, comme le colonel Espinasse dispersa les députés de l'Assemblée législative, le 2 décembre 1851.

Huss : en fait, Hus (Jan) ; prêtre de Bohême (1373-1415), précurseur de la Réforme. Figure de héros national, il s'éleva contre l'antipape Jean XXIII. Excommunié, il fut brûlé vif.

Hymette : montagne de Grèce réputée pour la qualité du miel qu'y produisent les abeilles.

Ignace : voir *Loyola*.

Iris : messagère des dieux.

Iscariote : voir *Judas*.

Isis : empruntée par les Grecs aux Égyptiens comme déesse de la Terre.

Iturbide (Agustin de) : empereur du Mexique fusillé par les républicains en 1824.

Jacquart (Joseph Marie) : (1752-1834) ; inventeur du métier à tisser à cartes perforées.

Jean l'Écorcheur : voir *Schinderhannes*.

Jéhova : nom de Dieu dans la Bible. Transformation du tétragramme sacré : YHWH, pour éviter de prononcer le nom sacré.

Josué : successeur de Moïse à la tête des Hébreux, il les fit entrer dans la Terre promise. La ville de Jéricho résistait, Josué et son peuple firent sept fois le tour des murailles qui s'écroulèrent alors au son des trompettes.

Joubert (Barthélemy) : général de la République, mort au champ d'honneur.

Judas (Iscariote) : traître qui vendit Jésus pour 30 deniers.

Juvénal : grand poète satirique latin du Ier siècle. Il critiqua violemment les mœurs de son époque.

Korte : un des généraux du 2 décembre 1851 et de la fusillade du 4.

Lacenaire : voleur et assassin exécuté en 1836. Il laissa des poèmes et des *Mémoires* exprimant sa haine pour la société.

Lagide : Cléopâtre, descendante de Lagos, fondateur de la dynastie des Ptolémées.

Lahire : La Hire ; compagnon d'armes de Jeanne d'Arc.

Lambessa : bagne français en Algérie.

Lannes (Jean, duc de Montebello) : maréchal de France (1769-1809), il favorisa le coup d'État du 18 Brumaire et fut mortellement blessé à la bataille d'Essling.

Lasalle (Antoine, comte de) : général français (1775-1809) tué lors de la bataille de Wagram.

Laubardemont : (1590-1653) ; magistrat aux ordres de Richelieu, il fit condamner Urbain Grandier, Cinq-Mars et de Thou.

Lautrec : (1485-1528) ; officier de François Ier chassé pour sa cruauté.

Lebœuf : en fait, Lebeuf ; adversaire de Hugo à l'Assemblée législative, sénateur en 1852.

Leroy : voir *Saint-Arnaud*.

Lola : Lola Montès, maîtresse du roi de Bavière Louis Ier, elle obtint qu'il chassât les jésuites de son royaume.

Louvel (Louis) : il assassina le duc de Berry (fils de Charles X) en 1820.

Loyola (Ignace de) : fondateur et premier général de la Compagnie de Jésus en 1540 ; canonisé en 1622.

Lycurgue : personnage légendaire (vers le IXe siècle av. J.-C.), il aurait donné à

Sparte des lois remarquables par leur sévérité.

Mabile : nom d'un bal élégant ouvert en 1840.

Macaire (Robert) : héros voleur et assassin du mélodrame *L'Auberge des Adrets* de Benjamin Antier et Saint-Amand ; l'acteur Frédérick Lemaître et le caricaturiste Honoré Daumier le rendirent célèbre.

Macchabées : sept jeunes hébreux du IIe siècle av. J.-C. qu'un roi de Syrie voulut contraindre à renier leur foi. Ils refusèrent et furent suppliciés devant leur mère qui les exhortait au courage.

Machiavel (Nicolas) : homme politique et écrivain florentin (1469-1527), il prônait le pragmatisme dans le domaine politique.

Magnan : général commandant la garnison de Paris en 1851, il fut nommé maréchal le jour même du coup d'État. Criblé de dettes, il se serait vendu à Napoléon III, échappant ainsi à la prison pour dettes.

Magne : ministre des Travaux publics (1852) puis des Finances.

Mahmoud : Mahmud II (1785-1839) ; sultan turc au moment du soulèvement grec (1820), il s'était rendu célèbre par ses cruautés.

Mahomet : Mahomet II ; il s'empara de Constantinople en 1453.

Maistre (comte Joseph de) : écrivain antirévolutionnaire (1753-1821), défenseur du roi et du pape.

Mandrin (Louis) : chef de bande, il animait la résistance paysanne contre les fermiers généraux. Il fut exécuté en 1755. Hugo utilise son nom comme celui d'un bandit.

Manuel : député républicain qui provoqua un scandale à la Chambre en 1823 en rappelant que l'intervention étrangère avait provoqué l'exécution de Louis XVI.

Marceau (François) : général de la République, mort au champ d'honneur (bataille d'Altenkirchen, 1796).

Maret (Hugues, duc de Bassano) : ministre des Affaires étrangères en 1811. Sa parenté avec Fould reste vague, toutefois, il avait la réputation d'être un homme intéressé. Son fils était sénateur en 1852.

Mastaï : le pape Pie IX. Élu en 1846, il encouragea d'abord le mouvement patriotique italien puis, à partir de 1848, entra en conflit avec les patriotes pour défendre sa souveraineté temporelle. Il réclama l'intervention de la France : le général Oudinot entra dans Rome le 5 juillet 1849, le pape y revint en 1850.

Maupas (Charlemagne) : préfet de police en 1851, l'un des principaux acteurs du coup d'État de 1851 ; ministre de la Police de janvier 1852 à juin 1853.

Maury (Jean Siffrein) : le cardinal Maury fut nommé archevêque de Paris par Napoléon Ier (1810) sans l'investiture pontificale (*cf.* VI, v).

Mazas : prison qui a remplacé la Force après sa démolition. Plusieurs députés de la gauche y furent emprisonnés dès le début du coup d'État de 1851.

Médicis : on raconte que Marie de Médicis s'était retirée aux Tuileries où elle aurait été tourmentée par le remords d'avoir fait assassiner son époux Henri IV par Ravaillac. Louis Napoléon s'était installé aux Tuileries en grande pompe le 29 janvier 1852.

Menjaud : 1er grand aumônier de la Cour impériale.

Messaline : impératrice romaine, morte à Rome en 48 apr. J.-C., épouse de l'empereur Claude, connue pour ses débauches.

Milton (John) : poète anglais (1608-1674) ; protégé par Cromwell, il fut emprisonné lors de la restauration des Stuarts. Il composa *Le Paradis perdu* alors qu'il était déjà frappé de cécité.

Mingrat : curé, auteur de crimes sadiques dans les années 1820-1825, il est connu par le pamphlet que lui consacra Paul Louis Courrier, *Pétition pour des villageois qu'on empêche de danser*.

Minos : dans la mythologie grecque, juge des Enfers avec Éaque et Rhadamanthe.

Mithra : divinité empruntée aux Perses, objet d'un culte très répandu dans la Rome du Ier siècle.

Mocquart : secrétaire particulier de Louis Napoléon, puis chef de cabinet de l'empereur.

Molé (Mathieu) : président du Parlement de Paris pendant la Fronde, il sut calmer les parisiens.

Mongis : avocat général qui avait requis contre Auguste Vacquerie, l'un des rédacteurs de *L'Événement*, en septembre 1851.

Monk (George) : général (1608-1670) qui restaura la monarchie anglaise après Cromwell.

Montalembert : député catholique libéral qui s'opposa à Hugo à partir de 1848 sur l'expédition de Rome, la loi Falloux et les questions sociales. Rallié à l'Empire, il prit assez vite ses distances par rapport au régime.

Montfaucon : lieu où était installé le gibet de Paris.

Montlaville-Chapuis : préfet en 1851, connu pour sa proposition de faire graver sur des tables de marbre les votes en faveur de l'Empire.

Montrouge : maison des jésuites au sud de Paris.

Moreau : Moreau de la Meurthe, avocat nommé à la Cour de cassation en 1849.

Moreau : Moreau de la Seine, un des sept juges de la Haute Cour de justice qui rédigea un arrêt extrêmement flou au lieu de décréter le prince-président coupable de haute trahison.

Morny : (Charles, comte, puis duc de) : (1811-1865) ; fils naturel du général de Flahaut, lui-même fils naturel de Talleyrand et de la reine Hortense, et donc demi-frère de Louis Napoléon. Ministre de l'Intérieur au moment du coup d'État, il en dirigea l'exécution. Personnage intelligent, spirituel et cynique.

Morus : pour More (Thomas) ; homme politique et humaniste anglais (1478-1553). Voir *Henri VIII*.

Murat (Joachim) : (1867-1815) ; fils d'aubergiste, aide de camp de Bonaparte, général pendant la campagne d'Italie, il épousa Caroline Bonaparte en 1800. Maréchal (1804), puis roi de Naples (1808), il fut pris et fusillé en 1815 alors qu'il tentait de reconquérir ses États.

Murat (Lucien) : (1803-1870) ; fils du héros de la Moskova et de Caroline, troisième sœur de Napoléon Ier ; il avait été nommé sénateur en 1852.

Narcisse : homme de main favori et ministre de Néron.

Némésis : déesse de la Vengeance dans la mythologie grecque.

Nemrod : grand chasseur, petit-fils de Cham, mauvais fils de Noé dans la Genèse, il donna l'assaut au Ciel.

Ney (Michel, duc d'Elchingen) : maréchal de France (1769-1815), il s'illustra dans les guerres de la République et de l'Empire. Héroïque pendant la campagne de Russie, il protégea ensuite autant qu'il le put la retraite des soldats. S'étant rallié à Napoléon de retour de l'île d'Elbe, il fut condamné à mort et fusillé en 1815.

Nisard (Désiré) : journaliste et critique ennemi des romantiques, son ralliement à l'Empire lui valut un poste d'inspecteur de l'Enseignement supérieur.

Palerme : ville de Sicile, point de départ de la révolution contre les Bourbons de Naples, théâtre de sanglantes représailles lorsque le roi Ferdinand l'eut reprise en 1849.

Papavoine : assassin d'enfants, guillotiné en 1825.

Papin (Denis) : (1647-1714) ; inventeur de la machine à vapeur.

Parieu (Esquirou de) : ministre de l'Instruction publique de 1849 à 1851.

Partarieu : Partarieu-Lafosse, président du tribunal qui condamna en 1851 Charles Hugo pour son article dans *L'Événement* contre la peine de mort.

Pathmos : pour Patmos ; île grecque où saint Jean aurait eu les visions qui le conduisirent à écrire l'Apocalypse.

Patouillet : jésuite, pamphlétaire, connu pour ses différends avec Voltaire.

Paul Émile : homme politique et général romain du IIe siècle av. J.-C. Voir aussi *Varron*.

Périclès : homme d'État athénien du Ve siècle av. J.-C., chef du Parti démocratique.

Persil (Jean-Charles) : ancien garde des Sceaux, pair de France, nommé sénateur en 1852.

Phalaris : tyran d'Agrigente au VIe siècle av. J.-C. qui, selon la légende, faisait brûler ses ennemis dans un taureau de bronze.

Phryné : courtisane grecque du IVe siècle av. J.-C. célèbre pour sa beauté.

Piétri : député de la Corse en 1848, il remplaça Maupas comme préfet de police en 1852.

Platon : philosophe grec (vers 428-vers 348 av. J.-C.) qui nous a transmis l'enseignement de Socrate. La légende raconte qu'alors qu'il s'était endormi, des abeilles étaient venues déposer leur miel sur ses lèvres – ce qui avait conféré à sa parole une qualité hors du commun.

Poërio (Charles, baron de) : patriote napolitain, il fut condamné par les Bourbons des Deux-Siciles à vingt-quatre ans de prison.

Poissy : prison de la région parisienne.

Pompée : général romain du Ier siècle av. J.-C. ; après sa défaite à Pharsale contre César, il se réfugia en Égypte où Ptolémée le fit assassiner.

Porcia : fille de Caton d'Utique, épouse de Brutus. Suivant l'exemple de son mari, elle se donna la mort en 42 av. J.-C. après la défaite républicaine de Philippes.

Poulailler (Jean Chevalier, dit) : voleur pendu à Paris en 1785. Le surnom de Poulailler est donné à Louis Napoléon depuis son débarquement à Boulogne où il avait amené un aigle vivant.

Poulmann : forçat évadé, assassin d'un aubergiste.

Pythagore : philosophe et mathématicien grec du VIe siècle av. J.-C. Il enseignait que *« les nombres sont les éléments de toutes choses »* et que *« le monde entier n'est qu'harmonie et arithmétique »*.

Radetzki : général autrichien qui écrasa l'insurrection piémontaise en 1849.

Ravignan : le père de Ravignan avait succédé à Lacordaire à la chaire de Notre-Dame. Ses sermons étaient réputés pour l'ennui qu'ils distillaient.

Réal (Pierre, comte de) : (1757-1834) ; ami de Danton, partisan du 18 Brumaire, conseiller d'État pendant l'Empire, ministre de la Police pendant les Cent-Jours. Son comportement fut semblable à celui de Maupas. Hugo considérait qu'il avait trahi la mémoire de Danton.

Reybell : un des généraux responsables de la fusillade des boulevards du 4 décembre 1851.

Riancey : journaliste, ami de Montalembert.

Ribeyrolles (Charles de) : journaliste républicain ; proscrit au 2 décembre 1851, il fonda à Jersey un journal, *L'Homme*, publia à Londres un ouvrage sur les bagnes africains et finit par s'embarquer pour le Mexique où il mourut en 1860.

Richard III : roi d'Angleterre (1483-1485) ; il s'empara du trône après avoir fait enfermer et périr à la Tour de Londres les enfants de son frère Édouard IV.

Rœmer : lieu de couronnement des empereurs d'Allemagne à Francfort-sur-le-Main.

Roland : Manon Philipon, épouse du girondin Roland ; intelligente et cultivée, elle tint un salon pendant la Révolution ; elle fut guillotinée en 1793 avec son mari et ses amis.

Roland (Pauline) : militante socialiste, disciple de Pierre Leroux. Arrêtée en février 1852, elle fut déportée en Algérie ; rapatriée en France grâce à l'intervention de George Sand mais atteinte des fièvres, elle mourut à Lyon en décembre 1852.

Romieu : partisan de l'Empire, nommé directeur des Beaux-Arts en 1852.

Rosas (Ortiz de) : dictateur argentin (1793-1877) connu pour sa violence et sa cruauté, il fut renversé en 1852.

Rostopchine (Fedor Vassilievitch, comte) : général et homme politique russe (1765-1826) ; gouverneur militaire de Moscou probablement responsable de l'incendie de la ville en 1812.

Rouher (Eugéne) : ministre de la Justice de 1849 à 1851. Il s'était vivement opposé à Hugo en 1850 après son discours sur la loi de déportation. Il devint l'un des personnages les plus importants de l'Empire autoritaire.

Royer : procureur général en 1852.

Rozel-Tower : la tour de Rozel domine la baie de Rozel à Jersey. Le lieu est semé de vestiges mégalithiques.

Rufin : ministre des empereurs Théodose et Arcadius au IVe siècle, très sanguinaire.

Saint-Acheul : collège jésuite près d'Amiens.

Saint-Arnaud (Leroy de) : général et aventurier français ; responsable de la violente expédition de Kabylie en mai 1851, il dirigea sous les ordres de Magnan la préparation et l'exécution militaire du coup d'État de 1851.

Saint Jean : voir *Pathmos*.

Saint-Lazare : prison et hôpital pour femmes.

Saint-Leu : voir *Beauharnais*.

Sallandrouze : lieu d'exposition des tapis d'Aubusson, canonné lors de la fusillade du 4 décembre 1851.

Sandor : général hongrois pendu à Arad le 6 octobre 1849.

Satory : camp militaire près de Versailles où les troupes avaient acclamé Louis Napoléon en 1850 aux cris de « *Vive l'Empereur !* ».

Sauboul : général au 2 décembre 1851 qui, rapporte Victor Schœlcher, fit exécuter trente-cinq prisonniers « *presque tous sans armes* ».

Sauzet : président de la Chambre en 1848. Dupin y avait conduit la duchesse d'Orléans pour tenter de la faire proclamer régente ; le peuple ayant envahi la salle, Sauzet fut effrayé et suspendit la séance.

Sbogar : Jean Sbogar, chef de bandits dans un roman de Charles Nodier paru en 1818.

Scévola : Mucius Scaevola ; héros légendaire de la guerre de Rome contre les Étrusques, exemple de droiture et de courage.

Scarron (Paul) : écrivain français (1610-1660), il lança la mode de la poésie burlesque ; auteur du *Roman comique*.

Schinderhannes (dit l'Écorcheur) : célèbre brigand qui désola la Rhénanie ; exécuté en 1805.

Schœlcher (Victor) : homme politique français (1804-1893), il obtint l'abolition de l'esclavage dans les colonies en avril 1848, participa à la résistance en décembre 1851 et suivit Hugo à Bruxelles.

Scipion : famille de l'ancienne Rome d'où sont issus des hommes politiques et des stratèges parmi lesquels Scipion l'Africain (235-183 av. J.-C.), qui vainquit Carthage (204 av. J.-C.) et remporta sur Hannibal la victoire de Zama (202 av. J.-C.) mettant ainsi un terme à la deuxième guerre Punique.

Séjan : (20 av. J.-C.-31 ap. J.-C.) ; favori et ministre de l'empereur romain, il fit assassiner ou empoisonner les membres de la famille impériale pour accéder au pouvoir.

Shylock : personnage de Juif dans *Le Marchand de Venise* de Shakespeare.

Sibour (Mgr Sibour, évêque de Digne) : archevêque de Paris, il célébrera le *Te Deum* à Notre-Dame le 1er janvier 1852. Il semble être le contre-modèle de Mgr Myriel dans *Les Misérables*.

Silène : dans la mythologie grecque, compagnon de Dionysos représenté sous l'apparence d'un vieillard replet et toujours ivre.

Simoncelli : voir *Ancône*.

Socrate : philosophe grec du Ve siècle av. J.-C. Il compta Platon, Xénophon et Alcibiade parmi ses disciples. Accusé de corrompre la jeunesse et taxé d'impiété, il fut condamné à mort par le tribunal populaire d'Athènes. Il but alors calmement la ciguë en s'entretenant avec ses amis de l'immortalité de l'âme.

Soufflard : célèbre bandit, il assassina un commissaire en 1838.

Soulouque (Faustin) : homme politique haïtien qui s'était, en 1848, fait proclamer empereur d'Haïti sous le nom de Faustin Ier et qui, pour imiter Napoléon Ier, s'était commandé à Paris une couronne, un trône et un costume impérial. Son règne fut sanglant.

Spielberg : forteresse autrichienne, prison d'État située à Brünn, en Moravie.

Suin : avocat général, auteur du réquisitoire contre Charles Hugo condamné en 1851 pour son article dans *L'Événement* contre la peine de mort.

Sylla : dictateur romain du Ier siècle av. J.-C., célèbre pour ses proscriptions.

Tacite : historien et moraliste latin du Ier siècle.

Talleyrand (Charles de Talleyrand-Périgord) : (1754-1838) ; évêque d'Autun, député aux États Généraux, il abandonna l'Église pour la diplomatie en 1792. Ministre des Relations extérieures de 1797 à 1807, disgracié par Napoléon en 1809, il fut ministre des Affaires étrangères de Louis XVIII et contribua en 1830 à l'instauration de la monarchie de Juillet.

Tamisier (Rose) : elle prétendait accomplir des miracles jusqu'au jour où elle fut prise en flagrant délit, répandant du sang sur un tableau représentant une descente de Croix. Elle fut condamnée en 1851.

Temple-Bar : lieu où le lord-maire de Londres recevait les souverains britanniques avant de leur ouvrir les portes de la City.

Thémis : dans la mythologie grecque, déesse de la Loi et de la Justice.

Thémistocle : général athénien, vainqueur de Salamine. Il sera plus tard exilé.

Thersite : soldat troyen de l'*Iliade*, modèle de lâcheté, il fut tué par Achille.

Thien-Ci-Khi : lettré chinois imaginaire.

Thraséas : sénateur romain, contraint au suicide par Néron.

Thune : roi de Thune, roi des truands à la Cour des Miracles.

Tibère : (42 av. J.-C.-37 ap. J.-C.) ; empereur romain, fils adoptif d'Auguste (42 av. à 37 ap. J.-C.).

Tiquetonne : rue située entre les rues Montmartre et Montorgueil où fut tué l'enfant de sept ans de *Souvenir de la nuit du 4* (II, III).

Titan : dans la mythologie grecque, les Titans, issus de l'union du Ciel Ouranos et de la Terre Gaïa, étaient douze divinités qui engendrèrent les dieux. S'étant révoltés contre Zeus, ils furent précipités dans le Tartare.

Tom-Pouce : depuis 1845, le cirque Barnum montrait aux Parisiens le nain Tom-Pouce, qui mesurait 57 centimètres, sur la scène du Vaudeville.

Torquemada (Tómas de) : (1420-1498) ; grand inquisiteur de Castille, responsable de l'expulsion des Juifs d'Espagne, il était réputé pour sa cruauté. Il inspirera un drame à Hugo.

Tortoni : café à la mode à l'angle de la rue Taitbout et du boulevard des Italiens ; devant ce café, des passants avaient été mitraillés par la troupe le soir du coup d'État de 1851.

Toulon : cadre d'un des premiers grands faits d'armes de Napoléon Bonaparte ; en 1793, alors jeune officier d'infanterie, il rendit Toulon à la République. La ville possède en outre un bagne que Hugo avait visité en

1839 et qu'il évoque dans *Les Misérables*.

Trajan : empereur romain du Ier siècle ap. J.-C. célèbre pour les améliorations architecturales qu'il apporta à Rome. Sur le Forum qu'il fit construire se trouve la colonne triomphale, dite « colonne Trajane ».

Trestaillon (Jacques Dupont, dit) : un des agents les plus cruels de la Terreur blanche en 1815.

Trimalcion : personnage du *Satiricon* de Pétrone, présenté comme un grand gastronome.

Troplong : « *légiste glorificateur de la violation des lois, jurisconsulte apologiste du coup d'État, magistrat flatteur du parjure, juge panégyriste du meurtre.* » (extrait de *Histoire d'un crime* [IV] de Victor Hugo). Nommé par l'Empire, président du Conseil d'État et du Sénat.

Turgot (Louis, marquis de) : descendant du ministre de Louis XVI, rallié à Louis Napoléon, ministre des Affaires étrangères en 1851.

Varron : un des deux consuls romains vaincus par Hannibal lors de la bataille de Cannes en 216 av. J.-C. ; Paul Émile, l'autre consul, y laissa la vie.

Vautrin : incarnation du Mal dans *La Comédie humaine* de Balzac.

Venise : défendue par Manin, la ville avait résisté dix-sept mois avant de tomber aux mains des Autrichiens le 22 août 1848.

Verhuell (Charles-Henri de) : (1764-1845) ; amiral hollandais qui aurait été le père de Louis Napoléon.

Verrès : préteur en Sicile, il s'y rendit coupable de rapines et de nombreuses exactions que Cicéron lui reprocha avec virulence.

Veuillot : virulent journaliste catholique, particulièrement hostile à Hugo depuis 1842.

Vidocq : ancien forçat mis à la tête d'une brigade de sûreté en 1809, il publia ses *Mémoires* et inspira à Balzac le personnage de Vautrin.

Voisin (la) : célèbre empoisonneuse, brûlée vive à Paris en 1680.

Volta : voir *Galvani*.

Watt (James) : ingénieur britannique (1736-1819), inventeur dans le domaine de la thermodynamique, père de la machine à vapeur.

Wellington (Arthur Wellesley, duc de) : général anglais (1769-1852) qui remporta, à la tête des troupes alliées, la bataille de Waterloo sur Napoléon Ier, le 18 juin 1815.

Xaintraille (Jean Poton, seigneur de) : homme de guerre français du XVe siècle, compagnon d'armes de Jeanne d'Arc.

Xercès : Xerxès ; roi de Perse au Ve siècle av. J.-C. qui aurait, dit-on, fait fouetter la mer après sa défaite à Salamine.

Zoïle : sophiste grec du IVe siècle av. J.-C. célèbre pour la sévérité de ses critiques d'Homère.

ŒUVRES COMPLÈTES

Œuvres poétiques, édition et présentation de Pierre Albouy, « Bibliothèque de la Pléiade », II, 1967.
Œuvres complètes de Victor Hugo, édition chronologique publiée sous la direction de Jean Massin, « Le Club français du livre », VIII, présentation de Bernard Leuilliot, 1968.
L'Intégrale, présentation de Bernard Leuilliot, « Poésie I », Le Seuil, 1972.
Œuvres complètes, notice et notes de Jean Gaudon, coll. « Bouquins », « Poésie II », 1985.

ÉDITIONS SÉPARÉES

« Le Livre de Poche », introduction, notes et commentaires de Guy Rosa, 1972.
« Poésie », Gallimard, édition de René Journet, 1977.
« G.-F. », Flammarion, édition, préface, documents de Jacques Seebacher, 1979.
« Le Livre de Poche », préface, commentaires et notes de Jean-Marie Gleize et Guy Rosa, 1985.
Éd. Pocket, préface, commentaires et dossier de Gabrielle Chamarat, 1997.
« G.-F. », Flammarion, chronologie, présentation, notes de Jean-Marc Hovasse, 1998.

ÉTUDES SUR L'ŒUVRE

Louis Aragon, *Victor Hugo, poète réaliste*, Éditions sociales, 1952.
Louis Aragon, *Avez-vous lu Victor Hugo ?*, Stock, 1997.
Pierre Albouy, *La Création mythologique chez Victor Hugo*, J. Corti, 1963.
Jean Gaudon, *Le Temps de la Contemplation*, Flammarion, 1969.
Jean-Bertrand Barrère, *La Fantaisie de Victor Hugo*, II, Klincksieck, 1972.
Jacques Seebacher, *Victor Hugo ou le Calcul des profondeurs*, P.U.F., coll. « Écrivains », 1993.

BIOGRAPHIES

Alain Decaux, *Victor Hugo*, Perrin, 1984.
Henri Guillemin, *Victor Hugo par lui-même*, Le Seuil, 1951.
Arnaud Laster, *Victor Hugo*, Belfond, 1984.
André Maurois, *Olympio ou la Vie de Victor Hugo*, Hachette, 1954.

Imprimé en France, par l'Imprimerie Hérissey, à Évreux (Eure) - N° 81035
Dépôt légal : 9225/07/98 - Collection N° 10 - Édition N° 01
16/7621/2